アンミアヌス・マルケリヌス

ローマ帝政の歴史 1

西洋古典叢書

凡　例

一、本書は、後四世紀のローマの歴史家アンミアヌス・マルケリヌス（Ammianus Marcellinus）の著作『歴史（*Res Gestae*）』全三一巻のうち、伝存する第十四―三十一巻の翻訳である。年代的には、ほぼ後三五三―三七八年に該当する。邦題は『ローマ帝政の歴史』とし、全体を三分冊に分けて各分冊に原書の六巻ずつを収め、順に「ユリアヌス登場」（＝第十四―十九巻）、「背教者ユリアヌス」（＝第二十―二十五巻）、「疲弊する帝国」（＝第二十六―三十一巻）と副題を添えることにする。解説は第三分冊に付す。

二、翻訳にあたっては、ヴォルフガング・ザイファルトの校訂本、Wolfgang Seyfarth (ed.), *Ammiani Marcellini Rerum gestarum libri qui supersunt*, 2 vols., Teubner, Stuttgart & Leipzig 1978 を底本として用い、これと異なる読みを採用した箇所は異同表に記した。ただし、底本に見られる明らかな誤植は、一々註記しなかった。

三、ラテン語・ギリシア語のカナ表記は次の原則に拠った。

(1) ch, th は c, t と同音に扱う。

(2) ph は下記 (6) の例外を除き、f と同音に扱う。

(3) bb, cc, dd, ff, gg, pp, ss, tt には促音「ッ」を用い、ll, rr については促音を省略する。

(4) 固有名詞の音引きについては、原則としてこれを省略する。ただし、「ローマ」や「テーバイ」など、語感を重んじて音引きを施す場合もある。

(5) 固有名詞以外のギリシア語・ラテン語をカナ表記する場合は、音引きを施し、ll, rr にも促音を用いる。

(6) ギリシア語系の固有名詞については、原則として、神名と、紀元前時代の人名・地名については ギリシア語形を用い（この場合、ph は p と同音に扱う）、紀元後の人名・地名にはラテン語形を用いる。ただし、神名については、ラテン名とギリシア名で形の大きく異なる場合は、原著がラテン語で記されていることに鑑み、ラテン名を用い、ギリシア名を［ ］で併記する（例、「ユッピテル［ゼウス］」、「ウェヌス［アプロディテ］」）。また、紀元前後での区分は、便宜的なもので、人名の「リバニオス」など、紀元後であってもギリシア語形を用いる場合がある。

(7) 右の原則にも拘らず、「ギリシア」、「エジプト」など、慣用表記による場合がある。また、註において他の古典文献に言及する際、日本語訳のあるものについては訳書の表記に従う場合がある。

四、訳文において、漢字片仮名交じり文は、原文がギリシア語で記されていることを表わす。「……」は本文の欠落部分を示し、〈 〉は底本テクストで欠落になっている箇所を他のテクストによって補ったことを示す。また、（ ）は底本にあるごく短い挿入句であって、訳者による補足ではない（例、「ハドリアノポリス（古名ウスクダマ）」）。補足説明が必要な場合は原則として註を用い、本文中に原語または原語の語義のみや現代地名を単に註記する場合は、［ ］を用いる（例、「ファンタシアー［幻］」、「レヌス［ライン］河」）。

五、各章の内容を表わす見出し（アンミアヌス自身によるものではない）は、底本では各巻の冒頭にまとめられているが、参照の便のためこれを目次頁に移し、各章の頭にも再掲した。

六、本文中の漢数字は、各章の節番号を示す。改行は概ね底本に従う。

七、註においては、煩雑を避けるため、地名に現代名を用いる場合も多い。また、本書の他の箇所に言及する際は、一四-一〇-一のように巻・章・節の数字のみを挙げる。他の校本や翻訳書は略号で表示し、略号の説明は冒頭の「内容略説」の末尾に掲げる。なお、註においてラテン語テクストを引用する際には、底本の綴り方に統一し、J, j と大文字の U, 小文字の v は用いない（それぞれ、I, i と V, u とする）。

目次

内容目次……i
はじめに……xxi
第十四巻……3
第十五巻……71
第十六巻……131
第十七巻……193
第十八巻……255
第十九巻……297
補註……342
固有名詞索引／底本との異同／関連年表／関連系図／関連地図（逆丁）

内容目次

第十四巻

第一章　副帝ガルスの暴虐　4
第二章　イサウリ族の侵入　10
第三章　ペルシア人の空しき企て　16
第四章　サラセン人の侵攻とその習俗　18
第五章　マグネンティウス方の処罰　20
第六章　ローマの元老院と国民の悪弊　24
第七章　副帝ガルスの粗暴と暴虐　34
第八章　オリエント諸州の様子　41
第九章　副帝コンスタンティウス・ガルスについて　48
第十章　和平がこれを乞うアラマンニ族に正帝コンスタンティウスにより与えられる　52
第十一章　副帝コンスタンティウス・ガルス、正帝コンスタンティウスにより召喚され、斬首される　57

第十五巻

第一章　副帝ガルスの死が皇帝に報じられる　72
第二章　オリエント方面騎兵長官のウルシキヌス、副帝ガルスの弟ユリアヌス、および副帝の侍従長ゴルゴニウスが大逆罪で訴えられる　74
第三章　副帝ガルスの友人たちと手先の者たちに対し処罰が下される　77
第四章　アラマンニ族の一派レンティエンセス族、正帝コンスタンティウスにより、一部は殺害され一部は敗走せしめられる　82
第五章　ガリア諸州方面歩兵長官であったフランク族のシルウァヌス、コロニアで正帝の称号を奉られるも、帝位にあること二八日にして奸計により息の根を止められる　86
第六章　シルウァヌスの友人たち、共謀者たちが殺される　100
第七章　都市長官レオンティヌスによりローマの民衆の反乱が鎮圧される。司教リベリウスがその座を逐われる　102
第八章　ガルスの弟ユリアヌス、父方の従兄にあたる正帝コンスタンティウスにより副帝とされ、ガリア諸州の統治を委ねられる　105
第九章　ガリア人の起源と、何ゆえケルタエ人、ガラタエ人と呼ばれるか、および、これら部族の物識りたちについて　112
第十章　ガリア・アルプスについて、および、これを通る種々の道について　114
第十一章　ガリア諸州の簡単な区分と叙述、および、ロダヌス［ローヌ］河の流路　120
第十二章　ガリア人の習俗について　125

第十三章　オリエント方面近衛長官ムソニアヌスについて　128

第十六巻

第一章　副帝ユリアヌス賛　132
第二章　副帝ユリアヌス、アラマンニ族を攻撃し、殺戮し、捕虜とし、敗走せしめる　134
第三章　副帝ユリアヌス、フランク族に奪われたコロニアを奪回し、この地でフランク族の諸王と和睦を成す　138
第四章　副帝ユリアヌス、セノネスの町の近郊にてアラマンニ族に包囲される　139
第五章　副帝ユリアヌスの美点　140
第六章　執政官経験者のアルビティオが告訴されるも、無罪放免される　146
第七章　副帝ユリアヌス、侍従長エウテリウスにより、皇帝の御前にてマルケルスに対し、弁護される、および、エウテリウス賛　147
第八章　正帝コンスタンティウス陣営内の苛斂《かれん》誅求《ちゅうきゅう》と誹謗中傷、および、宮廷人の貪欲　151
第九章　ペルシア人との和平交渉がなされる　155
第十章　正帝コンスタンティウスの、軍を率いての凱旋式めいたローマの都への到着　156
第十一章　副帝ユリアヌス、レヌス［ライン］河の島々に家財を携え退避していたアラマンニ族を攻撃し、トレス・タベルナエを修復して彼らに備える　166
第十二章　副帝ユリアヌス、ガリアを窺うアラマンニ族の七王を攻め、蛮族をアルゲントラトゥス近郊の合戦にて蹴散らす　172

第十七巻

第一章　副帝ユリアヌス、レヌス川を渡ってアラマンニ族の村を掠奪し、火を放つ。この地でトラヤヌスの砦を修復し、一〇ヵ月間の休戦を蛮族に認める　194
第二章　副帝ユリアヌス、第二ゲルマニアを荒らし回るフランク族六〇〇名を包囲し、飢餓ゆえの降伏に追い込む　198
第三章　副帝ユリアヌス、貢税に圧迫されていたガリア人の負担軽減を試みる　200
第四章　正帝コンスタンティウスの命により、オベリスクがローマのキルクス・マクシムスに真っ直ぐに建てられる。および、オベリスクについて、また、ヒエログリフについて　202
第五章　正帝コンスタンティウスとペルシア王サポル、書簡と使節をもって和を講ずるも、空しく終わる　213
第六章　アラマンニ族の一部族なるユトゥンギ族、両ラエティア劫掠の折りにローマ軍に撃破され敗走せしめられる　218
第七章　ニコメディアが地震により倒壊する。また、地震が起こるのに幾通りの型があるか　219
第八章　副帝ユリアヌス、フランク族の一派サリイ族の降伏を受け容れ、カマウィ族の一部を殺し、一部を捕え、残りに和平を認める　226
第九章　副帝ユリアヌス、蛮族に破壊されていたモサ［ムーズ］河畔の三つの砦を修復し、飢えに苦しむ兵より侮辱と脅しを浴びせられる　228
第十章　アラマンニ族の二王スウォマリウスとホルタリウス、捕虜を返還して副帝ユリアヌスから和睦を得る　230

第十一章　副帝ユリアヌス、ガリアにて首尾よき成果を挙げてのち、正帝コンスタンティウスの宮廷にて妬み心を懐く者たちから嘲笑され、のろま、臆病者呼ばわりされる　233
第十二章　正帝コンスタンティウス、かつては支配者、当時は流浪の民であったサルマタエ族と、両パンノニアおよびモエシアを荒らしていたクァディ族に強いて、人質を出さしめ、捕虜を返還せしむる。かつまた、流浪のサルマタエ族に自由を回復させて父祖の住地に戻し、王を置く　236
第十三章　正帝コンスタンティウス、奴隷身分のサルマタエ族なるリミガンテス族を大量に殺戮したのち、その居住地を明け渡せしめ、配下の兵に呼びかける　243
第十四章　ローマの和平使節、サポルがアルメニアとメソポタミアの回復を要求したため、任を果たさずしてペルシアより戻る　253

第十八巻

第一章　副帝ユリアヌス、ガリア人の利益を図り、いずこにても万人により法が守られるべく配慮する　256
第二章　副帝ユリアヌス、奪還したレヌス河畔の要塞の城壁を修復し、レヌスを渡り、アラマンニアの敵対する一部を荒らしてアラマンニ族の五王に和平を求めしめ、捕虜を返還せしむる　258
第三章　歩兵長官バルバティオとその妻の首がなぜ正帝コンスタンティウスの命により刎ねられたか　264
第四章　ペルシア王サポル、ローマ人を全力を挙げて攻撃する備えをなす　268
第五章　親衛隊員のアントニヌス、一家をあげてサポルの許に走り、既に自らも動きを起こしていた相手をローマとの戦争に駆り立てる　270

第六章　軍司令長官ウルシキヌス、オリエントより召喚され、すでにトラキアまで来たとき、メソポタミアに再派遣される。そこへ戻るとマルケリヌスを通じてサポルの来寇を探る　274
第七章　サポル、キオニタエ族、アルバニ族の王とともにメソポタミアに入り込む。ローマ人は自らの畑に火を放ち、農夫を町の中に追い込み、エウフラテスの此岸を要塞と守備隊で固める　284
第八章　イリュリア人の騎兵七〇〇名がペルシア軍に不意を衝かれ敗走せしめられる。ウルシキヌスとマルケリヌスが別々の方向に逃げ出す　288
第九章　アミダの様子、および、当時ここでいかほどの軍団と騎兵部隊が守りについていたか　292
第十章　サポル、ローマ方の要塞二基の明け渡しを受ける　294

第十九巻

第一章　サポル、アミダの住人に降伏を勧めるうち、守備隊の矢や太矢に狙われる。同じことをグルンバテス王が試みる間に、その息子が殺される　298
第二章　アミダが包囲され、二日の間に二度、ペルシア軍の攻撃を受ける　301
第三章　ウルシキヌス、夜間、包囲勢の不意討ちを試みるも、軍司令長官サビニアヌスの反対に遭い、果たせずに終わる　306
第四章　アミダに起こった疫病が、一〇日間で少雨により終息する。さらに、疫病の原因と種類について　307
第五章　アミダが、片や城壁の周囲から、片や寝返り者の手引きにより地下の拱道《きょうどう》を用いて、攻撃される　310
第六章　ペルシア方に惨禍をもたらしたガリア人軍団の突出　312

第七章　櫓その他の工作物が町の城壁に近寄せられるも、ローマ軍によって火をつけられる　316
第八章　アミダが城壁間際の高い土塁を用いてペルシア軍に攻められ、侵入される。マルケリヌスは町の陥落後、夜分に抜け出し、逃走してアンティオキアを目指す　319
第九章　アミダにおいてはローマの将軍のある者が刑に処され、ある者は獄《ひとや》に繋がれる。ニシビスの人クラウガシウスが捕虜となった妻への思慕から、ペルシア方に走る　322
第十章　ローマの平民が穀物不足を危惧し、反乱を起こす　326
第十一章　サルマタエのリミガンテス族、和平を求めると偽って皇帝を欺き、攻撃するうち、自軍に甚大な損害を出して阻止される　328
第十二章　大逆罪により多くの者が法廷に召喚され罪せられる　334
第十三章　補佐官のラウリキウス、イサウリ族の掠奪行為を阻止する　340

＊　＊　＊

〈第2分冊〉

第二十巻

第一章　軍司令長官のルピキヌス、スコッティ族とピクティ族の侵入に対処すべくブリタンニア諸州に軍とともに派遣される
第二章　現役の歩兵長官ウルシキヌス、誣告《ぶこく》により責め立てられ、軍務を解かれる
第三章　日蝕、また二つ出る太陽について、さらに日蝕月蝕の原因について、また月の様々な変化と形について
第四章　副帝ユリアヌス、手許から取り除けペルシア軍に対処すべくオリエントに移すようコンスタンティウ

スが命じたガリア兵により、冬営地のルテティア・パリシオルムにて強いて正帝と称《とな》えられる

第五章　正帝ユリアヌス、軍会にて兵に向け演説する

第六章　シンガラがサポルに攻められ、奪われる。町人《まちびと》は騎兵の補助軍および二箇軍団の守備隊とともにペルシアに連行される。町は毀《こぼ》ち去られる

第七章　三箇軍団に守られていたベザブデの町をサポルが攻め取り、修復して守備隊と補給物資を備える。同じくウィルタの砦を襲うも、甲斐なし

第八章　正帝ユリアヌス、書状を通じ正帝コンスタンティウスにルテティアでの一件を知らせる

第九章　正帝コンスタンティウス、ユリアヌスに副帝の称号に甘んじるよう命ずるも、ガリア諸軍団は一致して頑強に抵抗する

第十章　正帝ユリアヌスはアットゥアリイ族と呼びならわされるフランク族をレヌス［ライン］河の対岸にて不意討ちし、数多《あまた》の者を一部は捕え、一部は殺したのち、和を乞う残余の者たちに和を与えた

第十一章　正帝コンスタンティウス、ベザブデを総力をあげて攻めるも、事成らずして退散する。また、虹について

第二十一巻

第一章　正帝ユリアヌス、ウィエンナにて在位五周年を祝う。いかにして正帝コンスタンティウスの近々の死を予知したか、また先々のことを予知する様々な術について

第二章　正帝ユリアヌス、ウィエンナにて大衆を懐柔せんがためキリスト教徒を装い、祝祭日に教会にてキリスト教徒に交じり神に祈る

第三章　アラマンニ族の王ウァドマリウス、盟約を破って特派部隊により国境線を荒らし、補佐官リビノほか少数の者を殺害する

第四章　正帝ユリアヌスは正帝コンスタンティウス宛のウァドマリウスの書状を押さえ、この者を宴席にて拘束せしめた。また、アラマンニ族のある者たちは殺し、ある者たちは投降を受け容れ、和を乞う残余の者たちに和を与えた

第五章　正帝ユリアヌス、正帝コンスタンティウスに戦を仕

掛けんとして、配下の兵に語りかけ、総勢に自身への忠誠を誓わせる
第 六 章　正帝コンスタンティウス、ファウスティナを妻に娶り、補充により軍を増強し、アルメニアとヒベリアの王を贈り物をもって自身に靡《なび》かせる
第 七 章　アンティオキアに滞在中の正帝コンスタンティウス、書記官ガウデンティウスを通じてアフリカを掌握し、エウフラテス河を渡ってエデッサに自ら軍を率いて赴く
第 八 章　正帝ユリアヌス、ガリア諸州の情勢を平定してのち、ダヌビウス［ドナウ］の岸を目指し、兵の一部をイタリア経由、両ラエティア経由で先発させる
第 九 章　執政官にして近衛長官たるタウルスとフロレンティウス、正帝ユリアヌスの接近を受けて、片やイリュリクム、片やイタリアを経て逃げる。ユリアヌスに抗する備えをしていた騎兵長官ルキリアヌスが制圧される
第 十 章　正帝ユリアヌス、西イリュリクムの首邑シルミウムを守備隊ともども保護下に受け容れる。スッキを占領し、元老院宛にコンスタンティウス糾弾の書簡を認《したた》める
第十一章　シルミウムで正帝ユリアヌス方に鞍替えしていたコンスタンティウス方の二箇軍団が、アクィレイヤを町人《まちびと》の同意の下、占領し、ユリアヌスの兵に対し門を閉ざす
第十二章　正帝コンスタンティウス方を贔屓《ひいき》していたアクィレイヤが攻撃される。この町はのち、コンスタンティウスの逝去を知るとユリアヌスに降伏した
第十三章　サポル、戦を禁ずる兆しのため軍勢を帰還させる。正帝コンスタンティウス、ユリアヌスに軍を差し向けんとして、ヒエラポリスにて兵に語りかける
第十四章　正帝コンスタンティウスの死の前兆
第十五章　正帝コンスタンティウス、キリキアのモプスクレナエにて死す
第十六章　正帝コンスタンティウスの美徳と悪徳

第二十二巻

第 一 章　正帝ユリアヌス、正帝コンスタンティウスを怖れてダキアに留まり、ひそかに臓物占い師と鳥占い師に諮る

第二章　ユリアヌス、コンスタンティウスの死を知ってトラキア諸州を急ぎ横切り、コンスタンティノポリスに平穏裡に入城し、ローマの全権を干戈《かんか》を交えずして掌握する
第三章　コンスタンティウス方の幾人かが、一部は正当に、一部は不当に、断罪される
第四章　すべての宦官、理髪師、料理人を正帝ユリアヌスが宮殿より追放する。また、宮廷閹人《えんじん》たちの悪徳について、および、軍紀の頽廃について
第五章　正帝ユリアヌス、それまで秘していた神々への信心を公然かつ腹蔵なく表明し、キリスト教の司祭らを互いに反目せしむる
第六章　いかなる手管により、うるさくつきまとっていたエジプト人の訴訟当事者多数を強いて国に帰らせたか
第七章　ユリアヌス、コンスタンティノポリスの議事堂にて度々裁きを行なう。また、同地にてトラキア諸州の情勢を平定するうち、異国の民の様々な使節に訴えかけられる
第八章　トラキア諸州とポントゥス内海［黒海］およびポントゥスに臨む諸地域諸民族の様子
第九章　正帝ユリアヌス、コンスタンティノポリスを大きくし飾り立ててのち、アンティオキアを目指し、途上、ニコメディアの人々に廃墟となった町の修復のための金銭を下賜する。アンキュラにて暇《いとま》をみて裁きを行なう
第十章　アンティオキアにて冬営中、ユリアヌスは裁判を執り行ない、何人をも宗教を理由として虐げず
第十一章　アレクサンドリアの司教ゲオルギウス、アレクサンドリアの異教徒らによって他の二人とともに市中を曳き回されて八つ裂きにされ、焼かれるも、処罰の沙汰なし
第十二章　ユリアヌス、ペルシア遠征の備えをなし、戦の帰趨を予知せんがために神託を伺い、臓物占いと鳥占いに衷心没頭して、夥しい数の生贄を殺す
第十三章　ダフネのアポロン神殿の火災を正帝ユリアヌス、いわれなくキリスト教徒の所業に帰し、アンティオキアの大教会の閉鎖を命ずる
第十四章　正帝ユリアヌス、カッシウス山にてユッピテル［ゼウス］に供犠を執り行なう。何ゆえアンティオキアの町人《まちびと》に腹を立てて『鬚嫌い』を執筆したか
第十五章　エジプトの様子、また、ニルス［ナイル］河について、鰐について、イービスについて、および、ピラミッドについて

第十六章　エジプトの五つの属州について、また、その高名なる町々について

第二十三巻

第一章　正帝ユリアヌス、往古破壊されしヒエロソリュマ［イェルサレム］の神殿を再建せんと努めるも果たせず
第二章　同人はアルメニア王アルサケスにペルシア戦の備えをなすよう命じ、軍とスキュティア人の援軍を率いてエウフラテス河を渡る
第三章　メソポタミアを行軍中の正帝ユリアヌスにサラセン人諸部族の首長らが自ら進んで金冠と援軍を差し出す。一一〇〇の舟艇を擁するローマ艦隊が到着し、エウフラテス河に道を敷く
第四章　攻城機器類、すなわち投擲機、「蠍《さそり》」もしくは「驢馬」、「牡羊」、「町毀ち」、および火箭《かせん》の様態
第五章　正帝ユリアヌス、キルケシウム近郊にてアボラ川を全軍を率い舟橋を用いて渡り、兵に語りかける
第六章　ペルシア王国の主要一八州がその各々の町々も含めて、また諸部族の風習も説かれる

第二十四巻

第一章　ユリアヌス、軍を率いてアッシュリアに侵入し、エウフラテス河畔の要塞アナタの降伏を受け容れ、かつ火を放つ
第二章　皇帝は他の要塞と町を、あるものは手をつけず、放棄されていたものは火を放ち、ピリサボラの投降を受け容れて火をつける
第三章　正帝ユリアヌス、良き働きに免じて兵に一人あたり一〇〇デナリウスを約し、乏しい祝儀を蔑む者らを程のよい弁舌により真心に立ち帰らせる
第四章　マオザマルカの町がローマ軍に攻め取られ、毀ち去られる
第五章　所と人手の業により堅固この上なき要塞をローマ軍が攻め取り、火を放つ
第六章　ペルシア兵二五〇〇名を殺し、自兵は僅々七〇名を

失ったのち、ユリアヌスは多くの者に軍会の前で冠を授ける
第七章　皇帝はクテシフォンの包囲を思いとどまらせられたのち、自軍の舟をことごとく燃やすよう無謀にも命じ、河より退却する
第八章　皇帝はもはや橋を作ることも味方の軍勢の一部と合流することも叶わぬため、コルドゥエネを経て戻ることに決する

第二十五巻

第一章　ペルシア軍が行軍中のローマ軍を襲うも、強力に撃退される
第二章　糧秣の欠乏に軍が苛まれる。ユリアヌス、異兆に怯える
第三章　皇帝は、四方より迫るペルシア軍を撃退せんとして、胸甲をつけぬまま無謀にも戦闘に加わるうち、槍に傷つき、幕舎に連れ戻されると、周囲の者に語りかけ、冷水を飲み干してのち、死す
第四章　同人の美徳と悪徳、身体つきと背丈
第五章　親衛隊長のヨウィアヌス、怱忙《そうぼう》のうちに皇帝に選ばれる
第六章　ペルシアからの帰還を急ぎ、前進するローマ軍に、ペルシア軍とサラセン軍が頻繁に合戦を仕掛けて挑発するも、多大の損害を出して撃退される
第七章　自軍の兵の飢えと欠乏に促されて正帝ヨウィアヌス、サポルを相手に已むを得ぬとはいえ、無様この上ない和睦を成し、五つの地域にニシビスとシンガラを付けて引き渡す
第八章　ローマ軍がティグリス河を渡り、長期にわたる甚だしき食糧欠乏に雄々しく耐えてのち、遂にメソポタミアに到る。正帝ヨウィアヌス、イリュリクムとガリア諸州の情勢をともかくも平定する
第九章　ペルシアの貴顕の士ビネセス、難攻不落の町ニシビスをサポルの名代としてヨウィアヌスより受け取る。町人《まちびと》は不承不承、祖市を出てアミダに移ることを余儀なくされる。五つの地域がシンガラの町と一六の要塞を添えて、約定に従い、ペルシアの有力者たちにあてがわれる
第十章　ヨウィアヌス、国家転覆を怖れるあまり、シュリア、キリキア、カッパドキアとガラティアを経て急ぎ

行軍し、アンキュラにて幼な児ヴァロニアヌスとともに執政官職につくも、程なくダダスタナにて急死を遂げる

＊＊＊

〈第3分冊〉

第二十六巻

第一章　楯隊第二分隊の士官ヴァレンティニアヌスに、文官武官の一致した同意の下、ニカエアにて不在のままに帝位が授けられる。また、閏日の計算について

第二章　ヴァレンティニアヌス、アンキュラより呼び出されて急ぎニカエアに来たると、全会一致により再び皇帝に選ばれ、紫衣と帯冠に飾られ、正帝と称《とな》えられて、兵に語りかける

第三章　アプロニアヌスのローマ都市長官職について

第四章　ヴァレンティニアヌス、己が弟ヴァレンスをニコメディアにて厩舎監督士官に、かつ、程なくコンスタンティノポリス近郊のヘブドモンにおいて、軍の同意の下、帝位共有者に立てる

第五章　両帝は補佐官と軍勢を互いに分かち合い、少しのちに片やメディオラヌムにて、片やコンスタンティノポリスにて、最初の執政官職につく。アラマンニ族がガリア諸州を荒らす。プロコピウスがオリエントにおいて国家転覆を画策する

第六章　プロコピウスの生国と血筋、性癖および威厳。また、ヨウィアヌス治下でのその潜み場所について、また、いかなる次第でコンスタンティノポリスにおいて皇帝と称《とな》えられたか

第七章　プロコピウス、トラキア諸州を無血のうちにその権限下に収め、トラキアを行軍中の騎兵歩兵に約束により忠誠を誓わせ、さらにはヴァレンスの差し向けたヨウィイ隊とウィクトレス隊を弁舌により味方につける

第八章　ニカエアとカルケドンが包囲より解放されてのち、ビテュニアがプロコピウスの支配下に入り、やがてキュジクスが攻め取られてヘレスポントゥスもこれに続く

第九章　プロコピウスはビテュニア、リュキアとフリュギア

にて配下の兵から見捨てられ、生きたままヴァレンスに引き渡されて、首を刎ねられる
第 十 章　その縁者にあたる親衛隊員のマルケルス、およびプロコピウス方の多くの者が死罪をもって罰せられる

第二十七巻

第 一 章　アラマンニ族、ローマ軍を会戦にて粉砕し、補佐官カリエットとセウェリアヌスを殺す
第 二 章　ガリア諸州方面騎兵長官のヨウィヌス、アラマンニ族の手勢一、二を不意討ちにて倒す。蛮族の三分の一をカテラウニ近郊の合戦にて破り、敵六〇〇〇名を殺し、四〇〇〇名に傷を負わせる
第 三 章　三人の都市長官シュンマクス、ランパディウスとウィウェンティウスについて。この後一者の下でのローマ司教職をめぐるダマススとウルシヌスの争い
第 四 章　トラキア諸州の民と六つの属州、また、それぞれの高名なる都市の様子が語られる
第 五 章　正帝ヴァレンス、己れに刃向かう援軍をプロコピウスに送ったゴート族に戦を仕掛けるも、三年ののち、これと和睦を成す
第 六 章　息子のグラティアヌスをヴァレンティニアヌス、軍の同意を得て正帝と宣し、少年に紫衣を着せて雄々しく事を為せと励まし、兵らに推す
第 七 章　正帝ヴァレンティニアヌスの癇癪、粗暴と暴虐
第 八 章　将軍と補佐官を殺してブリタンニアを我が物顔に荒らし回るピクティ族、アッタコッティ族とスコッティ族を、補佐官テオドシウスが蹴散らし、分捕品を取り上げた
第 九 章　マウリの諸部族がアフリカを掠奪する。イサウリ族の強奪行為をヴァレンスが阻止する。プラエテクスタトゥスの都市長官職について
第 十 章　正帝ヴァレンティニアヌス、レヌス河を渡り、高峻きわまる山々に逃げ込んだアラマンニ族を、双方に流血なしとせぬ決戦をもって粉砕し、敗走させる
第十一章　プロブスの高貴な家柄、富、威厳と性癖について
第十二章　ローマとペルシアがアルメニアとヒベリアをめぐっ

て互いに戦う

第二十八巻

第一章　ローマにて多くの者が、元老院議員に元老院議員階級の女たちまでも、毒害、淫行と姦通の廉《かど》で訴えられ、処刑される

第二章　正帝ウァレンティニアヌス、ガリアのレヌス河全河岸を陣営と要塞と塔で固める。アラマンニ族がレヌスの対岸で砦を構築中のローマ兵を殺害する。シュリアにては盗賊行為を働くマラトクプレニ族が、正帝ウァレンスの命により、その子供らと集落ともども抹殺される

第三章　テオドシウス、蛮族に荒らされしブリタンニアの諸邑を再興し、要塞を修復し、この島に一属州を回復するが、これはウァレンティアと呼ばれた

第四章　オリュブリウスとアンペリウスの都市長官職について、また、ローマの元老院と国民の悪弊について

第五章　ガリアのサクソネス族、休戦が成ってのち、ローマ軍の待ち伏せに遭い包囲される。ウァレンティニアヌス、軍勢の合流を約してブルグンディイ族をアラマンニアに送り込むも、これらは欺かれ嘲弄されたとあって、捕虜全員を殺害してのち故国に戻った

第六章　属州トリポリス、レプティスの住人とオエアの住人に、アウストリアニ族により災いがもたらされるも、補佐官ロマヌスの偽計によりウァレンティニアヌスには伏せられ、報復がなされず

第二十九巻

第一章　書記官テオドルス、帝位を狙い、アンティオキアにてウァレンスの御前に大逆罪で訴えられ、罪せられて共謀者多数とともに殺される

第二章　オリエントにて多くの者が毒害その他の罪により被告人とされ、断罪されて、一部は正当に、一部は不当に屠られる

第三章　西方地域における正帝ウァレンティニアヌスの暴虐と人間離れのした無慈悲の様々な例

第四章　正帝ウァレンティニアヌスはレヌス河を舟橋をもって渡るも、兵の咎によりアラマンニ族の王マクリアヌスを不意討ちで捕えることを得なかった

第五章　ガリア諸州方面騎兵長官のテオドシウス、首長ヌベルの子にしてウァレンティニアヌスより離反せるマウリ人フィルムスを数々の戦にて痛めつけ、遂に自死へと追いやって、アフリカに平和を取り戻す

第六章　クァディ族、己れらが王ガビニウスが言語道断にも殺害されたことに憤り、サルマタエ族とともに両パンノニアとウァレリアを火と剣にて荒らし、二箇軍団をほぼ壊滅させる。クラウディウスの都市長官職について

第三十巻

第一章　アルメニア王パパ、ウァレンスにより召喚され、タルススに表敬の名目で監禁されるも、民人三〇〇名とともに逃亡し、街道の見張りを欺いて馬で王国に帰還。その後幾許《いくばく》も経ずして将軍トラヤヌスにより宴席にて殺される

第二章　アルメニアとヒベリアの王国について争う正帝ウァレンスとペルシア王サポルの遣使

第三章　正帝ウァレンティニアヌス、アラマンニアの村の幾つかを荒らしたのち、アラマンニ族の王マクリアヌスと会談し、和睦を成す

第四章　近衛長官モデストゥス、ウァレンスを司法の場より遠ざける。また、法廷弁護について、および法律家と種々の立会人について

第五章　ウァレンティニアヌス、両パンノニアを掠奪するサルマタエ族とクァディ族に戦を仕掛けんとしてイリュリクムに向け出立し、ダヌビウス河を渡ってクァディ族の村々を荒らし、集落に火を放ち、蛮族を年齢に構わず屠る

第六章　同人が民人の罪を雪《すす》がんとするクァディ族の使節に返答をするうち立腹し、卒中にて果てる

第七章　いかなる父から生まれ、また元首としていかなる事を成したか

第八章　同人の暴虐、強欲、嫉みと恐れ
第九章　同じく同人の美徳
第十章　ヴァレンティニアヌスの年少の息子ヴァレンティニアヌス、ブリゲティオ近郊の陣営にて正帝と称《とな》えられる

第三十一巻

第一章　正帝ヴァレンスが討たれゴート族により災いがもたらされるとの予兆
第二章　フン族とアラニ族、およびその他アシアのスキュティア諸部族の住地と風習について
第三章　フン族がタナイス［ドン］河畔のアラニ族を武力あるいは約定により味方につけ、ゴート族の土地に侵入してこれをその住地より逐《お》う
第四章　テルウィンギ族と呼ばれるゴート族の大半がその領地を逐われ、服従と援軍を約してのち、ヴァレンスの勅許を得て、ローマ軍によりトラキアに移送される。ゴート族の他の一派グレウトゥンギ族もまたひそかに筏でヒステル［ドナウ］河を渡る
第五章　テルウィンギ族が飢えと欠乏に苛まれ、かつ酷薄なる扱いを受けたため、アラウィウスとフリティゲルヌスの指揮下、ヴァレンスより離反し、ルピキヌスとその配下の兵を蹴散らす
第六章　ゴート族の貴顕の士スウェリドゥスとコリアスが、さきには配下の者らとともに受け容れられていながら、なぜ反乱を起こしたか、また、ハドリアノポリスの住人を殺害したのち、なぜフリティゲルヌスに合流してトラキア諸州劫掠に転じたか
第七章　プロフトゥルスとトラヤヌスおよびリコメレスがゴート族相手に互角の戦いをなす
第八章　ゴート族がハエミモントゥスの狭隘地に封じ込められるも、その後ローマ軍から解き放たれると、トラキアを掠奪と殺戮と淫行と放火で荒廃させ、楯隊の士官バルジメレスを殺す
第九章　グラティアヌスの将軍フリゲリドゥス、貴顕の士ファルノビウスを、多数のゴート族、タイファリ族ともども殺害する。残余の者は生命を許され、パドゥス［ポー］川周辺の土地が与えられる
第十章　アラマンニ族なるレンティエンセス族、正帝グラ

ティアヌスの将軍らとの合戦に敗れ、プリアリウス王までもが討ち死にして、投降ののち、グラティアヌスに新兵を差し出し、故国への帰還を許される

第十一章　セバスティアヌス、分捕品を抱えたゴート族をベロエア近郊にて不意討ちし、倒す。少数の者は逃げおおせた。正帝グラティアヌス、ゴート族と戦う援軍をもたらさんとして叔父ウァレンスの許に急ぐ

第十二章　正帝ウァレンス、グラティアヌスの到着を待たずしてゴート族と一戦交えることに決する

第十三章　全ゴート族が合従連衡し、勿論のことにテルウィンギ族はフリティゲルヌス王の指揮下、またグレウトゥンギ族はアラテウスとサフラクスを指揮者として、戦列を構えてローマ軍と会戦し、騎兵部隊を蹴散らし、無防備となって蝟集する歩兵部隊に甚大な損害を与え、敗走させる。ウァレンスは討たれるも、いずこにも姿が見当たらなかった

第十四章　正帝ウァレンスの美徳と悪徳

第十五章　勝利のゴート族は、ウァレンスがその財宝と帝権のしるしを残し置いて近衛長官と顧問会員らに委ねてあったハドリアノポリスを攻めるも、あらゆる手立ての甲斐なく退却する

第十六章　ゴート族がフン族とハラニ族の軍勢を黄金をもって味方につけ、コンスタンティノポリスを窺うも甲斐なし。タウルス以遠軍事長官のユリウスがいかなる策にてオリエント諸属州をゴート族から救ったか

はじめに

本作品は最初の十三巻が失われていることから、伝存する最初の巻である第十四巻の記述が少々解りづらくなっているので、解説しておく。

キリスト教公認（三一三年）やコンスタンティノポリス（コンスタンティノープル）建都（三三〇年）などの事績で知られるコンスタンティヌス一世（大帝）が三三七年五月に亡くなると、翌月には葬儀のためコンスタンティノポリスに集まっていたその傍系の成年男子に対し、謎の、凄まじい粛清が何者かによって実行され、結果として九月には大帝の三子、コンスタンティヌス二世、コンスタンティウス二世、コンスタンスが正帝に並び立ち、それぞれ帝国の西、東、中央を治めたが、兄弟間の権力争いは世の習い、やがて末弟コンスタンスの支配領域に攻め込もうとした長兄のコンスタンティヌス二世があえなく敗死する（三四〇年）。帝国の北辺ではゲルマニア系民族の脅威が消えず、一方、東辺メソポタミアではローマ帝国の混乱を好機と見たペルシアのシャープール二世（ローマ側史料ではサポル）が攻勢をかけるも、要塞町ニシビス（現トルコのヌサイビン）の攻略に二度失敗し（三三八年、三四六年）、コンスタンティウス二世のローマ軍とのシンガラ（現イラク北部のシンジャール）での戦い（三四八年）は双方に大きな損害を出して五分五分に終わる。

ここからあと、アンミアヌスの巻冒頭までの経過は、少し長くなるが、ヨアンネス・ゾナラスの『歴史要略』第十三巻から該当箇所（第六章冒頭から第九章途中まで）を訳出提示することにする。ゾナラスは時代的にはかなり遅く、十二世紀ビザンティンの人で、ギリシア語による著作であるが、エピソードを鏤《ちりば》め、ペルシア方の動向に適宜視点を移すなど、叙述のスタイルがアンミアヌスに似通っており、欠落部分の最後のあたりを埋めるのに好適である上、第十四巻冒頭に不思議なくらいすんなりと接続できる。ゾナラスが参照した資料の中にギリシア語訳アンミアヌスが含まれていただろうと推測する研究者がいるのも首肯できるというものである。むろん、ゾナラスの伝える内容が「史実」としてどこまで妥当かという点は、問題なしとしないようだが（［　］内は訳者による註記である。翻訳の底本には M. Pinder (ed.), *Ioannis Zonarae Annales, Tomus II*, [Corpus Scriptorum Historiae Byzantinae], Bonn, 1844 を用い、英訳の T. Banchich and E. N. Lane (trr.), *The History of Zonaras: from Alexander Severus to the death of Theodosius the Great*, London & New York, 2009 / 2012 を併せて参照した）。

六　しかしながらペルシア相手の戦争がコンスタンティウス帝にこのような結果となったとき、ブリタンニア人の父の下に生まれ、親衛隊の一員として軍務につき、次いではローマの二軍団の補佐官に指名されたマグネンティウスがこれを知って、以前からも帝位簒奪に執着していたのではあるが、コンスタンティウスがペルシア戦争に下手を打っていると聞いて今こそ帝位簒奪に着手する好機と判断したため、いっそうその目標に身を入れた。そして自身の誕生日祝いを催すと装ってアウグストゥルム［アウグストゥドゥヌム＝現フランスのオータン］の町にて町の有力者たちをほかならぬ宴に相伴するよう招き集めたが、自身の目標を共に知る者たちもいれば、計画に関与しない者たちもいた。そして酒宴を夕刻まで引き延ばした。だがやにわに席を立って寝室に駆け込むと、そこから程なく皇帝のいでたちで護衛の者を多数従え現われたのであって、このことが彼の企てを与り知らぬ者たちをうろたえさせた。彼の方は居合わせた者たちと談判して、一部は味方につくよう説き伏せ、幾人かには力ずくで強いた。そして彼らを引き連れてただちに宮殿に赴き、金銭の分配を行なって、市門に見張りを置き、入って来る者には入市を認め、出ることは誰にも許すなと言いつけたが、この間に所業が知らされぬようにするためだった。またすぐさま、コンスタンスが所業を知る前にこれを始末する者たちを遣わす。コンスタンスはというと、狩に没頭していた。実際、狩猟となると気が違ったようになったのであって、しかも絶えず関節の病と戦っていたのであるが、この病は快楽の過ぎることのせいで患っていたのであり、ふしだらな生き方をしていたのだ。あるいはまた、狩を隠れ蓑にして周囲に侍る少年たち青年たちと森に入り浸ったのであり、この者らは美しさゆえに彼のために集められ親しく交わらせられ、念には念を入れて美々しく飾り立てられて、貪欲な眼に奉仕したのであり、放蕩の熾火《おきび》であり、彼にとっては世に言う稚児なのだった。だがまた、程を弁えた人々との交際を避けようとしていっそう森で過ごしたのである。それゆえロダヌス［ローヌ］河の畔で、マグネンティウスから派遣された者たちは、コンスタンスが狩のあとうたた寝をしているところを始末し、これと一緒にいた者たちも少数ながら命を奪った。だが、彼の殺害はこういうふうに起こったのではないと言う人たちがいる。彼は自身に対する蜂起と、周囲の者たちが彼を見捨てたために一人取り残されたことを知り、聖所に逃げ込んだのだと。そしてそこで皇帝のしるしを脱ぎ捨て、そこから放り出されて殺害された。帝位にあること十七年めを全うし、すでに齢《よわい》三〇を過ぎていた、と。話によると、彼が生まれて間もない頃、彼の父が占星術師らにこの人の誕生日について星宮図を作るよう依頼し、彼らは彼について他にもいろいろと予言をしたのに加え、こうも言ったという。この人の祖母の懐で命を奪われるでしょう、と。問題の祖母が死ぬと、コンスタンスはこれを嘲ったのだったが、当たりとなるほうへと外《そ》れたのであり、占星術師らの予言が見事に誤ったのではなかった。たとえ曖昧であったにしても。というのも、かの皇妃の名に因んでヘレネと呼ばれた小邑《しょうゆう》［地理的にはオータンからもローヌ河からも遠いが、現フランス南部スペイン国境に近いエルヌと見なされている］でコンスタンスは殺害されたからである。

それで、このようにして彼はふしだらな生を終え、かくも哀れに命を奪われた。一方、マグネンティウスは、帝位簒奪の一件が順調に運んだので、官職を有する者のうち最も名のある者たちを中枢から取り除くことに精を出した。そしてコンスタンスからのものであるかの如く彼らに手紙を認《したた》めて彼らの許に送りつけ、いかにも彼らを御前へ召喚する態であったが、道中待ち伏せし、大多数を殺したのであって、一味の共犯者すら容赦せず、これらも亡き者とした。彼はこういうことをして自らの簒奪帝の地位を固めた。一方、コンスタンティウスは弟の死を知ると胸中二つに分かれ、ローマに従属するものを荒らすペルシア人と対峙する方を選ぶか、あるいはこちらは差し当たりうっちゃっておいて帝位簒奪者に向けて進撃し、血を分けた兄弟の殺害に報復するとともに西方世界を自身のために確保するか、思い巡らした。

七　コンスタンティウスがこうしたことを熟考し、なかなか手をつけずにいたとき、サポルは、コンスタンスの身に起こった出来事を自身も知るところとなったので、この機に乗じ、重装備の軍をもってローマに従属する土地と町々に攻めかかった。そして多くの土地を喰い物にしたが、しかしまた砦も幾つか手中に収め、そしてついにはニシビスを包囲したけれども［三度目の攻撃］、これは古くはアルメニア王国に属していたのが、時あたかもアルメニアを治めていたティグラネスの娘婿で、この人からこの町を受け取ったミトリダテス［六世、在位、前一二〇―六三年］の代に、ローマ人に包囲攻撃によって奪取されたのである［最終的にローマ領となったのは後二世紀後半］。この町に到ると、サポルはあらゆる攻め道具を動かして町がわが手に落ちるようにしようとした。というのも、「牡羊」［攻城具の一種］を城壁めがけて突進させもし、地下道をこしらえもしたのであるが、そのすべてに対し、包囲された町人《まちびと》は雄々しく抗戦した。そこで町の中央を流れる川を脇へ外らせて、喉の渇きにいたたまれず町人が町を自分に明け渡すようにさせようとした。だが町人には井戸からも泉からも水がふんだんにあった。目論見が何ら功を奏さなかったため、彼は別の手立てを工夫した。先述のとおり町を貫いて流れる川を遡り、谷間《たにあい》まで来ると、そこでは流れの両側の土地が狭まっていたのだが、この場所を塞いで川の流れをそこで引き留めた。そして水が溢れんばかりになると、水の流出を堰き止めているものを一気に取り除き、流れを町めがけて放ちやった。流れは大いに嵩を増していて、激しい力で城壁にぶち当たり、その一部を崩した。だが蛮族はすぐ町に突入せず、もはやこれを落としたものと思って、時も夕べに近かったので、誰も抵抗する者はあるまいと、町の奪取は翌日に延ばした。だが町の人々は城壁の崩れにあわてふためいたものの、ペルシア勢が突入を先延ばしにしたことを見て取ったので、不眠不休、夜を徹し人海戦術でその箇所を補強し、城壁をもうひとつ内側にこしらえ上げた。これを朝方になって見たサポルはこの失態を自身の怠慢に帰した。しかし、これしきのことで包囲攻撃はやめなかった。他にも町攻めの工夫を多く凝らし、国人《くにびと》を数多《あまた》失って（というのも、ペルシア軍の二万人以上がニシビス包囲戦に生命を賭けたと言われているからだが）、面目丸潰れで退却した。早くもマッサゲタイ族［もとカスピ海の東に住んでいたというスキュティア系の遊牧民族］

がペルシアを襲い、荒らしていたからである。コンスタンティウス帝は、ニシビスの守りを固め、その町人を安堵させておいて、自身はというと、すでにオリエントにはペルシア人から停戦が得られたため、西方に向けて出立した。すると折りしもウェトラニオがマグネンティウスと共同歩調をとったと知らされる。この男はイリュリア駐屯の軍の指揮をたまたまとっていたが、マグネンティウスの蜂起とコンスタンス殺害を聞き知り、この簒奪者には屈しないものの、自らもまた別途帝位簒奪を狙っていたのである。そしてコンスタンティウスに書状を送り、私が簒奪者に代わって統治すると言い、御自らもこの者を倒すべく来臨されよと迫った。それから、ウェトラニオとマグネンティウスは互いに約定を結び、両者連名で使者をコンスタンティウスの許に派遣し、武器を擱《お》いて元首の尊厳を保たれるが宜しかろうと言う。いかにも、トラキアのヘラクレア近郊で使者が皇帝に遭遇し、言われたことを伝えた。彼はこのことゆえに思いに沈み、夜になるとこのような夢を見る。父が自分の傍らに立つと見えたが、息子のコンスタンスを腕に抱き、彼に語りかけた。「コンスタンティウスよ、そら、お前の弟のコンスタンスだ。数多《あまた》の皇帝の末裔なれども、簒奪者のために命を奪われた。よってお前はこの子の仇を討ち、帝権がへし折られたり国家が覆されたりするのを見過ごしてはなるまいぞ。急ぎ帝位簒奪を鎮圧するのだ。弟の仇を討たぬまま見逃してはならぬ」。こういうことのあってからコンスタンティウスは目を覚ますと使者を留め置き、監視の者に委ねた。自らはただちに躊躇なくセルディカ〔現ブルガリアのソフィア〕に来たった。するとウェトラニオは、コンスタンティウスの不意の来臨にへなへなとなってこれを主君として迎え、さきの思惑を捨てると同時にマグネンティウス相手に取り決めた約定も破棄した。するとコンスタンティウスは彼を心から受け容れてやり、食卓に相伴させた。それというのも、ウェトラニオが帝位のしるしを脱ぎ捨て、私人の身なりで皇帝の足にすがったからである。帝はウェトラニオを抱擁し、父上と呼んで手を差し伸べ、老体を支えてやって食卓の相伴客としたのである［以上、三五〇年。この年には、帝室の傍系に連なるネポティアヌスも六月初めにローマで帝位を僭称し、マグネンティウス方との間で都を流血の巷と化す戦いをひと月近く繰り広げたのち、殺された］。その後、彼にプルサが——これはビテュニアの町だが——住地とすべくあてがわれ、地所が生活の糧のため割り当てられた。ここで何不自由なく暮らすこと六年、生を終えた。

八　ウェトラニオをめぐる一件はこのような結末を迎えたが、コンスタンティウス帝はマグネンティウスをめがけ出立した。こちらはというとメディオラヌム［現ミラノ］に逗留し、兄弟のデケンティウスを副帝と宣して、これをガリア諸州防御のため派遣した。この間に再びサポルが、何の心配もないのをよいことに、オリエント方面を荒らし、掠奪物と捕虜多数を得て帰還した。このように皇帝は両方から戦ゆえの思案の挟み撃ちに遭い、自身の従弟のガルスを副帝の地位でもって敬遇し、己が姉妹コンスタンティア［コンスタンティナとも］をこれに嫁がせて、オリエントに送り出し、ペルシアの攻勢を押し戻そうとした。

それゆえ、ガルスはこのようにして副帝と宣せられてオリエントへ去り、妻も伴って行った。一方、コンスタンティウスはマグネンティウスに対する戦に戻った。だが、内輪の戦い、互いの殺し合いでローマ人が汚《けが》れぬよう、帝位簒奪者に協定を呼びかけるべきだと決めた。そこで彼の許に名のある者たちを遣わし、書簡を認めて、もし武器を擱くなら不遜な振舞いを大目に見、ガリア諸州を譲ってこれを治めさせ、ここに領域を劃するようにしようと言う。だがこちらは程のよいことは一向考えずに、コンスタンティウスからの鷹揚な申し出を受けつけず、戦を選んだ。そしてむしろ急ぎこれを目がけて進撃したのは、配下の指揮官の一人シルウァヌスが重装歩兵多数とともに彼を捨てコンスタンティウス帝側に寝返ったからであった。すでにお互い接近し、陣営を構えたあとは、コンスタンティウスも配下の兵を言葉で武勇へと奮い立たせたし、マグネンティウスも自軍の者どもを励まして忠実にして良き働きをなせと言い、沢山の約束をした。だが戦列を相対峙《あいたいじ》させたまま日中の大方を行動に出ぬままうち過ごし、誰も相対峙する敵に打って出ようとはしなかった。だがマグネンティウスは呪術まで用いた。というのも、ある女呪術師が、生娘を生贄として葡萄酒にその血を混ぜ、兵らに与えて一口飲ませよ、その間、妾《わらわ》はある呪文を唱えて神霊の加護を呼び求めようから、と申し出たのである。まさに陽が傾いてから両軍が互いに討ち合いをし、戦闘の局面がしきりと変転したあと、ついに勝利がコンスタンティウスに微笑みかけ、深更に及ぶまでマグネンティウス方の兵は叩き斬られ滅ぼされていった。戦の首尾が帝位簒奪者にとってこのようであったので、この者は逃走を目論んだ。そして皇帝の装束によって逃げる最中に見咎められぬよう、これらを脱ぎ捨てて私人の衣服を身につけ、帝室の馬の方に装束を載せて放ちやり、自由に駆けさせたが、そのわけは、馬が乗り手なしに走るのを見た者から、自身が始末されてしまったと見なされて、誰からも追いかけられぬようにするためであった。彼はそれゆえ、こうして逃げのびた。一方、コンスタンティウスは夜が明けるとある丘に登り、ふもとに広がる平原が、いやそればかりか傍らを流れる川までもが骸《むくろ》で埋まっているのを見ると、人目も憚らず涙をこぼし、勝利に喜びを覚えるよりも倒れた者たちの破滅に心を痛めた。それというのも、彼の兵は総勢八万近くを数えたのだが、そのうちおよそ三万が倒れ、マグネンティウス方は三万六〇〇〇いた中で二万と四〇〇〇が命を落としたと言われているのである。それゆえただちに、倒れた者のうち事切れている者は全員墓に葬ってやり、敵味方の区別をつけぬこと。まだ息のある者は手当てと医術に与らせよと命じた［ムルサ（現クロアチア東部のオシイェク）の戦い。以上、三五一年］。

一方、上述の如く逃げのびたマグネンティウスは、配下の兵のうち命の助かった者を糾合するとともに、他にも人を集めて、再び自軍を興そうと試みた。そしてコンスタンティウスにもある元老院議員級の者を使者役方の事情に干渉しようとすると考えて、これをコンスタンティウスは使者の名目で偵察をしわが方の事情に干渉しようとすると考えて、受けつけなかった。だがマグネンティウスは再び司教らを使節に用い、寛恕を冀《こいねが》って、一兵卒の分際を得て陛下の下で軍務に服したいと言った。だがこのような使節に対しコンスタンティウスは何も返答せず、使者を空手で去らせた。そして軍を動かして出立すると、マグネンティウス麾下の大勢も彼の側に走ってわが身も砦もその手に委ねた。一方、マグネンティウスは寛恕に与る望みを失って、戦に向けた備えを始め、ガリア諸州に逗留して大人数を集めた。そして憂慮で皇帝を取り囲み己れ自身からよその方面へ注意を逸らすべく、配下のある者をアンティオキアに遣わし、ガルスの命を奪わせようとした。遣わされた者は疑いを招かぬよう、オロンテス川の畔に建てられたある老女の小屋に投宿した――この川は、幾人かが述べ伝えるところによれば、昔オピテスと呼ばれていたが、のちにオロンテスと名づけられたのは、ペルシア王カンビュセスの息子が川に落ち、その名がオロンテスだったからだという――ともかく、マグネンティウスから遣わされて、すでにガルスに対する謀略の用意を終え、この地の重装歩兵の多くを抱き込んだのだが、夕べに老女の小屋で共謀者の幾人かと食事を共にし、計画中の件を何憚ることなく話し合っていた際、老女のことは世間知らずだし齢のせいで話の中味も解っていないと侮っていた。ところが老女はどうやらすぐれて利発な才能に恵まれていたらしく、話の中味を聞いていないように見えて実はすべてを心の内に収めていた。そして客人が酒に酔って寝てしまうと、この女はこっそりと小屋を抜け出し、町へ行って洗いざらい副帝に知らせた。副帝からは幾人かが派遣されてこの謀略者を拘束し、この男は責め苦に遭わされて一件をことごとく白状した。このようにしてガルスは謀略を免れ、この男と共謀者らを処罰した。

九　こうしたことが起こったのち、マグネンティウスは再び戦に向けた備えをなし、コンスタンティウス方と会戦して敗れ、逃亡した［アルペス・コッティアエでの戦い］。ところが彼と共に逃げた兵士らは、どこにも自分らの身の無事の見込みが残っていないと見て取り、また望みの絶えた人物のために危険を冒すのは無駄なことと判断したので、皇帝にこれを引き渡すことに決めた。そして泊まっている家の周囲を固め、番兵の要領で彼の番をしたが、ひそかに自分らから逃げ出さないようにするためだった。だが彼らの意図を知ったマグネンティウスは、自身が袋小路に閉じ込められたことを悟って、絶望から狂者の所業を、話によると、仕出かし、一緒にいたすべての縁者友人の命を奪ったのである。それから兄弟のデシデリウスをも剣でめった突きにしたが、しかしながらどれも致命傷にはならなかった。そしてこういうことをしたあと、己れの命も奪ったが、それは己れを見張っている者たちからコンスタンティウス帝に引き渡されてさらに長く罰せられることのないようにするためであった。また、兄弟のデケンティウスは、副帝に取り立ててあったのだが、ガリア諸州にあって兄弟の許へ助っ人に赴く用意をしていたところ、その破滅を知ったため、望みを失って、首を吊った。一方、血を分けた兄弟ながらマグネンティウスに傷つけられたほうのデシデリウスは、死を免れて傷からも恢復すると、自ら進んでコンスタンティウス側に身を投じた。こうしてマグネンティウスの帝位簒奪は潰《つい》え、その支配下にあった限りのものはこれもコンスタンティウスの下に入り、父譲りの帝国一切合財の唯一の所有者となったのである［以上、三五二―三五三年］。

これで西方世界は向後泰平となった。しかしオリエント方面の情勢が乱れていた。というのもガルスが……アンミアヌスの第十四巻は、ここから説き起こされる。

* * *

アンミアヌス本文の校訂本・翻訳本とその略号

W. Seyfarth (ed.), *Ammiani Marcellini Rerum gestarum libri qui supersunt*, 2 vols., [Bibliotheca Teubneriana], Stuttgart & Leipzig, 1999 (=1978). [**Sey**]=底本

W. Seyfarth (ed. & tr.), *Ammianus Marcellinus: Römische Geschichte, lateinisch-deutsch*, 4 vols., Darmstadt, 1983 & 1986 (= Berlin 1968, 1970 & 1971). [**Sey**[LD]]

E. Galletier (ed. & tr.), *Ammien Marcellin: Histoire, tome I* (*Livres XIV-XVI*), [Collection Guillaume Budé], Paris, 1968. [**B**]

G. Sabbah (ed. & tr.), *Ammien Marcellin: Histoire, tome II* (*Livres XVII-XIX*), [Collection Guillaume Budé], Paris, 1996. [**B**]

R. Blockley (ed.), *Ammianus Marcellinus: A Selection*, Bristol, 1980. [**Block**]

C. U. Clark (ed.), *Ammiani Marcellini Rerum gestarum libri qui supersunt*, 2 vols., Berlin, 1963 (=1910 & 1915). [**Cl**]

P. de Jonge, *Sprachlicher und historischer Kommentar zu Ammianus Marcellinus XIV*, Groningen, 1972 (=1935 & 1939). [**deJ**]

P. de Jonge, *Philological and Historical Commentary on Ammianus Marcellinus XV*, Groningen, 1972. [**deJ**]

P. de Jonge, *Philological and Historical Commentary on Ammianus Marcellinus XVI*, Groningen, 1972. [**deJ**]

P. de Jonge, *Philological and Historical Commentary on Ammianus Marcellinus XVII*, Groningen, 1977. [**deJ**]

P. de Jonge, *Philological and Historical Commentary on Ammianus Marcellinus XVIII*, Groningen, 1980. [**deJ**]

P. de Jonge, *Philological and Historical Commentary on Ammianus Marcellinus XIX*, Groningen, 1982. [**deJ**]

A. G. Ernesti (ed.), *Ammiani Marcellini Rerum gestarum libri qui supersunt*, Leipzig, 1773. [**Ern**]

F. Eyssenhardt (ed.), *Ammiani Marcellini Rerum gestarum libri qui supersunt*, Berlin, 1871. [**Eyss**]

V. Gardthausen (ed.), *Ammiani Marcellini Rerum gestarum libri qui supersunt*, 2 vols., Stuttgart, 1967 (=1874 & 1875). [**Ga**]

G. B. Pighi (ed.), *Ammiani Marcellini Rerum gestarum capita selecta*, Neuchâtel, 1948. [**Pighi**]

J. C. Rolfe (ed. & tr.), *Ammianus Marcellinus*, 3 vols., [Loeb Classical Library], London & Cambridge (Ma.), 1971 (=^{2}1950), 1972 (=1940), 1958 (=1939). [**Ro**]

A. Selem (ed. & tr.), *Le storie di Ammiano Marcellino*, [Classici Latini], Torino, ^{2}1973. [**Sel**]

C. G. A. Erfurdt (ed.), *Ammiani Marcellini quae supersunt, cum notis integris Frid. Lindenbrogii, Henr. et Hadr. Valesiorum et Iac. Gronovii, quibus Thom. Reinesii quasdam et suas adiecit Io. Augustin. Wagner*, 3 vols., Leipzig & London, 1808. [**Wa**]

W. Hamilton (tr.), *Ammianus Marcellinus: The Later Roman Empire* (*A.D. 354-378*), [Penguin Classics], London, 1986. [**WH**]

C. D. Yonge (tr.), *The Roman History of Ammianus Marcellinus during the Reigns of the Emperors Constantius, Julian, Jovianus, Valentinian, and Valens*, [Bohn's Classical Library], London, 1902. [**Yo**]

ローマ帝政の歴史　1

――ユリアヌス登場

山沢孝至 訳

第十四巻

第一章　副帝ガルスの暴虐

一　遣る瀬なき遠征(1)の諸々の出来事を凌ぎ通してのち、様々な危難と労苦に尾羽打ち枯らした両派の人心倦み疲れる中、未だラッパの響き鳴り止まず、兵も冬籠りの陣所に配されぬうちに、運の女神の吹き募らせる疾風《はやて》がまたひとつ嵐を国家に注ぎ入れたというのは、副帝ガルス(2)のあの数々のおぞましき所業をもってしてのこと、この者は地を這う如き惨めな境遇から、成年に達して程ない頃合い、思い設けぬ敬遇によって帝位の高みへと昇進させられるや(3)、あてがわれた権限の境目を踏み越え、度外れな苛酷さで一切を害い始めた(4)。それというのも、帝王の血統との近しさと、かてて加えてコンスタンティウスなる名の血縁性のゆえに(5)、増上慢に舞い上がりつつあったからで、仮にいっそうの権勢を手にしていたなら、己れの仕合わせの生み出し手(6)に対しても敵対行為を働いたであろう、と、こう思われた。二　この者の冷酷さには、妻(7)が執拗な煽り立てを行なっていた。正帝の女兄弟ということで則《のり》を越えて増長していて、以前には父コンスタンティヌス(8)がその甥にあたるハンニバリアヌス王(9)に娶《めあわ》せたこともあったのだが、言うなれば死すべき身のメガイラ(10)、猛り狂う夫に寄り添っての火つけ役、人間の血に飢えることでは夫におさおさ劣らなかった。この二人は時の経過とともに次第次第に人を害することに長《た》けてゆき、確かな事実に軽くなにがしかを付け加えるなどお手のものという隠密にして狡猾な風聞蒐集家たちを通じて、虚偽の、自らに好ましい話を仕入れては、玉座

(1)三五〇年一月、ガリアで帝位を簒奪し、正帝コンスタンス(コンスタンティヌス一世［＝大帝］の子)を殺害したマグネンティウスに対するコンスタンティウス二世の討伐戦。コンスタンティウスは三五一年ダウス河畔ムルサ(現クロアチア東部のオシイェク)の戦いと三五三年七月のアルペス・コッティアエ地方での戦いに勝利し、三五三年八月、マグネンティウスの自死により終結。

(2)三二五／二六年生まれ(副帝在位、三五一—三五四年)。コンスタンティヌス一世の異母弟ユリウス・コンスタンティウスとその最初の妻ガラとの子。後妻バシリナとの子ユリアヌスはこのガルスの異母弟にあたる。

(3)「惨めな境遇」は、カッパドキアのマケルムの地所におけるユリアヌスとの幽閉生活を指す。ガルスは三五一年、二五歳の時、従兄にあたる正帝コンスタンティウス二世により副帝に任じられ、その姉妹コンスタンティナを妻として与えられた。

(4)伝存部分劈頭のこの一文は六四語から成る長文で、しかも完璧な文章リズム(句末・文末における有アクセント音節と無アクセント音節の配合・排列の妙)をもっている。

(5)ガルスはもとクラウディウス・ガルスを名乗ったが、副帝となってからの正式名はフラウィウス・クラウディウス・コンスタンティウス・カエサルであった。

(6)コンスタンティウス二世(正帝在位、三三七—三六一年)。

(7)ガルスの妻コンスタンティナ(コンスタンティアとの読みもある)。コンスタンティウス一世と二番目の妻ファウスタの娘で、従ってコンスタンティウス二世の姉妹であった。

(8)ローマ皇帝コンスタンティヌス一世(大帝。在位、三〇六—三三七年)。

(9)コンスタンティヌス一世の異母弟ダルマティウスの子。三三五年、大帝よりポントゥスの王に任じられ、コンスタンティナと結婚したが、三三七年、コンスタンティノポリスで父や兄ダルマティウス(デルマティウスとも)とともに兵士に殺された。

(10)ギリシア神話の復讐の三女神エリニュエスの一人。

をつけ狙っているとか、言語道断な術(1)を行なっているとかいう讒訴《ざんそ》を無辜なる者たちに突きつけていった。

三　しかしながら、取るに足りぬ事例の間にあって際立っていたのは、すでにその行動力(2)が並みの非行の域を越え出てしまったがために惹き起こされた、アレクサンドリア出の貴顕の士クレマティウスなる者(3)の突然の、言うも憚られる死であった。この男の義母が、娘婿への恋心に燃えてこれと情を交わそうとしたところ、言うことを聞いてもらえなかったので——という噂だったが——宮殿(4)の隠し扉から中に入れてもらい、高価な頸飾りを皇妃に献上して、望みを叶えられた。すなわち、当時のオリエント補佐官(5)ホノラトゥス(6)の許に死刑判決文が送られ、いかなる罪にも染まらぬ人物、このクレマティウスが、口を開くことも語ることも許されずに殺されたのである。

四　このことが非道にも仕遂げられてのち、余の人々の身の上についても同じことがすでに危惧されたのだが、あたかも残虐さに勝手放題が認められたかの如く、模糊とした嫌疑により判ぜられて幾人かが罪ありと宣告されていった。その一部は殺され、またある者たちは財産没収の刑を受け、家郷を逐《お》われて根無し草となり、わが身に残ったものと言えば嘆きと涙ばかり、喜捨を受けて露命を繋いだが、市民共同体の正当な統治は血に穢《けが》れた専横へと転じて、裕福にして高名な家々が逼塞《ひっそく》していった。五　そしてまた、訴追人の声はただのひとつも、似而非《えせ》訴追人の声すら、この悪事の山の中で求めて、せめて上辺なりと告訴が法の規定に則るようにしようとはなされなかった。暴虐な元首も幾度か行なってきたことではあるのだが。むしろ副帝の無慈悲な心に適ったことは何であれ、道義にも法にも適っていると考量されたものとして、速やかに実行に移すよう急《せ》かされた。六　これらに加えて、名もなき人々で、まさにその庶民たるゆえに用心されずにすむ者たちを、噂話の蒐集のためアンティオキア[7]の全地区において指名し、耳にしたことを報告させるという工夫が凝らされた。この者たちは通りすがりに何気ないふりをして、官位ある者たちの寄り合いを立ち聞きしたり、貧しい形《なり》で金持ちの家々を渡り歩いたりして、知り得たこと聞き得たことを残らず、ひそかに裏手より宮居に招じ入れられて報告したが、その際には悪巧みに呼吸を合わせてなにがしかを捏造し、知り得た中味は良からぬほうへと増幅させる一方、今にも災難が降りかかるのを恐れるあまり多くの者が不本意ながら口にする副帝礼賛の言葉は押し殺すのを習いとした。七　こうして時折りは、家の奥の部屋で家事奴僕

(1) 魔術・占術の類をいう。帝位簒奪の意図ありとされ、死罪をもって罰せられた。
(2) 底本 iam potentia. これを iam impotentia（すでにその自制心のなさが）と読む版がある（B, Cl, Ga, Ro, Sel）。
(3) 三五三年頃に属州パラエスティナ総督を務めた人物。ここに言及される事件は三五三／五四年の冬に起こった。
(4) シュリアのアンティオキアの宮殿。
(5) 補佐官（comes）は、もと皇帝や高官が旅をする際の随行者を意味したが、コンスタンティヌス一世の頃から様々な官職の名に用いられるようになった。オリエント補佐官は近衛長官管轄領オリエント（オリエント道）の、近衛長官（道長官）に次ぐ権限をもつ官職で、四世紀半ばよりもとの代官（uicarius）職にとって代わった。
(6) シュリア総督（三五三年以前）、オリエント補佐官（三五三―三五四年）、ガリア諸州担当近衛長官（ガリア道長官。三五五―三五七年）を歴任。三五九―三六一年には初代のコンスタンティノポリス都市長官を務めることになる。恐らくキリスト教徒だった。
(7) 属州シュリアの首邑として栄えた町。アンミアヌスはあとのほうで（二二-九-一四）「オリエントの美しい冠」と呼ぶ。今日のトルコ南部のアンタキヤ。

がいないときに家父が妻の耳に何事かささやくと、まるで往昔の名高き予言者アンピアラオスかマルキウス(1)が告げたかのように、翌日には皇帝がこれを知る、ということが起こった。それゆえ、唯一秘密を分かちもつ壁までもが恐れられた。八　しかしながら、こういった類のことをあれこれ穿鑿《せんさく》しようとの凝り固まった習慣は、妃の揮う突き棒に押されて募っていった。妃は無思慮にも、夫の境遇を真っ逆様の破滅へ押しやろうとしていたのだ。むしろ有用なことを説き勧めて、女らしい穏やかさで夫を真実の道人の道に立ち帰らせるべきであったのに。ちょうどゴルディアヌス一族(2)の事蹟のところで、かの雷帝マクシミヌスの妻(3)がそれを習いとしていたことを述べておいたが(4)。

九　遂には、奇抜で破滅的な先例に倣って、このガルスは大変に恥曝しな所業を堂々と始め、これをかつてローマで試みて極めつきの醜態を演じたのはガリエヌス(5)だと言われるが、剣を隠し持った少数の供を連れて、夕刻、居酒屋や辻々をうろついては、きわめて達者なギリシア語で、副帝についてどう思うかと一人一人に尋ねて回るのだった。しかも、これを、夜を徹する灯の明るさが昼間の光にも及ぼうかという都(6)で、いけしゃあしゃあと行なったものである。しまいには度々素性を知られてしまい、もはや外出すれば目立つだけだと考えて、重要と認めた案件の処理のため白昼公の場に出かけるときのほかは、その姿が見られなくなった。まことこうした振舞いも多くの者を心底嘆かせた。

一〇　ところが、当時は存命の近衛長官タラッシウス(7)は、自らも性傲慢、副帝の気性の荒さが嵩じて多くの者が危機に瀕しているのを見て取りながら、幾度か高官たちが元首の怒りを宥めたように齢の功なり助言なりをもってこれを和らげようとはせず、およそ似つかわしくないときに逆らったり諫言したりして、むしろ狂気へと煽り立てていたが、正帝にはその行状を誇張を交えて再三報告し、またそのことを、いかなるつもりか、隠し立てせぬよう努めた。こうしたことによって、やがて副帝はますます獣じみた性格となり、言わば倨傲《きょごう》の旗印を高く掲げつつ、他人の身の無事もわが身の無事も顧みず、行く手に立ちはだかるものを覆さんと、奔流の如く流れてやまぬ勢いで突き進んで行った。

---

(1) アンピアラオスはホメロスにも登場するアルゴス出身の予言者。遠征が不首尾に終わることを知りつつテーバイ攻めの七将の一人に加わった。マルキウスはローマの予言者で、前二一六年のカンナエの戦いの敗北を予言したとされる。

(2) ローマ皇帝ゴルディアヌス一世（在位、二三八年）、二世（在位、二三八年）の父子は、マクシミヌス・トラクスに対抗してアフリカで同時に即位するも、子は在位二〇日で戦死、父も同じ日に自死した。ゴルディアヌス三世（在位、二三八―二四四年）は一世の外孫にあたる。

(3) ローマ皇帝マクシミヌス・トラクス（在位、二三五―二三八年）とその妻カエキリア・パウリナ。夫に殺されたとの伝承のある妻は、死後に神格化されたことを窺わせる碑文があるのに対し、配下の兵に殺されたマクシミヌス・トラクスは「記憶の抹消」を受けた。

(4) この部分は伝存しない。失われてしまった巻への言及は、以下にも頻出する。

(5) ローマ皇帝（在位、二五三―二六八年）。『ローマ皇帝群像』「二人のガリエヌス」一一・六には「いつも夜、居酒屋に足繁く通っては女郎屋やパントマイム役者や道化役者と過ごしたと言われる」とある。

(6) 一般に、ギリシア・ローマの都市に夜間の街灯はなかったが、アンティオキアは例外であった。

(7) アンティオキアの有力者の家系に生まれ、三五一年、オリエント担当近衛長官（オリエント道長官）に任じられてアンティオキアに駐在したが、三五三年の暮れないし翌年の初め、在職中に没した（一四・七・九）。恐らくキリスト教徒であった。近衛長官（praefectus praetorio）職はコンスタンティヌス一世の改革により、軍事職権を失って、帝国の近衛長官管轄区（一般に「道」と訳される）四つのそれぞれの最高職（「道長官」と訳される）となった。

第二章　イサウリ族の侵入

一　しかも実際、オリエントを種々の災厄で打ちのめしていたのはこの破滅的事態のみではなかった。幾度も和睦を結んではまた幾度も不意の襲撃により一切を混乱に陥れることを習いとしていたイサウリ族[1]も、処罰されぬのを幸い不敵さがますます良からぬ方へ嵩じてゆくので、人目を忍ぶたまさかの掠奪行為を捨て、重々しい戦争へと打って出た[2]のであり、いかにも長きにわたり小止《おや》みなく反旗を翻すことで敵愾心を昂揚させてはいたのだが、しかしながら、彼らが弁じ立てたところによると、彼らの仲間で捕虜になった者たちがピシディアのイコニウムの町[3]で習わしに背き円形競技場の見世物にされ、獰猛な野獣に投げ与えられたことを憤り、猛然といきり立っていたのだという。二　そして、トゥリウス[4]の言うところによれば、〈野獣〉でさえも飢えに迫られると、いつか餌を獲ったことのある場所にたいてい戻って来るように、皆して旋風の如く、懸崖なして聳える山々を下り、沿海地方を目指したが、そこでは隠れ場所に事欠かぬ荒れ野や谷間《たにあい》に身を潜め、夜が迫ると――月はまだ三日月で、それゆえ未だ皓々と照り輝いてはいなかった――船乗りたちの様子を窺った。その船乗りたちが眠りについたのを見て取ると、もやい綱を伝って四つ這いに進み、忍び歩きで小船に乗り込むと、そんなこととは露知らぬ船乗りたちのそばに寄り、胴欲が残虐に火をつけたとはこのこと、引き下がろうとする者たちすら一人も容赦せず、皆殺しにして、有用な品々をたんまりと、誰の抵抗も受けずに運び去るのだった。三　だが、これも長くは続かなかった。というのも、掠奪に遭って殺された者たちの身の破滅が知られると、以後誰もこの碇泊地に船を寄せず、スケイロンの命取りの崖(5)の如くに避けて、イサウリア(6)の断崖に面と向かったキュプルス(7)の岸伝いに航海したからである。四　それゆえ、やがて時が経つにつれて到来物が何も見出されなくなると、沿岸地域を去ってイサウリアに隣接するリュカオニア(8)に赴き、その地でやたらと関所を設けて道路を遮断しては、属州人と旅行者の金品を食い物にした。五　この荒くれぶりに、彼らと境を接する数多くの中都市(9)や要塞に配属された兵らがいきり立ち、広範囲に出没す

(1)小アジア南部のイサウリア（ピシディア、リュカオニア、キリキアに挟まれた山間部）に居住した部族。

(2)アンミアヌスはこう書くが、あとを読むと、実際には戦争というより部族あげての掠奪行の色合いが強い。

(3)ピシディアは小アジア南部の地方。イサウリアから見て西にあたる。イコニウムは内陸部の町で、今日のコンヤ。前二五年ローマの属州ガラティアの一部となったが、ディオクレティアヌス時代に新たな属州ピシディアに編入され、この後、三七〇年頃にはさらに属州リュカオニアの一部となる。

(4)ローマ共和政末の弁論家・政治家マルクス・トゥリウス・キケロ。その『クルエンティウス弁護』六七に、「おまけに、審判人諸君、野獣でさえも飢えに迫られると餌をとったことのある場所にたいていいつかは戻って来るということを、諸君は知らないのだ」とある。

(5)アテナイからメガリスへ至る道の途中にある崖。その昔、盗賊のスケイロンが旅人を襲い、自分の足を洗わせてから海に突き落としていたが、英雄テセウスに退治されたという（ヒュギヌス『ギリシア神話集』三八）。

(6)四世紀初めに設けられた属州イサウリアは、リュカオニア南部と南隣のキリキアも含むので注意を要する。ここは属州イサウリアであろう。

(7)今日のキプロス。紆余曲折の末、元老院属州となった。

(8)イサウリアの東にあたる小アジア中南部内陸地方。

(9)原語 *municipium* は「自治市」を意味するが、この時代にはそうした法律的な意味を失って、都市の格づけ上、中程度の町を意味するようになっていたらしい。

る者どもを銘々が力まかせに追い払おうと躍起になったが、相手は今ひとかたまりになっているかと思えば、今度はまた散り散りになる有様、そのやたらと多い人数に圧倒され、それがまた山間《やまあい》の高みにある九十九折《つづらお》りで生まれ育ったとあって、平坦で楽な土地であるかのようにこれを跳び回り、向かって来る者たちに遠くから飛び道具を放って挑みかかりもすれば、また獰猛な鬨《とき》の声をあげて慄え上がらせもするのだった。六　また幾度かは、我が軍の歩兵が彼らを追跡するのに急峻な斜面を登らざるを得なくなって、踵を滑らせながらも小藪や茨の茂みをつかんで頂上へたどり着いたものの、狭く道もないところでは戦列を展開することもままならず、しかと踏ん張って足場を確保することもできぬままに、敵があちらこちらと走り回っては岩を上から転がし落とすので、おっかなびっくり下り坂を散ってゆき、あるいは万やむを得ず勇を鼓して戦っては、とてつもない重さの落石の下敷きとなる。七　このことゆえに以後はあたりに注意を払ってよく観察したのであって、追剝ぎどもが山の高みを目指し出すと、兵士らは地の利のなさに屈する。一方、平地において発見できたときは —— このことは始終あるのだが —— 向こうは腕力にものを言わせることも、二、三本ずつ携えている槍を揮うことも許されず、無力な家畜さながらに屠《ほふ》られるのだ。

八　そこで当の盗賊どもは、大部分が平坦な土地のリュカオニア(1)を恐れ、白兵戦では我が軍の比ではあるまいことを度々の例で知っていたので、脇道を通ってパンフュリア(2)を目指したところ、長らく被害のない地方ではあったが、掠奪と殺戮を恐れるゆえに、近郷近在のすべてに兵を分駐させ、四方を防御の大部隊で固めてあった。九　そこで慌てふためいて、己れらの動向の噂を速さで出し抜き先回りをしようと、体力と敏捷さを恃みに、曲がりくねった間道を行き、丘陵地帯の頂にやっとの思いで抜け出た。そして険しい困難を克服して、深くて渦を巻くメラスの流れ(3)の切り立った岸に到着した頃には――この川は壁代わりとなって住人を守るように周囲を巡っているのだが――夜も更けて恐怖が増したので、暫時休息して夜明けを待った。というのも、誰にも妨げられずに川を越え、不意を襲ってあたり一帯を荒らすことを考えていたからであるが、しかし多大の労苦を忍んだことも無駄となった。一〇なぜなら、日が昇ってみると、狭いながらも深みのある川の大きな水嵩に阻まれて渡河できず、漁師の小舟を探したり筏を大雑把に組んで浮かべる用意をしたりしているうちに、当時シデ(4)で冬籠りをしていた二、三の軍団が繰り出して彼らに速攻を仕掛けたからである。そして岸近くに軍団印《ぐんだんじるし》(5)を立てると、白兵戦を交えるべく楯の並びを密にしていとも巧みに立ちはだかってゆき、幾人か、泳ぎに自信があったり、洞《うろ》になっている木の幹を頼ったりしてひそかに川を渡ろう

(1) リュカオニアは小アジア中南部内陸の地方であるので、「大部分が平坦な土地」とは少し大袈裟かもしれないが、イコニウムの東はたしかに広大な盆地のようになっている。
(2) 小アジア南部の地方で、リュキアの東、ピシディアの南、イサウリアの西にあたる沿岸部。もと属州リュキア・パンフュリアの一部だったが、三一三―三二五年に分離、独立した属州となった。
(3) パンフュリアを南流して地中海に注ぐ川。今日のシデの東にあるマナヴガット川。
(4) 属州パンフュリアの港町。メラス川から一〇キロメートル西にあたり、現代名は以前エスキ・アンタルヤといったが、今日では再びシデ。
(5) 原語 signum. 英語では standard が定訳で、「軍旗」と和訳されることが多いが、実態は旗ではなく、むしろわが国戦国時代の武将の馬印に似るゆえ、「軍団印」とした。

という挙に出た者たちをも易々と仕留めた。一一　この後、とことんまで数々の戦法を試みたが[1]何も得るところがなかったために、恐慌をきたした上、排撃側の威力によっても追い立てられ、どこに向かうべきかも定かならぬまま、ラランダの町[2]の近郊へとやって来た。一二　ここで食事と休息によって元気を回復すると、恐怖が去ってのち、豊かな村々を襲ったが、たまたま近くに来ていた騎兵大隊が救援に駆けつけると、広々とした平地とあって敢えて抵抗を見せずに去ったが、もといた土地に引っ込むと、家々に残し置いてあった若者の精鋭全員を呼び出した。一三　そして、甚だしい欠食に苦しんでいたので、パレアス[3]という名の、海に臨み堅固な城壁で固められた場所を目指したが、ここには今に至るも、イサウリアの全側面を守る兵らに配給されることになっている物資が蓄えられている。それゆえ三日三晩この砦を取り巻いたが、その険阻なことたるや死の危険を冒さずしては取りつけまいし、地下道を掘っても何ら用をなすまいし、攻城の工夫もおよそ役に立たなかったので、しおしおと引き下がり、到頭已むに已まれず、力量に余る企てに取りかかることとなる。一四　こういうわけで、絶望と飢えが火に油を注いだ、いっそう荒々しい激情を胸に、勢力を増強し、猪突猛進の意気込みで町々の母なるセレウキア[4]の攻略へと急ぎ向かったが、ここは補佐官カストリキウス[5]と、流汗三斗の戦に鍛えられた三箇軍団が守っていた。一五　この者たちの到来を頼もしい斥候によって予め察知すると、兵の指揮官らはいつもどおり合言葉を与え、全員を武装させて速やかに出動させ、カリュカドヌス川[6]の橋を手早く通過して――その豊かな川波は城壁の塔を洗っているが――戦闘隊形に置いた。とはいえ、誰一人飛び出す者もなければ、また干戈《かんか》を交えることも許されていなかった。というのも、狂気に燃え、数においても優り、身の安全も顧みず剣めがけて突進せんとする構えの一団が恐れられていたからである。一六　こうして軍隊が遠くに見え、曲げラッパ手(7)の吹奏が聞こえると、掠奪者たちは歩みをとどめてしばし佇立《ちょりつ》し、そのあと剣を威嚇的に突き出しつついっそうゆるやかに進んで行った。一七　この者たちに出で合う備えを、いかにも粘り強い兵は、隊列を展開して成し、槍で楯を打って――この習わし(8)は戦う者どもの怒気と憤激を呼び覚ますのだが――はや間近に迫った者たちをこの挙で怯えさせ始めた。だが戦いへと遮二無二《しゃにむに》起ち上がる兵を指揮官らが呼び戻したのは、首尾の定かならぬ戦いに突入するには折り悪しいと判断してのことで、手近なところに城壁が立っているからには、その守りのもとでこそ、者皆の安全が

---

(1) 底本の arribus multis を artibus militum と読んで、「とことんまで（ローマ）兵の技倆のほどを試したが」とする版がある（Cl, Ro, Sel, Sey[LD]）。
(2) 属州イサウリアの町。三七〇年頃にはリュカオニアに編入される。今日のカラマン。
(3) 属州イサウリアにあった砦。町ではなかったらしい。アンミアヌスも「場所（locus）」、「この砦（hoc munimentum）」という言い方をしている。
(4) キリキア地方のカリュカドヌス川に臨む町。セレウコス朝の始祖セレウコス・ニカトル（在位、前三一二―二八一年）が創建。ディオクレティアヌス帝以後、属州イサウリアの首邑となった。今日のシリフケ。
(5) 三五四―三五五年にイサウリア方面軍事補佐官（すなわち、属州の軍司令官）を務めていた。この職にある者は、ふつう二箇軍団を指揮したらしいが、この時は例外的に三箇軍団を指揮したか。
(6) タウルス山脈（今日のトロス山脈）に発し、地中海に注ぐキリキアの川。今日のギョクス川。神聖ローマ皇帝フリードリヒ・バルバロッサが一一九〇年、溺死したことで知られる。
(7) 曲げラッパ（lituus）とは、先端が湾曲した軍用ラッパ。
(8) この習わしは異民族起源であり、ローマ軍に徴用される異民族が増加した四世紀に流行した。一五・八・一〇など、以下にも何度か言及がある。

盤石のものとなり得るのだ、と。一八　こうしてこの説得によって城壁内に引き戻された戦士たちは、城門に通ずる道を各所で封鎖し、土塁と胸壁の持ち場について、そこらじゅうから集めた石と飛び道具を手許に備え、もし内へ押し入る者あらば飛び道具と石の雨の下敷きにせんものとした。一九　ところがこのことが中に籠る者たちを甚だ苦しめた。川を通じて穀物を運ぶ船を押えられてしまうことで、イサウリ族は糧食がたっぷりあるのに、自分たちの方は平時の食糧をすでに消費していて、迫り来る欠食という命取りの苦境に戦慄を催していたからであった。二〇　この噂が遠くにまで広まり、頻繁に届けられる報告が副帝ガルスを動かしたが、騎兵長官はこのときあまり遠くに留め置かれていたため[1]、オリエント補佐官のネブリディウス[2]が命を受け、各方面から軍勢を糾合して、この豊かな要衝の町を危地より救い出さんがため、意欲満々、急行した。これを知ると盗賊どもは、記録に値することはそれ以上何も成さずに退却し、常の如く散り散りになって高山の道も通わぬ地を目指した。

第三章　ペルシア人の空しき企て

一　イサウリアで事態がこう進展している間に、ペルシア王[3]が近隣との戦争に巻き込まれて、己れの国境地帯から一等猛々しい諸部族を追い払おうとし[4]――これら部族は、気が変わりやすいと言うべきか、しばしば敵となって王を攻め立てるかと思えば、我が軍に対し王が武器を向けようという段になると幾度か加勢もしているのだが――貴顕の士の一人で名をノホダレス[5]という者が、折りあらば必ずメソポタミア[6]を侵略せよとの命を受け、どこかに余地を見出したなら急襲をかけ押し入らんものと我が方の情勢を入念に調べ上げていた。二　そして、メソポタミアの全領域が、繰り返し平穏を乱されるのを常とするところから、前方哨戒線と野営歩哨所によって守られていたので、左へと道を転じて、オスドロエナ[7]の最外辺地域に腰を据えた上で、新奇で未だかつて試みられたことのない企てに乗り出した。これをもし成功させていたなら、電光石火、すべてを荒らしたことだろう。ところで、彼が思い巡らしていたのは、次のようなことであった。

（1）後出のウルシキヌスのこと。セレウキアから六〇〇キロメートル以上も離れたメソポタミアのニシビスでペルシアに対する防衛にあたっていた（一四-九-一）。騎兵長官（magister equitum）職は、近衛長官（praefectus praetorio）が軍事面の職責を失ったのち、コンスタンティヌス一世によって歩兵長官（magister peditum）とともに創設された軍司令官。ウァレンティニアヌス一世代まで前者が上位にあり、その後逆転した。

（2）トゥスキアすなわちエトルリア出身。この後、三六五年にはオリエント担当近衛長官（オリエント道長官）になる。

（3）サーサーン朝ペルシアの王シャープール二世（在位、三〇九―三七九年）。四世紀のローマ最大の外敵であった。この敵に対する危惧ゆえにコンスタンティウスは三五一年、従弟のガルスを東方の副帝に指名した。

（4）キオニタエ族などペルシア帝国の北辺を脅かす部族の排撃。一七-五-一。

（5）シャープール二世の軍司令官。その名は「総督」を意味するペルシア語の称号という。のち、三五九年のアミダ攻略にも加わる（一八-六-一六、八-三）。三六三年六月二十六日、ローマ軍との戦闘でユリアヌスと同じ日に倒れることになる（二五-三-一三）。

（6）ローマの属州メソポタミアを指す。オリエント管区の中で最も東にあり、主邑ニシビス（現トルコのヌサイビン）を中心とするティグリス河上流右岸の地方で、大体今日のシリア北東部からトルコ南東部にあたる。

（7）オスロエナ、あるいはギリシア語風にオスドロエネ、オスロエネとも。オリエント管区に属するメソポタミアの属州で、北と西と南をエウフラテス河に囲まれる。首邑はエデッサ（今日のトルコ南東部のシャンルウルファ）。

三　古《いにしえ》のマケドニア人の一団によってアンテムシア[1]に建てられた中都市バトナエ[2]がエウフラテス河から少しばかり隔たった所にあって、富裕な商人でごった返しているが、ここには九月初め頃の年に一度の祭礼ともなると、市《いち》を目当てに貧富とり混ぜて実に大勢の者が、インド人や中国人の送って寄越すもの、その他海陸を通って運ばれるのを常とする数多くの品を購い求めようと集まって来る。四　この地域を、祭りに定められた期間に、無人の荒野とアボラ川[3]の草深き岸を通って侵略する手筈を先述の将軍が整えていたところ、配下の者たちの漏洩によって裏切られ――この者たちは違反を犯してしまったことへの恐れに駆られてローマ軍の守備隊に寝返ったのだが――何の成果も得られぬまま進発し、その後は動きもやらで無聊《ぶりょう》を喞《かこ》った。

第四章　サラセン人の侵攻とその習俗

一　ところが、我らにとっておよそ味方にも敵にも望むべくもないサラセン人[4]が彼方此方とうろつき回っては、見出し得たものは何であれ、瞬く間に荒らしていったが、その様は獲物を攫《さら》う鳶《とび》に似ていて、鳶は上空から獲物を見分けると、すばやく舞い降りてつかみかかり、うまく手中に収めた場合はぐずぐずしていないのである。二　この者たちの習俗については、元首マルクス[5]の事蹟のところと、それ以後も幾度か述べておいた[6]のを憶えているけれども、やはりここでも少しばかりかいつまんで説明しよう。三　この諸部族の発祥の地はアッシュリア人のところにあって、そこからニルス［ナイル］河の瀑布とブレンミュアエ人[7]の国境にまで及んでいるが、彼らのもとでは全員が等しい身分の戦士であり、半裸で、色染めの羊毛ケープで股のところまでを覆い、脚の速い馬と華奢《きゃしゃ》な駱駝《らくだ》の助けを借りて方々を平時戦時に駆けずり回る。また、彼らの誰一人、かつて鋤の柄を握ったことも、木を育てたことも、畑を掘り返して糧を探し求めたこともなく、広く遠く伸び拡がる空間を常時流浪《さすら》って、家なく、定まった居所なく、法律もない。また同じ一つの空にあまり長くは耐えられず、ただ一つの土地の太陽が彼らを喜ばせることも絶えてない。四　生活は彼らにとってつねに逃避行のうちにあり、妻も一時《いっとき》合意の上で雇われた雇われ女であり、結婚の体裁を整えるべく、婚資の名目で、妻になろうとする者は槍と天幕を夫に渡すが、定めの期日ののちは、もしそちらを選べば、去ることになる。それなのに彼らのもとでは男女両性がいかに熱っぽく交合に勤しむか、信じ難いものがある。

五　またこうして、生きている限り、彼らは広範囲に流浪するので、ある場所で女が結婚すると、また別の

---

(1)エデッサに近い属州オスドロエナの町アンテムシアスに因んで、周辺地域もアンテムシアと呼ばれた。

(2)属州オスドロエナの町。実際にはエウフラテス河から五〇キロメートル以上隔たっている。タキトゥス『年代記』六‐四一‐二に「アンテムシアス及びマケドニア人によって建てられてギリシア名を名乗っている町々」とある。

(3)メソポタミアの川で、エウフラテス河に注ぐ支流。『旧約聖書』「列王記下」一七‐六ではハボル川と呼ばれる。

(4)もともとシナイ半島ないしアラビア半島北西端の遊牧民族をこう呼んだが、後三世紀にはこの呼称が、ローマが関係をもったシリア平原の全部族にまで拡大されたらしい。また、以下から明らかなように、アンミアヌスはナイル渓谷の遊牧民もこの名称で呼んでいる。

(5)マルクス・アウレリウス（在位、一六一―一八〇年）。その治下の一六二―一六六年、共治帝ルキウス・ウェルス（在位、一六一―一六九年）がオリエント遠征を成功させている。

(6)これらの部分は伝存しない。

(7)エジプトの南のヌビア地方の遊牧民族。時にエジプトに侵入して掠奪行為を行ない、恐れられた。

場所でお産をし、子供たちを育てるのはそこからまた遠い所となって、ゆっくり休む暇もありはしない。六　命の糧は、誰にとってもひとしなみに獣の肉と、有り余るほどの乳――これで身を養っている――それに種々の野草と、鳥刺しで何かの鳥がつかまえられる場合もあるが、大部分の者は筆者の見たところ、穀物と葡萄酒を用いることをまるで知らない。

七　危険な民についてはこれくらいにして、さて、本題に戻ろう。

第五章　マグネンティウス方の処罰

一　オリエントでこういったことがなされている間に、アレラテ[1]で冬を過ごしていたコンスタンティウス[2]は、劇場と競技場の祭典をこれ見よがしな盛大さで、その帝位の第三十年を劃する[3]十月十日に[4]挙行したのち、傲慢のほうに天秤の目方を傾けて、何か疑わしいことあるいは偽りのことが報告されてもこれを明白なことあるいは確かな事実と受け止め、中でもマグネンティウス方[5]の補佐官ゲロンティウス[6]を責め苦に遭わせた上、追放の憂き目をもって罰した。二　そして病躯が軽い疼痛によってすら打撃を蒙るのが常である如く、彼の狭量でひ弱な心は、何か軋る音がすればすべて我が身を害うべく為されあるいは考え巡らされたものと見て、罪なき者たちを殺戮し、以て勝利を嘆きに満ちたものとした。三　というのも、臣下の中でも武官あるいは文官のうちの誰か、または貴顕の士の誰かが、噂程度にせよ、敵方を贔屓《ひいき》したとの批判をされると、重い鎖をつけられて獣同然に引っ立てられてゆき、舌鋒鋭く迫る仇敵がいようといまいと、まるで名前があげられたこと、あるいは通報されたこと、あるいは罪を問われたことのみで十分だと言わんばかりに、死刑あるいは財産没収もしくは島流しをもって罰せられたのである。

四　というのも、帝権の威光が害ねられたとの評判が立とうものなら、彼の峻烈さに、また、怒りっぽさと不毛の猜疑心に、さらに付け加わるのが、側近の者たちの血に飢えた追従《ついしょう》であって、この者たちは出来事を大袈裟に扱い、元首の生命が危うくなっているのではないかと、たいそう心を痛めているふりをして、御身のご安泰にはあたかも糸で吊り下がるようにして世界の有りようが懸かっておりますと言葉巧みに叫び立てたものである。五　それゆえに、こうした類のことで罪せられた者には、仕来りどおりに裁判調書(7)が提出されてのち、およそ一人も恩赦を命じなかったと言われている。情け容赦のない元首たちもこれを行なう

(1)ガリア・ナルボネンシスの町。今日のアルル。
(2)コンスタンティウス二世。
(3)三五三年のこと。コンスタンティウス二世は三二四年十一月八日に副帝に即位したので、この年を第一年とすれば三五三年は第三十年にあたる。
(4)コンスタンティウスの副帝即位が十一月八日であったことは碑文から確かなので、写本の diem sextum Idus Octobres（十月のイードゥース［十五日］の六日［現代風には五日］前＝十月十日）の最後の語を Nouembres に改め、「十一月のイードゥース［十三日］の六日前＝十一月八日」とする提案もある（Chastagnol—B［Tome I, n. 29］引用）。
(5)五頁註（1）。
(6)他に伝がなく、不詳。
(7)ここでは判決の確定した刑事裁判の調書をいう。場合により、皇帝に提出されて監査され、時には恩赦のための資料ともなった。

習いであったのだが(1)。そしてこの命取りとなる欠点は、他の者たちにあっては間々和らぐこともあるのだが、彼においては年齢を重ねるにつれ昂じていったというのは、その凝り固まった習癖を追従者どもが寄ってたかって焚きつけるからであった。

六　この者たちの間では書記官(2)のパウルス(3)が図抜けていた。ヒスパニア出身で、言うなれば顔貌の蔭に男女《おとこおんな》が隠れているようなもの、危険の潜む道を嗅ぎつけることには殊の外長けていた。この者は、大胆不敵にもマグネンティウスと共謀した幾人かの武官を連行すべく、ブリタンニアに派遣されたのだが、当人たちが抵抗できないのをよいことに、命令を勝手気ままに逸脱し、奔流の如く、いきなり数多《あまた》の者の財産に襲いかかり、幾重もの殺戮と破壊を繰りひろげていって、自由人の身体を鎖に繋ぎ、幾人かは手枷で辱しめたが、もちろんのこと、数多くの告訴を継《つ》ぎ接《は》ぎで拵え上げてのことで、真実からははるかに遠いものであった。こうしてコンスタンティウスの御代《みよ》に永劫の烙印を押した非道の罪が招き寄せられたのである。七　マルティヌス(4)がかの諸属州(5)を近衛長官に代わって治めていたが、無辜の者たちの窮状にいたく心を痛め、いかなる罪にも関与していない者たちを赦すよう度々は懇請もしたものの、功を奏さぬので、職を辞すると言って脅しにかかった。せめてもこれを恐れて、悪意の人狩り役人が平穏無事を友とし育った人々をあからさまな危険に突き落とすことをいい加減やめるように、との心であった。八　このことによって自ら精を出す稼業に水が差されると考えたパウルスは、裁判沙汰を搦め上げることにかけては恐ろしいまでの手腕をもっていたので――ここから彼に「鎖」という渾名が冠せられたのであるが――代官職にあってその統治する者たちをこの期に及んでも擁護するその当人を、世上よくある類の危険(6)へと引き寄せた。そして、お前も士官たちやその他大勢と一緒に皇帝の宮廷に、縛り上げて連行するぞと迫った。このことに慌てた彼は、降って湧いた身の破滅に切羽詰まり、剣で当のパウルスに襲いかかる。そして、腕に力なく致命傷を負わせることができなかったため、既に抜き放った剣をわれと我が脇腹に突き立てた。そしてこの無様な死にようで、公正この上ない知事がこの世を去ったのである。敢然、多くの者の哀れな境遇を楽にしてやろうとしたがために。

九　こういったことをかくも邪《よこしま》に成しおおせると、パウルスは血に塗れた姿で元首の陣営(7)に戻ったのだが、多くの者を鎖でほとんど覆い尽くさんばかりにして、引っ立てて行った。汚辱と悲哀に突き落とされた人々である。この者たちが到着すると、「仔馬(8)」が展《の》べられ、刑吏が鉤と責め道具を用意した。そして彼らのうちの多くが財産没収に遭い、また国を逐われた者たちもあったが、幾人かの命を懲らしめの剣が奪った。と

(1) 罪状は異なるが、ユリアヌスの与えた減刑については、一六-五-一二―一三に語られる。

(2) 書記官（notarius）は、もと速記職から出たが、皇帝の顧問会（consistorium）の会議録作成のほか、高位の官職として裁判、外交、軍事などにも携わった。

(3) 一五-三-四ではダキア（今日のセルビア中部・南部あたり）の出身とあるが、恐らくヒスパニア出身が正しいとされる。「男女《おとこおんな》が隠れている」とは、陰険な性格の宦官に本性が似ていることを言うのであろう。実際、権謀術数を恣《ほしいまま》にし、人々を苦しめる話が以下に度々出る。

(4) 他に伝なく、不詳。

(5) ディオクレティアヌス帝以来、ブリタンニアには四つの属州があった。こののち、三六九年にもう一つ付け加わる。全体を統轄したのはガリア諸州担当近衛長官（ガリア道長官）の次の位である代官（uicarius）で、アンミアヌスはこれを「近衛長官に代わって（pro praefectis）」と表現している。

(6) 裁判に訴えられること。

(7) 宮廷を指す。

(8) 拷問具の一種。仔馬に跨る恰好で足に錘をつけられるなどして拷問を受けたのであろう。

いうのも、コンスタンティウス治下では、ひそひそ話程度でもこういう処置がとられたのであって、およそ誰かが無罪放免されたなどということはついぞ思い出せぬからである。

第六章　ローマの元老院と国民の悪弊

一　こういったことの間、オルフィトゥス[1]が都市長官の権限[2]で永遠の都を治めていたが、あてがわれた位階の限度を超えて高慢につけ上がり、聡明な男で裁判実務にもたいそう通じていたのではあるが、自由人にふさわしい学芸の煌めきは貴顕の士に見合ったほどには身につけていなかった。この者の統治下に大きな暴動が惹き起こされたが、その因《もと》となったのは葡萄酒の不足であり、その貪欲な消費に余念のない大衆が、激しい騒乱を頻繁に起こすまでにいきり立ったのである。

二　そして、異邦の人々がもしやこれを読むことになって——そうなったとしてだが——叙述がローマの現状を呈示すべく脇道に外《そ》れたというのに、何ゆえ暴動だの居酒屋だの、その他同様に下賤なものしか語られぬのかと訝しむこともあろうと思うから、その理由を、殊更真実から外れることの決してないようにして、あらまし述べておこう。

三　そもそもの初め、世の光輝となるべく、人ある限り生き永らえるであろうローマが起ち上がったとき、堂々の成長が遂げられるようにと、恒久平和の約を徳の女神と運の女神が取り結んだが、この両者は反目し合うことしばしばで、そのどちらか一方が欠けていたなら、ローマは完全な高みには達していなかったのだった。四　その国民は、揺籃期から少年期の終わりまで、これはおよそ三〇〇年を閲《けみ》するのだが(3)、市壁周辺での戦争を遂行した。次いで元服を迎えると、戦争の辛苦を幾度も重ねてのち、アルプスと海を越えた。若者、丈夫《じょうぶ》ともなると、広大無辺の世界が抱えるすべての地方から月桂樹と凱旋式を持ち帰った。そして今や老年に向かう坂を下りつつ、幾度か名ばかりの勝利を収めて、人生のさらなる平穏境へと引き籠った。五　それゆえ、尊い都は、野蛮な諸部族の居丈高な頸根っこを押さえつけ、自由の永遠の礎、固め縄たる法をもたらしてのち、あたかも実直で聡明で裕福な親の如く、カエサル［皇帝］たちに、まるで我が子にしてやるように、相続財産を管理する権利を認めた。六　そして、長らくトリブス(4)が無聊《ぶりょう》を喞《かこ》ち、ケントゥリア(5)は静まり返り、票をめぐる争いも皆無で、ポンピリウス(6)時代の安穏が再来したとはいえ、それでもローマは世界に存する限りのあらゆる土地、領域であまねく主人、王と受けとめられており、いずこにても元老

(1) メンミウス・ウィトラシウス・オルフィトゥス・ホノリウス。三五三―三五六年と三五七―三五九年の二期にわたりローマの都市長官を務めた。異教徒であった。

(2) 都市長官（praefectus urbi）職は、もと王や執政官が不在の間、ローマを預かる役職であったが、しばらく途絶えていたのをアウグストゥス帝が復活させ、ティベリウス帝以降は常設職となり、行政・軍事の権限も増した。三五九年からはコンスタンティノポリスにも設けられた。

(3) 伝説上のローマ建都である前七五三年から前四五〇年頃までを指すことになるが、ローマのすぐ北の町ウェイイとの十年戦争が終結したのは前三九六年であり、アンミアヌスの計算は少々大雑把である。

(4) ローマ市民を三五に区分した徴税・徴兵などの単位。

(5) ローマ市民が選挙の投票を行なう際の単位。

(6) ヌマ・ポンピリウス。ローマ第二代の王。宗教心に篤い賢王として平和な世を築いた。

院議員の白髪は威厳を具えて尊敬の的となり、ローマ国民の名も注視と畏敬の対象となっている。

七　しかし議会のこの大いなる光輝も、己れの生まれに思いを致すことなく、まるで悪徳に恣《ほしいまま》が認められたかのように過ちと放縦《ほうしょう》に陥った少数の者の、品位を欠いた軽佻浮薄によって害ねられている。というのも、抒情詩人シモニデス[1]が教えるとおり、全き分別をもって幸福に生きようとするならば、他の何物にもまして祖国が栄えあることが似つかわしいのだから。八　この者たちのうち、立像によって己れが未来永劫顕彰され得ると見積もる手合いは、これをせっせと手に入れようとする。まるで何も感じない青銅製の似姿からのほうが、誠実公正に事を行なったという自覚からよりも大きな褒賞が得られるかのように。そしてこれにわざわざ金箔をかぶせるのだが、これはアキリウス・グラブリオ[2]に初めて許されたことで、巧みな用兵術によってアンティオコス王[3]を打ち負かしたがゆえのことであった。だが、こうしたことを些細な、最も取るに足らぬものと蔑んで、アスクラの詩人[4]が述べるとおり、真の栄誉の長く険しい上り坂を目指すことがいかに麗しいかを、監察官のカトー[5]が示したのだった。この人は、なぜよりによってあなた〈ともあろう人〉が立像をもたぬのかと問われたとき、「むしろ善き人々に、なぜ私にその値打ちがなかったかを議論してもらいたいのだ。なお由々しきことに、なぜ造らせたのかと陰口をたたかれるよりは」と言ったのである。

九　また、常よりも丈の高い旅行用馬車や衣服のこれ見よがしな装いを最高の誉れと心得、肩掛けマントの重みの下で汗をかく連中もいる。そのマントは頸に当ててちょうど喉のところで結わえつけるのだが、糸のあまりの細さのために風に煽られやすく、これをしきりと、とくに左手[6]で煽って拡げ、長めの房べりやトゥニカ[7]が人目にしるく輝くようにするのであるが、そのトゥニカには綾なす糸でもって姿形様々な動物があしらわれているという寸法である。一〇　また、誰も尋ねぬのに、真面目な顔を装って、己れの家産を途方もなく水増しし、実りのよい――と本人は思っている――耕作地の年々の収穫を幾層倍にも見立てる連中もいて、こうした耕作地を日の出ずる所から沈む所までたっぷり所有しているのだと吹聴する。さだめし、知らぬのであろう。ローマの偉容がかくも押し展《お》べ《の》られるに功あった己れの父祖たちが富に身を輝かせず、苛酷この上ない戦争の間、資産も食事も、身に着ける安物も並み居る衆兵とかわらぬようにしていながら、あらゆる敵対勢力を武勇で凌いだということを。一一　この理由あればこそ、集めた浄財でかのウァレリウ

(1)ケオス島出身のギリシアの詩人（前五五六頃―四六八年頃）。ただし、以下の発言は伝存のシモニデス作品には見当たらず、プルタルコス『英雄伝』「デモステネス」一によればエウリピデスの言葉である可能性がある。
(2)前一九一年、執政官のとき、テルモピュライの戦いでアンティオコス三世を破った。また、大量の穀物の無料配給でローマ市民に好かれた。
(3)セレウコス朝のアンティオコス三世。ローマとの戦いに敗れ、前一八八年、タウルス山脈までの小アジアをローマに割譲した。
(4)ボイオティアのアスクラ生まれの詩人ヘシオドス。『仕事と日』二八九―二九〇。
(5)マルクス・ポルキウス・カトー・ケンソリウス（前二三四頃―一四九年）ローマの遺風たる質実剛健の体現者として名高い。この逸話については、プルタルコス『英雄伝』「大カトー」一九。
(6)左手にはめている指輪を見せびらかすため。
(7)ローマ人の着用した肌着だが、上着なしにこれのみですますこともあった。

ス・プブリコラ(1)は埋葬されるのだし、夫の友人たちの援助により、子供を抱え無一文のレグルス(2)の妻は養われるのだし、スキピオ(3)の娘は、貴族たちが成年に達した乙女の花の盛りが貧しい父親の不在の結果長引くのを恥としたため、国庫から婚資をあてがわれるのである。

一二　だが、今もし誰か金回りがよくてそれゆえにお高くとまっている者のところへ、あなたが立派な身分の新参者として挨拶のため初めて入って行ったならば(4)、待ち人来たるとばかりに迎え入れられて質問攻めに遭い、心にもないことを言う羽目に陥って、それ以前全く面識がなかっただけに、最上流の名士が吹けば飛ぶようなあなたに、かくもいそいそと下にも置かぬもてなしをしてくれるのを不思議に思うことだろう。このように殊の外の親切を受けるのであるから、一〇年以前にローマを訪れておくのだったと後悔するほどに。一三　そしてこの厚遇に信を置いて次の日また同じことをやると、すわ得体の知れぬ者が来たと立ちん坊を喰わされるだろう。昨日激励してくれたあの人が〈子分筋を〉数え上げながら、誰だろう、どこから来たのだろうと長考に及ぶからである。しかし遂には分かってもらって、友人として迎え入れられるのだが、足繁く挨拶に通うこと三年せっせと努めたところで、それだけの日数留守をしてしまえば、戻って来て同じようにやろうとしても、どちらにおられましたかと尋ねもされぬし、すごすごと立ち去るのでなければ、丸太ん棒相手に生涯を空しく磨り減らすことになろう。一四　また一方、程よい間隔をおいて、長々とした不摂生な宴会の用意が始まったりすると、あるいは慣例となっている祝儀の分配(5)もだが、お返しの義務のある相手以外に、埒外の者らを招くのがふさわしいだろうかと、気を揉みつつ話し合って吟味し、散々あれこれと考えを巡らしたのち、そうすることに決めたとなると、招待されるのは馭者(6)連中の家の前で張り番をしている者だとか、賽子《さいころ》の技を生業《なりわい》としている者だとか、秘術(7)のようなものを知っていると称する者なのである。

一五　というのも、主人は学のある真っ当な人々を、縁起でもない役立たずの者として避け、加うるに、名

(1)プブリウス・ヴァレリウス・プブリコラ。ローマ共和政初期に四度（前五〇九、五〇八、五〇七、五〇四年）執政官を務めた人物。前五〇三年に亡くなったが、家が貧しく、葬儀代に事欠いたことがリウィウス『ローマ建国以来の歴史』二-一六-七に見える。

(2)マルクス・アティリウス・レグルスは、第一次ポエニ戦争の際、カルタゴの捕虜となり、交渉役として前二五〇年、ローマに送り込まれたが、カルタゴの提案を呑まぬよう元老院を説得し、カルタゴに戻って拷問死した人物。ここの逸話はレグルス生前のことで、自分の将軍職が一年延長されることをアフリカで知ったレグルスが、自分の農場が管理人の死後荒れ放題になっていることを訴えて、妻子を路頭に迷わせぬよう後任を送ってほしいと言ってきたのに対し、元老院は妻子に食糧を支給するなどの補償措置を講じたという（ウァレリウス・マクシムス『著名言行録』四-四-六）。

(3)グナエウス・コルネリウス・スキピオ・カルウス。第二次ポエニ戦争で前二一六年から五年間、ヒスパニアでカルタゴと戦った。戦地から元老院に書簡を送って、自分がローマにいなければ年頃の娘の婚資を工面できぬので後任を寄越してほしいと願ったとき、元老院は有能な将軍を失わぬため、スキピオの妻や親族と計らって、国庫から婚資をあてがってやった（ウァレリウス・マクシムス『著名言行録』四-四-一〇）。スキピオは前二一一年、戦死する。

(4)以下の記述に著者アンミアヌス自身の実体験の反映を見る見方がある。

(5)元服式、結婚式、政務官就任式や公共建築物奉献などの際、属州の市参事会員と平民多数も祝宴に招待し、祝儀を配る習慣があった。

(6)戦車競走の選手である。

(7)魔術・呪術の類。

告げ奴隷ども(1)もまたこうした類の機会を金で提供することに慣れていて、袖の下を受け取っては、卑賤な生まれの、日の当たらぬ連中を、それとなく偽って、小銭稼ぎと午餐の場に押し込んでやるということがあるからだ。

一六　すなわち、その饗宴の底なし沼たることや食道楽の種々の誘惑については、これ以上深入りすることのないよう、省略して、次の話題に移ることにする。ある人たちが都の広小路のひっくり返された敷石の上を、危険を恐れもせず、馬をあたかも駅馬の如くに急がせて、いわゆる火のついた踵《かかと》というもので(2)駆り、奴隷をぞろぞろとまるで掠奪者集団のように背後に引き連れていて、喜劇詩人の言うサンニオすら家に残していない(3)という一件である。これを真似て多くのご婦人方が頭と輿《こし》を覆って町のあらゆる街区を行き交う有様なのだ。一七　すなわち、歴戦の指揮官が最前列に強力な密集部隊を配し、次いで軽装部隊を、そのあと槍投げ部隊を、そして殿《しんがり》に、旗色から必要とあらば助太刀をすることになる予備の戦列を置くように、都の家を預かる者たちは——右手に持った杖で目立つようになっているのだが——配下の者を慎重に、細心の注意をもってまくばり、あたかも陣営の兵に合言葉が下されたかの如く、乗り物の前面の脇を織り子奴隷全員が歩く。これに黒く煤けた料理下僕が続き、次には奴隷全体がごた混ぜになって続くが、これには近所の暇をもて余した平民も加わる。最後が閹人《えんじん》の集団で、老人に始まって少年に終わるが、生白く、姿形の輪郭がねじくれていて不恰好とあって、およそどこに足を向けようと、不具にされた人間の行列を見れば、かの古《いにしえ》の女王セミラミス(4)の置き土産を呪うことになる。女王は他に先駆けて、大人になる前の男を去勢するということを行なったのであるが、あたかも自然に対し暴力を揮ってその定まった行路から逸れさせようとするかの如くであった。自然というものは、呱々《ここ》の声とともにこの世に生まれた時からすでに、元から具わった子種の泉を通して、ある種暗黙の法により、子孫を産み殖やす道を示してくれているのであるから。

一八　こういう次第なので、真面目な学問追究によってそれまで名の知られていた僅かな家も、今は呆けたような怠惰の慰み物で溢れかえっており、声の響き、貫き通る笛の響き、鈴を転がす弦《いと》の音《ね》がこだましている。要するに、哲学者の代わりに歌手が、弁論家に代えては芝居の技の教え手が招かれ、図書室は墓のように永遠に閉ざされ、水力オルガン(5)が作られ、二輪馬車かと見紛うばかりに巨大な竪琴(6)、それに笛や持ち重りのする役者の小道具が作られる。

一九　とどのつまりは、こういう恥曝しに至った。異国の者たちが割合最近、食糧難が危惧されたために

（1）原語 nomenclator. 出会った相手の名、身分、職業を主人に教える役目の奴隷。のちには主人の宴会や祝儀の分配に人を招く役目も受け持った。

（2）底本どおりだと、「いわゆる印章つきの踵《かかと》というもので」。calcibus を calceis と読んで「いわゆる印章つきの靴というもので」とする版（Ern, Eyss, Ga, Wa）もある。「印章つき」云々は、駅逓使用許可を得て馬を走らせることを言うと解される。

（3）テレンティウス『宦官』七八〇に「サンニオ一人留守番をしています」とある。固有名詞か普通名詞か判然としない。普通名詞なら「道化者」か。

（4）前九世紀後半のバビロニアの伝説的な女王。才色兼備を謳われた。バビロンの「空中庭園」を造ったともされる。去勢の風習を始めたのがセミラミスだとする伝は珍しく、アンミアヌスの他には四〇〇年頃に活躍した異教徒詩人クラウディアヌス（『エウトロピウスを駁す』一-三三九）のみ。

（5）ネロ帝時代の発明という。スエトニウス『ローマ皇帝伝』「ネロ」四一。

（6）誇張が過ぎるようだが、こう解釈されている。

あたふたと都を逐われたとき、自由人にふさわしい学芸に携わる者たちが、至って少数ながら、息つく暇も許されず追い出されたのに、正真正銘、女ミーモス役者の取り巻き連中や臨機応変そのふりをした連中が留め置かれ、三〇〇〇人の踊り子がお咎めすら受けずに、コロス及び同数の師匠ともども居残ったのである[1]。二〇　実際、どこへ目を向けようと、いやというほど多くの女性が髪をカールさせ——もし結婚しているなら、年齢からいってもすでに三度はお産の機会があった筈の女たちなのだが——へとへとになるまで足で床敷をこすりながらくるくるとすばしこく動き回るのが見られるのだ。劇場芝居が拵え上げた無数の情景を演じているところである。

二一　しかるに、これは疑いのないことであるが、かつてローマがあらゆる美徳の住まいであったときには、自由人身分の新参者を、貴族の大半は、ホメロスのロトパゴイ人が花の実の甘さで引き留めたように[2]、人間味溢れるあの手この手のもてなしで引き留めたものだったのだ。二二　ところが今は、ある種の人たちの空疎な思い上がりが、都のポーメーリウム[3]の外で生まれた代物は、子無しと独り者以外どれもこれも値打ちがないと見積もっており、また子供のいない人たちがローマではいかに様々こびへつらわれ世話を焼かれるか[4]は信じられぬほどである。二三　そして、彼らの許では、いかにも世界の中心らしく、重篤な病の数々が相当に猛威を揮っていて、これをともかく鎮めようにも癒しの術がことごとく効能を失ってしまうので、安全無事のための突っかい棒が考案されている。似たような病に見舞われている友人とは会わないようにするのだ。そしてこのちょっとした用心にまた別の、十分に有効な養生法が加えられた。病に取り憑かれた知人がどんな具合か、様子伺いのため遣わした下僕は、風呂に入って身体を清めるまでは家に入れないのである。このように他人が目にした病ですら恐れられている。二四　しかしそうは言っても、これらがかくも几帳面に守られる一方で、ある人たちは四肢の活力が衰えておりながら、婚礼に招かれると、くぼめた右手に黄金が差し出されるとあって、いそいそとスポレティウム(5)までも出かけて行くのだ。こういったところが貴顕の士の習いである。

二五　だが、最下層の、貧窮の運命に甘んじる多くの者の中で、ある者たちは居酒屋で夜明かしし、少なからぬ者が劇場の日除けの覆いの下に屯するが、これはカンパニアの惰弱(6)を真似て、カトゥルス(7)が造営官を務めたときにそも初めて吊るしたものである。あるいは、嫌な音をさせて詰まり気味の鼻にやかましく息を吸い込みながら、賽子《さいころ》で丁々発止の勝負をする。あるいは、すべての道楽の中で最大のものであるが、夜明

(1)三八三年の事件（シュンマクス『書簡集』二-七）。従って、少なくともこの部分はこの年以降の執筆ということになる。ローマから追放された者の中にアンミアヌス自身が含まれていた可能性も考えられる。食糧不足を理由とする外国人の追放は、アウグストゥス帝以来（スエトニウス『ローマ皇帝伝』「アウグストゥス」四二）何度か行なわれている。

(2)ホメロス『オデュッセイア』第九歌八四―九七。

(3)原語 pomerium. 結界の意味をもたせ市壁外側に設けた空地。ただし、ここでは「市壁」に等しい。

(4)遺産目当ての者たちから。

(5)ローマから北へ約一〇〇キロメートルのウンブリアの町。今日のスポーレト。

(6)カンパニア地方の人々の軽佻浮薄は固定観念のようになっていた。

(7)クィントゥス・ルタティウス・カトゥルス。前六七年の祝祭でのこと。ただし、当時造営官だったというのは疑わしい。ウァレリウス・マクシムス『著名言行録』二-四-六が典拠か。

けから暮れ方まで、日に焼かれつ雨に打たれつ、馭者と馬の長所短所を細大漏らさず調べ上げる。二六 実際、数え切れぬほどの大衆が、心を熱気のようなもので溢れ返らせつつ、戦車競走の結果に食い入るようにしているのは相当に奇異な光景である。この種のものは、記憶に値すること、枢要なことがローマで行なわれるのを許さない。それゆえ話の本筋に戻らねばなるまい(1)。

第七章 副帝ガルスの粗暴と暴虐

一 今やその恣《ほしいまま》をいっそう遍く拡げて、副帝は善き人々すべてに重くのしかかるものとなっていたが、これらのことあって以降、何ら則を弁えず、オリエントの地域全土を荒廃させてゆき、名誉の公職にあった者も町々の有力者も平民も、容赦はしなかった。二 そしてついにはアンティオキアの町の身分の頂点にある者ら(2)を殺害するよう一片の死刑判決文のもとに命じたが、これは、食糧難が迫っているというので時季はずれの安値を告知するよう促したのに対して、道理に悖る居丈高な返答をしたゆえに怒り心頭に発してのことだった。そして当時のオリエント補佐官ホノラトゥス(3)が節を枉《ま》げずに抵抗しなかったなら一人残らず命を落としていたであろう。三 また一方、彼の恐ろしげな性格については、こういう明々白々、隠れもないしるしもあった。血なまぐさい出し物を好み、円形競技場で時に六、七番もの試合に熱中して、拳闘士が互いに相手を殴り倒そうと血塗れになる様子を見ては、巨万の利得をあげたかのように喜ぶのであった。四 その上さらに、何かにつけ人を害おうとするその性向をなお煽り立てたのが、とある卑しい女で、求めのとおり宮殿への参内が許されると、最も下っ端の兵士らによって彼に対し密かに陰謀が仕掛けられていると垂れ込んだのだ。この女にコンスタンティナ[4]は、これでもう夫の身の安全は確保されたとばかりに喜んで、贈り物を与え、乗り物に乗せて宮居の戸口から外へと送り出してやったが、これを誘い水として他の者たちをもおびき寄せ、同様の、あるいはさらに重大な事柄を明かさせるためであった。五　このあとガルスは遠征に臨御するとの触れ込みでヒエラポリス[5]に向け発とうとしたが、アンティオキアの平民たちが、数多《あまた》の厄介な原因により出来するであろうと既に予想されている飢饉の恐怖を払いのけて頂きたいと折り入って願い出てきたのに対し、広範囲にわたる権限が局地的な難渋をたちどころに癒す元首というものの習いに従って何らかの手段を講じるなり、例えば隣接の属州から食糧を移送させるなりの決定を下そうともせず、そばに控えていたシュリアの執政官格総督テオフィルス[6]を、究極の事態を恐れる群衆に委ねて、統治者が望まなければ誰も食べ物に事欠くことはあり得まいと盛んに繰り返すのだった。六　こうしたことが卑賤な俗衆の大胆さを助長した。そして糧食の欠乏が深刻になると、飢えと憤怒に突き動かされて、仲間内では名の通ったエウ

（1）「それゆえ」以下のこの短い一文を底本のみが第一七節とする。
（2）筆頭格の元老院議員を指す。
（3）一四-一-二。
（4）副帝ガルスの妃（五頁註（7））。
（5）ギリシア語で「聖なる町」の意。同名の町は多いが、ここはアンティオキアの東北東百数十キロメートル、エウフラテス河上流の町。今日のシリア北部のマンビジュ。
（6）三五三／五四年にこの職責にあった。

ブルス(1)なる者の豪奢な家に火をつけて炎上させ、知事(2)を、皇帝の裁可によって我々に引き渡されたとばかりに殴る蹴るの目に遭わせ、半死半生になっているのを踏みつけ、痛ましくも引き裂いてばらばらにした。この人物の涙を催す死のあと、誰もが一人の人間の身の破滅のうちに己れの危難の有様を看取し、まだほとぼりの冷めぬこの前例に似たものを恐れた。七　同じ頃、元将軍のセレニアヌスが(3)――この者の腑甲斐なさのためにフォエニケのケルセ(4)が劫掠に遭ったことは以前触れておいたが(5)――帝権に対する大逆の廉《かど》で正当に、かつ法によって被告人となるよう求められながら、いかなる執り成しによってか不明ながら、無罪放免されることを得た。頭に被っていたフェルト帽に国禁の術で呪《まじな》いをかけ、これを下僕に持たせてお告げを下す神殿へと遣わした、その目的は、望みどおり安全確実に帝位が我がものとなるしるしが出ているや否や、予言を求めることであったと公然立証されたにも拘らずである。八　こうして時を同じくして二重の災いが起こっていたのである。罪のないテオフィルスは無残な出来事が横死させたし、万人の呪いを浴びて然るべきセレニアヌスは、今少しで民衆が精力的に抗議を行なうところであったが、罰せられることなく終わった。

九　こうしたことを折りにふれコンスタンティウスは耳にし、またタラッシウス(6)が寄越した報告により幾つかのことを知ると――この男は人皆に共通の定めにより亡くなったとすでに聞いていたのだが(7)――副帝に宛てていささか甘言を弄する手紙を認《したた》め、軍務の閑暇というものは得てして乱を生みがちなので、御身の抹殺を画策してはいないか不安を覚えると装って、援護の軍勢を少しずつ彼から取り除け、宮廷警護隊と親衛隊に楯隊と同族隊(8)を加えたものだけで満足するよう命じ、また出納補佐官(9)から近衛長官に昇進したドミティアヌス(10)に指示を与えて、シュリアに着任したならガルスに、これには幾度も呼び出しをかけてあったのだが、至急イタリアへ赴くよう愛想よく慇懃《いんぎん》に促せと言った。一〇　近衛長官は、これゆえ旅を急いでアンティオキアに来たはいいが、宮殿の門を素通りして、拝謁を行なうのが礼に適っていた副帝を軽侮し、恒例の練り歩きを披露して近衛長官公邸に向かうと、長らく病気を口実に宮居へ参内もしなければ公の場に出ることもせず、引き籠ったたまま、副帝の破滅に向け大いに力を注いで、時折り元首に宛てて送る報告にも何がしか余分なことを付け加えるのだった。一一　遂には参内を求められ、顧問会(11)に招じ入れられると、回りくどい前置きは抜きにして、深く考えることもなく、あっさりと「出立されよ」と言った、「副帝陛下、下命

(1)アンティオキアのソフィストで市参事会員。父と祖父もソフィストだった。
(2)前出の総督テオフィルスのこと。
(3)パンノニア出身。フォエニケ方面将軍（dux Phoenices）を三五四年以前に務めた。
(4)不詳。属州フォエニケについては、一四-八-九。
(5)この部分は伝存しない。
(6)一四-一-一〇。
(7)自然死をいう。
(8)「宮廷警護隊（scholae palatinae）」は総務長官（magister officiorum）直属の皇帝警護部隊、「親衛隊（scholae protectorum）」は皇帝に忠誠を誓う士官クラスの部隊、「楯隊（Scutarii）」は所持する楯に因んでこう呼ばれる。「同族隊（Gentiles）」は蛮族で編成された部隊。いずれも一般兵士より待遇が良かった。
(9)コンスタンティヌス一世帝以降、財務の長。
(10)オリエント担当近衛長官（道長官）として、タラッシウスの後任。職人の子として生まれ、書記官を経て、コンスタンティウス二世帝のもとで出納補佐官に就任。のちに出る（一四-七-一九）アポリナリスの義父。
(11)原語 consistorium. 元首の重臣会議あるいは枢密院のようなもの。会議の間は元首以外着席を許されなかった。

のあったとおりに。[1] もし躊躇されるならば、あなたの分もあなたの宮廷の分も、糧食の打ち切りを私がすぐにも命ずるであろうと心得られよ」。これだけをふてぶてしく言ってのけると、苛立ちの態で退出し、以後は矢のような召喚を受けても彼の前に姿を現わさなかった。一二　このことから副帝は、不当不相応な扱いに当然のことながら立腹し、近衛長官の拘束を忠実な親衛隊の者たちに命じた。これを知って当時の法律顧問官[2]モンティウス[3]が、気性の激しい人物ではあったが穏便に事を済ます傾きもかなりもっていて、大局的利益を図り、宮廷警護隊の主だった者たちを呼んで、たいそう穏やかに話しかけ、かかることがあっては沽券《こけん》に関わるし利益にもならないと諭し、咎め立てするような口調でもって、もしそうしたいのなら、各所のコンスタンティウス像を倒した上でいっそう安んじて近衛長官の命を奪う談合をするがよかろうと付け加えた。一三　これを知るとガルスは、投げ槍か石で襲われた蛇がもはやこれまでと観念して、いかなる手段に訴えてでも我が身を救おうと邁進《まいしん》するように、全員武装して集まれと命じ、皆が驚いて立ちすくんでいると、歯列をむき出しにして軋らせながら、一四「加勢せよ」と言った、「勇敢なる者ども、諸君ともども窮地にある我に。モンティウスがいつになく奇妙な気の昂ぶりなんぞを見せて、予を反逆者だ、正帝の尊厳を足蹴にする者だなどと、こう騒ぎ立てて、咎め立てしておるが、さだめて立腹しておるのだ。ものの手順というものが求めるところを知らぬ存ぜぬで通すあの強情な近衛長官を拘禁せよと、脅かし程度に命じてやったというので」。一五　そこで躊躇なく、騒動に目のないこと度々の兵らは、すぐ近くに投宿していたモンティウスをまず襲撃したが、これは痩身で病もちの老人であった。そしてその両方の脚に荒縄をかけ、大の字なりに息もつかせず近衛長官の公邸まで引きずって行った。一六　そして余勢を駆ってドミティアヌスを真っ逆様に階段から突き落とし、同様にロープで縛り上げ、この二人を繋いで町の大通りをあちらこちらへ猛然と引きずり回した。そしてもはや手足と胴体の繋ぎ目が外れてしまうと、世にも醜い姿に損なわれた屍体の上に乗ったが、あたかも飽き足りたかの如くやがて川に投げ捨ててしまった。一七　ところで、無鉄砲が狂気にまで達する連中を焚きつけて、この言語道断の企みを実行するに至らしめたのは、ルスクス(4)という名の都市監督官(5)で、突如姿を見せ、人足たちの高声の音頭取りよろしく、始めたことをやりおおせるよう、しきりに声をあげて煽り立てたのであった。この者はその後時を経ずして、これがために火焙りとなった。

一八　そしてモンティウスが八つ裂きにせんとする者たちの手にかかって息絶えようとする際に、エピゴヌスとエウセビウスを、職業も身分も示さずに幾度かののしっていたので、この二人と同名の者が鵜の目鷹の目で探し求められ、熱気が冷めてしまわぬよう、キリキア出身の哲学者エピゴヌス(6)と、エメサ出身でピッ

(1) 地の文を多めにして、「『出立されよ』と下命のあったとおりに言った」とする版がある（Ro, Sel）。
(2) 原語 quaestor. 正式名称は quaestor sacri palatii で、皇帝に法律上の助言を行なう。
(3) 副帝ガルスに仕える法律顧問官。「気性の激しい人物（acer）」を「アフリカ出身（Afer）」と読む案もある。
(4) 不詳。
(5) 市参事会員の中から選ばれ、都市財政の管理にあたった。
(6) 不詳。

タカスと渾名された激烈な弁論家[1]が連行される。法律顧問官はこの二人ではなく、工廠監督士官で、反乱の動きが起こったなら武器の提供を約束していた二人を非難していたのであるが。一九　同じ頃、ドミティアヌスの娘婿で少し前副帝の宮廷下僚を務めていたアポリナリス[2]が舅によってメソポタミアに派遣されて、兵士の集団を虱潰しに捜索していた。もしや既に上位を窺うガルスの密書を受け取ってはいまいかというのである。この者はアンティオキアでの出来事を知ると、小アルメニア[3]を通ってコンスタンティノポリス[4]を目指したが、そののち親衛隊に連れ戻されて、きわめて厳重に監禁されることとなった。

二〇　こうした工作が為されている間に、テュロス[5]の町で、ひそかに織られ、誰が請け負わせているのか、誰の用に供すべく準備されているのか不明の王の衣のあることが明らかとなった。そこで当時の属州知事、アポリナリスの同名の父[6]、が事情を知る者として連行され、他にも様々な町から大勢の者が集められて、恐ろしい告訴の重しに押《お》し拉《ひし》がれていった。

二一　そして今や内的災厄を告げる曲げラッパが鳴りわたる段ともなると、以前のように人目を憚ることもせず、惑乱をきたした副帝の気性は荒れ狂い、真実を見据えることから外れてしまった。また、訴え出られた、あるいは捏造された事柄の信憑性を、誰も形式に則って問おうとせず、罪ある者らの仲間内から無実の者らを見分けようともしなかったので、あたかも追放されたかの如くに人倫はそっくり法廷から離れ去ってしまった。そして裁判事案の、法に適った弁護が沈黙したままなので、死刑執行人が掠奪物の受託者となって頭を覆ってやり[7]、手当たり次第に財産を没収することが、オリエント諸州にあまねく横行した。この地を今ここで検分しておくのが好都合かと私は思う。もっとも、メソポタミアはパルティア戦争を語った際すでに述べておいたし、[8] エジプトは必然的にまたの機会に譲ることになるので、[9] 除く。

第八章　オリエント諸州の様子

一　タウルス山[10]の尾根筋、これは東に向かって高さを増しているが、これを越えるとキリキア[11]が広大な土

(1)「エメサ出身」は写本になく、校訂だが、今日受け容れられている。ここのエウセビウスに該当しそうな人物として、『スダ事典』に出てくるアラビア出身のソフィストと、小アジア南部カリアのミュンドス出身で若きユリアヌスを教えたことのある人物の二人が考えられるが、出身地エメサ（今日のシリアのヒムシュ）からすれば前者か。

(2) 次節に出るアポリナリスの息子。一四-七-九のドミティアヌスの娘婿。

(3) ローマ帝政期のアルメニアは今日よりも広大で、カスピ海の西からトルコ東部にまで及び、東の（大）アルメニアと西の小アルメニア（エウフラテス以西）に分かれていた。後者は当時ローマの属州で、第一・第二アルメニアにさらに分かれていた。

(4) コンスタンティノープル（今日のイスタンブール）。

(5) 古都で、シドンの姉妹町。今日のレバノンのティールの近く。

(6) フォエニケの執政官格総督を務めた人物。

(7) 死刑を表わすメタファー。処刑される者は先に頭を覆い隠されるため。

(8) この部分は伝存しない。なお、アンミアヌスは行政区分に通じておらず、オスドロエナと書くべきところを、ほとんどつねにメソポタミアと書いているという説がある。

(9) 二二-一五—一六。

(10) 今日の小アジアのトロス山脈。

(11) 小アジア南東部の地方。

地を領して広がっている。あらゆる良きものに富む地である。そしてその右辺に接しているのがイサウリア[1]で、同様に、たわわに実る葡萄と豊かな作物に恵まれた緑なす地であり、これを船の遡航の可能なカリュカドヌス川[2]が真中で二分している。二　この地と言えば、多くの町々の中でもことに二つの大都が風趣を添えている。セレウコス王の業になるセレウキア[3]と、クラウディウス・カエサル[4]が建てた植民市クラウディオポリス[5]である。というのも、かつてあまりに強大であったイサウラ[6]も、久しい以前、鏖殺《おうさつ》の反逆者として覆滅させられて、昔日の栄光の僅かな痕跡を辛うじて示すにとどまっているからである。三　一方、キリキアは、キュドヌス川[7]を誇りとしているが、タルスス[8]が高名ならしめている。目にもしるき町で——これを建てたのはユッピテル［ゼウス］とダナエの子のペルセウス[9]か、さもなければ少なくともエティオピアの出でサンダン[10]とかいう名の富裕な貴人だと言われているが——また、創建者の名を帯びるアナザルブス[11]と、かの予言者モプソス[12]の住まいしたモプスウェスティア[13]もこれに加わる。この予言者は、金羊皮を奪い取っての帰り、アルゴ号に乗り組んでいた仲間からうかうかとはぐれてアフリカの海岸に流れ着いたところで頓死したのであり、それからというものフェニキアの芝土に覆われたこの英雄の霊は種々の痛みをたいてい効験あらたかに癒している。四　この二つの属州はかつて海賊との戦争の際、掠奪者集団が混じり込んでいたが、執政官格総督のセルウィリウス[14]によって服属せしめられて貢租国となった。そしてまたこれらの地方ときたら、あたかも突き出た大地の舌に載っているかの如く、東の世界からアマヌス山[15]によって分け隔てられている。五　一方、オリエントの国境線は長々と一直線に延びていて、エウフラテス河の岸からニルス［ナイル］の堤にまで及んでいるが、左はサラセン人の諸部族と境を接し、右は海の波音に向かって開けている。この領域は

(1)一一頁註(1)。「右辺」は北から見てのことで、すなわち、西にあたる。
(2)一五頁註(6)。
(3)セレウコス王、セレウキアともに一五頁註(4)。
(4)ローマ皇帝(在位、四一—五四年)。
(5)カリュカドヌス川中流の町。今日のムット。
(6)ララングからは真西、イコニウムからは南の方角にあった旧都。今日のボズクルの近郊。後出のセルウィリウスにより、山間部族制圧の一環として、川の付け替えによる水断ちで攻められ、征服された。
(7)タウルス山脈に発し、南流して地中海に注ぐ川。今日のタルスス川。
(8)キュドヌス川下流にフェニキア人が建てた町。使徒パウロの生地。ユリアヌス帝の埋葬地。今日もタルススを名乗る。
(9)メドゥサ退治、アンドロメダ救出などで名高いギリシア神話の英雄。
(10)ヘルクレス[ヘラクレス]と同一視されるオリエント神話の英雄。
(11)アナザルバとも。キリキア北東部の町。今日のアナヴァルザ。
(12)黒海の東にあったコルキス王国まで金羊皮を求めてギリシアの五〇人の英雄がアルゴ号という船で冒険を行なったが、コルキスからドナウ河を遡上するなどして西回りでの帰途に、嵐で船がリビュア(アフリカ)海岸に漂着した際、隊員の一人でアポロン神から鳥占いを教わったという予言者のモプソスが蛇に咬まれて絶命し、仲間に塚を造って葬られた(アポロニオス・ロディオス『アルゴナウティカ』第四歌一二二八—一五三六)。このモプソスはキリキアとは無縁で、予言者テイレシアスの娘の子との伝もあるもう一人の予言者モプソスがキリキアに移り住んで町に名を遺した。アンミアヌスの記述には相当混乱が見られる。
(13)ギリシア語で「モプソスの竈《かまど》」の意。今日のヤカプナル(ミシス)の近郊にあった町。
(14)プブリウス・セルウィリウス・ウァティア・イサウリクス。前七八—七四年に海賊を掃討し、七四年、ローマ人として初めてタウルス山系を越え、イサウリ族を征服した。
(15)小アジア南部のキリキアの東南端、シュリアとの境に近い山地。アンティオキアの北に延びる。今日のトルコのヌル山地。

ニカトル・セレウコスが征服して大いに富強にしたのだが、それはマケドニア人アレクサンドロスの死後、後継者の権利によってペルシアの王国を手中に収めたときのこと、渾名の示すとおり達成の才に恵まれた王であった。六　というのも、不穏な御時世に長期にわたって治めた夥しい数の人間をうまく利用して、鄙びた集落から豊かな富と力をもった堅固な町々を建設したからであるが、その多くは現今、建設者の気の赴くままにつけられたギリシア名で呼ばれているとはいえ、それでも古の創建者たちがアッシュリアの言葉で与えた元々の名前を失ってはいない。

七　そしてオスドロエナ、すでに述べたからここでは取り上げないが、これの背後にはまずコンマゲナ(現エウフラテンシス)がなだらかな上り勾配を成しており、ヒエラポリス(古名ニノス)、サモサタといった豊かな町々で名高い。

八　次にはシュリアが美しい平地を広く領して間に開けている。これを高名ならしめているのがアンティオキアで、世界に知られた町、到来物と地場物の物資がかくも豊富なことを競える町は他になかろう。それにラオディケアとアパメア、同じくまたセレウキア。すでに太初このかた栄えに栄えている町々である。

九　この背後にあるのがリバヌス山を背にしたフォエニケ。愉楽と魅惑に満ち溢れた地方であり、大きく美しい町々に彩られている。その町々の中でも居心地の良さと名前の評判にかけてはテュロスがぬきんでて、シドンとベリュトゥス、またこれらに比肩するエメサとダマスクスがあって、いずれも太古の時代に建設された町である。一〇　ところで、これらの属州は、オロンテス川が周囲を巡り、かの高峰カッシウス山の一番下の麓を掠め通ってパルテニア海に注ぐのだが、グナエウス・ポンペイユスがティグラネスを討ち平らげてアルメニア人の領土から奪い取り、ローマの支配権に結びつけたのであった。

(1)アレクサンドロス大王に仕えた将軍で、いわゆるディアドコイの一人。セレウコス朝の始祖（在位、三一二―二八一年）。ニカトルはギリシア語で「勝者」の意。

(2)一七頁註（7）。

(3)コンマゲナは今日のトルコ南部のエウフラテス上流右岸地方。それまで王国だったのを七二年、ウェスパシアヌス帝がローマに併合して属州化した。四世紀前半にさらに下流の地域と併せ、属州アウグスタ・エウフラテンシスに再編されたが、アンミアヌスはエウフラテンシスの略称を用いている。

(4)一四-七-五。

(5)エウフラテス河上流の町。ローマの国境を防衛する第十六軍団フラウィアの駐屯地。現トルコのサムサット近傍の湖底。

(6)今日のシリア。

(7)七頁註（7）。

(8)シュリア北部の港町。現シリアのラタキア。

(9)シュリアのオロンテス渓谷にあった町。

(10)アンティオキアの西南西にあった海岸町。キリキアの同名の町（一四-二-一四）とは別。

(11)今日のレバノン山脈。

(12)ローマの属州としてのフェニキア地方。

(13)四一頁註（5）。

(14)フェニキア最古の都市。今日のレバノンのサイダー。三世紀初め、エラガバルス帝代にローマの植民市となった。

(15)今日のベイルートの南にあった町。アウグストゥス帝代にローマの植民市となった。五二九年、地震により壊滅。

(16)エミッサあるいはヘメサとも。太陽神バアルの神殿で有名。今日のヒムシュ。

(17)前十一世紀創建の古都。前六六年以降ローマ領。セプティミウス・セウェルス帝以降ローマの植民市。

(18)シュリア第一の河川。シュリアを北流したのち西に転じて地中海に注ぐ。アラビア名ナハル・アル・アシ。

(19)アンティオキアの南西の海際にある山。今日のトルコ、シリアの国境のクルチュ山。

(20)地中海最東部をローマ時代後期にこう呼んだらしい。

(21)アルメニア王（在位、前九七―五六年）。

一一　シュリア諸州の果てがパラエスティナ[1]で、広大に伸び拡がっており、手入れされた光煌めく土地に溢れ、幾つか群に秀でた町をもっているが、いずれ劣ることなく、あたかも錘糸《おもりいと》に合わせた如くに互いに相手と肩を並べようとしている。カエサレア[2]、これは元首オクタウィアヌス[3]を称えてヘロデス[4]が建てた町、それにエレウテロポリス[5]にネアポリス[6]、同じくまた、さきの時代に建設されたアスカロン[7]とガザ[8]である。

一二　この地方においては舟運可能な川がどこにも見られぬが、あちこちで天然自然に温かくなった湯が湧き出ていて、幾通りもの療治に用いるに適している。しかしながらこの地域も同様の巡り合わせにより、ポンペイユスが、ユダヤ人を服属させヒエロソリュマ［エルサレム］を奪取して[9]、法の執行は委ねたまま、属州の形に作り上げた[10]のであった。

一三　これにアラビア[11]が隣接するが、アラビアはもう一方の側ではナバタエイ族[12]と隣り合っている。種類豊富な商品に溢れ、また強固な城砦と要塞に満たされているが、これらは近隣部族の急襲を排撃するために古人の用心怠りなき配慮が恰好の安全な山手に築き上げたものである。この属州もまた、村邑《そんゆう》に交じって幾つか大きな町をもっている。ボストラ[13]とゲラサ[14]とフィラデルフィア[15]。市壁の堅固なことで安全この上ない町々である。ここに属州の名を付し、知事をあてがって、我らの法に従うようにさせたのが皇帝トラヤヌス[16]であって、栄えある戦によってメディアとパルティア人を攻め立てたときに、住人らの思い上がりを幾度も打ち砕いたものだった。

一四　同じくまた、大陸から離れたところに位置し、港に富める島キュプルスは、数ある中都市に交じって二つの都邑《とゆう》で名高い。サラミス[17]とパフス[18]で、片やユッピテル［ゼウス］の社によって、片やウェヌス［ア

(1)ローマの属州としてのパレスティナ地方。

(2)オクタウィアヌス＝アウグストゥスから返還された町を、ヘロデス大王が前一〇年までに港湾都市に大改造し、アウグストゥスを讃えてカイサレイアと命名、後三―四世紀には図書館を具えた文化都市として栄えた。今日のイスラエルのケイサルヤ。

(3)アウグストゥス帝（在位、前二七―後一四年）。

(4)ヘロデス王（大王）。『新約聖書』イエス降誕の記事にも出るユダヤ王（在位、前三七―四年）。

(5)ギリシア語で「自由の町」の意。パレスティナ南部の町。この名となったのはセプティミウス・セウェルス帝の代で、旧名はバイトガブラ。今日のイスラエルのベイト・グヴリン。

(6)ギリシア語で「新しい町」の意。ユダヤ戦争後、ウェスパシアヌス帝が壊滅したシケムの町の北西に建てた町。今日のヨルダン川西岸地区のナーブルス。

(7)地中海岸のペリシテ人の町。ヘロデス大王の生地。今日のイスラエルのアシュケロン。

(8)今日のガザ。ペリシテ人最大の町。前三三二年、アレクサンドロス大王に征服され、後六六年、ユダヤ人に滅ぼされたが、程なく再建された。

(9)前六三年のこと。

(10)ポンペイユスがパレスティナ地方をローマの属州にしたとのこの記述は当たらない。しかし、年々のローマへの貢税は課された。

(11)ローマの属州アラビアは大体今日のシリア南部に相当する地域で、広大なアラビア半島は含まない。

(12)恐らくアラビア系の民族。前二世紀には定住し、王国を形成した。

(13)もとナバタエイ族の町。トラヤヌス帝が新たに建設。第三軍団キュレナイカの駐屯地で、属州総督府もあった。今日のシリア南部ボスラの近く。

(14)ヘレニズム時代に建てられた町。今日のヨルダン北部のジャラシュ近郊。

(15)今日のヨルダンのアンマン。

(16)ローマ皇帝（在位、九八―一一七年）。ただし、属州アラビアを創設したのは一〇六年で、かつてメディア王国のあった地を経てパルティア王国に攻め込み、クテシフォンを占領したのは一一六年のこと。アンミアヌスの記述は正確でない。

(17)島の東岸の町。トロイア戦争のギリシア方英雄テウクロスが建てたとの伝説があった。

(18)島の西岸の町。もとエリュトラといった町がローマ時代にパフスにとって代わられた。

プロディテ」の神殿によって、耳目を集める。このキュプルスはまた、あらゆるものがきわめて豊富に、多種多様に溢れ返っているので、外からの支えを何ら必要とせず、土地に産する資源でもって船底そのものから帆の天辺に至るまで貨物船を建造し、あらゆる艤装を施して海に浮かべられるほどである。一五　また、憚りなく言わせてもらうが、正当にというよりもむしろ強欲に、この島をローマ国民は侵略したのである。というのも、我々と同盟を結び盟友であったプトレマイオス王(1)が、我らの国庫の払底のため、何ら咎なくして法の保護剝奪を命ぜられ、そのため毒を仰いで自死を遂げたとき、この島は貢租国とされもしたし、また、あたかも敵のものの如くにその分捕物が艦船に積んでカトー(2)により都に運ばれもしたからだ。さて、事蹟の元の順序に戻るとしよう。

第九章　副帝コンスタンティウス・ガルスについて

一　こうした様々な瓦解が起こっている間に、守備にあたっていたニシビス(3)から呼び出されたウルシキヌス(4)は――筆者は勅命によってこの人の指示に従うことになっていたのだが――死罪裁判の告訴状の調査を強いられていた。謝絶をし、群れなす囂《かまびす》しい追従者《ついしょうしゃ》たちに抗議をしていたにも拘らず。たしかに戦好きの身、つねに兵士、また兵士らの指揮官ではあったが、しかし法廷での論争とは縁遠かったのであるから。そして自身が危ない目に遭っているという恐れに苛まれて、自ら関わり合いになった替え玉の告訴人たちと査問人たちが同じ穴の貉《むじな》であったことに気づくと、公然隠然の所業を密書でもってコンスタンティウスに余さず報告し、援護を懇請したのである。これをしも恐れて、副帝の悪名高き思い上がりが消えてなくなるようにと。二　しかしあまりに用心しすぎたために、のちに述べるように、なお悪い罠に捕えられてしまった。競争相手がコンスタンティウスのお膝元で重大な陰謀を織り合せていたからであって、他の点では程のよい元首ではあっても、もし何かこの種のことを彼の耳に、いかに名もなき者であれ、入れたならば、冷酷にして無慈悲、この手の裁判に関しては人が変わったようになるのだった。

三　それがため、命取りの審問のために定められた日、見せかけの審判人として騎兵長官[5]が着座し、何を行なうべきか予め教え込まれた他の者たちもすでに呼び込まれており、また、ここかしこに書記官が控えて、何が訊問され何と答えられたかを迅速に副帝に伝えようとしていた。その副帝の苛酷な命により、垂れ幕から絶えず顔を突き出す妃[6]の唆しにより、告訴内容に反駁することも許されなければ、弁護も受けられず、かなりの者が命を落としたのである。四　それで、誰よりも先に法廷に立たされたのはエピゴヌスとエウセビ

(1) プトレマイオス九世ソテル二世の子。前八〇―五八年、キュプロスの王。海賊との戦いにおいてローマと衝突し、自死を遂げた。その財宝の競売額は七〇〇〇タラントンにのぼったという。
(2) マルクス・ポルキウス・カトー・ウティケンシス。前出のカトー・ケンソリウスの曾孫。前五八―五六年にこの財産没収を実行。
(3) 今日のトルコ南東部シリア国境のヌサイビン。堅固な要塞都市であった。
(4) 当時のオリエント方面騎兵長官（三四九―三五九年）。アンティオキアに呼び出された。
(5) ウルシキヌス。
(6) コンスタンティナ。

ウスであり、名前の縁《えにし》のゆえに不意討ちを喰らったのであった。というのも、さきに述べておいたが、(1)モンティウスがいまわの際《きわ》にこれらの名前で工廠監督士官を呼んで、来たるべき一仕事に支援を約したといって非難したのだった。五　そしてエピゴヌスのほうは、哲学者の衣を纏っているだけで――ということが露呈したが――嘆願を試みるも空しく、両の脇腹に溝を彫られて(2)死の恐怖が課せられると、醜悪な自白によって、己れが実在などしなかった企みの共犯者であったことを請け合ったが、その実何ひとつ見もしなければ聞きもしなかったのであって、根っから裁判実務には疎かったのだった。だがエウセビウスは告訴内容をはっきりとした態度で否定し、吊るされても(3)いっかな節を枉《ま》げず、これは強盗だ、裁判ではないと叫んだのである。六　そして法に通じているゆえ、告訴人を出せ、慣例に従えと執拗に求めたが、副帝はこれを聞くと率直な発言を傲慢と見なし、まるで太々《ふてぶて》しい誹謗者であるかのように、拷問にかけよと指示した。この者は腸《はらわた》が飛び出て、拷問具にかける部分がなくなってしまう有様だったが、天に向かって正義を求め、不気味なほくそ笑みを浮かべつつ、盤石の度胸で動じる気配も見せなかったが、自らを罪ありとすることもおよそ他人を罪ありとすることも肯《がえん》ぜず、とうとう自白も罪の承認もせぬまま、卑劣な連れ合いとともに死罪をもって罰せられることとなった。そして引っ立てられて行ったが、じたばたする様子もなく、世の不公正を嘲り続けた。これはかの古のストア主義者ゼノン(4)に倣ったもので、ゼノンは長時間責め苦に遭わされてある嘘をつくよう迫られたとき、己れの舌を付け根からちぎり取って血の唾とともに、審問をしていたキュプロス王の眼に吐きかけたのだった。(5)

七　このあと王の衣のことが問《と》い質《ただ》され、紫染めの職人たちが拷問にかけられて、胸を覆う袖無しの短いトゥニカを織ったと白状すると、マラス(6)という名の男が連れて来られたが、キリスト教徒の言う助祭であった。この者がテュロスの織物工房の監督者に宛ててギリシア語で書いた手紙が持ち出され、ものを急げと随分な催促であったが、それが何であるかについては示していなかった。遂にはこの当人までもが命の瀬戸際にまで傷めつけられたものの、口を割らせることはできなかった。八　それゆえ様々な境遇の人々にまで審問が拡大され、幾つか不審な件はあったものの、軽々に詮議されたものが少なくなかったことは明らかであったのだが、大勢が命を奪われたのち、アポリナリス父子が二人ともに追放され、クラテラエ(7)という名の土地、すなわちアンティオキアを隔たること二四マイルの所領にやって来たところ、かねての指図どおり、脛を折って殺された(8)。九　この二人の殺害ののち、ガルスは暴戻《ぼうれい》な振舞いを一向ゆるめず、屍体を食らう獅

---

(1) 一四-七-一八。
(2) 笞打ちによる。
(3) 笞打ちのため。
(4) キュプロス島南岸キティオン出身の哲学者でストア派の学祖ゼノン（前三三三／三三二—二六二年）。
(5) 同種の話がウァレリウス・マクシムス『著名言行録』三-三-異国之部四に見えるが、逸話の主はアナクサルコス、相手はキュプロスの僭主ニコクレオンとなっている。ウァレリウス・マクシムスでは、この前に出てくる二つの話がともにエレアのゼノンを主人公とするので、アンミアヌスの記憶違いかもしれないし、そうだとすれば、「ゼノンの逆理」で名高いエレアのゼノンはストア派のゼノンとは別人なので、二重の誤りになろう。
(6) 不詳。
(7) 所在は不詳。
(8)『新約聖書』「ヨハネによる福音書」一九-三二でも、イエスとともに十字架に懸けられた二人の強盗がこのようにして絶命させられる。

子の如く、この種のことを幾らもほじくり返していった。その一々を物語ることは重要ではなかろう。役目の境界を逸脱せぬためであり、たしかにこれは避けねばならない。

第十章　和平がこれを乞うアラマンニ族に正帝コンスタンティウスにより与えられる

354年

一　こうしたことをオリエントが長く耐え忍んでいる間に、気候の温暖が回復すると、コンスタンティウスは、自身が七度め、副帝は再びの執政官職[1]にあったが、アラマンニ族[2]の王たるグンドマドゥス、ヴァドマリウスの兄弟[3]に戦を仕掛けんものと、アレラテを発ってウァレンティア[4]を目指す。この部族の度重なる襲撃によって、国境線と隣り合うガリア人の土地が荒らされていたのである。二　そしてこの土地に長くとどまって糧秣を待っている間に――そのアクィタニア[5]からの運搬が例年よりも頻繁な春の大雨と川の増水のせいで妨げられていたのだが――親衛隊員のヘルクラヌス[6]がやって来た。元騎兵長官ヘルモゲネス[7]の息子で、父親のほうは、前に述べたように[8]、往時コンスタンティノポリスの民衆暴動で八つ裂きにされたのであった。この者がガルスとその妻の行状を真実ありのままに報告すると、過ぎ去りしを悲しみ、来たるべきを惧れて心千々に乱れたが、胸中の苦悶を能う限り長く払いのけておこうとした。三　しかしながら、この間、カビュロナ[9]に集められていた総勢が、遅延に我慢がならず、騒ぎを起こしたが、生きるためのたつきすら手に入らないためにいっそう苛立っていたというのは、糧食がまだいつもどおりに運ばれて来ないのであった。四　こうしたところから、当時の近衛長官ルフィヌス[10]があわや最期かというところにまで押しやられた。というのは、食糧不足とともに気性の荒さもあって激昂しており、また、さなきだに根深い習いによって階級の権威に対しつねに横柄で乱暴であった兵らのもとに、自ら赴いてこれを得心させ、いかなる故あって食糧の集積が滞っているかを説明することを余儀なくされたからである。五　これは深謀遠慮をもって周到に考え出されたのであって、この種の計略によってガルスの母方の伯父を亡き者とし、破壊的行為を始めようという甥の自信を、人並みすぐれた権力を笠に研ぎ澄まさせることのないようにするためであった。だが用心

(1) 底本 iterum（再度）。副帝ガルスの執政官就任は三五二、三五三、三五四年の三度で、ここはその最後に当たるため、tertium または ter（三度め）と訂正する案がある（Ern, Eyss, Ga, Wa, WH）。

(2) ゲルマニア人の一派で、部族のゆるやかな連合体を成し、四世紀にはネッカー川とライン河に挟まれた地域に定住してローマの脅威となっていた。

(3) 前者は三五六／五七年に謀殺されることになるが、後者はユリアヌスとの敵対・和睦を経て三六一年以降の一時期、属州フォエニケの将軍を務めるなど、その動向が度々本書中に語られる。

(4) 今日のフランスのヴァランス。交通の要衝。

(5) 今日のピレネー山脈からガロンヌ河までの間の地方。

(6) 別伝ではヘルクリアヌスとも。

(7) 三四二年にオリエントの騎兵長官を務めた。

(8) この部分は伝存しない。三四二年の事件。

(9) 今日のフランス中東部のシャロン＝シュル＝ソーヌ。

(10) ウルカキウス・ルフィヌス。ガルスの母方の叔父にあたる。要職を歴任し、三五四年当時はガリア担当の近衛長官（道長官）、三六五年から亡くなる三六八年まではイタリア・イリュリクム・アフリカ担当近衛長官（道長官）を務めた。

に用心が重ねられ、この一件が先延ばしとなると、侍従長のエウセビウス(1)が黄金を携えてカビュロナに遣わされ、これを反乱を煽る不穏な連中の間にひそかにまくばることで、兵士らの昂ぶりも収まり、また近衛長官の身の安全も確保された。そのあと食べ物が潤沢にもたらされ、定めてあった日に軍隊は進発した。六　こうして数々の困難を凌ぎ、雪に覆われた幾多の山道を踏破してレヌス［ライン］河の堤のラウラクム(2)近郊に来たところ、アラマンニ族の大群の抵抗に遭って、舟を繋いで橋を架けようにも、ローマ軍はあまりの多勢に手が出せず、四方八方からは雨霰と飛び道具が飛んで来る有様だった。そしてこれが不可能だとわかると、皇帝はここ一番の思案に茫然となって、いかなる策をとるべきか、心に決めかねた。七　すると何と、一帯をよく知るある案内人がふらりと現われて、報酬を受け取ると、渡河の可能な浅瀬のある場所を夜闇のなかで指し示した。実際、敵は他の場所に注意を向けていたので、軍はここを渡って不意を襲い、辺り一帯を荒らすこともできた筈であったが、同じ部族出身で上級兵の職責を委ねられていた少数の者が、密使を使ってこれを国人《くにびと》に知らせてしまったのだ、と、このようにある人たちは睨んでいた。八　この嫌疑で名の挙がったのは、親衛隊補佐官のラティヌス(3)と、厩舎監督士官のアギロ(4)、それに楯隊の長スクディロ(5)で、当時その右手に国家を担っているとして敬われていた者たちである。九　ところが蛮族は、差し迫った状況に応じて決断を下し、たまたま鳥卜師が割って入ったか、あるいは戦を交えることを犠牲式の司式者が禁じたか、大胆不敵な抵抗の源であった剛直さを和らげて、不始末への赦しと和睦を乞うために首長らを遣わしてきた。一〇　そこで、両王の使者を留め置き、一件が秘密裡に長々と思量された結果、正当な条件で求められた和は認めるべきであり、これはまた利益にも適うであろうと意見の筋が一つにまとまって承認をしたので、軍会を呼集し、皇帝はこの場に応じたいささかの発言をせんものと、壇上に位置を占め、居並ぶ高官に囲まれて、次のように論じた。

一一「誰もどうか驚かないでくれ。汗水垂らして長く苦しい行軍をやり遂げ、補給物資も存分に集めたあと、諸君に寄せる信頼に導かれるまま、蛮族の郷《さと》に近づいたという段になって、あたかも俄かに心変わりしたかの如く、穏やかなる方向に針路を転じたとしても。一二 諸君の銘々が地位と意向に照らしてとくと考えてくれれば真実であることが分かろうが、兵士というものは何処にても、たとえ五体に力漲り強靭の身で、ただ己れ一個と自身の生命に目を配り守るのみであろうとも、責務の伴う最高司令官ともなると、総員の身を案じる限りは余人の安全の守り手なのであって、一事が万事己れの保護を当てにしていると見なし……(6)そ

(1)三三七年から死の年の三六一年まで侍従長を務め、長年にわたりコンスタンティウスの宮廷で実権を握っていた。侍従長は通例宦官で、本来は皇帝の寝所の世話係であったが、強大な影響力を行使する職となっていた。

(2)アウグスタ・ラウラコルム。ラウラキとも。今日のスイスのバーゼル東方のアウグシュト。

(3)アラマンニ族ながらローマの官職とローマ風の名前を得た人物。

(4)同じくアラマンニ族出身。のち、歩兵長官(三六〇—三六二年)。

(5)同じくアラマンニ族出身。三五一年、ムルサの戦いの直前にマグネンティウス軍の待ち伏せを挫く戦功があった。

(6)難読箇所。Bは本訳の拠ったEyssとほぼ同じで、「公正に総員のためを図る限りは」と読むところと、欠語を想定しないところが異なる。一方、Ro, Selは補筆により、「(最高司令官ともなると)総員のために公正を図る限りは責務に満ち、余人の安全の守り手なのであって、何事につけても民の思惑が己れの保護を当てにしていることを知って」とする。

して事の有様からして許されるありとあらゆる手立てを、嘉したもう神意より下されたものとして、抜かりなく採らねばならぬのだ。一三　それゆえ、手短に論じて、諸君全員に一堂に会してもらいたいと思ったわけを示そうから、わが最も忠義なる戦友諸君、わがあらまし説明するところに虚心に耳を傾けてもらいたい。真実の理《ことわり》はつねに平明で直きものなのだから。一四　諸君の名声が高みに昇りゆくことは、風聞によってものの見事にその威を増して、最果ての地の住人にまでも知れ渡っているが、アラマンニ族の王らと民がこれを恐れ、諸君も見てのとおり、頸を低うする使節を寄越して、過ぎたる事の赦しと和睦を求めてきている。これを私は、躊躇はし、用心はしつつ、有益なることを薦めたいが、もし諸君の意が得られるならば、認めて然るべきと考える。数多《あまた》考慮に入れてのことだが、まず第一に、戦の一か八かを避けんがため、次いで敵対者に代えて協力者を得んがため——向こうもそう約束をしておる——それからまた、血を流さずして、属州に再三害をなす思い上がった猛々しさを馴致《じゅんち》してやらんがため、最後に、つらつら思うに、敵は戦列にあって武具と力の重みに押し拉がれ倒れる者のみが打ち負かされるのでない。身をもって知れば、ラッパが黙《もだ》しているときでさえ、はるかに恙《つつが》なく自ら進んで軛《くびき》の下へ身を投じる(1)のだ。逆心ある者らに対する勇猛も、嘆願の心ある者らに対する柔和も欠けてはいないと……(2)。一五　つまるところ、諸君が判定人であるかのように、何を薦めてくれるかと私は待ち受けているのだ。穏やかなる元首たる者、幸いに見舞われているときには程よく節度を守れと思い定めつつ。なぜなら、怯懦《きょうだ》に出ずるものでなく、まことと慎しみと人としての心にこそ、この正しい判断は出ずるものとされるであろうから」。

一六　言い終えるや否や、全軍勢がことごとく皇帝の意向に靡《なび》き、その決断を讃えて和睦に同意したが、とりわけ心を唆《そそ》ったのは、遠征に次ぐ遠征によって知ったところでは、皇帝の運は市民間の凶事においてのみ目を光らせてくれていて、一方、国の外に戦を仕掛けるとなるとたいていは嘆かわしいことが降りかかる(3)という、この胸算用であった。この後、民族間の習わしに則って盟約が結ばれ、儀式が滞りなく行なわれて、皇帝はメディオラヌム(4)の冬営に退いた。

第十一章　副帝コンスタンティウス・ガルス、正帝コンスタンティウスにより召喚され、斬首される

一　ここで余の懸案の荷を下ろしてしまうと、まるで厄介極まりない結び目、閂《かんぬき》であるかのように、副帝を力まかせに捩《ね》じ切《き》ることを思い巡らした。そして、側近の者らと夜間ひそかに語らって、向こうが自信満々、ものをぶちまけることにいっそう執拗に意を注ぐ前に、いかなる力、いかなる策略をもってすればこれが成るか思案するうちに、当たりの柔らかな書面により、大至急の公務があると偽って当のガルスを呼び出し、援護の手を奪っておいて邪魔立てなしに始末するのがよいと決した。二　この考えに手練れの追従者

(1) 降伏すること。
(2) 底本は文末に欠語を想定するが、ここに Romanis（ローマ人には「欠けてはいないと」）を補う版がある（Ro, Sel）。
(3) コンスタンティウスは国内の敵相手の戦いには勝利するが、外敵には弱いということ。一四-一一-八参照。
(4) 今日のミラノ。

集団が異を唱え、その中には罠をかけることに抜け目なくかつ熱心なアルビティオと、当時の侍従長で、人を害うことに至って放逸なエウセビウスもいたが、彼らの肚《はら》には、もし副帝が引き揚げたなら、妨げる者なくばいっそうの高みを狙うであろうウルシキヌスをオリエントに残すことになって危険だ、との思いが生じつつあった。三　やはりこの者たちに賛同したのが帝王の余の宦官たちであり、当時その欲どしさは、人間の分際を越えて募っていたのだが、深窓の暮らしに奉仕する間に、ひそかな囁きででっち上げの告訴に施肥を行なっていた。この者たちは、人一倍の嫉みの重しの下にこの屈強至極の男を抑えつけようとして、この男の成人した息子たちが帝位めざして頭角をあらわしてきているとひそひそ話をしていたのである。肢体の格好良さと齢の若さで衆望の的となり、武器についての該博な知識と五体の敏捷によって、軍隊の日々の訓練の中でも、殊更わざと一目置かれている。ガルスはその性酷薄なところへ、下に仕える者たちによって手荒な所業へと唆されるので、あらゆる階級から当然のこと忌み嫌われており、元首のしるしは騎兵長官の息子たちの手に渡るだろう、と。

四　こういった類のことが、その種の風聞につねに晒され開かれている彼の不安な耳を打つと、心は様々に揺れ動いてあれこれの考えが去来したが、ついにこれを最善の策として選んだ。まず、ウルシキヌスにこちらへ来るよう栄誉を尽くして申しつけたが、その口実は、現今喫緊の課題に対処するため、折り入って協議の上、戦の構えを見せるパルティア人(2)の攻撃を粉砕するのにいかなる兵力増強を行なうかを取り決めたい、というものであった。五　そして、参上にあたり何ら敵対行為の疑いを懐かぬよう、彼が戻るまでの代理として補佐官プロスペル(3)が派遣された。こうして書状を受け取り、駅逓の利用許可をもらうと、我々はメディ(4)

オラヌムまで長途の旅を急いだのである。

六　残るは、これに次いで副帝を召喚し道を急がせることであった。そして嫌疑を拭い去るために、その妻となっている己が姉妹[5]にコンスタンティウスは、疾《と》うから会いたいと思っていたので我が許に来るようにと、あれこれ甘言を弄して促した。彼女は、しばしば流血沙汰に手を染める相手を恐れて、迷ったものの、兄弟姉妹の誼《よしみ》をもって宥めることもできようとの期待を胸に出立したが、ビテュニア[6]に入ったところ、カエノス・ガリカノス[7]と呼ばれる宿駅にて急な熱病に襲われ帰らぬ人となった。彼女の亡くなってのち、夫は自らの支えと見なしていた後ろ盾が欠けてしまったことをくよくよ考え、憂慮のあまり、何に力を入れるべきか、決断がつかなかった。七　というのも、身動きのとれぬ、混乱した状況下にあって、その不安な心を向ける先はというと、コンスタンティウスは何事もみな己れの意向に合わせて判ずるから、およそ弁解は受けつけぬし、過ちを赦しもすまい。むしろ近親を亡ぼそうという傾きが強いので、罠をこっそりとこの身に

(1) フラウィウス・アルビティオ（アルベティオとも）。一兵卒から騎兵長官（三五一頃―三六一年）に成り上がり、コンスタンティウス帝の宮廷に影響力を及ぼした。

(2) 実際はパルティア人は二二七年に滅ぼされ、サーサーン朝ペルシアが反ローマ勢力の旗手となっていた。ここではペルシア人を指す（七三頁註（3））。

(3) すなわち、オリエント方面騎兵長官の代理。のち、一七―五―一五ではシャープール二世の許に使節として派遣される。

(4) 筆者アンミアヌスはウルシキヌスの部下であった。

(5) コンスタンティナ。

(6) 小アジア北西部の地方。ポントゥス地方とともにポンペイユスがローマの属州に編入した。

(7) ギリシア語形による名称が用いられている。アンキュラからニカエアへの街道沿いにあった町。

仕掛け、もし隙を衝いて捕えたなら、死をもって罰するだろう、というこの一事ばかりであった。八　これほど切羽詰まった状況に追い込まれ、究極の事態すら、用心を怠ったなら、有り得べきと予想しながら、筆頭の地位を、もし機会が拓けたならと、ひそかに窺っていたが、側近の者たちの裏切りを二通りの理由で恐れていた。彼らは彼を乱暴者、浅はか者として怖がっていた上、市民間の不和軋轢に際してはコンスタンティウスの運の方が優位にあることを惧れてもいたからである。九　こうした懸念の山に囲まれて、皇帝の書状をひっきりなしに受け取ったが、皇帝は我が許に来るようにと勧告し、懇望し、その上、国家は分割できぬし、またすべきでもないが、波に翻弄されているときには銘々がその力相応に援助の手を差し伸べるべきだと、どうやらガリア諸州の惨状[1]を指摘しつつ、婉曲に示していた。一〇　加うるに、さほど古くもない例を持ち出し、ディオクレティアヌスとその僚帝[2]には補佐役として両副帝が仕えていた[3]が、一つ所に留め置かれず、その意を体してあちらこちらと駆けずり回っていたのであり、またシュリアにおいては、立腹した正帝の車駕の前を紫衣を纏ったガレリウスがほぼ一マイルにわたって徒歩《かち》で進んだ[4]のだと言い添えた。

一一　数多の者のあとにやって来たのが楯隊の士官スクディロで[5]、幾分田舎者めいた気性の蔭にあるのは説得に長じた業師であった。この者は、へつらいの文句に偽誓まで交えて、唯一人、彼を出立する気にさせたのであるが、お従兄様は燃ゆる思いであなたに会いたがっておられます。迂闊な振舞いは、優しく情け深い方であるので、お見逃しになりましょう。そしてあなたをその御威光に列なる者、またさらに、長く疲弊した北方の諸属州が求める骨折り仕事の今後の仲間としてお受け容れになりましょう、と、何食わぬ顔で繰り返し念を押したのだった。一二　そして、宿命が手をつけるところ、人間の感覚が鈍らされ弱らされるのが常であるように、こうした誘いによってより良き境遇への期待を懐くようになり、仇なす神意の導くままにアンティオキアを出《い》で、昔の諺に言うとおり、(6)煙から炎へまっしぐらに道をとった。そしてコンスタンティノポリスに入ると、まるで順風満帆にして恙《つつが》なき境遇にあるかのように、戦車競技を催し、馭者トラクス(7)の頭に勝者としての冠を載せてやった。(8)

一三　このことを知るとコンスタンティウスは、人の身もあらばこそ、烈火の如く怒り、何かの拍子に当のガルスが、先々に確信がもてぬまま、己れの身の安全に資する手立てを取ろうと道中努めたりしないよう、途上の町々に駐屯する兵すべてが故意によそへ移された。一四　この当時、法律顧問官としてアルメニアに派遣されたタウルス(9)は、無礼にも副帝に挨拶するでもなく拝謁するでもなく通り過ぎて行った。しかしなが

(1)マグネンティウスによる帝位簒奪に端を発する戦乱の結果、国境線の防衛が手薄となって、アラマンニ族の侵入を招いたため。

(2)ディオクレティアヌス帝は在位、二八四—三〇五年。その僚帝マクシミアヌスは在位、二八六—三〇五年。

(3)ガレリウスとコンスタンティウス・クロルス。ともに副帝在位、二九三—三〇五年。三〇五年にはともに正帝になっている。

(4)ガレリウスが不用意にペルシアの大軍と交戦し、敗れて戻る途中、ディオクレティアヌスに出会い、数マイルにわたって紫衣を纏ったまま車のそばを走らされたとエウトロピウス『建国以来の歴史概略』九-二四にある。二九六—二九七年のこと。

(5)不詳。

(6)「煙から逃げて火の中に飛び込む」がこの言い回しの原型となったギリシアの諺。

(7)経歴不詳。

(8)副帝にはこのような振舞いをする権限はなかった。

(9)フラウィウス・タウルス。のち、イタリア・アフリカ担当近衛長官（道長官）になる。

ら、皇帝[1]の命によりやって来た者も幾人かあり、種々の用務と見せかけて、当の者が動きを起こしたりできぬよう、あるいは何事かを内密に試みたりせぬよう見張ろうというのであった。その中には、のちに都市長官となるレオンティウス[2]が法律顧問官として、また親衛隊補佐官としての立場でルキリアヌス[3]が、さらには楯隊の士官で名をバイノバウデス[4]という者がいた。一五　こうして、長く平坦な道のりを旅して、ハエミモントゥスの町ハドリアノポリス（古名ウスクダマ[5]）に入り、十二日間の逗留でもって労苦に疲れた体力を回復しようとしていたとき、近在の町々で冬籠りをしているテーバエ軍団[6]が所属の兵何名かを送って寄越したのを知った。固く忠誠を誓って、近辺の陣所に潤沢に配備されている我らを信頼しここを動かぬようにと、促そうとしていたのである。だが身辺にいる者たちが用心怠りなく見張っているために、謁見したり用向きを聞いたりする機会を盗むことができなかった。一六　次から次へと届く手紙に急き立てられてそこを発ち、指示どおり一〇台の公用車駕を使い、帯同した若干の閨房係、食卓係の者以外はすべての宮廷吏員をあとに残して、蓬髪垢塗れのまま、歩みを速めるよう追い立てられたが、多くの者に尻を叩かれ、自らを貶め卑しめて最も下賤な者たちの意向にすら従属せしむることとなった己れの軽率さを、幾度となく涙ながらに呪ったものである。一七　こうするうちにも、しかしながら、人間本性が休息を求めて安らっているさなか、彼の意識は、奇声をあげつつ取り巻く悪鬼どもへの恐怖に苦しめられ、また、殺害した者の群れが、ドミティアヌスとモンティウスを筆頭に、彼をひっ捕えて——というふうに夢の中で思うのだったが——復讐の女神たちの鉤爪めがけ投げ与えるのであった。一八　というのも、肉体の桎梏《しっこく》から解き放たれた魂は、倦まずたゆまず動き回りつつつねに働きをなし、はかなき人間の心を悩ますところの、抑えつけられた思念や不安を

集めて、我々が幻［ファンタシアー］と呼ぶ夜の幻影を作り上げるからである。(7)

一九　こうして実に暗澹たる巡り合わせによって、彼の生命と帝位を奪う手筈になっている宿命の道が拓《ひら》かれ、荷馬を取っ換え引っ換えしながら脇目もふらず旅をこなして、彼はノリクム人(8)の町ポエトウィオ(9)にやって来たが、ここで陰謀の隠れた部分がすべて明るみに出た。すなわち、彼の下で親衛隊の長を務めていた補佐官バルバティオ(10)が、特務官のアポデミウス(11)を伴ってやにわに姿を見せたが、我が恩沢により担保を

---

(1) 正帝コンスタンティウス二世を指す。

(2) フラウィウス・レオンティウス。都市長官となるのは翌年の三五五年。

(3) のちの皇帝ヨウィアヌスの義父で、恐らくパンノニア出身。三五〇年、帝位簒奪者マグネンティウスの討伐に向かったコンスタンティウス二世から対ペルシア戦争の指揮権を与えられ、ニシビスの防衛に成功した。

(4) 名前からすればゲルマニア人。

(5) ハエミモントゥスはバルカン半島東端、黒海に臨む属州。ハドリアノポリスは今日のトルコのヨーロッパ大陸側西端の町エディルネ。ハドリアヌス帝がヘブルス川（今日のマリツァ川）沿いに新都を築き、こう名づけた。古名ウスクダマはエウトロピウス『建国以来の歴史概略』六-一〇も伝える。

(6) 二箇軍団。テーバエの名は、募兵の地がエジプトのテーバエ近辺であったことに由来。

(7) 夢という現象を合理的に説明しようとする試みは、ヘロドトスにすでに見られ、「総じてわれらの夢見と申すものは、昼間考えていたことがふらふらと夢中に現われてくるに外なりませぬ」（『歴史』七-一六β-二、松平千秋訳）とクセルクセスの重臣アルタバノスに言わせている。

(8) ノリクムはパンノニアの西にあたり、ダヌビウス河（今日のドナウ河）以南の地方。今日のドイツ南部バイエルンとオーストリア・ティロル地方にあたる。

(9) ペトビオとも。今日のスロヴェニア東北部のプトゥイ。

(10) のち、帝位僭称者シルウァヌスの後任として歩兵長官を務める（三五五―三五九年）。

(11) 不詳。特務官（agens in rebus）は、皇帝の秘密警察のような存在で、軍服を身に纏った。

とってあるので、およそ褒賞によっても憐憫の情によっても節を枉げることはあり得まいと皇帝が確信して選んでおいた兵を率いていた。

二〇　そこで、もはや事を為すに奸策を隠し立てすることもなく、宮殿が城壁の外に出ている所をすべて武装した者らによって包囲した(1)。そして日が暮れてから侵入し、王の衣を取り去って副帝にトゥニカと普通の軍用外套を着せ、今後いかなる目にも遭わぬからと、あたかも皇帝の言いつけであるかの如く、しきりに誓言を交えて確約し、「ただちに腰を上げられよ」と言い、不意を衝いて私用の荷車に乗せ、ヒストリアのポラ(2)の町の近傍まで連れて行ったが、そこはかつてコンスタンティヌスの子クリスプスが生命を奪われた(3)所と筆者は聞いている。二一　そしてこの地で厳重きわまる監視下に置かれて、迫り来る最期への恐怖からすでに生きながら埋葬されたような心地であったところへ、当時の侍従長エウセビウスと書記官のペンタディウス(4)と重装親衛隊士官マロバウデス(5)が馳せ参じたのは、勅命により、いかなる故あって、アンティオキアで殺害された者たちの銘々を始末せよと命じたのか、逐一申してみよと彼に迫らんがためであった。二二　これに対しては、アドラストス(6)もかくやの蒼白となって、やっとこれだけを語り得た。大方は妻コンスタンティナに唆されて生命を奪った。さだめて、アレクサンドロス大王が、ある無実の者を殺せと母親が迫り、そのあとも望むところを得ようと期して、私はそなたを九月《ここのつき》もお腹に宿していたのですよと繰り言するのに対し、「余の褒賞を求められよ、母上。人の生命は恩恵と引き換えにはならぬのだから」と聡明な返答をした(7)のを顧みなかったのだ、と(8)。

二三　これを聞き知ると、元首は抑え難き怒りと恨みに駆られて、身の安全を固めるためのあらゆる保証を、当人を亡き者とすることに置いた。そしてセレニアヌス――この者が大逆罪で訴えられながら何らかの瞞着によって放免されたことはさきに指摘しておいたが(9)――それにまた書記官のペンタディウスと特務官アポデミウスを遣わして、彼を死刑に処した。こうして罪深い盗賊のようなやり方で両手を縛り上げられ、頸を刎ねられ、顔と頭の尊厳を奪い去られて、醜い亡骸となってあとに残された。僅か前には諸邑、諸属州に恐れられた身であったが。

二四　だが天上なる神意の公正さは、いずれの側にも怠りなく目を注いだ。というのも、ガルスはその無慈悲な所業が破滅させたし、その彼を、罪深き者とはいえ、偽誓によって言葉巧みに宥めすかして命取りの罠まで引っ立てて行った両名の者も、その後ほどなくして苦悶に満ちた最期を遂げたからである。このうち、

（1）Barbatio（バルバティオは）を補い、「包囲した」の主語を明示する版がある（B, Ro, Sel）。

（2）ヒストリアはイストリアとも。アドリア海北隅のイストリア半島を中心とした属州。ポラは半島先端の町で、今日のプーラ。

（3）三二六年のこと。陰謀の犠牲となって（?）父コンスタンティヌス一世の命令でポラにて殺された。

（4）のち、ガリアでユリアヌスの総務長官を務める（三五八―三六〇年）ことになる人物。

（5）のちの帝位僭称者シルウァヌスの友人で、フランク族。マロバウデスはのちにフランク族の王となる。

（6）テーバイ攻めの七将の総師。婿のテュデウスとポリュネイケスの死を知って顔面蒼白となり、血の気が二度と戻らなかったという。

（7）母の名はオリュンピアス。アンミアヌスにはアレクサンドロス大王の逸話が全部で一四引かれるが、ここは典拠不詳。

（8）すなわち、コンスタンティウス帝の実の姉妹に責任転嫁したことになる。

（9）一四-七-七。

スクディロは肝臓の膿瘍のために[1]、肺から喀血して亡くなった。バルバティオは、長きにわたって副帝に対する偽りの告訴を捏造したのであったが、歩兵長官職を務めてのちさらに高位を狙っている、と、ある人たちのひそひそ話によって訴えられると、有罪とされ、偽計によって生命を奪った副帝の霊に、魂は、誰からも涙されぬその死でもって宥めの捧げ物をした[2]。

二五　これら及びこうした類の数知れぬ出来事は、悪行を懲らし善行に報いるアドラステイア[3]が折りにふれ惹き起こすところであり——願わくはそれが常ならんことを——この女神を我々は二つ名でネメシスとも呼んでいるが、霊験あらたかな神意の崇高なる法とも言うべき存在であり、人智の考えるところでは、月の軌道のさらに上のところに座を占める。もしくは、ある人たちの定義によれば、実質的な守護女神であって、万般に及ぶ権能をもって個々の人間の運命を司っているのであり、昔の神学者はこれを正義の女神［ユスティティア］の娘に見立てて、隠れたる永遠とも言うべきところより地上のすべてを見そなわしていると伝える。二六　これは裁きの女王、物事の裁定者また審判者として、籤の入った壺を操って出来事の順序を入れ替え、また我々の当初の意向を時にその目指していたところと違った結末に終わらせんがため、幾つもの行ないを取っ換え引っ換えして混ぜ返すのである。同時に、解く能わざる必定《ひつじょう》の縄でもって、はかなき人間の徒《いたずら》に増長する高慢を縛り上げ、また増減の錘《おもり》のかけ具合をその持てる知識で切り換えつつ、今は増長をきたしている者らの高く擡《もた》げられた首を押さえつけ、勢いを削ぐかと思えば、今度は善良なる者らを最底辺より起たしめて、結構な暮らしへと引き上げてやるのである。一方、伝説を好む古代の人々がこの女神に翼をあてがったのは、鳥のすばやさで万人の許を訪れると見なされるようにするためであり、舵を握らせて足の下には車輪を与えた(4)のは、女神が地水火風のすべてを駆け巡って森羅万象を支配していることが銘記されるようにするためだったのである。

二七　右の早世によって(5)、われとわが身に倦み疲れていた当人が人生を終えたが、享年二八、帝位にあること足かけ四年であった(6)。生地はトゥスキアのマッサ・ウェテルネンシス(7)、父コンスタンティウス(8)はコンスタンティヌス帝の弟、母ガラ(9)はルフィヌスとケリアリス(10)の姉妹、この最後の二人は執政官と長官職の衣を

（1）底本 destillatione iecoris. 肝臓の膿瘍については、スエトニウス『ローマ皇帝伝』「アウグストゥス」八一-一に、アウグストゥス帝が同じ病気を患ったことが見える。しかしアンミアヌスでは次の喀血との関係が不明なため、destillatione pectoris（胸の膿瘍のために）と改める案がある（Brok—Sey 引用）。

（2）一八-三-一—四。

（3）人間の高慢を罰する復讐の女神。

（4）前二世紀ローマの悲劇詩人パクウィウスは、運の女神は転がる玉石の上に乗っていて、石がどちらに転がろうとそちらについてゆく、とするが（「断片」三七—四六（Warmington））、アンミアヌスの記述はイメージしにくい。

（5）一四-一一-二三を受ける。

（6）ガルスは三二五／二六年の生まれで、副帝在位は三五一—三五四年。

（7）今日のトスカーナ地方のやや内陸にあった町らしいが、詳しい位置は不明。底本はマッサを普通名詞（massa）とし、その場合、「ウェテルヌムの所領」となるが、大方の版に従い、二語で固有名詞と見なす。

（8）コンスタンティヌス一世（大帝）の異母弟ユリウス・コンスタンティウス。三三七年、コンスタンティノポリスで兵の暴動により殺された。

（9）三四七年の執政官ウァレンティウスの姉妹。ユリウス・コンスタンティウスの最初の妻。

（10）ガルスの叔父にあたる二人。ウルカキウス・ルフィヌスについては五三頁註（10）。ナエラティウス・ケリアリス（底本は有力写本の元の読みを尊重。正しくはケレアリス）は三五二年から翌年にかけて都市長官を務めた。

纏ったことでその名を知られた。二八　容姿端麗でもって際立ち、身体つきは見目良く、手足の造りも申し分なく、ブロンドのしなやかな髪をし、ひげこそ最近生え始めたばかりで柔らかな産毛であったが、それでも年に似合わず威風が現われているという風であった。弟ユリアヌス(1)の控えめな立居振舞いと隔たっていること、ちょうどウェスパシアヌスの子ドミティアヌスとティトゥス(2)の間の差と同様だった。二九　ところが、運というものの万丈の頂に迎え入れられてのちは、ある者たちをいま星辰にまで連れて上がるかと思うと、今度はコキュトス(3)の淵へと沈めてはかなき人間を弄ぶ、変転目まぐるしいその巡りを経験した。こうしたことの例は枚挙に遑《いとま》がないが、少しばかり、ごく軽く触れながら駆け足で見てゆこう。三〇　この変幻定まりなき運は、シケリアの人アガトクレス(4)を焼き物師から王にし、かつては諸民族に恐れられたディオニュシオス(5)をコリントスの初等学校の長にした。三一　また、アドラミュッティオン(6)の人で縮絨《しゅくじゅう》工房に生まれたアンドリスコス(7)が偽ピリッポスの名で呼ばれるまでにし、ペルセウスの嫡子(8)にはたつきを求めるための金属細工の技を教えた。三二　さらにまた、マンキヌス(9)をその最高指揮権が果ててのち、ヌマンティア人に引き渡し、サムニウム人の野蛮にウェトゥリウス(10)を、クラウディウス(11)をコルシカ人に引き渡し、カルタゴの獰猛にレグルス(12)を差し出した。運の不公正のためにポンペイユス(13)は、その業績の絶大ゆえマグヌスの渾名を得てのち、エジプトで宦官たちの意のままに惨殺される。三三　そして仕置き部屋の奴隷だったエウヌス(14)という

(1) 伝存の巻に関する限り、ユリアヌスの名の初出。

(2) ウェスパシアヌス帝（九―七一年。在位、六九―七九年）の長男がティトゥス（三九―八一年。在位、七九―八一年）、次男がドミティアヌス（五一―九六年。在位、八一―九六

年）。少年の頃から才覚を顕わし、人好きのする性格で善行を旨とした（一日、誰にも恩恵を施さなかったことに気づいて「一日を無駄にしてしまった」と嘆いた話は有名）ティトゥスに対し、ドミティアヌスは独裁者然として自制心を欠き、あらゆる人から恐れられ憎まれたという。
（3）「嘆きの川」の意。黄泉の国を流れる四つの川の一つ。ホメロス『オデュッセイア』第十歌五一三―五一四。
（4）シケリア島シュラクサイの僭主（在位、前三一七―二八九年）。前三六〇年、シュラクサイで焼き物の大工房を営んでいた父のもとに生まれ、民衆を煽動して政治家としてのし上がり、クーデターで政権を握った。
（5）シュラクサイのディオニュシオス二世（在位、前三六七―三五九年）。余生を学校長として送ったとの話は、根拠のない伝説。
（6）小アジア北西部ミュシア地方の町。
（7）もと皮鞣《かわなめ》し屋だったが、マケドニア王ペルセウス（在位、前一七八―一六八年）の子ピリッポスを自称して前一四九年、トラキアからマケドニアに侵入し、王となったものの、翌年、ローマに敗れた。
（8）前出のペルセウス王はローマに対する戦争に乗り出すも、ピュドナの戦いに敗れ（前一六八年）、捕虜となって死んだ。その息子については、プルタルコス『英雄伝』「アエミリウス・パウルス」三七-三に、三男アレクサンドロスがローマで生き延びて、彫り物の技術を身につけたとある。
（9）ガイウス・ホスティリウス・マンキヌス。前一三七年の執政官。ヒスパニア・タラコネンシスの町ヌマンティアとの戦争に敗れ、条約を結んだところ（前一三六年）、ローマの元老院がこれを認めず、マンキヌスをヌマンティア側に引き渡したものの、拒絶された。
（10）ティトゥス・ウェトゥリウス・カルウィヌス。前三三四年と三二一年の執政官。前三二一年、イタリア中部のフルカエ・カウディナエでサムニウム人に敗れた。
（11）マルクス・クラウディウス。前二三六年、使節としてコルシカに派遣され、権限を逸脱して和平を結んだ。元老院はこれを無効とし、クラウディウスをコルシカ人に引き渡したものの、拒絶された。その後、追放されたとする伝と、処刑されたとする伝がある。
（12）マルクス・アティリウス・レグルス。二九頁註（2）。
（13）グナエウス・ポンペイユス・マグヌスは前四八年、パルサロスの戦いでカエサルに敗れ、エジプトに逃れようとしたが、プトレマイオス十三世の佞臣《ねいしん》の差し金で上陸直前に殺された。
（14）シュリア出身の奴隷。前一三〇年、シキリア島での最初の奴隷蜂起（前一三六―一三二年）を指導。

男は、シキリアで逃亡奴隷の首領を務めた。立派な身分に生まれた何と多くの人が、(1)やはりこの、物事の支配者たる女神が目を瞑る間に、ウィリアトゥス(2)やスパルタクス(3)の膝に取り縋ったことか。諸民族の恐れた何と多くの首を死の手先の処刑人が刎ねたことか。獄《ひとや》に曳かれる者もあれば、思い設けぬ権力を握らされる者もあり、また位階の頂点から振り落とされる者もある。三四　こういったすべてをおよそ人が、それがいかに多様で引きもきらぬものであるか、知りたいと思うなら、その人はもはや正気を失って、真砂《まさご》の数と山の目方を調べようと考えるようなものであろう。

(1) Romani を補って、「立派な身分に生まれた何と多くのローマ人が」とする版がある（B, Ro, Sel）。

(2) ルシタニアで反ローマのゲリラ戦（前一四七―一三九年）を指導した人物。

(3) 剣闘士で、ローマ時代の奴隷蜂起の中でも最も有名なスパルタクスの反乱（前七三―七一年）の指導者。

第十五巻

第一章　副帝ガルスの死が皇帝に報じられる

一　私に真実が探り得た限り、生涯を通じて見るを許されたことあるいは事件の渦中にあった人たちに込み入った質問をして知るを許されたことを、種々の出来事の順序を明示した上で筆者は物語った(1)。余すところは、以下の文章が明かすであろうが、力量の及ぶところに従って、いっそう磨きをかけ、この長大な作品――なのだそうだ――を、誹謗中傷する者たちを何ら恐れることなく、完成させるとしよう。簡潔さが称揚されて然るべきなのは、折り悪しき停滞を打ち破ってなおかつ、出来事の認識に何ら不足をきたさない場合なのであるから。

二　ノリクムにおいてガルスが身ぐるみ剝がれるや否や(2)、アポデミウスという、生ある限り騒動の激烈な煽り手であった男が、彼から奪った沓《くつ》を携え、矢継ぎ早に馬を乗り継いで、それがあまりに無理をさせたものだから何頭かを乗り潰したほどであったが、先駆けの通報者としてメディオラヌムに到着し、宮居に入ると、コンスタンティウスの足元に、あたかもパルティア人(3)の王を殺して奪った品ででもあるかの如くこれを投げ出し、そうしてもたらされた急報によって、望み薄であった剣呑《けんのん》な一件が目論見どおりにいとも易々と成し遂げられたことが判ったので、宮廷に仕える高位高官の面々は、例によって歓心を買おうとの意欲をことごとく阿諛追従《あゆついしょう》に傾け、うなずき一つで有象無象《うぞうむぞう》の兵の如く、時期こそは異なれ、二人の元首を、無論のことウェテラニオ(4)とガルスを、解任した皇帝の徳と幸運を天にも届けと褒め上げたのだった。三　帝はこうした飛び切り熱心な媚び諂《へつら》いに舞い上がり、我が身は今後、人の身のあらゆる不自由を免れるだろうと自信満々考えて、たちまち正当の道から外れ、自ら口述しては「我が永世」と幾度も挿入させ、手ずから書いては全世界の主《あるじ》(5)を自称するほどの節度のなさであった。この文句は、他人から聞かされた場合は、善き市民たりし元首たちに比肩せんものと己れの生活、習慣を形づくるべく——というのが彼の言い草であったが——真摯勤勉に努力をしている身としては、よほど憤然として耐えねばならない筈であった。四　なぜな

(1) 原文で一人称単数と一人称複数が混在するのを、「私」と「筆者」として訳し分けた。

(2) 一四・一一・一九―二〇を受ける。

(3) カスピ海の南の民族で、かつてはローマにとって最大の脅威と考えられていた。アンミアヌスは「ペルシア人」と「パルティア人」を区別せずに用いているので、ここは「ペルシア人」というに等しい。

(4) 正しくはウェトラニオだが、底本は有力写本の読みに従う。三五〇年三月一日にパンノニアで軍から正帝に推戴された老歩兵長官。コンスタンティウス二世はこの推戴を追認し利用して、西方に現われた帝位簒奪者マグネンティウスを牽制、同年末にはウェトラニオが自発的に退位し、余生をビテュニアの町ブルサで送ることを許された。この一件はコンスタンティウス二世の姉妹コンスタンティナの差し金ともいう。

(5)「主」は原語 dominus で「奴隷」に対する「主人」を意味し、皇帝は専制君主ではなく市民の中の第一人者（princeps）であるとするローマ国家の建前にそぐわない表現。

ら、たとえ、デモクリトス[1]が唱え、アレクサンドロス大王がアナクサルコス[2]に興味を掻き立てられて夢見た無限世界を帝が支配していたとしても、読み、聴きしているうちに、数学者[3]が異口同音に教示するように、我々には果てしないと思える大地全体の外周も宇宙の大きさに比すれば短い点の如き部分を占めている[4]ということに思いを致しただろうに。

第二章　オリエント方面騎兵長官のウルシキヌス、副帝ガルスの弟ユリアヌス、および副帝の侍従長ゴルゴニウスが大逆罪で訴えられる

一　そして抹殺された副帝が哀れな最期を遂げたあと、早くも裁判沙汰の危険を知らせるラッパが鳴り響き、ウルシキヌスが大逆罪で訴えられることとなった[5]のは、善良なる人々すべての敵たる嫉みがますます大きくなってその一身の無事を脅かしていたからであった。二　というのも、皇帝の耳が公正で真っ当な弁護を受けつけることに対して閉ざされていながら、コンスタンティウスの名がオリエント全域で忘れ去られ、いま述べた将軍[6]がペルシア民族に脅威を与える者として内々にも公にも待望されている、などと騙る陰謀家たちのひそかな囁きには開かれている、というこの難事に圧伏されていたからである。三　だが降って湧いた出来事にも心高潔なる男子は動じなかったのであって、だらしなく身を屈することのないよう警戒し、廉潔に安全な居場所のないことを心底より慨嘆したが、またそれ以前は引きも切らなかった友人が、慣例に従って先導吏[7]が職務の後任者のもとへ移るのを常とするのと同様に、力の勝る方へ寝返ったというこの一事

にいっそう心を痛めた。四　一方また、彼を攻撃するに厚情に見せかけた誘惑をもってし、度々大っぴらに同僚呼ばわり、勇士呼ばわりしたのがアルビティオであって、命取りの罠を純朴な人間相手に仕掛けることには殊の外長《た》けており、また当時あまりにも力をもっていた。というのは、地中にいる蛇が隠れた穴の下に潜んで、通りがかる者を一人一人観察しつつ、いきなり飛びかかっていくように、そのように彼は軍の〈最高〉職を〈得た〉あとでさえも他人の運を憎むあまり、およそ人から傷つけられたこともなければ挑発されたこともない身ながら、人を害せんとする飽くなき意図といったもので良心を汚していたのである。五　それゆえ、少数の者が臨席して密議に関与する中で、(8) 皇帝を交えてひそかに考えを〈長時間あれこれと巡らした末〉決定をみたのは、次の晩、兵士らの目につかぬ所へウルシキヌスを拉致し、断罪なしに殺すというこ

(1)アブデラ出身の哲学者（前四六〇頃―三七〇年頃）。原子論を唱えたことで有名。
(2)デモクリトスの弟子。アレクサンドロス大王のアジア遠征に随伴した。
(3)天文学者というに等しい。
(4)キケロ『トゥスクルム荘対談集』一-四〇に同趣旨の記述が見られる。
(5)この裁判は三五四年のうちにメディオラヌムで起こされたらしい。

(6)ウルシキヌス。
(7)執政官などの高位高官の先導をした複数の下僚で、権力の象徴たる儀鉞（fasces）を捧げ持った。共和政期初期に始まった職で、帝政期にも形を変えて受け継がれた。
(8)底本の praesentibus を de J は praefectibus と読んで「少数の長官が密議に関与する中で」とし、具体的にはイタリア、ガリア、イリュリクム各方面の近衛長官（道長官）、及び、ローマの都市長官が想定できるかもしれないとする。

とであって、その昔、ネロの御代のあの紊乱《びんらん》の只中にあって、属州の誠実にして油断なき守り手たるドミティウス・コルブロ(1)が殺されたという手口と同じであった。六　このように手筈を整えて、この目的のため指名された者たちが予め指示された時を待ち受けているときに、穏便な方へと心変わりして、神をも畏れぬ所業は二度めの評議まで先延ばしにするよう下知があった。

七　そして以後は、最近連れ来たったユリアヌス(2)へと誣告《ぶこく》のからくりが向けられる。のちには記憶に残る元首となるのだが、敵意をもっての見立てによれば、二重の告訴に絡んでいるのであって、カッパドキア所在のマケルムの地所(3)からアシア(4)へ、自由人にふさわしい学問を渇望するあまり、所を移したこと、コンスタンティノポリス経由で旅をしていた兄と面会したこと(5)である。八　当人は告発を撥ねつけて、いずれも命を受けずに行なったのではないことを示したにも拘らず、追従者たちが忌まわしい一団となって責め立てたために、危うく生命を落とすところであったが、天上なる神意に鼓吹された皇妃エウセビア(6)の後ろ盾を得たことにより、メディオラヌム近傍の町コムム(7)へ連れて行かれ、そこに暫時滞在したのち、才能の陶冶《とうや》のため、意欲に燃えていたとおり、ギリシアに行くことを許された。九　また、このあと、こうした出来事から派生した件も皆無ではなかったが、それらは当然の処罰を下された限りにおいては瑞兆の下に起こったと言い得べく、あるいはまるで無効かつ実体なきもののように雲散霧消していった。しかし時たま起こったことには、富める者たちが有力者を砦と頼んで訪《おとな》い、まるで蔦《つた》が高木に絡むようにこれにしがみつき、莫大な謝礼で無罪放免を購《あがな》ったが、一方、一身の無事を買い戻すための資力に乏しいか欠けている貧者は一も二もなく断罪された。そしてこれゆえに、真実は嘘で覆い隠されるし、偽りが幾度も真実として大手を振った。

一〇　同じ頃、副帝の寝所の世話を委ねられていたゴルゴニウス[8]が法廷に連れ出され、この者が悪巧みに関与し、時にはその煽動者であったことが自白から明らかであったにも拘らず、宦官たちの画策によって正義が塗り固めた嘘で覆い隠されてしまい、難を免れて去った。

第三章　副帝ガルスの友人たちと手先の者たちに対し処罰が下される

一　メディオラヌムでこういったことが行なわれている間に、兵士らの諸部隊がオリエントからアクィレ

(1)グナエウス・ドミティウス・コルブロ。ネロ帝のもとでアルメニア人、パルティア人に勝利を収めた（五五―六六年）ことで名を馳せたが、ネロ帝の嫌疑を招き、帝が自分を殺すことに決めたと知って、六七年に自死した。
(2)メディオラヌムへ。
(3)帝室領。ここでガルス、ユリアヌスの二兄弟が厳重な監視下に置かれていた。
(4)属州としてのアシア。小アジア西岸中部の地域で、エフェスス［エペソス］、ペルガムム［ペルガモン］などの文化都市があった。
(5)アンミアヌスはこの兄弟邂逅を事実のように扱うが、ユリアヌス自身は『アテナエ人宛書簡』（二七三A）の中で否定している。
(6)コンスタンティウス二世の二番めの妻。子供がなく、ユリアヌスを贔屓《ひいき》したが、その妻を毒薬で流産させようともしたる（『弁論』三）。三六〇年頃に亡くなったが、不妊治療が災いしたという。（一六・一〇・一八―一九）。
(7)今日のコモ。
(8)他に伝なく、不詳。

イヤ[1]へと連れて来られたが、廷臣多数も一緒、肢体は鎖の間で萎びたようになり、吸う息も弱々しく、幾重にも苦労を重ねてこの上なお生き続けることを嫌悪していた。それというのも、ガルスの蛮行の手先であったと告訴されていたからであり、またこの者たちのせいでドミティアヌスとモンティウスが八つ裂きにされ、そのあとも他の者たちが真っ逆様に破滅へと追いやられたと信じられていたからである。二　この者たちの審問のため、アルビティオが派遣され、当時の侍従長であったエウセビウスも一緒だったが、両名とも見境なく誇り高ぶる癖があり、揃って不正かつ残虐であった。この二人は何ら詳しい審問を行なわぬまま、罪なき者罪ある者の別なく、ある者たちは笞や拷問具で傷めつけて追放刑に処し、幾人かは最下級の軍務に降格し、残りには死刑を言い渡した。そうして墓を屍体で満たしたのち、あたかも凱旋将軍の如く帰還し、元首に成果を報告したが、元首はこうした類のこととなると公然、頑固一徹であり、苛酷であったのだ。三　このことあって以降、コンスタンティウスは病膏肓《やまいこうこう》に入り、まるで予め定められた宿命の機序を揺るがそうとするかのように、数々の策謀家に胸襟を開いてこれらを受け容れた。これがため噂話の蒐集家が俄かにぞろぞろと出現し、官職のまさに頂点を狙って獣の如く食らいつき、のちには貧者も富者も入り乱れて、ウェレスのあのキビュラ人[2]がただ一人の属州総督[3]の法官席をぺろぺろ舐めたのと異なり、国家全体の成員を降りかかる災難で痛めつけるのであった。四　中でも難なく他を凌いでいたのがパウルスとメルクリウス[4]で、こちらはペルシアの出、あちらはダキア[5]の生まれ、あちらは書記官、こちらは膳部係上がりの出納係。パウルスにはさきに述べたとおり[6]、「鎖」という渾名が冠せられていたが、そのわけは、誣告の網目細工を編み上げることにかけては綻び知らずで、驚くほど多様な策略をもって駆けずり回ったからであり、ちょうど格闘競技の際、熟練のレスラーともなるとたいてい技を知り尽くしているのと同じであった。五　一方、メルクリウスは「夢見の補佐官」と呼ばれたが、これは、こっそり噛みつこうという犬が獰猛さを内に秘めつつ常よりも従順に尻尾を振るように、宴席や会合に頻々ともぐり込んでは、もしも誰かが、寝《やす》んでいる最中に、とはすなわち、本性が一段と遠くにまで彷徨《さまよ》うようなときに、あるものを見たと友人に語ったならば、それを毒気を含んだ技で良からぬほうへと色づけして、皇帝の開けっ広げな耳に流し込み、これがためその人はまるで逃れようのない罪を背負わされたかのように、重くのしかかる告発に打ちのめされるのだったからである。六　これらに噂が尾鰭をつけて世に広めるとあって、およそ夜見た夢を開陳するどころではないため、人々は余所者がいる所では自分が眠ったことさえほとんど認めようとしなかったほどであった。また、学の

(1)アドリア海最北隅の港町。四世紀の詩人アウソニウスは「高貴なる町の番付」で第九位に位置づけている。四五二年、アッティラに征服される。

(2)フリュギアの町キビュラ出身のトレポレムスとヒエロの兄弟は、シキリアの属州総督ウェレスが美術品を収奪するにあたって専門家として手助けをした。キケロ『ウェレス弾劾』二-四-三〇—三三、四七、九六。同二-三-二八には兄弟を指して「わたしの法官席を舐めているのがお前にも見えるこの犬たち」(大西英文訳)との表現もある。

(3)原語 legatus は属州総督を補佐する役職だが、ここではウェレスを指すゆえ、属州総督の意味で用いられているのだろう。

(4)後者は他に伝なく、不詳。

(5)一四-五-六ではパウルスはヒスパニア出身とあり、ここの「ダキア(Dacia)」は(現ブルガリア北西部からセルビア東部にかけての属州)ヒスパニア南部の属州バエティカ(Baetica)あるいは北西部のガラエキア(Gallaecia)の誤伝ではないかとされる。

(6)一四-五-八。

ある者たちはアトラス山人のもとに生まれなかったのを嘆いたものである。そこでは夢を見ることがないと言われているのだが(1)、どうしてそうなるのかは、物事に最も精通した人たちに任せておこう。

七　審問と処罰のこうしたおぞましい光景が繰り広げられている最中《さなか》に、イリュリクム(2)でまた別の災いが生じて多くの者を危地に陥れたが、これは実体を伴わぬ言葉から出たものだった。第二パンノニア(3)の知事アフリカヌス(4)の宴会がシルミウム(5)で開かれていたとき、ある人たちが盃を普段以上に重ねて酩酊した挙句、見ている者は誰もないと考えて、誰憚ることなく現体制を厄介この上ないものと批判したのである。これに対して他の者たちは、待ちに待った情勢の変化がすぐそこまで来ている、と、あたかも予兆に基づくかの如く断言したが、父祖の鳥占いによって我が身に啓示されている、と、およそ考えられぬ血迷いで請け合う者も幾人かいた。八　これらの人に混じっていたのが特務官のガウデンティウス(6)で、せっかちな気性の鈍物、すわ一大事とばかりルフィヌスに報告に及んだが、こちらは当時、近衛長官府の首席吏官で、何かにつけ極端に走る人間であり、根っからの悪どさで評判であった(7)。九　この男はすぐさま、まるで翼を得たかのように、元首の宮廷へと飛んで来て、この種の疑惑に敏感で左右されやすい元首を激しく焚きつけたので、熟慮の暇《いとま》もあらばこそ、アフリカヌスとその命取りの宴席に列なった全員を高々と引っ立てて来いと命令が下された。このように成しおおせると、この縁起でもない密告者は、人間の性《さが》として、禁じられたことには強い執着心を懐いていたのであるが、いまの務めを、その願い出どおり二年間続けるよう下知を受けたのだった。一〇　そこで彼らを引っ捕らえるために親衛隊員のテウトメレス(8)が同僚一人とともに派遣され、命令どおり全員に鎖をかけて連行して来た。だがアクィレイヤまで来たとき、元教練兵曹でこの時は無任所士官であったマリヌスが、[9]身の破滅となった座談を始めた人物だったが、それでなくとも熱い気性の持ち主、旅に必要な支度がなされる間、宿に一人残されていた折り、たまたま見出した牛刀を〈己れの〉脇腹に突き刺し、するとたちまち生命の宿る内臓が飛び出て、果ててしまった。一一　残りの者たちはメディオラヌムへ連れて行かれ、拷問で傷めつけられ、そして宴席で不遜な言辞を吐いたと自白して、監獄への拘禁[10]を命じられたが、幾許《いくばく》か、不確かではあれ、放免の見込みもあった。一方、親衛隊員二人は、当人たちの関与のもと、マリヌスをむざむざ死なせてしまったというので、国外追放のため所払いするよう言い渡されたが、アルビティオの執り成しによって赦しを得た。

(1)アフリカ大陸北西のアトラス山地方に住む人間が夢を見ないことは、すでにヘロドトス『歴史』四-一八四に記されており、大プリニウス『博物誌』五-四五にも見える。
(2)大体今日のドナウ河からアドリア海までの地域。
(3)下パンノニアすなわちドナウ河の下流側のパンノニア。
(4)三五五年に第二パンノニアの執政官格総督を務めた。
(5)下パンノニアの総督府のある町で、イリュリクムの中心市。今日のセルビアのスレムスカ・ミトロヴィツァ。
(6)のち（一七-九-七）には書記官として名が出る人物。その後もコンスタンティウスの対ユリアヌス工作に用いられるが、最後は三六二年、ユリアヌスによって処刑された。
(7)その悪どい手口の一端が、のち一六-八-二―五で語られる。
(8)フランク族の生まれらしい。
(9)不詳。
(10)すなわち、禁固刑。

第四章　アラマンニ族の一派レンティエンセス族、正帝コンスタンティウスにより、一部は殺害され一部は敗走せしめられる

一　一件がこのように片づいたのち、〈ややあって〉[1]アラマンニ族の一部族なるレンティエンセス族[2]にも戦争が布告された。ローマとの境界を越えてしばしば広範囲に侵入して来ていたのである。この遠征に皇帝は進発し、両ラエティア地方[3]のカンピ・カニニ[4]まで来て、とくと思案を巡らした結果、体面がよく有用であると思われたのは、自らは兵の一部を率いて〈同所に待ち受け〉、騎兵長官のアルビティオが軍の精鋭部隊とともにブリガンティア湖[5]の縁を回り込んで前進し、すぐさま蛮族と出《い》で合《あ》うようにすることであった。この土地の形状を手短に、叙述に差支えのない範囲で、示しておこう。

二　聳え立つ山々の曲がりくねった谷間《たにあい》に、途方もない勢いでレヌス［ライン］河が〈湧き出で、丈高き〉岩々を〈縫って〉伸びてゆくが、〈新参の〉川を受け容れる〈ことのないのは〉、ちょうど瀑布を連ねてまっしぐらに流れ下るニルス［ナイル］河と同じである。そして、そもそもの源よりして舟航可能であったのは、それ自体の水量が有り余っていたからであるが、ただし流れるというよりむしろ突進すると言うに近い走りを示す場合はこの限りでなかった。三　……そうして今や〈平地〉へと解き放たれると、左右に分かれた高い岸をかすめつつ、丸い形をした広大な湖に流れ込むが、これを両ラエティアの住人はブリガンティアと呼んでおり、長さは四六〇スタディオンに及び、ほぼ等しい幅を擁しているが[6]、鬱蒼たる森の恐怖のために人を寄せつけず、ただローマ人の古《いにしえ》のあの冷静沈着な武勇が蛮族や地勢や気候のきびしさをものともせずに

幅広道をこしらえた所があるばかりだった。四　それゆえ、この湖沼に泡立つ渦をなして水音高く河は流れ入り、懶惰《らんだ》を貪る水を突っ切って、あたかも境界用の測量錘をもってする如くに中央を切り裂き、まるで末代までの不和のため分かれ隔たった元素であるかのように、その連れ来った隊列を増やしも減らしもせず、その名と勢力もそのままに、湖から解き放たれて、それからはいかなるものにもぶつかることなく外洋の潮《うしお》にうち交じる。五　そして非常に不思議なことだが、湖水は速い流れが貫き通っても動じる気配がなし、泥を含んだ沈殿物のせいで先を急ぐ水流が緩やかになることもなく、混ざり合って一体となることはあり得ないのである。そうなっているのだと現に目で見て知るのでなければ、いかなる力をもってしても分けることなどできないと信じられていたであろう。六　これと同じように、アルカディアに源を発するアルペ

(1) 底本の欠語箇所には部族名を補うべきとする考えもあり (B, Ro)、私見では Iuthungis (ユトゥンギ族、一七-六-一参照) が候補の一つになるかもしれない。この場合、補填の結果は「アラマンニ族の一部族なるユトゥンギ族とレンティエンセス族にも」となる。
(2) 今日のボーデン湖の北東あたりの部族。
(3) 今日のオーストリアのティロル、フォアアールベルクに、グラウビュンデンほかのスイス東部地域を加えたあたりの属州。四世紀からは南の第一ラエティアと北の第二ラエティアに分けられた。
(4) 今日のベッリンツォーナの近くという。
(5) 今日のボーデン湖。湖の南東畔にある現在のブレゲンツ市は、古名ブリガンティウム。
(6) 四六〇スタディオンは約八八キロメートル。現在の湖は長さ六四キロメートル、幅は一四キロメートルほどという。古代に円形をしていたとは考えられない。

イオス川はアレトゥサの泉への恋の虜となってイオニア海を突っ切り(1)——神話はそう伝えているのだが——恋しい〈ニンフの〉隣にまで〈駆け寄ったのだ〉。

七 〈アルビティオは蛮族接近を知らせる者たちが到着するのを待たずに〉、戦の試み〈の厳しいこと〉を知ってはいたものの、ひそかな待ち伏せへとおびき寄せられ、突然の災難に愕然となって、身動きもならなかった。八 〈なぜなら、不意〉に潜み場所から敵が躍り出、手控えなしに当たるを幸い、幾通りもの武器で刺し貫いていったのだ。それというのも、我が軍の誰一人として抵抗することもできなければ、また速やかな退散による以外、生命を守る手立ても望めなかったのである。それゆえ、負傷を避けようとばかり考えて、隊列を乱し、兵らはこちらまたあちらとてんでに彷徨《さまよ》い出て、背中を標的として曝した。とはいえ、大半の者は狭い間道を通って四散し、夜陰に守られて危地を脱すると、はや光が戻って来、力も回復して、銘々が本来の隊に合流した。かくも手痛い、この予期せぬ惨事において、相当数の兵卒と士官一〇名が失われた。九 このことゆえにアラマンニ族は意気揚がり、いっそう猛々しく兵を進めて、次の日、ローマ軍の砦の間近に至ると、朝靄が日の光を遮る中、抜き身の剣を持って駆け回り、歯ぎしりをして勿体ぶった威嚇を行なった。すると突然、楯隊が飛び出したが、敵部隊の抵抗に遭って押し戻され、身動きがとれなくなると、心を一つにして味方全員を合戦へと呼び立てた。一〇 ところが、大半の者はつい先頃の辛苦の教訓に怯えており、この先は無事にはすむまいと考えてアルビティオもためらっていたとき、三人の士官が同時に罷《まか》り出《で》た。重装警護隊の指揮官代理を務めていたアリンテウス(2)と、随従騎兵部隊(3)を管轄していたセニアウクス(4)と、特進隊(5)を率いていたバッポ(6)である。一一 〈この者たちは〉預った〈兵を率い〉、あたかも自身の利益の如く、共通の利益〈のために〉、古の〈デキウス父子〉(7)に倣って〈一身を捧げんと〉、稲妻〈さながらに〉敵になだれかかり、堂々の合戦ならぬ〈素早い〉小競り合いを重ねて、総勢を不面目この上ない敗走に至らしめた。敵は隊列が緩んで散り散りになり、逃げ出そうとはやる間にも具足が妨げとなるので脱いでしまい、無防備な身体を剣と槍の集中攻撃に曝して倒されていった。一二　そして多くの者は馬とともに殺されて横たわり、それでもなお馬の背にへばりついたままであるのが見られた。これを見ると、仲間とともに戦闘に打って出ることをためらっていた者も全員陣営を飛び出し、身の用心も忘れて、蛮族の群れを、逃げおおせて命拾いした者たち以外、踏みしだいていったが、屍体の山は足蹴にし、命果てた者らの血には塗れ

(1)ギリシアのエリス地方のアルペイオス川はシキリア島東岸のオルテュギア島の泉のニンフであるアレトゥサに恋をし、その許へ、海の下を通ってやって来たという（ウェルギリウス『アエネイス』第三歌六九四―六九六）。

(2)フラウィウス・アリンテウス（アリンタエウスとも）。練達の軍指揮官で、巨躯を有していたという。のち、歩兵長官を務める。

(3)蛮族の優秀兵を選抜した騎馬の皇帝直属部隊。

(4)名前からするとゲルマニア人であろう。

(5)何らかの功績により上の階級に昇進した兵たちの部隊。

(6)のち、三七二年に都市長官を務めた人物か。やはりゲルマニア人。

(7)プブリウス・デキウス・ムスは前三四〇年、執政官のとき、ラティニ人との戦いの際、片方が将軍を、片方が軍を失い、敵軍を倒して自己を犠牲に捧げた将軍のいる民が勝利を収めるという夢を見て自分の生命を国家に捧げ、勝利をもたらしたという（リウィウス『ローマ建国以来の歴史』八-六-九―一一）。その子の同名のデキウスも前二九五年、四度めの執政官のとき、エトルリア人との戦いで、父の顰《ひそみ》に倣い、単身、敵の真只中に討ち入って果て、ローマに勝利を呼び込んだ（同一〇-二八-六―一〇、-三〇-九）。ただし、父の自己犠牲はあとからの作り話ともいう。

る有様であった。一三　そしてこのような結末で戦闘を終えると、皇帝はメディオラヌムの冬営へ、意気揚々と引き揚げた。

第五章　ガリア諸州方面歩兵長官であったフランク族のシルウァヌス、コロニア(1)で正帝の称号を奉られるも、帝位にあること二八日にして(2)奸計により息の根を止められる

一　さらに引き続き、この窮状の中で立ち起こったのが、諸属州の災厄を伴った新たな災禍の旋風であって、あらゆるものを一時《いちどき》に消し去らんばかりであったが、人間界の出来事を司る運の女神が速やかに結着をつけて、極めて恐ろしい動きを終わらせたのであった。二　長年の放置ゆえにガリア諸州(3)が手ひどい殺人と掠奪と放火を、蛮族が恣《ほしいまま》に跋扈《ばっこ》し、誰も救いの手を差し伸べぬものだから、蒙り続けていたため、歩兵軍の長たるシルウァヌス(4)が事態改善の能力ありとして元首の命を受け赴いたが、アルビティオが能うる限りの手段を用いてこれを早めるよう唆したその目的は、競争相手が不在の間に――この者がなお生き延びているということが重〈荷となっていたのだが――身を危うくするような重責を相手に押しつけようというのであった〉。

三　……元首の荷駄獣の監督係であったデュナミウス(5)なる者が、友人たち宛に、旧知の間柄だとする推薦状を彼(6)から求めていた。この求めが容れられると――彼は何ら疑いを懐かず、二つ返事で提供してやったので――時到れば何か人を陥れる工作もできようかと、その書簡を保存しておいた。四　それゆえ、前述の将

軍が国務遂行のためガリア諸州を駆けずり回り、すでに自信を失って浮き足立っていた蛮族を押し返していたとき、このデュナミウスが小止《おや》みなく立ち働いて、いかにも策士にして人を欺くことに長けた者らしく、神をも畏れぬ詐術を案出し、一役演じる共謀者には、出所不明の噂が取り沙汰したところによると、近衛長官のランパディウス[7]と、元内帑《ないど》補佐官で、マッテュオコペス［美食家］と綽名されたエウセビウス[8]と、前文書係長のアエデシウス[9]を用いたが、最後の二人は、当の近衛長官が刎頸《ふんけい》の友として、執政官就任式に招かれるよう配慮をした[10]ことのあった者たちであった。そうして海綿で一連の文字を拭い取り、署名のみそのまま

---

(1) コロニア・アグリッピナ。今日のケルン。アグリッピナとして後出（一四-五-一五）。

(2) この数字はアンミアヌスの本文には現われない。アウレリウス・ウィクトル『ローマ皇帝伝』四二-一六ほかが挙げる日数。

(3) 管区の名称ガリアエ（Galliae）はガリア（Gallia）の複数形。一般地名のガリアと区別するため、「ガリア諸州」とした。

(4) フランク族のボニトゥス（一五-五-三三に後出）の息子。ローマ式教養を身につけ、キリスト教徒として育てられた。三五一年、前年に帝位を簒奪したマグネンティウスの重装警護隊士官に就任するが、同年のムルサの戦いの前にコンスタンティウス二世方に寝返り、歩兵長官の位を得た。

(5) ユリアヌス『アテナエ人宛書簡』（二八三七D）にも「追従者」として名指しされる人物。

(6) シルウァヌス。次節の「前述の将軍」も同じ。

(7) ガイウス・ケイヨニウス・ルフィウス・ウォルシアヌス・ランパディウス。三六五年にはローマの都市長官を務める。

(8) 三四二年、コンスタンス帝の下で内帑補佐官を務めた。マッテュオコペスはギリシア語による綽名で、「吝嗇漢」との解釈もある。

(9) セクスティリウス・アゲシラウス・アエデシウス。のちヒスパニアの総督になる。

(10) 一月一日の執政官就任式に友人を招く習慣があった。

残して、別の、本当の文面とは随分と食い違う文面が上書きされる。あたかも、宮廷内で、あるいは私人として、立ち働いている友人たちに――その中にはトゥスクス・アルビヌス(1)ほか大勢がいたが――シルウァヌスが曖昧な言葉で要求しかつ促してこう言うかの如くであった。私は更なる高みを目指して乗り出し、近いうちに元首の位〈に登ることを求めることになろうから、助力してほしい、と〉。五　捏造を意図して制作され、無実の者の人生に打撃を与えんとするこの手紙の一束をデュナミウスから受け取ると、近衛長官は、こうした類のことをやたらと穿鑿《せんさく》する癖《へき》のある皇帝にひそかに、帝が一人の時を狙って差し出したが、向後帝の身の安全の油断なき〈用心深き〉番人として親密〈かつ有力〉なる者とならんと目論んでいた。そうして手練《てだ》れの奸智により綴り合わされた話柄が顧問会において読み上げられると、書簡にその名が記されていた士官らは監視下に置き、私人は属州から連行せよと命が下った。六　するとすぐさま、状況の不当さに激昂して、同族隊の長であったマラリクス(2)は同僚たちを呼び寄せると、声を荒げて抗議し、帝国に身を捧げた者たちが徒党策謀によって陥れられるなど決してあってはならぬと主張して、自分が妻子を人質に残し、重装親衛隊士官のマロバウデスを保証人に立てて、戻って来ることを請け合うから、速やかに赴いてシルウァヌスを連れ来たるよう命じてほしい。彼は苛烈きわまりない策謀家たちが喚き立てているような、そのようなことを企てようとしたことはない。もしくは、逆に、自分が同様の約束をするので、マロバウデスが急行して、自分が確約したことを果たすのを認めてほしいと願い求めた。七　それというのも、自分には手に取るように分かるのだが、もし誰か外部の者が派遣されたなら、その気質からしてシルウァヌスは何ら怖じ恐れる状況になくてさえ恐怖心を募らせるので、ことによると安寧秩序を乱すであろうから、と断言した。

八　そして、いかにも有用かつ必要なことを提言したのではあったが、馬耳東風、何の甲斐もなかった。(3) なぜかというに、アルビティオの発案で、アポデミウスが彼を呼び寄せるべく手紙を携え遣わされるからで、この者はすべての善き人々の宿年の難敵であった。この者は身に降りかかる出来事〈を軽く考えて〉、ガリア諸州にやって来ると、出立の際与えられた指示を踏まえず、シルウァヌスに面会もしなければ、書状を差し出して出頭を勧告もせずに……逗留し、出納係を抱き込んで、(4) まるで歩兵長官が法による保護の停止を言い渡され今にも殺されることになっているかのように、その郎党や奴隷らを敵さながらの横柄さで嬲《なぶ》りものにしていった。九　こうした中でも、しかしながら、シルウァヌスの出頭が待ち設けられ、アポデミウスが平穏を乱しつつあったその間に、デュナミウスは、いっそう強力な証拠により、非道な捏造事件の真なることを主張するため、近衛長官を通じて帝に差し出した手紙と調子を合わせた手紙を作成し、クレモナ(5)の工廠監督士官の許へ、シルウァヌスとマラリクスの名で送りつけたが、この二人から密事の共謀者として万事滞りなく手配せよと勧告される内容であった。一〇　工廠監督士官はこれを読んで、一体これは何事かと長く

(1) 恐らく権勢を誇ったヌンミウス一族に属する人物。「トゥスクス（Tuscus）」はエトルリア人を指す呼称でもあるので、「エトルリア人アルビヌス」とも読める。
(2) フランク族の生まれ。
(3) 原句は字義どおりには「甲斐もなく風に語っていた」。
(4) 出納係の職責の一つに、法による保護を停止された者の没収財産を国庫に編入することがあり、これを早手回しに実行させるため。
(5) 北イタリアの町。今日のクレモナ。

ためらい、心を決めかねたが——というのも、手紙を寄越した者たちと、何か内密の件について過日話し合ったなど憶えがなかったからだが——当の書簡を、これを運んで来た手紙使いを通じ、兵も一人つけて、マラリクスの許へ送り、何をお望みなのか、こういう持って回った物言いはよして、はっきりとお教え頂きたいと願い出た。そうして確言することには、自分はいささか田夫野人《でんぶやじん》で愚直な人間であるので、曖昧めかした言い方をされたのでは理解できぬから、と。一一　これを思いがけず落手したマラリクスは、時すでに弊衣蓬髪の態で悲しみに暮れ、自身と郷友シルウァヌスとの命運をいたく嘆いていたが、当時宮殿内に大勢いて羽振りをきかせていたフランク族[1]を呼び寄せると、今や大胆率直に、声を張り上げて語るのであった。陰謀が明るみに出た。間違いなく我々の生命をつけ狙っている偽計が今や暴露された、と。一二　これを知ると、皇帝は顧問会吏官と武官総がかりで取り調べに当たらせ、この件を急ぎ追及することにした。そうして裁判官らが席に着くと、ニグリニアヌス[2]の息子で当時総務長官代理を務めていたフロレンティウス[3]が書状を念入りに改め、古い手蹟の言わば影の如きものを見出して、気づいたことには——実際、そのとおりだったのだが——当初の文面に手が加えられ、シルウァヌスが述べたこととはまるで異なる内容が、勝手放題に偽りを継ぎ接ぎして書き加えられていたのだった。一三　こうして偽計の靄が打ち払われると、ありのままの上奏によって事件を知らされた皇帝は、近衛長官から権限を剥奪してこれを訊問にかけよと下知したが、多くの者が一致して尽力したせいで無罪放免された。一方、元内帑補佐官のエウセビウスは吊るされて[4]、この事件が惹き起こされるについては己れも与り知っていたと白状した。一四　というのも、アエデシウスは何が為されているかよく知らなかったと飽くまでも否定を貫いて処罰を免れ、こうして一件が落着してみると、犯罪の告訴により審理の場に引き出された者全員が無罪放免されたのである。それどころか、デュナミウスは見事な手腕に輝く者として、知事補[5]の官位をもってトゥスキア人〈とウンブリア人[6]〉を治めるよう命じられた。

一五　この間《かん》アグリッピナ[7]で過ごしていたシルウァヌスは、仲間の者たちから絶えず報告を受けて、アポデミウスが己れの幸いを崩し去らんがため何を行なっているかを知り、移り気な元首の、人に左右されやすい心を承知しているゆえ、己れが不在の間に有罪判決も受けぬまま[8]葬り去られるのではないかと惧れて、最大の苦境に立たされた以上は、蛮族の信義に我が身を委ねようと思い巡らした。一六　しかし当時の士官ラ

（1）ゲルマニア人の一派で、三世紀中頃から歴史に登場し、ローマとの戦争、ローマ軍内部での活躍など多くの事例が伝わる。

（2）フラウィウス・ニグリニアヌス。三五〇年の執政官。

（3）裕福なアンティオキア市民であって、のち三五九―三六一年に総務長官を務める。

（4）拷問を受けて。

（5）原語 corrector. 小さな属州の総督をこう呼んだが、四世紀半ば以降は執政官格総督（consularis）または守護代（praeses）という呼称に取って代わられていった。

（6）すなわち、属州トゥスキア・ウンブリアのことで、大体今日のテーヴェレ川とアルノ川に南北を挟まれた、アペニン山脈以西の地方。

（7）コロニア・アグリッピナ。今日のケルン。

（8）底本の indemnatus を inauditus（審問も受けぬまま）と読む版がある（Ro, Sel）。

ニオガイスス[1]が諫止し――この者が白衣隊兵士[2]として軍にいたとき唯一人コンスタンス[3]の臨終に立ち会ったことは上述しておいたが[4]――あなたの出身部族であるフランク族はあなたを殺すか、または報酬を受け取っておいて裏切るだろう[5]と教えてくれたので、現況からすればどこにも身の安全はないと考えて、極端な計画へと思いが導かれてゆき、幕僚の幹部らを相手に徐々に大胆となってゆく談合を重ねた末、当人たちを約束の謝礼の高で焚きつけ、赤紫の飾り布を蛇印《へびじるし》と軍幡《ぐんばん》[6]との標章より取り去って一時しのぎとし、帝位の頂点へと登りつめた[7]。

一七　そしてこういったことがガリア諸州で行なわれている間に、すでに陽も西に傾いた頃、思い設けぬ報知がメディオラヌムにもたらされて紛う方なく示すことには、シルウァヌスが歩兵長官の地位から更なる上位を目指すうちに軍隊を使嗾《しそう》して正帝の最高位に登ったとのことであった。一八　予期せぬ出来事のこの重大さに、コンスタンティウスはまるで天命の雷に撃たれでもしたようになり、高位高官は、第二夜警時[8]に会議が召集されると、全員が宮居へと馳せ参じた。そして誰にも何を為すべきか選択するだけの心あるいは舌が具わっていなかったので、押し殺した言葉でウルシキヌスの名が、戦術の思議にかけて一頭ぬきんでているが、重大な不正によって故もなく誹謗されている者として挙げられ、式部長官[9]を通じて――このやり方のほうが敬遇の度が高いのである――当人を呼び出し、顧問会に参上すると、以前よりよほど和やかに紫衣が差し伸べられる[10]。というのも、正帝ディオクレティアヌスがそもそも最初に、異国の、王に対する慣わしで崇められるよう定めたのであった[11]。それ以前にはいつも行政官と同じようにして元首が挨拶を受けていたというのが、我々の読むところであったのだが。一九　そうして、少し前には悪意に満ちた中傷を受け、オリエントを丸呑みする淵だの、国権簒奪を息子たちを通じて狙っているなどと非難されていた者が、このときばかりは聡明この上なき将軍にしてコンスタンティヌス[12]の偉大なる戦友、また唯一人火消しにあたる者として、真っ当ではあるがしかし奸計がらみの胸算用によって求められたのである。というのは、シルウァヌ

(1) フランク族の人間。ケルト語起源の名をもつ。名をガイソンとする伝もある。

(2) 皇帝の親衛隊で、大部分蛮族出身者で構成され、白の制服を着用した。

(3) フラウィウス・ユリウス・コンスタンス（正帝在位、三三七―三五〇年）コンスタンティヌス一世とファウスタの間の末男。マグネンティウスによる帝位簒奪に遭い、三五〇年に殺された。

(4) この部分は伝存しない。

(5) フランク族はこの時代、裏切者の心性ある民族と見なされていた。『ローマ皇帝群像』「フィルムス、サトゥルニヌス、プロクルスとボノスス」一三-四には「この部族にとって笑いながら信義を破ることなど日常茶飯事である」とある。

(6) 「蛇印」は原語 dracones（単数形は draco）。大蛇をかたどった大隊の旗印。「軍幡」は原語 uexilla（単数形は uexillum）。竿（元来は槍）の先に取りつけた横棒から方形の布を垂らした部隊標識。

(7) シルウァヌスの登位は三五五年八月十一日のことで、その四日前の八月七日はコンスタンティウスの三八歳の誕生日であった。

(8) ローマ人は、日没から日の出までの時間を四等分して夜警時としたので、第二夜警時は今日で言えば夜の九時頃から十二時までにあたる。

(9) 謁見者の謁見室への入室を取り仕切った役職。

(10) 臣下に口づけさせるため。

(11) ディオクレティアヌス帝（在位、二四八―三〇五年）がペルシア宮廷の儀礼を真似、平伏して皇帝に拝謁する跪拝礼をローマに導入した。

(12) コンスタンティヌス一世。しかし、この帝の下でウルシキヌスが軍務についたとする史料は他になく、「コンスタンティヌスの（Constantini）」を「コンスタンティウスの（Constantii）」と読み替える案（Cl 註）も捨て難い。

スを最も手強い反逆者と見なしてこれを誅殺すること、あるいは、それがうまくいかなかった場合にも、すでに手傷を負わせてあるウルシキヌスを完全に亡き者にして、恐るべき岩が障害物として残らぬようにせんものと、入念な努力が傾注されていたからである。二〇　それゆえ、出発を早める手配がなされていたとき、己れに投げかけられた告訴を払いのける手筈を当の将軍が整えていたのに先手を打って、皇帝は穏やかな物言いでこれを禁じ、今は裁判の弁護に乗り出して論争を醸す時期ではない、差し迫った事態のもたらす困難、これは募らぬさきに緩和せねばならぬが、これに鑑みれば両当事者が互いに元の協調に復するよりないのだから、と述べた。

二一　それゆえ、多方面の勘考がなされたが、とくに討議されたのは、いかなる策をもってすればシルウァヌスはこの期に及んでなおその行状が皇帝に知られずにいると見なしてくれようか、ということであった。盲信を強めるのに使えそうな理窟が見つかると、敬意を含んだ書状によって、ウルシキヌスを後任として受け容れ権限はそのまま保持して[1]帰還するよう促しがなされる。二二　このように膳立てが整うと、ただちに進発の命令が下り、将軍の求めに応じて何名かの士官と一〇名の親衛隊員が国難に対処すべく付けられていたが、その中には私も同僚のウェリニアヌス[2]ともども加わっており、残りは全員、皇帝によって選ばれた者たちだった[3]。二三　そして、はや出立した彼に、誰もが我が身についてのみ案じつつ、長い旅程を通じて随行した。そしていかにも我々は野獣格闘士[4]の如く、御し難い獣の前に投じられようとしていたのではあったが、それでも鬱陶しい出来事にはあとで慶事と入れ替わるという利点のあることをよくよく考えてみると、かのトゥリウス[5]の名言がまさに真理の核心より披露されたものであることに感嘆したのだったが、それはこういうものである。「そして運が末永くできるだけ栄え続けることが最も望ましくはあるのだが、惨めで落ちぶれた身の上からより良き境涯へと運が呼び戻されるときほど、人生なるもののあの公平さが大いなる感興を有することはない」。

二四　そこで我々は強行軍をもって先を急ぎ、僭主出現の風聞がイタリア人の間に流れ込まぬうちに、意欲満々の軍司令官(6)が不審な地域に姿を現わすようにしようとしたが、必死に急ぐ我々を、空に道でもあるように、噂は先回りして飛んで、暴露してしまっており、アグリッピナに乗り込んでみると、一切が我々の手に負えぬところにあるのを見出した。二五　なぜなら、方々から大勢の人間が集まって来て、あたふたと始められたことの土台固めをしており、また軍勢も多数集結していたので、現状に鑑みるといっそう適当と思われたのは、新米の皇帝は幸先のよさで人を誑《たぶら》かして権力掌握の足場固めをせねばならず、その意図と意

---

(1) 歩兵長官シルウァヌスの後任に指名されたウルシキヌスが騎兵長官で、職位が異なるゆえであろう。一三七頁註(3)。

(2) この同僚は一八-八-一一にも登場する。経歴は不詳。

(3) 「残りは全員、近親知己だった」と読む版がある(B, Ern, Ro, Sel, Wa)。

(4) 原語 bestiarii(単数形は bestiarius)。闘技場で野獣相手に戦った者に二種あり。uenator(狩人剣闘士)は武器を持って戦い、報酬を得たが、こちらは罪人または戦争捕虜で、報酬もなく、丸腰であった。

(5) マルクス・トゥリウス・キケロ。以下の引用文は伝存のキケロ作品には見当たらない。

(6) ウルシキヌス。

向に合わせて将軍(1)が柔軟に方向(2)を転じ、何かにつけ左様御尤《さようごもっと》もとわざと相槌を打って防備を手ぬるくさせておき、敵対行為を露ほども恐れていないところを騙し討ちにすることだったからである。二六　この一件の成就は困難と見えた。なぜなら、狙撃がちょうど好機に一致し、これに先走ったり後れをとったりしないよういやが上にも注意を払う必要があったからである。もし時ならず露顕してしまった場合、我々全員一片の判決のもとに死をもって罰せらるべきことは必定であった。

二七　しかしながら、当の将軍は慇懃《いんぎん》にもてなされ、他ならぬ任務の手前、頭を下げざるを得ぬため、紫衣を纏って鼻息の荒い男に型どおり敬意を表することを強いられたが、並み優れた腹心の友として目をかけられ、謁見の容易さと帝王の食卓での栄誉にかけて他の者たちに優って遇されたので、はや内密に最重要事を相談されるまでになった。二八　このシルウァヌスには、我慢がならないのだ。執政官や高位高官に取り立てられるのがそれに値しない連中で、俺とウルシキヌスだけは国家のため大汗をかいて散々苦労した挙句、こうも蔑まれて、俺の方は友人縁者の訊問を通じて碌でもない評定のもと、酷たらしく扱われ、大逆の罪を犯したと裁判に訴えられる有様、もう一人はというとオリエントから拉致されて敵どもの憎しみに引き渡される結果になったなどとは。こうした不平を絶えずひそかに、また公然と洩らすのだった。二九　しかしながら、こういった類のことが語られる一方で、我々を怯えさせたのが、四囲至る所で呟かれる不平不満の声であって、兵が欠乏を訴え、奔流の如き早業でアルペス・コッティアエ(3)の隘路を突破せんものと意欲を燃やしているのだった。

三〇　このように人心が危うくも熱を帯びる中、成果を目指す計画を我々は頭の中でたどって検証してゆき、恐怖を前に幾度も考えを変えたあとでようやく落ち着いたところは、この件の用心深い手先となってくれる者たちを一所懸命探し出し、聖なる誓いを用いて口外せぬよう縛りをかけた上で、腕輪隊と角隊(4)を説き伏せることにする。〈忠義心には〉いたって骨がなく、〈たっぷり〉報酬をはずめばいつ何時でも靡《なび》く連中だから、と。三一　そこで交渉事が取りまとめられ、それにはまさに無名たることがこれを成し遂げるに適しており、褒賞への期待に燃え立つ(5)一兵卒の仲介者たち幾人かを通じたのだったが、はや赤々とした陽が昇ると、武装兵の一団が俄かに繰り出し、そうして、一か八かの状況下ではよくあることだが、番兵たちを殺したあとはいっそう大胆となって、宮居に侵入し、シルウァヌスを、命からがら逃げ込んでいた小部屋(6)から引きずり出して――キリスト教儀式の集会に向かおうとするところだったのだが――剣でめった突きにして始末しおおせた。

三二　こうして決して功績の乏しくはない将軍が、かかる死に様で最期を迎えた。敵対者たちの策謀に

(1)ウルシキヌス。

(2)底本 flexibilis. これを flebilis〈涙を呑んで〉と読む版がある(Block, Ern, Eyss, Ga, Wa, deJ)。

(3)アルプス山脈の西端で、北のアルペス・グライヤエと南のアルペス・マリティマエの間、今日の仏伊国境を挟む地域。

(4)いずれも蛮族で構成される補助軍で、前者は金属製の腕輪をしていたことから、後者は兜の頭頂飾りから名がついたと思われるが、名称の由来は厳密には不詳と言うしかなく、前者については兜の飾り説（それなら「枝角隊」か）などがある。

(5)底本の accensos を accensus と単数主格に改める版がある(Cl, Ro, Sel, Sey[LD])。この場合、「褒賞への期待に燃え立つ」はあとの「武装兵の一団」にかかることになる。

(6)「小礼拝堂」とする解釈もある。

よって不在の間に罠にはめられたその誣告を恐れるあまり、身の安全を守れるよう極端なまでの防御に走ってのことであった。三三　というのも、ムルサの戦い[1]の前の、例の重装部隊を引き連れての時宜を得た寝返りゆえに、恩義でコンスタンティウスを縛っていたのではあるが、それでもやはり当てにならぬ斑気《むらき》の人物としてこれを恐れていたのである。父ボニトゥス[2]の勇敢な行為もまた、楯としていたのではあるが。この父は、フランク族ながら、内戦に際してコンスタンティヌスの陣営に味方し、リキニウス方の者たちに幾度も猛然と立ち向かった人物なのである。三四　一方、こんなこともあった。ガリア諸州にこの種のことの気配もまだないときに、ローマのキルクス・マクシムス[3]にいた民衆が――何かの報知に接して興奮したのか、それとも予感を得てのことか、定かでないが――「シルウァヌスの負けだ」と大音声《だいおんじょう》に叫んだのである。

三五　それゆえ、すでに述べたとおり、シルウァヌスがアグリッピナで殺されたのち、測り難い喜びをもってこの件を知るや、元首は傲岸と慢心を募らせて、これをも己れの幸運の順調な行路の然らしむるところとしたのはいつもの伝で、勇敢に事を為そうとする者たちをつねに毛嫌いすることは往昔のドミティアヌス[4]の如くであり、また、いかなる対抗手段を用いてもこれより優位に立ちたいと望んでいた。三六　そうして、孜々《しし》たる営為の成果を称えるどころか、ガリアの公庫からなにがしかの横領があったと書きさえしたのだが、その公庫には誰も手をつけていなかったのである。そしてこの件を仔細に調べよと命じて、当時まだ軍司令長官付きの出納係をしていたレミギウス[5]を訊問させたが、この男ははるか後年、ウァレンティニアヌス[6]の御代に、トリポリス[7]からの使節に絡む裁判の途中、首吊り縄で命を絶った人物である。三七　こうしてこの件が片づくと、コンスタンティウスは、今にも天に列なって人の浮き沈みを支配なされましょうとの追従者《ついしょうしゃ》どもの大仰な物言いに有頂天となり、こういう連中を自ら取り立ててやり、この種のことに一向長けていない者たちは蔑み、お払い箱にした。我々が書物で読むクロイソスがその王国からソロンを、阿諛追従ということを知らなかったがために、さっさと追い払ってしまい(8)、ディオニュシオスは詩人のピロクセノスに、自作の調子外れで不細工な詩を朗読して聞かせて皆が称賛する中、これが独りじっと動かずにいたと

(1) 今日のクロアチア東部、ドラヴァ河畔のオシイェク。素行の悪さのために人望を失ったコンスタンス帝（在位、三三七—三五〇年）が部下の軍司令官たるマグネンティウスに三五〇年一月十八日、帝位を奪われ、その後殺されたが、このマグネンティウスを三五一年九月、コンスタンティウス二世がこの戦いで破った。シルウァヌスはマグネンティウスの重装親衛隊士官であったが、戦いの前にコンスタンティウス側に寝返った。
(2) 三二四年、コンスタンティヌス一世（在位、三〇七—三三七年）が、僚帝で帝国の東半を支配していたリキニウス（在位、三〇八—三二四年）と戦った際、戦功があった。
(3) 王政期に起源をもつローマ最大の競技場。アウェンティヌス山とパラティウム山の間の谷にあり、五五〇メートル×八〇メートルのアリーナを有し、収容人員は八万人とも二〇万人とも見積もられている。
(4) 一四・一一・二八。
(5) モゴンティアクス（今日のマインツ）出身。その自死については、二八・六・二〇、三〇・二・一一以下で語られる。
(6) ローマ皇帝ウァレンティニアヌス一世（在位、三六四—三七五年）。
(7) アフリカ北岸の町。今日のリビアのトリポリ。
(8) ヘロドトス『歴史』一・三三。クロイソスは前六世紀リュディアの王で、その富は伝説的。ソロンはアテナイの賢者で、前五九四年、アテナイ最初の立法を行なった。

き、死の脅しをかけたの[1]と同断である。三八　こうしたことは悪徳の危険な乳母である。というのも、こういった称賛は、仕損じたことへの批判にも時折りは余地が開かれていて初めて、高きにある権力者にとって歓迎すべきものとなる筈だからだ。

第六章　シルウァヌスの友人たち、共謀者たちが殺される

一　そしてすでに安寧を得てのちは、いつもの伝で訊問が行なわれてゆき、縛めと鎖でもって大勢の者が罪ありとして罰せられていった。というのは、パウルス、かの黄泉《よみ》の国《くに》からの告発者、が、毒を含んだ己れの技をいっそう恣《ほしいまま》に揮《ふる》わんものと狂喜して起ち、顧問会吏官と武官らが指図どおりに一件を審理する中、シルウァヌスの家僕プロクルス[2]が「仔馬」にかけられるが、華奢で病がちの人間であり、責め道具のあまりの力にそのか弱い身体が参ってしまって、大勢を忌まわしい罪の被告人として誰彼構わず召喚させることになるのではないかと皆戦々兢々としていた。ところが予想に反することが起こった。二　というのは、ある無実の者を訴えて出ることを、自身確言したところによると、寝《やす》んでいる最中に禁じられたというその夢を忘れずに、死の敷居口にまで責め苛まれながらも、誰かの名を口にすることもなければ裏切ることもせず、シルウァヌスの行ないを首尾一貫、彼の着手したことは欲に駆られてではない、必要に迫られて思案したのだ、と明白な証拠を示しつつ、擁護したのである。三　というのも、いかにももっともな理由を大勢の証言によって歴然たるものとして明るみに出したからであるが、それは、彼が元首の位を示す頭飾り[3]を着ける四

日前、コンスタンティウスの名において兵に給与(4)を払って呼びかけ、勇敢にして忠実なれと言った、というものである。ここからして、もし彼がさらに上の位の徽章を横取りしようと企てていたのなら、これほどの大金は自分の金だとしてばら撒いただろうことは明らかであった。四　彼のあと、ポエメニウス(5)が断罪された者たちと運命をともにして処刑され、生命を落とした。この者は、上に述べたように(6)、トレウェリが副帝デケンティウスに町を閉ざした際、町人《まちびと》を守るため選ばれたのであった。それから補佐官たち、アスクレピオドトゥスとルットとマウディオ(7)が生命を奪われ、他にも大勢が、時代の頑迷さがこういった類のことを滅多矢鱈と追及するために、生命を奪われた。

(1) シケリアのディオドロス『歴史叢書』一五-六。ディオニュシオスはシケリア島シュラクサイの僭主（在位、前四〇五―三六七年）。ピロクセノスはキュテラ島出身の名高いディーテュランボス詩人（前四三五／三四―三八〇／七九年）。後者が前者自作の悲劇を酷評したために石切り場で働かされたという有名な逸話があり、アンミアヌスの言う「詩」は悲劇のこと。

(2) 不詳。

(3) 「頭飾り」は原語 infulae. これは一定間隔でリボンを垂らした鉢巻のようなもので、神聖さの象徴として祭司などが着用した。これを元首としてのシルウァヌスも身につけたということか。あるいは単に比喩的に元首の徽章を意味するとも考えられる。

(4) 現金による特別給であろう。

(5) 帝位簒奪者マグネンティウスの（従）兄弟で副帝に任じられたデケンティウス（在位、三五一―三五三年）に対し、トレウェリ族の町アウグスタ・トレウェロルム（今日のドイツのトリーア）が門を閉ざした際、防御のため選ばれて、コンスタンティウス帝への信義を守った人物。

(6) この部分は伝存しない。

(7) 三人いずれも不詳。名前からすると後二者はゲルマニア出身者か。

第七章　都市長官レオンティヌスによりローマの民衆の反乱が鎮圧される。司教リベリウスがその座を逐われる

一　縁起でもない嵐がこの、誰もが破滅するという災厄を惹き起こしている間、永遠の都を治めていたのがレオンティウスで[1]、目立って優れた裁判官たる証拠を数多《あまた》示し、審理を開くのは迅速、黒白《こくびゃく》をつけるのは至って公正、性善意に満ちていたが、ただし権威を守らんがためには峻厳で断罪に傾き過ぎていると一部の者の目には映っていた。二　それゆえ、彼に対する反乱を呼び覚ますこととなったそもそもの原因は、ごく取るに足りぬ、ささやかなものであった。というのは、戦車競走選手のフィロロムス[2]を引っ捕えよとの指示があったとき、全民衆があたかも自身の担保を守ろうとするかの如くこの者に付き従い、都市長官を臆病者と見て恐ろしい勢いで食ってかかったのだが、長官のほうは動ずる気配もなく毅然として、下僚を投入し幾人かを捕まえて拷問にかけ、声をあげる者も抵抗する者もない中で島流しの刑に処した。三　その後数日経って、再び民衆がいつものように頭に血をのぼらせて、葡萄酒の欠乏を口実に、セプテムゾディウム[3]という、繁華な場所で、これ見よがしな造りのニュンファエウム[4]を皇帝マルクス[5]が建てた所だが、ここに集まったとき、都市長官がわざわざそこへ出向こうとすると、すべての官僚や下僚からのたっての願いで、傲岸にして威嚇的な衆勢の中へ身を投じぬよう求められた。さきの騒動で気が立っておりますから、と。彼はなかなか怯えるような人間ではなく、真っすぐに足を向けたものだから、付き従う〈者の一部が〉彼を、急転直

下の危険へと急いでいたのではあるが、見捨てることとなった。四　こうして乗り物に腰を下ろして、目にもしるき自信とともに鋭い目で四囲に立ち騒ぐあたかも蛇の群れの如き群衆の顔を見据えつつ、数多の痛罵が吐かれるに任せていたが、他から一人ぬきんでて巨体と赤毛をもったある人物を認めると、お前は聞くところによるとウァルウォメレスと渾名されるというペトルスか(6)、と尋ねた。そして相手が剣呑な口調でそうだと答えると、叛徒の旗振り役だと疾《と》うから判っていたので、大勢が抗議の叫びをあげる中、両手を後ろ手に縛って吊るせと指示した。五　この男が高い所に上げられて仲間の助けを空しく懇請しているのを見ると、つい先程まで蝟集《いしゅう》していた俗衆は皆、都の方々の街区に散り、すっかり姿を消してしまったので、大衆の先鋭この上ない煽動者もまるで法廷の奥の間に入れられたみたいに脇腹に溝を掘られて(7)ピケヌム(8)に放逐され

(1) 一四-一一-一四。
(2) 不詳。
(3) セプティゾディウムとも。セプティミウス・セウェルス帝（在位、一九三―二一一年）が二〇三年、ローマのパラティウム山の南東麓に建設した建物。アッピウス街道を来てカペナ門をくぐると正面にあり、壮麗な三階建てのファサードを成していた。七つに仕切られ、七惑星（火・水・木・金・土に日・月を加える）の神に捧げられていたらしい。
(4) ニンフの棲む洞窟に見立てて拵えた人工の泉。
(5) マルクス・アウレリウス帝（在位、一六一―一八〇年）説が強いが、カラカラ帝（＝マルクス・アウレリウス・アントニヌス。在位、一九八―二一七年）説も有力という。
(6) 不詳。
(7) 笞打ちによる。
(8) イタリア中北部アドリア海側の地方。北のフラミニア＝ピケヌムと南のピケヌム・スブルビカリウムの二つの属州があり、いずれを指すかは不明。

たが、そこでのちに素姓卑しからざる乙女の操を奪う所業に及び、執政官格総督パトルイヌス[1]の判決によって死刑に処せられた[2]。

六　このレオンティウスの在任中に、キリスト教の司祭リベリウス[3]がコンスタンティウスから宮廷送致を下知され、それは皇帝の命令および皇帝の大多数の同僚の布告に刃向かっているという理由からだったが、その一件について手短に概観しよう。七　当時アレクサンドリアの司教であったアタナシウス[4]が、職務の則《のり》を越えて思い上がり、権限外のことまで穿鑿《せんさく》しようとする、と、引きも切らぬ噂が暴露したのだが、同じ位階にある者大勢の[5]一堂に会する集まり――シュノドスと呼んでいる[6]――がこの者の保持していた聖職を剝奪した。八　というのも、運命を告げる神託の解釈あるいは鳥占いの鳥が示す予兆を熟知して、幾度か先々のことを予言した、と言われていたのである[7]。これに加えて、彼が司っている教義の説くところからのまた別の逸脱も彼にはあったと申し立てられていた。九　この者を認諾署名を通じて司教の座から放逐することでは余の者と同意見でありながら、いざ元首が命ずると、リベリウスは警告を受けても頑強に拒み、面通しもせず言い分も聴かないで人を断罪するのは言語道断の極みと幾度も叫んで、つまりはあからさまに皇帝の裁定を足蹴にしたのである。一〇　というのも、皇帝はアタナシウスにつねに敵意をもち、自らの裁定が実行に移されることは分かっていても、それでも永遠の都の司教の強力な権威によってもまたこれが裏打ちされるよう燃える思いで努めていた[8]からである。これが意のままにならなかったため、リベリウスを攫《さら》って来させたのだが、これを熱心に贔屓《ひいき》していた民衆への怖れがあったから、苦心惨憺、深更やっとのことで果たし得たのだった。

第八章　ガルスの弟ユリアヌス、父方の従兄にあたる正帝コンスタンティウスにより副帝とされ、ガリア諸州の統治を委ねられる

一　まずこういったことがローマで、上述のとおり、行なわれていた。ところがコンスタンティウスのほ

(1) 不詳。
(2) 以上の第七章冒頭五節については、E・アウエルバッハが『ミメーシス』第三章「ペトルス・ウァルウォメレスの逮捕」前半で文体批評を試みている。ただし、アウエルバッハが典拠としたテクストは本訳の底本と一部読みが異なる。
(3) 三五二年五月から三六六年九月までローマ司教を務め、教会史に大きな役割を果たした人物。多くの書簡が残されている。コンスタンティウスのキリスト教宗派統一の努力に抵抗し、メディオラヌムの宮廷に強制連行されても節を枉げず、最後には罷免・追放された。
(4) 三七三年没。キリストの神性を否定するアリウス派に対抗し、父なる神と子イエス・キリストの同質性を主張するアタナシウス派の祖。
(5) 底本 eiusdem loci multorum. これを eiusdem legis cultorum（同じ教義を信ずる者らの）とする版（B, Cl, Ro, Sel）、eiusdem loci cultorum（同じ位階にある信者らの）とする版（Sey[LD]）がある。
(6)「シュノドス」はキリスト教の聖職者会議。アタナシウスは三つのシュノドスで聖職を解任されており、一回めは三三五年、コンスタンティヌス一世の主宰下にテュロスで開かれたもの、二回めは三四一年、アンティオキアで開催されたもの、三回めがこの年、三五五年、コンスタンティウス主宰、メディオラヌム開催のものである。
(7) アタナシウスは将来のことをはるか前に予見し、迫り来る危険を巧みに避けるので、魔術を使っているのではないかと疑われたという。
(8) これはローマ司教の他の司教らに対する優位性を示す最も古い証言の一つとされる。

うは、引きも切らぬ知らせが、既にガリア諸州は喪失を嘆ぜられる状況にあり、抵抗する者もないまま蛮族が一切合財を破壊し尽くすまでに荒らしていると報じて、不安を掻き立てていた。そうして、自らは望みどおりイタリアに腰を据えながら――はるか離れた領域にのこのこ出かけて行くのは危険だと考えていたからだが――いかなる手段で困難を排斥するか、長々と思い悩んだ末、ついに妙案を見出し、アカイア地方(1)から呼び寄せてまだ日も浅く(2)、当時なおパッリウム(3)を纏っていた父方の従弟ユリアヌスを、帝位の共有者に引き入れることを考え始めた。二　このことを、差し迫る災厄の大きさに押されて、側近の者たちに打ち明け、予一人の身ではかくも数多、かくも頻繁な難局にはお手上げだと――かつてないことに――あからさまに説いたところ、彼らは追従に長けること過ぎたるものがあって、あなた様の人並みすぐれた徳と、星辰にかくも間近な幸運をもってしても、いつものように克服なされぬこれほどの困難はありませぬと言い言いして、この人物をうぬぼれさせた。そして幾人もが、不当な扱いをしたことの疚《やま》しさに駆られ、向後副帝の称号は避けるべきでありましょうと言い添えて、ガルスの下であった事例を引き合いに出した。三　これらの者が頑強に言い募るのに対し、皇妃(4)一人が反対したのは、遠隔地への所変わりを恐れたか、それとも生まれ持っての先見の明で国家全体の利益を図ったかは定かでないが、誰よりも近親こそが優先されて然るべきでしょう(5)と説いた。こうして侃々諤々《かんかんがくがく》、散々に議論のあったのちも、確乎たる決心は不動のままで、無益《むやく》の評定を打ち切り、ユリアヌスを帝位に迎えることに決した。四　そして彼が呼び寄せられてやって来ると、予め告知しておいた日に居合わせた同胞兵士全員を召集し、壇を設けさせて高めの演壇となし、その周囲を鷲印と軍団印が取り囲む中、正帝が壇上に立って、彼の右手を取り、穏やかな話しぶりでこう弁じ立てた。

五　「予が諸君の前に立つのは、国家の最良の守り手たちよ、共有する大義を皆で心を一にせんばかりにして守り通さんがためだ。これをいかに為そうとするか、公正な裁判官を前にするつもりで手短に説き明かそう。六　反逆せる帝位簒奪者ら(6)が身を滅ぼしてのち――この者たちにあのような企てを仕出かすよう仕向けたのは激情と狂気であったのだが――あたかも彼らの汚らわしい霊にローマ人の血をもって供養を行なおうとするかの如く、蛮族は国境線の平和を破り、ガリア諸州を跳梁《ちょうりょう》跋扈《ばっこ》している。我らをはるか隔たった土地に険しい難局が縛りつけているとの確信に力を得てのことだ。七　ゆえに、隣地を越えて今や這い出て来ようというこの災厄に、もし時間が許す間に予と諸君の決議の可決が立ちはだかったならば、傲慢な種族の頸もすくむであろうし、帝国の境界も安泰であろう。残るは、予の懐いている先々への期待を諸君が目出度き結末をもって強めてくれることだ。八　ユリアヌスを、この我が従弟、諸君も知ってのとおり、謙譲の徳によって――そのため予には近親たるによってというように劣らず愛おしいのだが――一目置かれるのもむべなるかな、今や勤勉の徳を輝かす若者を、副帝の位に即けたいと願ってやまぬが、もし有益と思えるならさ

(1)アカイアはギリシア本土南部を指すローマの属州名。
(2)ユリアヌスがアテナエ遊学に発ったのは遅くとも三五五年の八月で、メディオラヌムに呼び寄せられたのはその年の十月初めという。
(3)ローマ人男性の略式の上衣だが、ここはむしろユリアヌスが憧れのギリシアの哲学者の服装を真似ていたと解釈される。
(4)エウセビア。一五-二-八。
(5)ユリアヌスはコンスタンティウスの従弟にあたる。
(6)マグネンティウス（簒奪帝、三五〇―三五一年）とシルウァヌス（僭称帝、三五五年八月―九月）を指す。

らに諸君の同意も得て、この策を固めることとしたい」。

九　この上さらに語ろうとするのを遮って、軍会はやんわりと押しとどめ、これは至高の神の裁定であって人智の為せる業ではないと、あたかも将来を予見するかの如く呼号した。すると皇帝は身じろぎもせず立ったまま静まるのを待って、残りをいっそうの自信をもって説き聞かせた。一〇「ならば諸君の支持も得られていることを喜ばしげな叫び声が示してくれているのであるから、静かな活力を秘めたこの若者を、その節度ある振舞いは褒め称えるよりむしろ見習うべきであるのだが、待ち望まれていたと言うべき位に登らせるとしよう。その人並みすぐれた美質は、良き学問によって育まれたものだが、私が白羽の矢を立てたというこの一事によって十分に披露したことと思う。ゆえに天上なる神の嘉《よみ》せらるるを得て、元首の衣を纏わせてやろう」。

一一　こう言うと、すぐさまユリアヌスに父祖伝来の紫衣を着せ、軍隊の歓呼とともに副帝と宣せられて顔をしかめ少々悲しげな様子をしている相手にこう語りかける。

一二「そなたは少壮の身でそなたの家柄のもつ輝かしき華を受け取ったのだ、誰よりも勝って愛しき従弟よ。それとともにわが名望も増し加わったと認めよう。わが縁者たる貴人にほぼ同等の権限を付与することで、権限それ自体によるよりも当然に、気高い者と映るであろうと思われるからだ。一三　ゆえに、労苦と危難を分かちもってくれ。ひとつには、ガリア諸州統治の保護を引き受け、ありとあらゆる恩沢によって、この傷めつけられた地方を救済するようにせよ。ひとつには、もし是が非でも敵と一戦交えねばならぬ場合は、旗手どもの間にしっかと踏みとどまって、熟慮の上、時を得たらば敢然事を為すよう督励すべく、用心怠りなく先頭に立って戦士らを鼓舞し、乱れが生ずれば控えの部隊で支え、なまくら者を程よく叱咤し、嘘偽りなき証人として働きの良い者と悪い者の側を離れぬようにせよ。一四　しからば事の重大さは猶予がならぬゆえ、かかれ。偉丈夫として同じ偉丈夫どもを率いるのだ。我らはお互い離れはすまい。情愛の渝《かわ》らぬこと堅きがゆえに。我らはともに戦い、二人して平らげた世界を――我らが祈願を神が聞き届け給いさえすれば――等しい節度と敬虔の念をもって治めるであろう。いずこにてもそなたは私とともに出御《しゅつぎょ》していると見られるであろうし、そなたが何をするにつけても私がそなたの側についていないことはなかろう。すなわち、行け。急げ。者皆の結び合わせた祈願を背に。あたかも国家そのものがそなたにあてがったが如き地位を、夜の目も寝ぬ用心をもって守るのだ」。

一五　こう言い終わったあと、沈黙を保つ者は誰もおらず、兵士全員が恐ろしい響きを立てて楯を膝に打ちつけたが――これは好感をもって受け止めていることの十全なしるしなのだ。逆に槍で楯が打たれるときは怒りと憤りの表明なのだから(1)――何という喜びで、また何と大きな喜びで、少数の者を除き、正帝の決断を是とし、皇帝紫の光輝に匂い立つ副帝をそれにふさわしい讃仰《さんぎょう》の念をもって受け容れたことか。一六　この愛嬌を具えながらも恐ろしげなその眼と、潑剌として魅力的な面差しとを長くたっぷりと見つめつつ、この

(1) 二〇-五-八と二一-五-九では逆に、楯を槍で打つのが同意・称賛の意思表示と説明される。ゆえに、ここを後代の竄入とする見方、あるいはアンミアヌスの書き間違いとする見方があるが、時と場合によって両者が入れ替わるとする説もある。

人は将来どのようになるであろうかと想像を逞しくしたのは、あたかも肉体のしるしによって魂の内奥を開いて見る法を教えてくれる古の書物[1]を繙くかの如くであった。そして彼を、さらに上位の者への尊崇の念が保たれるよう、節度を越えて讃えることもしなければ然るべき度合い以下でもなく、ためにこれは監察官の声だ、兵の声ではないと評せられたのである。一七　最後に乗り物に同乗させられて宮居に迎え入れられた際には、ホメロスの詩のこの一行を呟いていた。

赤黒キ死ト有無ヲ言ワサヌ運命ガ捕エタリ[2]

このことのあったのは十一月の六日であったが、この年[3]はアルビティオ[4]とロリアヌス[5]を執政官としていた。一八　次いで数日のちにコンスタンティウスの未婚の姉妹ヘレナ[6]が婚姻の約定でこの副帝に娶《めあわ》され、出立の機が熟しているために要した諸事万端が整えられると、僅かな供回りを引き連れて[7]十二月一日に発ち、ラウメルムとティキヌム[8]の間にあって二本の柱が目印になっている所まで正帝に見送られたのちは、道を真っ直ぐにとってタウリニ[9]に到着したところ、重大な知らせに打ちのめされる。その知らせというのは、晩近《ばんきん》、正帝の宮廷にもたらされたのだが、準備が水泡に帰してしまわぬよう故意に伏せられていたのである。一九　その告げるところによると、第二ゲルマニア[10]の評判高い町コロニア・アグリッピナが蛮族の執拗な包囲に遭い、大兵力をもって開城させられ滅ぼされたという。二〇　この悲しみに打ちのめされたさまは、あたかも近づきつつある災禍の最初の前兆に接したかの如くであり、ひとしお齷齪《あくせく》として死を迎える以上のことは何も私は仕遂げなかった、と嘆きの声で呟くのが度々耳にされた。二一　そうしてウィエンナ[11]にやって来ると、入城の際にはいかにも待ち望んだ、そして願いの叶いそうな人物として、これを鄭重に迎えようと、老若貴賤を問わず押しかけ、遠くに姿が見えると町人《まちびと》総勢が、近郷近在の者も一緒になって、慈悲深く幸多き皇帝よと呼びかけ、先導をしつつ、賛辞の唱和でもって称えたが、正統の元首だけに、帝王の行列をなおさら食い入るように見つめたのだった。そして町全体の苦境への処方が彼の到来にありと見なして、言わば救いの霊が嘆かわしい情況の上に輝《かがや》き出《い》でたと判断したのである。二二　このとき、明を失ったある老女が、どな

(1)いわゆる骨相学(人相学)の書。ペリパトス派や、ハドリアヌス帝と親交のあった後二世紀のソフィスト、ポレモンなどの著作があった。
(2)ホメロス『イリアス』第五歌八三を引用。トロイア方の勇士ヒュプセノルの戦死の場面。もちろん、ユリアヌスは皇帝の紫衣の色に血の色を重ねて考えている。
(3)三五五年。
(4)一四・一一・二〇。
(5)クィントゥス・フラウィウス・マエシウス・エグナティウス・ロリアヌス。一名マウォルティウス。顕職を歴任し、三四二年に都市長官、三五五―三五六年にはイリュリクム担当近衛長官(道長官)を務めた。
(6)コンスタンティウス一世とその二番めの妻ファウスタとの娘で、コンスタンティウスの実の姉妹。ユリアヌスの従姉にあたる。母ファウスタは三二六年に亡くなっているので、この時点で少なくとも二九歳になる。
(7)三六〇名の兵を与えられたとユリアヌス自身の『アテナエ人宛書簡』二七七Dにある。リバニオスは人数を三〇〇人としている(『弁論』一八・三七)。
(8)それぞれ、今日のルメッロ(ミラノ近郊)とパヴィア。問題の宿駅はドゥリア(今日のドルノ)と考えられている。
(9)アウグスタ・タウリノルムのこと。今日のトリノ。ケルト・リグリア系のタウリニ人の町。
(10)レヌス(ライン)河下流の側のゲルマニア。
(11)今日の南仏のヴィエンヌ。属州ウィエンネンシスの首邑。

た様がおいでになったのですかと尋ねて、副帝のユリアヌス様だと聞かされると、この方は神々の神殿を再建なされましょうと叫んだ。

第九章　ガリア人の起源と、何ゆえケルタエ人、ガラタエ人と呼ばれるか、および、これら部族の物識りたちについて

一　そこで――マントゥアの崇高な詩人[1]が前置きしたとおり――いっそう大きな仕事に私は乗り出し、事のいっそう大きな連鎖が私の前に生まれ出るのであるから、ガリア諸州の領域と地勢を示すのに今が好機と思うが、それは赤熱の遠征や戦闘の交々の結末を述べる合間に、ある人たちには未知の事柄を開陳し、擦り切れた帆と綱を、もっと安全なうちに整えることもできたのに、大波と嵐の中で繕う羽目になったなまくら水夫たちの二の舞を演じていると見られたくないからだ。二　ガリア人のそもそもの起源について決めかねて、昔の著作家たちはこの問題の中途半端な記述を残したが、のちにティマゲネス[2]が、細心なことと言い言葉遣いと言いいかにもギリシア人だが、長く知られていなかったことを数多の文献を渉猟して集めた。この人を頼りとして、曖昧さを排しつつ、その内容を明瞭かつ端的に筆者は教示しよう。三　この地域に最初見られたのはアボリギネス[3]だったと、ある人たちは強調し、敬愛された王の名に因んでケルタエ[4]、またその母の名からガラタエと――ガリア人をギリシア語ではそう呼ぶので[5]――称《とな》えられたとしたが、別の意見では、ドリス人[6]が時代の古い方のヘルクレス［ヘラクレス］[7]について来て、外洋に接する土地に住み着いたのだと

いう。四　ドルイド僧ら(8)に言わせると、実際のところ民の一部は土着であったが、その他にはるか遠隔の島々やレヌス［ライン］河の向こうの地方から流れ込んで来た者もおり、頻繁な戦争や逆巻き立つ海の氾濫によって住まいを追い出されたためという。五　またある者たちが言うには、トロイア滅亡後、ギリシア人の手を逃れた少数の者が各地に散らばり、当時無人だったこれらの地方を占有したのだという。六　一方、これらの地域の住人が何にもまして主張しているのは、筆者も彼らの碑に彫られているのを読んだことがあ

---

(1) ウェルギリウス。引用は『アエネイス』第七歌四四―四五「物事のいっそう大きな連鎖が私の前に生まれ、いっそう大きな仕事に私は乗り出す」からだが、句の順序を入れ替えるなどの改変が見られる。

(2) アレクサンドロス大王やケルト人の歴史を書いた作家。戦争捕虜としてローマに連れて来られ、アウグストゥス時代まだローマに生きていたという。

(3)「土着の者たち」の意。

(4) ヘラクレスが西の国のゲリュオン退治から戻る途中、ケルタエ（ギリシア語形はケルタイ）人の住む地域を通りかかって、ブレタンノスなる者の所へ来たとき、その娘のケルティネがヘラクレスに恋し、ヘラクレスとの間に男児をもうけたが、その名がケルトスで、ケルタエ人の名はこれに発するとの伝説があった（パルテニオス『恋の苦しみ』三〇）。王の名に因むとの伝は他に見えないようである。

(5) ギリシア語で *Γαλάται*（ガラタイ）。*Κελτοί*（ケルトイ）ともいう。

(6) 古代ギリシアに最後に移り住んだ民族。代表的な町はスパルタ。

(7) あとで言及される、アンピトリュオンの息子のヘラクレスと区別するため、「時代の古い方の」と形容されている。地元の古伝の英雄をヘラクレスに見立てたもの。

(8) ガリア・ブリタンニアの民族の指導者たる祭司。森羅万象の知識を蓄え、予言者・医師・呪術師・裁判官でもあった。

るのだが、アンピトリュオンの子(1)のヘルクレス［ヘラクレス］がゲリュオン(2)とタウリスコス(3)という残忍な君主を、片やヒスパニア諸州(4)を、片やガリア諸州を苦しめていたのだが、成敗しようと急いだ。そして両者を征伐したのち、良家の子女らと交わりをもってたくさんの子供をもうけた。この子らが自らの治める領分を己れの名に因んで呼んだのだ、と。七　ところがポカイア(5)からアシアの民がキュロス王(6)の代官ハルパロス(7)の圧政を逃れんとして船でイタリアを目指し、その一部がルカニアにウェリア(8)を、さらに一部はウィエンネンシスにマッシリア(9)を建てた。その後幾世代を閲《けみ》するうちに勢力が増し加わって、少なからぬ町を創建したのである。しかしあれもこれも述べてゆくと飽き飽きされることが多いゆえ、控えねばなるまい。八　これらの地方を通じて人々が次第に洗練されてゆき、称賛に値する学問の追求が盛んになったが、これを始めたのは伶人《うたびと》であり智者であり、ドルイド僧だった(10)。すなわち、伶人らは名立たる男たちの勇敢な行ないを英雄詩に拵えて竪琴の甘き調べにのせてしきりに歌った。しかし智者たちは〈崇高なるものを〉考究しつつ自然の法則を明かそうと努めた。ドルイド僧は才能にかけては余の者に勝る高みにあって、ピュタゴラスの権威(11)が定めたとおりに仲間と共同生活の絆を結び、隠れた深遠な事物の探求に熱を上げ、人間に関わる事は蔑んで魂は不死なりと宣言した。

第十章　ガリア・アルプスについて、および、これを通る種々の道について

一　このガリア諸州の領域は、山々の峻険で、恐ろしい雪に常時覆われている高みのゆえに、余の世界の

住人には沿岸部を除いてこれまでほとんど知られず、天然の防壁があたかも人為によって張り巡らされたかの如く四囲を閉ざしている。二　すなわち、南縁においてはテュレニア海およびガリア海[12]に洗われており、天の荷車［北斗七星］を見上げる所では未開の諸部族からレヌス［ライン］の幾本かの川筋によって区切られ

(1)実際には、テーバイ王アンピトリュオンの留守中にその妻アルクメネが夫に化けて来たゼウスと交わって胤を宿し、産んだ子がヘラクレスである。
(2)三つの身体をもつ怪物。西の果てにあるエリュテイア島で牛を飼っていたが、ヘラクレスが十二の功業の一つとしてこれを倒した。
(3)イタリア北西部リグリアの部族であるタウリスキ族の名祖。ヘラクレスに倒されたとの伝承はアンミアヌスのみが伝える。
(4)ヒスパニアの複数形 Hispaniae が用いられている。当時のヒスパニアには、タラコネンシス、ガラエキア、ルシタニア、カルタギニエンシス、バエティカ、島嶼部バレアレス、それに対岸アフリカのティンギタナを含めて七州あった。
(5)小アジア西岸のイオニア人の町のうち最北のもの。
(6)ペルシア王（前五二九年没）。
(7)ギリシア名として正しくはハルパゴス。小アジア西岸部のギリシア人の町々を征服した。
(8)ルカニアはイタリアのカンパニアより南東の地方。ウェリアは今日のサレルノ県のアシェーア。この移民は前五四〇年頃のこと。
(9)ウィエンネンシスは今日のローヌ河左岸地方の属州。マッシリアは今日のマルセイユで、ポカイアからの植民者が前六〇〇年頃に建てた町。
(10)ストラボン『地誌』四-四-四にもこの三種の指導者を述べる記述がある。
(11)ペリパトス派のソティオン（前二世紀）がその哲学史の中でドルイド僧をピュタゴラス派と結びつけ、これがカエサル、ストラボン、ディオゲネス・ラエルティオスほか大勢の著作家に大きな影響を与えたといい、アンミアヌスも例外ではない。
(12)今日のコルシカ、サルデーニャ両島から西、イベリア半島までの地中海の呼称であろう。

ており、入り日の下にある地では外洋とピュレネの高山によって遮られており、日の出に向かって登りゆく方面では、アルペス・コッティアエ〔コッティウスのアルプス〕(1)の山並みに取って代わられる。これにはコッティウス王(2)が、ガリア人平定ののちも、独り山の狭間に潜み、土地の道なき険しさを恃みとしたが、遂に憤激も治まって元首オクタウィアヌス(3)の友誼の中に迎えられると、大がかりな造作をもって記念の贈り物とすべく、捷路《しょうろ》を、しかも行旅の者に便良きものを、アルプスの他の古道と古道の中間に築造したが、これについては筆者の知り得たところを少しのちに述べるとしよう。三　このアルペス・コッティアエはセグシオ(4)の町から始まるが、至って高い尾根が聳えていて、ほとんど誰も危険に遭わずしては通れない。四　というのは、ガリア諸州からやって来ると真逆様に下る坂があり、のしかかるような両側の岩のせいで見るも怖ろしく、とりわけ春暖の候ともなると、温もりを増した風が吹いて氷や雪も融け、切り立った両側の隘路、しかも根雪に隠れてしまっている窪みの上をおっかなびっくり足を運んで下ってゆくうちに、人も牛馬も荷車も真っ逆様に落ちるのだ。そして身の破滅を防ぐためにはただ一つ、こういう対処法が編み出された。たくさんの荷車を太綱で結わえてこれを人や牛が大いに力を奮って背後から引っ張り、ほとんど一歩一歩這うようにして降りて来れば少しは安全なのである。そしてこれは、既に述べたように、一年のうち春に起こる。五　しかし冬には地面が氷に覆われて磨かれたようになり、それゆえ滑りやすく、歩行を危なっかしいものにする。それで平坦な所にぽっかりと口を開いた谷間が氷雪で人を欺いて、越え行こうとする者を呑み込むことも稀ではない。これゆえに、土地に通じた者たちが、目立つように木製の杭を、まだしも安全な場所に打ちつけていって、これを伝って行けば旅人が恙《つつが》なく通れるようにしている。この杭が雪に埋もれて隠れてしまったり、あるいは山を下る水流に倒されてしまった場合には大事《おおごと》となって、土地の人間に道案内をしてもらっても仕舞いまでたどるのはなかなか難しい。六　一方、イタリア側のこの斜面の頂上[5]からは平坦な地形がマルスの名のついた地点[6]まで七マイルにわたって広がり、ここからはまた別の、なおさら高くて越えることの大変な高地がマトロナの頂[7]まで延びているが、この頂の名は、さる高貴な女性の身に降りかかった出来事からついた[8]のである。そこからは坂道であってももっと通りやすい道がブリガンティアの要塞[9]まで続いている。七　道を造ったときに述べた小王[10]の墓はセグシオにあって、市壁に隣接し、その霊は二つの理由で敬虔に崇められていて、正しい領導により己が民を治めたゆえ、また、ローマ国家との同盟に入って民人に永遠の安穏をもたらしたゆえである。八　そして、さきに述べた道が中央の道で、捷路であり、また往

(1) 一五-五-二九。
(2) マルクス・ユリウス・コッティウスはリグリアの王で、当初アウグストゥスに敵対したが、やがて臣従し、十四部族の統治権を授けられた。アルプス越えの道をいくつか建設したほか、前九／八年にはセグシオの町にアウグストゥスを讃える凱旋門を建造した。
(3) アウグストゥス帝。
(4) 今日のイタリア北西部のスーザ。
(5) セグシオの西南西にあたるサルベルトラン。直前の描写は、麓のセグシオ（標高差五〇〇メートル）との間にある急坂。
(6) 今日のウルクス。ローマ帝政後期には mansio Martis（マルス神の家）または ad Martis（同）として知られた。
(7) 今日のモン・ジュネーヴル。標高一八五四メートル。ハンニバルがたどった可能性があるという。
(8) この一件は不詳。
(9) 今日のフランス東部、イタリア国境に近いブリアンソン。本来はブリガンティオといったらしい。ここからは北西方向のアレラテと南西方向のウィエンナに至る道が出ている。
(10) 原語 regulus. 一国の王ではなく、部族の王に過ぎない者をいう。一五-一〇-二のコッティウス王のこと。

来も盛んなのではあるが、さらに他にも、遥か以前の様々な時代に造られた道がある。九　すなわち、その最初のものはテーバイのヘルクレス［ヘラクレス］が、既に述べたとおり、ゲリュオン退治のため、またタウリスコス退治のため、(1)ゆるりと歩を進めるうちに、アルペス・マリティマエ［海際のアルプス］(2)の近くに造り、この地のアルペス・グライヤエ［ギリシア人のアルプス］(3)の名の因《もと》となった。(4)同様にモノエクスの砦と港(5)を己れの幾久しい記念に捧げた。次いでそののち幾世紀も閲《けみ》してから、こういう理由でアルペス・ポエニナエ［ポエニ人のアルプス］(6)の名が考え出された。一〇　大アフリカヌスの父プブリウス・コルネリウス・スキピオ(7)が、艱難と忠義で記憶に値するサグントゥム(8)の町人《まちびと》がアフリカ勢(9)に執拗頑強に包囲攻撃された際、援軍に赴こうとして、大兵力を船に乗せヒスパニアに渡したところ、力に勝る軍勢によって町が壊滅させられてしまったあとで、三日前にロダヌス［ローヌ］河を渡ってイタリア本土へ急ぐハンニバルを追いかけることも叶わなかったので、速足の航海でさほど長くはない海域を走破し、向こうが山を下ってくるところをリグリアの町ゲヌア(10)で待ち受けたが、これは、悪路に疲れ果てた相手と、運よく機会が得られたなら、平地で雌雄を決するためであった。一一　しかしながら全体的な戦況を図り、兄弟のグナエウス・スキピオ(11)に、ヒスパニアに赴いて、ハスドルバル(12)が同じようにそこから打って出ようとするのを防げと促した。これをハンニバルが脱走者から知ると、いかにも機敏かつ狡猾な精神の持ち主らしく、タウリニ族(13)の住人の手引きを得てトリカシニ族、(14)それからウォコンティイ族(15)の領地の端を通ってトリコリイ族(16)の山林まで来た。そしてそこを出ると、これまで通行不能であった所を抜けてさらに行軍し、途方もない高さの岩を、盛大な焚き火で焼いて酢をかけることにより砕いて切り通し、(17)所を変える渦のためにに危険なドルエンティア川(18)を辿ってエトルリ

(1) 一五-九-六。
(2) 今日のフランス本土南東端にイタリアの一部を加えた地方。
(3) 最も古くから利用されたアルプス越えの峠である小サン・ベルナール（二一八八メートル）からスイス南部にかけての地方。
(4) 底本どおりだと「今ある名をつけた」。
(5) 今日のモナコ。タキトゥス『同時代史』三-四二-二にも「ヘルクレス・モノエクス港」とある。モノエクスはギリシア語 μόνοικος（独り坐《いま》す［神］）のラテン語化。
(6) すなわち、ポエニ人ハンニバルの峠越えに因むとする説だが、リウィウス『ローマ建国以来の歴史』二一-三八-九は地元の神ポエニヌスに由来するとする。
(7) 前二一八年の執政官。以下の出来事は、ポリュビオス『歴史』第三巻とリウィウス『ローマ建国以来の歴史』第二十一巻に語られる。
(8) ヒスパニア・タラコネンシスの町。今日のサグント。前二一九年にハンニバル率いるカルタゴ軍の包囲攻撃を八ヵ月にわたって受け、その年の終わりに陥落した。
(9) カルタゴ軍。
(10) 今日のジェノヴァ。
(11) グナエウス・コルネリウス・スキピオ・カルウス。前二二二年の執政官。前節のスキピオの兄弟で、二人が共同して前二一六年、ハスドルバルにヒベルス（今日のスペインのエブロ）河畔で勝利。
(12) カルタゴの武将ハンニバルの弟。
(13) リグリアの部族。
(14) 九世紀の写本に基づく底本 Tricasinos に対し、B, Ern, Wa は十五世紀写本の読み Tricastinos を採る。歴史的には後者すなわちトリカスティニ族（リウィウス『ローマ建国以来の歴史』二一-三一-九に見える）が正しいとされる。ナルボネンシスの部族で、ロダヌス河東岸に住んだ。トリカシニは、後出（一五-一一-一二）のように、第二ルグドゥネンシスの町の名で、今日のシャンパーニュ地方のトロワに相当する。
(15) ガリア系の部族で、ロダヌス河の東、イサラ（今日のイーゼル）川以南の地域に住んだ。領地の東を、モン・ジュネーヴル越えの道が通っている。
(16) アルプスに住んだガリア系の部族。
(17) リウィウス『ローマ建国以来の歴史』二一-三七-一―三に述べられる有名な故事。大プリニウス『博物誌』二三-五七もこの方法を伝えるが、史実かどうか疑問をもたれている。
(18) 今日のデュランス川。アルペス・コッティアエより流れ出て、アレラテでロダヌス河に合流する。

ア人の領地を襲撃した。以上がアルプスについてである。今度は残りの部分に移ろう。

第十一章　ガリア諸州の簡単な区分と叙述、および、ロダヌス［ローヌ］河の流路

一　そのかみ、これらの地域が蛮地として世に知られずにいた頃には、この地は三つの部分より成っていたと考えられており、ケルタエ人もしくはガリ族[1]とアクィタニ族[2]とベルガエ族[3]に分かたれて、言語、制度、法をそれぞれ異にしていたという[4]。二　すなわち、ケルタエ人なるガリ族をアクィタニ族から分かつのがガルンナ［ガロンヌ］河で、ピュレネの丘より発してのち、数多くの町を貫流して、外洋に姿を隠す。三　一方、ベルガエ族からこの部族を切り分かつのはマトロナ［マルヌ］川とセクァナ［セーヌ］川で、両者等しい大きさの川である。ルグドゥネンシス[5]を貫いて流れ、ルテキア[6]という名のパリシイ族の要塞を島のように取り巻いてぐるりと囲んだのち、合流してさらに進み、カストラ・コンスタンティア[7]の近傍で海に注ぐ。四　これらすべての部族のうちで、古人の著作では、ベルガエ族が最も勇猛だと言われていたが、そのわけは、開けた文化から遠く隔たり、到来物の嗜好品のせいでやわになることもなしに、レヌス河の向こうのゲルマニア人と長く争っていたからである[8]。五　それというのも、アクィタニ族は海岸[9]がごく近くて穏やかだというので、到来物の品が持ち込まれるため、風俗が柔脆《にゅうぜい》に流れ、ローマの覇権下に易々と入ってしまったからだ。六　一方、ガリア諸州全体は、度重なる戦をもって迫る独宰官ユリウス[10]の軍門に降《くだ》って以来すでに、四分された支配権の下に治められていたが、そのうちの一つナルボネンシス[11]はウィエンネンシス[12]とルグドゥネン

シスを内に含んでおり、いま一つはアクィタニ族の全域を管轄していた。上《かみ》と下《しも》のゲルマニア[13]とベルガエ族は、同じ時期、二つの行政組織が統治した。[14]　七　だが現今は、[15]ガリア諸州の全体で属州に数えられるのは、第二ゲルマニア[16]——西方よりすれば第一番に現われるのだが——これは大都で物資も豊富なアグリッピナ[17]

---

(1) ガリア中部の部族。
(2) ガリア南西部の部族。
(3) ガリア北東部の部族。
(4) カエサル『ガリア戦記』冒頭の有名な一節を利用している。
(5) ガリア中部から西北部にかけての属州。
(6) ルテティアとも。今日のパリ、とくにシテ島。パリシイ族はこのあたりの部族だが、部族名がルテキアを指す町の名としても用いられた（一八-六-一六など）。
(7) 今日のアルフルールか。なお、「貫いて流れ」から「海に注ぐ」まで、動詞はすべて複数形なので、主語はマトロナ川とセクァナ川である。
(8) このあたりの記述も、カエサル『ガリア戦記』一-三を下敷きにしている。
(9) 今日のガスコーニュ湾の海岸を指す。
(10) ユリウス・カエサルのガリア征服戦（前五八—五一年）。
(11) アンミアヌス時代のナルボネンシスは、今日のピレネー山脈からローヌ河右岸にかけての属州。ただし、これは第一ナルボネンシスで、ウィエンネンシスとアルペス・マリティマエに挟まれた第二が別にあった。
(12) 一一五頁註（9）。
(13) 今日のライン河上流と下流の、いずれも左岸の地方。
(14) すなわち、版図の大きいナルボネンシス、アクィタニア、ゲルマニア、ベルギカの四つの属州があったということ。
(15) 以下の記述はコンスタンティウス二世治下の三五五—三五六年頃、アンミアヌスが自らガリア地方にいた際の知見に基づいて書かれたと推定されている。
(16) かつての下ゲルマニア。
(17) コロニア・アグリッピナ。今日のケルン。

とトゥングリ[1]によって守りを固められている。八　次いで第一ゲルマニア[2]、ここには他の中都市を差し置いても、モゴンティアクス[3]とヴァンギオネス[4]とネメタエ[5]と、蛮族が大敗を喫したことで知られるアルゲントラトゥス[6]がある。九　これらに次いでは、第一ベルギカ[7]がメディオマトリキ[8]と、元首の名高き住まいたるトレウェリ[9]を覧に供する。一〇　これに隣接するのが第二ベルギカで、ここには他にぬきんでた都アンビアニ、およびカテラウニとレミ[10]がある。一一　セクァニ族[11]のもとにはビソンティイ[12]とラウラキ[13]が見られ、他の諸邑《しょゆう》に勝って有力である。第一ルグドゥネンシス[14]はルグドゥヌスとカビュロナとセノネスとビトゥリガエ[15]と、アウグストゥドゥヌム[16]の城壁の古来の偉容が光輝を添えている。一二　第二ルグドゥネンシスのほうは、ロトマギとトゥリニ、メディオラヌムとトリカシニ[17]が世に知らしめている。アルペス・グライヤエとアルペス・ポエニナエは、目立たぬ町々の他に、アウェンティクム[18]をも擁しており、これは廃市となった町ではあるのだが、かつて世に隠れもなかったことは半ば崩れた建物が今日もなお示しているとおりである。以上がガリア諸州の栄えある属州並びに都邑《とゆう》である。一三　アクィタニア[19]は、ピュレネ山脈と、外洋のうちヒスパニア人の土地にまで及ぶ部分に臨んでいるが、その最初の属州はアクィタニアのそれ[20]、町々の大いさをもって相当に引き立っており、他の多くは省くとして、ブルディガラとアルウェルニとサントネスとピクタウィ[21]が群を抜いている。一四　ノウェム・ポプリ［九族の地］[22]を盛り立てているのがアウスキとウァサタエ[23]だ。ナルボネンシスにおいては、エルサとナルボナとトロサ[24]が町々の第一人者の地位を保っている。ウィエンネンシスは数多くの町の美観を喜びとするが、中でも勝っているのが当のウィエンナとアレラテとウァレンティア[25]である。これらにマッシリア[26]も加えられるが、この町との同盟、この町の力のお蔭で、険しい危機に瀕した

(1)もとガリア北東部、今日のベルギーのマース川左岸に住んだ部族名。ここではその首邑アトゥアトゥカ・トゥングロルム（今日のマーストリヒトに近い、ベルギーのトンヘルン）。
(2)かつての上ゲルマニア。
(3)モゴンティアクムとも。今日のマインツ。
(4)今日のヴォルムス。
(5)今日のシュパイアー。
(6)アルゲントラトゥムとも。今日のストラスブール。ユリアヌスがアラマンニ族に大勝利を収めた戦いは一六-一二-一─七〇で詳細に語られる。
(7)ベルギカはゲルマニアの南西に隣接する属州で、同じく内陸側が第一、海側が第二。
(8)今日のフランス北東部、モーゼル河畔の町メス。
(9)ガリア北部の部族名。アンミアヌスは町の名アウグスタ・トレウェロルム（今日のトリーア）の代わりに用いている。二八五─四〇〇年、西半を治めるローマ皇帝の居城。
(10)順にそれぞれ今日のアミアン、シャロン＝シュル＝マルヌ、ランス。
(11)今日のフランス東部からスイス西部にかけての部族。
(12)ウェソンティオとも。今日のフランス東部のブザンソン。
(13)ラウラクムとして前出（一四-一〇-六）。今日のスイスのバーゼル東方のアウグシュト。
(14)ルグドゥネンシスはガリア中部から北西部にかけての属州で、やはり内陸側が第一、海側が第二。
(15)順にそれぞれ今日のリヨン、シャロン＝シュル＝ソーヌ、サンス、ブールジュ。
(16)今日のオータン。
(17)順にそれぞれ今日のルーアン、トゥール、エヴルー、トロワ。
(18)今日のアヴァンシュ。
(19)アクィタニ族（一五-一一-二）の住地を指すのであろう。
(20)大体今日のロワール河左岸からガロンヌ河と中央高地にかけての属州。
(21)順にそれぞれ今日のボルドー、クレルモン＝フェラン、サント、ポワティエ。
(22)ノウェムポプラナのこと。今日のガロンヌ河とピレネー山脈の間の属州。
(23)それぞれ今日のオーシュとバザス。
(24)順にそれぞれ今日のオーズ、ナルボンヌ（ラテン名はナルボとも）、トゥールーズ。しかし、最初のエルサはノウェム・ポプリに属する。アンミアヌスの書き誤り。
(25)順にそれぞれ今日のヴィエンヌ、アルル、ヴァランス。
(26)今日のマルセイユ。

ローマが幾度か支えられたとは、我々が書物に読んだところである。一五　これらに近いのがサルウィイ、ニカエア、アンティポリス[1]と、ストエカデスの島々[2]である。一六　そこで、作を紡いでこの地域まで到達したのであるから、最も評判高い河ロダヌス〔ローヌ〕について語らぬのは筋が通らぬし、愚かしくもあろう。アルペス・ポエニナエより溢れんばかりの湧水の手勢をもってロダヌスは流れ出で、下向突撃により平地に下って来るが、自前の隊列で[3]両岸を覆い隠し、レマンヌス[4]という名の湖沼にどっとなだれ込み、これを突っ切るうちも外からの水と混ざることが決してなく、左右の淀んだ水の表面をかすめ通りつつ出口を探し、速足突撃で道を切り拓くのだ。一七　そこから先は勢力を減らすことなくサパウディア[5]とセクァニ族の領地を貫通し、長駆前進して、ウィエンネンシスを左側面部隊でかすめ、右ではルグドゥネンシスをかすめて、曲折の多い行路をたどりおおせてのち、アラリス川[6]――第一ゲルマニアの間を流れるときはサウコンナ[7]と呼んでいる[8]――これを友軍として迎え入れてその名を引き取るのだが、この場所からガリア諸州が始まる。そしてこれより先はマイルならずしてレウガ[9]で道のりを測る。一八　……[10]ロダヌスは新参の水によって嵩を増し、向かい風に度々翻弄される習いの大型船を運び行き、自然が予めあてがった全長を終えると、アド・グラドゥス[11]と呼ばれる大きく口を開いた湾を通って飛沫をあげつつガリア海と一体となるが、この湾はアレラテからはおよそ一八マイル隔たっている。土地の位置関係についてはこれくらいにして、今度は人々の姿形と習俗を書き表わすことにしよう。

第十二章　ガリア人の習俗について

一　背が高くて色白というのが殆どすべてのガリア人であり、また赤毛で、眼つきの獰猛さは恐ろしいものがあって、喧嘩に目がなく、極度に傲慢である。実際、彼らのうち誰か一人が取っ組み合いをして、そばに女房がついていようものなら、これが夫に輪をかけて滅法強く、しかも青味がかった眼をしているとあっ

---

(1) 順にそれぞれ今日のエクサン＝プロヴァンス、ニース、アンティーブ。サルウィイはこのあたりの部族名だが、ローマ名をアクァエ・セクスタエと言ったエクサン＝プロヴァンスの町を指すのに使われている。

(2) 今日のイエール諸島。

(3) 支流の合流がないことをいう。

(4) 今日のレマン湖。湖を突っ切る流れが湖水と混じらないという話は、今日のボーデン湖にあたるブリガンティア湖（一五-四-一―五）についても語られていた。

(5) 今日のサヴォワ地方。

(6) ラテン名はアラル川とも。

(7) 今日のソーヌ川。

(8) 底本どおり et Sequanos を含めると、「第一ゲルマニアとセクァニ族の土地の間を流れるときはサウコンナと呼んでいる」の意になるが、この二語は近代の補筆であり、削除が適当。削除しても地理的に問題ないと思われるし、仮に問題があったとしてもアンミアヌス自身の誤認の可能性がある。

(9) 一ローマン・マイルは約一五〇〇メートルであるのに対し、一レウガはその一・五倍の約二二五〇メートル（一六-一二-八）。

(10) 底本は節頭が不完全な ..... han ..... Rhodanus aquis aduenis. これを dein Isarae Rhodanus aquis aduenis（次いでロダヌスは新参のイサラの水によって）と補填する版がある（B, Ro, Sel）。固有名詞を補わず、冒頭を単に hinc Rhodanus（ここよりロダヌスは）とする版もある（Ga, Wa）。

(11) 「桟橋のある上陸地点」を意味する。リヨン湾のどの地点か、詳細は不明。

て、異国の者が束になっても敵うまいが、とりわけ女房の方が頸筋を膨らませて歯ぎしりし、雪白の太い太い前腕を構えて、足蹴りを交えつつ、よじった綱で発射される投擲機の石よろしく鉄拳を繰り出し始めたときがそうである。二　たいていの者の声は恐ろしく、また威しつけるようで、機嫌が良くても悪くても変わりがないが、しかし一人残らずひとしなみの勤勉さで小ざっぱりと清潔にしており、この地方には、とりわけアクィタニ族の間では、誰も、女ですら、たとえ至って貧しくとも、他所のように襤褸《ぼろき》切れを汚らしく纏っている姿は見かけられぬであろう。三　兵役にはすべての年齢の者が十二分に応じられ、老いたるも若きに等しい胆力で戦に出るが、寒さと絶えざる労苦によって肢体が頑健になっているため、たいていのことは、恐怖を覚えるようなことであっても、物ともすまいとするのである。また、彼らの誰かが、イタリアでのように、軍務を怖れるあまり自分の親指を切り落とすようなことも絶えてない。こういう手合いは土地の言葉で「ムルクス」(1)と呼んでいる。四　葡萄酒に目のない部族で、葡萄酒に似た各種の飲料にも手を伸ばすが、中でも性質《たち》の良くない連中になると、うち続く酩酊に――これは自ら進んで招く類の狂気なりとカトー(2)の名言はいみじくも言い表わしたのだったが――感覚を鈍らせて、あちらへふらふら、こちらへふらふらと動いて行くので、トゥリウスがフォンテイユスを弁護した際のあの言(3)は真実だと思われるほどだ。「ガリア人は今後、水で薄めて飲むようになろう。そんなことをするのは毒だと見なしていたのだが(4)」。

五　この地方、とりわけイタリアと境を接している所は、いささかの骨折りで徐々にローマの覇権の下に入ったのだったが、まずはフルウィウス(5)によって小手調べがなされ、次いでセクスティウス(6)によって小戦《こいくさ》で揺さぶられ、最後にファビウス・マクシムス(7)によって征服された。この者にはアロブロゲスの中でも手強

(1)原語 murci（単数形は murcus）。「臆病者」の意と考えられる。兵役忌避のため同じことをする事例はアウグストゥス時代にもあった（スエトニウス『ローマ皇帝伝』「アウグストゥス」二四-一）。

(2)大カトー（マルクス・ポルキウス・カトー・ケンソリウス。前二三四—一四九年）。その名言集なるものが後三世紀頃に編纂されたが（『カトーの二行詩』）、どこまでが確実に本人の言か不明である。いずれにせよ、アンミアヌスの伝える文句は伝存のテクストには見当たらず、精々「酒は程々にせよ」、「自分の過失が酒を飲んだことで赦されると思うな。酒に罪はなく、飲む人間が悪いのだから」の二句がある程度である。

(3)フォンテイユスは前七六—七四年、ガリア・ナルボネンシスの総督を務め、離任後、不当利得の罪で告発されたが、前六九年、キケロの弁護により無罪となった。その際の弁論『フォンテイユス弁護』は部分的に欠落があり、アンミアヌスの伝えるキケロ（トゥリウス）の発言はこの欠落部分に含まれていたらしい。

(4)キケロからの引用句を「水で薄めて飲むようになろう」までと見なす版がある（Ern, Eyss, Wa）。

(5)マルクス・フルウィウス・フラックス。前一二五年の執政官。マッシリアの援護に駆けつけ、ガリアでリグリ族その他と戦った。

(6)ガイウス・セクスティウス・カルウィヌス。前一二四年の執政官。同様にガリアで戦争を指揮し、マッシリアの北北東にアクァエ・セクスティアエ（今日のエクサン＝プロヴァンス）の町を建てた。

(7)クィントゥス・ファビウス・マクシムス。前一二一年の執政官。ガリア・ナルボネンシス最強のアロブロゲス族とアクィタニアのアルウェルニ族を征服し、「アロブロギクス」の添え名を得た。

い部族を打ち負かして任務を完遂したことにより、これに因んだ添え名が授けられた。六　というのも、ガリア全土となると——サルスティウス[1]を引き合いに出して教えられているとおり——沼沢地ゆえに立ち入れなかった場所を除いて、一〇年に垂《なんな》んとする戦争で相互に損害を出したのち、カエサル[2]が屈服させて、末永き盟約により我らとの同盟に結び合わせたのだからである。長々と脇道にそれたが、いい加減初めに戻るとしよう。

第十三章　オリエント方面近衛長官ムソニアヌスについて

一　ドミティアヌスが無残な死によって果てると、[3]その後任のムソニアヌス[4]が近衛長官の権限でオリエントを治めたが、両方の言語[5]を巧みに操る能力で名高かった。そういうところから、予想以上に高い地位に輝いたのである。二　というのも、コンスタンティヌスがマニ教徒[6]やそういった類の宗派を事細かに探ろうとしたが適当な通詞が見つからなかった際、能力十分として推薦されてきたこの人物を選んだのである。そして役目を立派に果たした上は、それ以前ストラテギウスと呼びならわされていたこの男をムソニアヌスと呼びたがり、それからというもの、栄誉の階梯を数多駆け抜けて近衛長官の地位にまで登りつめたのであるが、余の点では聡明、属州にしてみれば耐えやすく、柔和で人あたりの良い人物ながら、いかなる機会にも乗じて、とりわけ、言語道断なことに、甲論乙駁の裁判沙汰に乗じて、しかも徹底的に利得を貪ろうという気で汚なく立ち回ったのだったが、そのさまは、他にも多々ある中で、副帝ガルスの裏切りによって有象無象の民衆の襲撃に遭い八つ裂きにされたシュリアの執政官格総督テオフィルス(7)の死について開かれた審問において白日の下に曝されたとおりであって、この審問では貧しい者たちが、この事件のあったときはよその土地にいたことが明白であったにも拘らず有罪とされ、恐ろしい犯罪の下手人たちは富裕ゆえに家産は剝ぎ取られたものの放免されたのだった。

三　これと肩を並べていたのがプロスペル(8)で、当時なおガリア諸州で任にあたっていた騎兵長官の代理と

(1)ガイウス・サルスティウス・クリスプス。カエサルと同時代のローマの歴史家。『カティリナ戦記』、『ユグルタ戦記』などを書いた。ここに言及されているのは、別の著作家による引用で残っている断片(『歴史』一-一一(Maurenbrecher))で、「ローマ国家はセルウィウス・スルピキウスとマルクス・マルケルスが執政官の年[前五一年]、最大の覇権を有し、レヌス河のこちら側及び我らが海[地中海]とオケアヌス[外洋]の間のガリア全土を、沼沢地ゆえに立ち入れなかった所を除き、征服した」とある。

(2)ユリウス・カエサルによるガリア征服戦争は前五八年に始まり、前五二年、ウェルキンゲトリクスの敗北のあと、前五一年まで続いた。

(3)一四-七-一六。

(4)ストラテギウス・ムソニアヌス。以下に語られるとおり、高い教養と各派宗教の知識をもってコンスタンティヌス一世に重用され、「学芸に秀でた者」を意味するムソニアヌスの名を賜わった。三五四年、オリエント担当近衛長官(オリエント道長官)に就任。三七一年以前に没。

(5)ラテン語とギリシア語。

(6)ペルシア人の教祖マニが三世紀に興した宗教で、善悪二元論に基づく厳しい戒律を有し、ペルシアから西、イタリアにまで広まり、キリスト教的要素も吸収。しかし西方世界ではキリスト教の抵抗に遭い、六世紀まで存続したに過ぎない。

(7)一四-七-五―八。

(8)五九頁註(3)。騎兵長官ウルシキヌスの代理として、オリエントに派遣されていた。

して兵を率いていたが、卑しいまでのものぐさ、喜劇役者の台詞[1]のように、盗みの技などそっちのけで「大っぴらにかっぱらう」のだった。

四　この二人が心を一にし、互いの儲け話を融通し合うことによって私腹を肥やしている間に、河隣にいたペルシアの諸将が、王[2]は領土の最果てで忙殺されているのをよいことに、掠奪部隊を差し向けて我らの領土を荒らし始め、今はアルメニア、時々はメソポタミアと、悠々の態で侵入して来たが、ローマの将官らはというと、服属者を身ぐるみ剝いでまわることに没頭していたのだった。

(1) プラウトゥス『エピディクス』一二に、「今じゃ前ほどコソ泥はやらないんだ」「どうして」「大っぴらにかっぱらうのさ」という台詞のやりとりがある。

(2) ラテン語でサポルと表記されるペルシア王シャープール二世。一四-三-一。

第十六巻

第一章　副帝ユリアヌス賛

356年

一　こうしたことをローマ世界で宿命の連鎖が繰り広げている間に、副帝はウィエンナにおいて暦年執政官の列[1]に、執政官を務めること八度めの正帝によって加えられたが[2]、生来の活力に促されるままに、兵戈《へいか》の轟きと蛮族の殺戮を夢見つつ、もし遂に順風を身に受けることあらばと、寸断された属州を繕い合わせる手筈を既に整えていた。二　それゆえ、彼が徳と幸いをもってガリア諸州にあまねく断行した大事業は、古人の数々の偉業をも凌ぐのであるから、話を一つずつ進めてゆく形で示すことにして、凡々たる才知の具を——それで足りればよいが——動員するとしよう。三　これから物語られることはいずれも、如才なき偽りを並べて拵え上げるに非ず、出来事への全き忠実を旨として明らかな証拠を頼りに仕上げたものであるが、ほとんど称賛演説の域に達するであろう。四　というのも、より良き人生の法とも言うべきものがこの若者に、高貴な家での揺籃期から最後の息を引き取るまで、寄り添っていたと思われるからだ。なぜなら、急速に頭角を顕わして内地でも外地でも異彩を放ったがゆえに、聡明さにかけてはウェスパシアヌスの子ティトゥス[3]の再来と謳われるほどであったし、誉れ高き一連の戦ではトラヤヌス[4]に酷似し、情け深いことはアントニヌス[5]の如く、正しくかつ完璧な思惟の追求をもってはマルクス[6]に比肩して、これと張り合う格好で自己の振舞いや習慣をつくり上げようとしていたからである。五　そして権威あるトゥリウス[7]が教えるところによれば、「すべて偉大なる技の高きにあるさまは、喬木の如く我々を喜ばせるが、根や根元部分はこの限りでない」といい、そのとおり、この人物の輝かしい特質の萌芽は、当時は叢雲《むらくも》に覆われるようにして隠れていたのであるが、この萌芽の方をこそ、のちの数々の驚嘆すべき事蹟よりも高く評価すべきであって、それはこういう理由からである。すなわち、年端もいかぬ少壮の身にして、ミネルウァ［アテネ］の世を忍ぶ森

---

(1) 原句 collegium fastorum（暦に名を残す執政官リストの仲間）。その年職責にあった二人の執政官の名で特定の年を表わすローマ共和政以来の習慣が帝政期にも続いていた。ただし、この栄誉に与るのは正規執政官で、選挙ではなく皇帝が任命し、一月一日に就任式を行なったあと四月二十一日には離任し、あとは元老院が指名し皇帝が承認した補充執政官が継いだ。

(2) 三五六年。

(3) ローマ皇帝（在位、七九―八一年）。抜群の記憶力をもち、文芸に明るく、ラテン語でもギリシア語でも即席の演説を難なくこなしたという。

(4) ローマ皇帝（在位、九八―一一七年）。領土拡張政策でローマ帝国の最大版図を実現した。ダキア征服を記念する「トラヤヌスの記念柱」で有名。

(5) ローマ皇帝アントニヌス・ピウス（在位、一三八―一六一年）。生来温和で周囲に細やかな心配りを見せ、亡妻の記念として貧しい少女たちの養育のための基金も設けたという。

(6) ローマ皇帝マルクス・アウレリウス（在位、一六一―一八〇年）。『自省録』を著わした哲人皇帝。この皇帝に倣おうとしたことがあったとはユリアヌス自身も『哲学者テミスティオス宛書簡』の中で（二五三A）述懐している。

(7) キケロの著作『弁論家』一四七。原句どおりの引用。ただし、キケロではこのあとに「しかしこれらなしではああいったものは存立し得ないのだ」とある。

にて養い育てられたエレクテウス[1]の如く、アカデメイアの静閑たる緑陰[2]より出でて、兵の幕舎より出でたるに非ず、戦塵の中へと連れ行かれ、ゲルマニアを打ち倒し、凍てつくレヌス［ライン］の流路を平らげて、残忍な脅しをかける王たちに、こちらでは血を流させ、あちらではその手を鎖で縛り上げたからなのだ。

第二章　副帝ユリアヌス、アラマンニ族を攻撃し、殺戮し、捕虜とし、敗走せしめる

一　そこで多事多端の冬を先述の町で過ごしたが、絶えず飛び交う噂の中で聞き知ったのは、古邑アウグストゥドゥヌム[3]の城壁が、外周こそ長いものの老朽化のため脆弱となっていて、蛮族の急襲を受け占拠されたが、居合わせた兵の部隊は手をこまぬいているばかりで、古参兵が抜かりなく馳せ集まって防衛したということだった。突如降りかかる危険を往々、身の安全への究極の絶望が追い払うように。二　そこで憂慮が一向にやまぬ中、側近らが彼を安逸と奢侈《しゃし》に向かわせるような侍女めいた阿諛《あゆ》追従《ついしょう》を弄するのを歯牙にもかけず、準備万端整えたのち、六月二十四日にアウグストゥドゥヌムに到着したが、あたかも体力智力に秀でた疾《と》うからの将軍の如くにして、諸方をうろつく蛮族に、運よく機会の得られた所で攻めかかろうというのであった。三　それゆえ、土地に詳しい者たちの陪席を仰いで、そもどの道を採るのが安全か、熟議を凝らすうちに、侃々諤々《かんかんがくがく》の論が交わされ、アルボル[4]……を経るべしと言う者もあれば、セデラウクムとコラ[5]を経るべしと主張する者もあった。四　しかし、ある者たちが口を挟んで、少し前の歩兵長官シルウァヌス[6]は、近道ではあるがしかし深い闇に覆われているゆえ油断のならない道を補助軍の兵八〇〇〇を率いて辛くも通

り抜けたと言うと、副帝はいっそうの自信を得て、この勇者の大胆さを真似ようと大いに色めき立った。五　そして遅滞が生じぬよう、挂甲《けいこう》騎《き》兵《へい》(7)と投擲兵(8)のみを、指揮官を守るにはおよそ適さぬのだが、引き具して同じ道をたどり、アウトスドルム(9)に到着した。

六　この地で常の如く短い休息をとって兵ともども元気を回復したあと、トリカシニ(10)を目指し、蛮族が三々五々隊を成して向かって来るのを、一部は向こうの多勢を恐れるがゆえに側面を固めてじっと注視し、他は手頃な場所を占めておいて下向突撃で易々と打ち倒し、恐慌をきたして降参した者何名かを捕えたが、

---

(1) アテナイ最古の王の一人。数多くの有用な技術を発見したが、伝説によると女神アテネに養育されたという。
(2) プラトンが哲学を講じたアテナイ近郊の森に因む表現。ユリアヌスが学問に志す青年時代を送り、軍隊経験のないことをいう。
(3) アウグストドゥヌムとも。今日のフランス中東部のオータン。
(4) 底本は Arbor ..... で、地名の後半が欠語部分に含まれる。十六世紀の刊本の幾つかに Arborosam（アルボロサを）との補填が見られるが、存在の確認された地名ではなく、現代の版には採用されていない。deJ は Aballonem（アバロを）の可能性を考える。アバロは、四―五世紀の祖本に由来するとされる『ポイティンガー地図（Tabula Peutingeriana）』ではアウグストドゥヌムから三四マイルの旅程とあり、実際の地理では北西方向にあった。ブリガンティア湖畔に Arbor Felix（アルボル・フェリクス）があるが、はるか東で、適さない。
(5) それぞれ今日のフランス中部のソーリュー、サン＝モレ（オセール近郊）。
(6) 八七頁註（4）。
(7) 詳しい説明は一六―一〇―八に。
(8) 原語 ballistarii. 投石機（ballista）を用いる兵。
(9) 今日のオセール。
(10) 今日のフランス北東部のトロワ。

余の者らは持てる力をすべて迅速に逃げることに注ぎ込むのを、甲冑の重みに妨げられて追撃できなかったため、無傷のままむざむざ去らせるよりなかった。七　こうして攻め寄せる相手に立ち向かえる見込みをはや確かなものとして自信を得ると、幾多の危地を切り抜けてトリカサエ(1)にやって来たが、あまりに慮外のことであったために、彼が市門を叩こうかという段になっても、各所に散らばる蛮族の衆勢への恐怖から、町への入り口が開かれるにも不安含みの遁辞《とんじ》なしには済まなかった。八　そして疲弊した兵を気遣って暫し逗留したのち、一刻の猶予もならぬと考えてレミの町(2)を目指したが、ここの軍隊には〈一ヵ月分の糧食を〉携えて一堂に会し、臨御を待てと命じてあった。軍の管轄をしていたのはウルシキヌスの後任のマルケルス(3)であるが、当のウルシキヌスも遠征終了まで同地方にいるよう指示されていた(4)。九　そこで、様々な意見が幾つも出されたあと、デケム・パギ［十ヵ村(5)］を経てアラマンニの民を攻撃することに決すると、密集隊形で(6)兵は常にもまして機敏にこの方面に向かった。一〇　そしてこの日は雨模様でどんよりと薄暗く、手近にあるものすら見えなかったため、土地の知識を活かして敵は間道を抜け、副帝の背後で隊列を締め括っている二箇軍団を襲ってすんでのところで殲滅するところだったが、俄かに起こった叫びが同盟軍の補助部隊を呼び集めて事なきを得た。一一　これよりあとは、道を行くにも川を渡るにも待ち伏せなしには済むまいと考えて、先を見通し逡巡したのだったが、これは名将にあってとりわけすぐれた点であり、軍隊に力添えをし安全ならしめるのが常である。一二　そこでアルゲントラトゥス、ブロトマグス、タベルナエ、サリソ、ネメタエにウァンギオネスにモゴンティアクス(7)といった町々を蛮族が手中に収め、これらの町の所領に住まっていると聞いて——なぜなら連中は、町そのものは網で囲った屍体(8)の如く避けるからだ——まず手始めにブロトマグスを占領したのだったが、彼が迫ろうとしたときに、ゲルマニア人の戦列が合戦を挑まんものと出で迎えた。一三　そこで三日月形に戦列を分け、白兵戦となって、敵は二方向からの破滅に詰め寄られると、何名かが捕えられ、他はまさに戦闘たけなわの最中に斬り捨てられたが、残りの者は俊足の楯に守られて逃げ散った。

---

(1) 前節のトリカシニの別称。

(2) 今日のフランス北東部のランス。

(3) ウルシキヌスは帝位僭称者シルウァヌス討伐の際、歩兵長官の地位にあったシルウァヌスの後任としてシルウァヌス宛のコンスタンティヌスの書状で名指しされていた（一五-五-二一）が、職位は騎兵長官だったようで、ウルシキヌスの後任もマルケルス（一六-四-三）、セウェルス（一七-二-一）、ルピキヌス（二六-五-二）など、代々騎兵長官とされている。歩兵長官の職にはバルバティオが就いた（一六-一一-二）。

(4) レミの軍隊に命令を発したのはユリアヌスで、ウルシキヌスに指示をしたのはコンスタンティウス二世であろう。

(5) 属州第一ベルギカの町。今日のフランス北東部モゼル県のデューズ近郊タルカンポル。

(6) 底本の句読法は「密集隊形で」を後続の「兵は……この方面に向かった」にかけるが、「密集隊形で攻撃する」と解する版もある（B, Ro, Sel）。

(7) いずれも今日のライン河畔の町で、順にそれぞれストラスブール、ブリュマト、ラインツァーベルン（ただし、タベルナエを後出一六-一一-一一のトレス・タベルナエの略と見なし、ストラスブールの北西のサヴェルヌとする解釈がある）、セルツ、シュパイアー、ヴォルムス、マインツ。

(8) なぜ屍体（または、墓とも）を網で囲うのかについて諸説あり。野獣による損壊を防ぐためだとか、産褥で死んだ母親が赤子を取り戻しに来ないよう墓に網をかけただとか、写本の busta（屍体、墓）を lustra（ぬかるみ）に改めるべきだとか言われるが、決め手に欠ける。

第三章　副帝ユリアヌス、フランク族に奪われたコロニア(1)を奪回し、この地でフランク族の諸王と和睦を成す

一　こうしてこれ以後はいかなる抵抗にも遭わなかったため、副帝のガリア諸州到着以前に奪い取られていたアグリッピナの奪還に向かうことを決めたが、この一帯には町も要塞も皆目見当たらず、ただコンフルエンテス(2)という、モセラ［モーゼル］川(3)がレヌス［ライン］河に合流する地点であるのでそう名づけられている場所の近傍にリゴマグム(4)の町と、当のコロニアの近くに塔(5)一基があるばかりである。二　それゆえ、アグリッピナに入城してのち、そこを動くまでに、フランク族の諸王に脅しをかけ粗暴を和らげさせておいて、一時《いっとき》国家を裨益することになる和平を固め、奪回した町を鉄壁の守りを備えたものにしおおせたのであった。三　この勝利の初穂に喜び勇んで、トレウェリ(6)を抜け、当時恰好の位置にあった町セノネス(7)の近郊で冬籠りをなさんものと退いた。ここでは溢れ返る戦争の大荷を言わば双肩に担って、幾通りもの懸念に心を割かれたのであって、いつもの守備の持ち場を離れた兵を油断のならぬ場所に連れ戻さねばならず、また、ローマの大義に仇なさんと謀る部族を蹴散らさねばならず、かつまた、方々を移動して回ることになる軍隊に糧秣が欠けぬよう、先を見越しておかねばならなかった。

第四章　副帝ユリアヌス、セノネスの町の近郊にてアラマンニ族に包囲される

一　こうしたことを不安含みに考量しているところへ、敵の大軍が攻め寄せて来るが、町を奪取せんとの希望をいっそう燃え立たせていたのは、彼の手許には楯隊も同族隊もいないということを脱走者からの漏洩によって知っていたため、それだけ自信をもってのことであり、これら部隊は各中都市に配属されて食糧供給がいっそう便利なようにしてあったのである。一方……(8)。

二　……それゆえ町を閉ざし、城壁の堅固ならざる部分を補強しておいて、自らは武装兵とともに昼夜、土塁や胸壁の間にいるのが見られたが、滾《たぎ》る怒りに歯ぎしりをしていたのは、突出《とっしゅつ》を度々試みては現有兵

(1)コロニア・アグリッピナ（今日のケルン）。本文冒頭ではアグリッピナと略称される。
(2)今日のコブレンツ。原語 Confluentes は合流する川を意味する。
(3)モセラ（Mosella）はモサ（Mosa）の縮小形で、「小さなモサ川」の意。モサ川は今日、上流のフランス語圏ではムーズ川、下流オランダ語圏ではマース川。
(4)今日のレマーゲン。
(5)原語 turris. 実態については、「小さな砦」、「旅籠」、「駅家」などの可能性が考えられている。
(6)一五-一一-九。
(7)一五-一一-一一。
(8)底本は cum autem となっていて、始まりかけた文章が中絶し、欠文が次節冒頭まで及んでいる。B, Ro, Sel は欠文を想定せず、quam antea と読んで、前の文の文尾とし、「食糧供給が以前よりもいっそう便利」と解する。

力の乏しさに妨げられていたからだった。三十日めも過ぎて遂に、蛮族は浮かぬ顔で去って行き、町の包囲を考えるとは無駄で愚かなことをしたと呟くことしきりであった。三　ところが、これは状況が不当な仕打ちを働いたとみるべきであるが、危地にある副帝に救援の手を差し伸べることを、すぐ隣の駐屯所にいた騎兵長官マルケルス(1)が先延ばしにしたのである。たとえ攻めかかられているこの町に元首がいないにしても、大量の兵を差し向けて包囲攻撃の災禍から救い出されて然るべきであったのだが。四　この恐れから解放されると、敏腕至極の副帝は心配りをゆるがせにせず、兵らの長きにわたる労苦に幾分かの休息が、たとえ短くとも力を回復するに足りるだけ報いられるよう気遣った。もっとも、究極の欠乏を呈して蕪然《ぶぜん》たる大地は、度々荒らされたために生命の糧に見合うものとて僅かばかりをあてがったのみであった。五　しかしながら、このことも間断なき精励をもって手当てすると、上首尾へのいっそう喜ばしげな期待が胸に湧き、意気軒高に数々の企てを果たすべく身を乗り出していった。

第五章　副帝ユリアヌスの美点

一　そこで一番に、行なうに難きことであるが、われと我が身に節制を課しこれを守ったのは、まるで奢《しゃ》侈《し》規制の法に縛られて暮らしているようなものであった。こうした法律はリュクルゴスの託言、すなわち板彫り法規(2)からローマに移されて長らく遵守されているうちに古びていったのを、独宰官スラ(3)が少しずつ作り直したもので、見栄っ張りの食卓は運が据え、質素な食卓は徳が据えるというデモクリトス(4)の教えの一つをよくよく考えてのことであった。二　というのは、同じことをトゥスクルムのカトー[5]もまた明察して唱え――ケンソリウスの渾名を人よりも廉潔な生き方によって得た人だが――「食への頓着大なるときは、徳への無頓着大なり」と言っているからだ。三　結句、コンスタンティウスが、継子を勉学に送り出そうとするかの如く手ずから書き留め、副帝の宴には何が使われて然るべきかをいとも気前よく並べ立ててある小巻を常日頃読みはしても、雉子《きじ》だの豚の子宮や乳房[6]だのを買い求めたり供したりすることを禁じ、一兵卒の粗末なありあわせの食べ物で満足した。

四　この結果生じたことだが、夜を三つの役回りに合わせて分けていた。休息と公務と学芸であり、アレクサンドロス大王もこれを習いとしていたと物の本には書いてあるが、こちらは遥かに強腰であった。とい

（1）一六-二-八。

（2）前八〇〇年頃のスパルタの立法家リュクルゴスがデルポイでアポロン神から受けたとする神託がスパルタ最古の法になったといい、一方、前五九四年、アテナイの立法家ソロンが軸のまわりに回転する仕掛けの板に法律を書かせたという。この二つが「すなわち（id est）」で同一視されており、アンミアヌスの誤記か写本の誤伝か、判然としない。

（3）ルキウス・コルネリウス・スラ・フェリクス（前一三八―七八年）。マリウスとの血腥い政争で有名なローマの独宰官。ここに言及される宴会での奢侈を禁ずる法については、プルタルコス『英雄伝』「スラ」三五、ゲリウス『アッティカの夜』二-二四-一一などに記されている。

（4）七五頁註（1）。

（5）大カトー。ローマ南東の町トゥスクルム出身であった。一五-一二-四と同じく、この句も伝存の名言集には含まれない。

（6）ローマ人にとっての珍味。

うのも、あちらは青銅製の盥《たらい》を下に置き、寝台から外へ片腕を伸ばして銀の玉を持ち、睡魔に襲われて筋肉の力がゆるむたびに手にしたものが落ちて大きな音を立て、眠りを破るようにしていたのだった。[1]

五　ところがユリアヌスは道具も使わずに、望むときにはいつも目を覚まし、夜半には決まって起き出して、それも羽毛の敷布や玉虫色の輝きを放つ絹の掛布ならずして、羊毛の敷布に素朴の民が「ススルナ」と呼ぶシシュラー[2]からなのだが、ひそかにメルクリウス［ヘルメス］に祈りを捧げていたのは、この神が宇宙を敏捷に駆ける知性であり、精神の動きを呼び覚ますと神学[3]の教えが唱えていたからであった。また、かほどの物資欠乏の中にあっても国〈務のことごとくに〉しかと意を用いていた。六　こうしたことを、難題かつ重要事として終えたあとは、才能の鍛錬へと向かったが、いかなる熱意、いかほどの熱意をもって主要な事物の高遠なる知識を追求し、まるでさらなる高みへ昇ろうとする精神にとっての養分とも言うべきものを探し求めるかのように、哲学のあらゆる部門を駆け巡って明敏な論究を繰り返したかは、信じられぬほどであった。七　とはいえ、これらを完璧かつ十二分に身につけつつも、それより卑俗の分野も蔑《なみ》することなく、詩と弁論の技を程々に〈たしなんだ〉のは、その演説と書簡[4]の、謹厳を併せもって俗悪に堕さぬ愛想の良さが示すとおりであるが、また内外の事蹟についての各種の歴史もこれに含められる。加うるにラテン語も、談論するに十分な会話力が具わっていた。[5]

八　それゆえ、様々な著作家が述べているとおり、キュロス王[6]や抒情詩人シモニデス[7]やソフィスト中最も犀利《さいり》なエリスのヒッピアス[8]が記憶力に長けていたのは、ある種の薬を飲んでそうなるを得ていたからだというのが本当であるなら、この当時まだ成人というに過ぎない人物が憶え薬の甕《かめ》を丸ごと――もしそのようなものがどこかで見つけられたならの話だが――飲み干したのだと信じるしかあるまい。以上が廉潔と徳の夜間作戦行動である。

九　一方、日中はいかなることを言葉巧みに、かつ機知を交えて語ったか、あるいは合戦の備えや討ち合いそのものの中で何を為したか、もしくは施政において雅量とものに囚われぬ気性をもって何を是正したかは、それぞれのところで逐一示すことにしよう。一〇　軍事教練の演習を行なうことを、哲学の徒でありながら、元首たる者の務めとして強いられ、笛の伴奏に合わせて戦舞の拍子で調子よく歩を進める技を学んだ

(1)この工夫は、アリストテレスの逸話としてディオゲネス・ラエルティオス『ギリシア哲学者列伝』五-一-一六が伝えるが、アレクサンドロス大王を逸話の主とするのはアンミアヌスのみ。

(2)山羊の毛皮でできた外衣で、夜は掛け布に用いる。

(3)エジプト起源のヘルメス神学。

(4)ユリアヌス自身の著作としては、ギリシア語による演説と書簡が残っている。

(5)四世紀のローマ帝国東半ではラテン語化に対する強力な反動があり、ユリアヌスもこれを支持してラテン語は必要不可欠な場合にのみ用いたという。

(6)前六世紀半ばのペルシア王。大プリニウス『博物誌』七-八八によると、配下の兵士全員の名前を記憶していたという。

(7)ギリシアの抒情詩人(前五五八／五七頃―四六八頃)。キケロ『弁論家について』二-三五一以下によると、食事中天井の崩落により圧死した遺体について、銘々の席を憶えていたことから身元確認ができ、これにより順序が記憶に資することを発見したという。

(8)ソクラテスと同時代のソフィスト。プラトン『ヒッピアス(大)』二八五Eで、一度聞けば五〇人の名前を憶えられると豪語している。

際、昔のあの格言[1]「荷鞍は牛に置かれたり。わが荷ならぬは明らかなこと」を、プラトンの名を挙げつつしきりに高唱したものだった[2]。一一　とある祭儀の折りに特務官らが顧問会に招じ入れられて黄金を他の者たちに交じって拝領することになったとき、その僚官のうちのある者が作法どおりマントを拡げることをせずに、両方の手を鉢にして受け取った。すると皇帝は「奪う心得はあって拝領の心得のないのが特務官よな」と言った。一二　年頃の娘を凌辱された両親に訴え出られて、乱暴を働いた男を有罪として追放処分にするよう裁定を下した。それで両親が、死罪にならなかったというので、不当な扱いを受けたと不服を申し立てた[3]のに対し、こう返答した。「法は仁慈を誹《そし》ろうとも、皇帝たる者、性至って温厚にして自余の法律に立ち勝っているのがふさわしい」。一三　遠征に出立しようとしていたところ、多くの者がこれを妨げて、権利を侵害されたと訴え出ると、この者たちの聴取を属州知事らに委ねた。そして帰還後、銘々がどう処理したかを問《と》い質《ただ》し、過失に対する処罰を持ち前の優しさで軽減してやった。一四　最後に、勝利の数々を別にしても――その勝利たるや、敗れはしても強情さを一向改めようとしないことの多かった蛮族を粉砕したものだったが――窮乏の極みに喘《あえ》いでいるガリア諸州にいかなる益をなしたかは、とりわけ次のことから明らかである。すなわち、初めてこの地方に足を踏み入れたときは一人当たり税の名目で金二五枚が課されている[4]のを見出したのであったが、去るときには僅か金七枚で一切合財の義務を満たすことになっていたのである。このことゆえに、まるで鬱陶しい闇ののち晴朗な太陽に照らされたと言わんばかりに、人々は熱狂的に踊って喜びを露わにした。一五　畢竟《ひっきょう》、こういったことを彼が帝権と生命の止む時まで遵守して益を及ぼし、いわゆる目こぼしによって税の滞納分を免除してしまうことのないようにしたのは、我々の承知するところである。そんなことをすれば富者に追い銭を与えることになるのを知っていたからであり、一方、なべて貧者たる者は徴税期間が始まるともう猶予も与えられず一切合財を納めるよう強いられるのが明らかであったのである。

一六　とはいえ、こうした良き元首が範とすべき統治施政の道を歩む間にも、蛮族の獰猛さがいっそう大きく燃え上がっていた。一七　そして野獣が番人らの油断を衝き掠奪を行なって生きてゆくのを習いとし、その番人らが馘《くび》になっていっそう屈強な者たちが据えられたとしてもひるむことなく、飢えのため死にもの狂いとなって身の安全をも顧みずに大小の家畜の群れに襲いかかる如く、その如くに彼らもまた、強奪したものをことごとく使い果たしてしまうと、飢餓に駆られて幾度も掠奪を働き、時折りは何かに巡り遭う前に野垂れ死にするのだった。

(1) キケロ『アッティクス宛書簡』五-一五-三（=一〇八-三）にも全く同じ格言の引用がある。
(2)『法律』第七巻八一三D—八一四Dで軍事教練を義務づけるべきことを説いたプラトンへの苦情ということか。戦の踊りについても同巻八一四E—八一五Bに説明がある。
(3) 法律的には死罪相当であった。一五-七-五では同じ罪を犯したウァルウォメレスが死刑になっている。
(4) 下層階級は人頭税（健康で働ける男女に課される）を納めることになっていた。また、金貨一枚は一〇〇セステルティウスに相当した。

第六章　執政官経験者のアルビティオが告訴されるも、無罪放免される

一　こういったことがこの年、見通しは覚束なかったが結果は上々となってガリア諸州で行なわれていた。ところが正帝の宮廷では、妬みがアルビティオに四方から吠えかかること、あたかも近々最高位を手に入れるつもりで皇帝の装いの美麗を前もって用意したと言わんばかりであり、囂々《ごうごう》の非難を行なって彼に迫っていたのがウェリッシムス(1)という名の補佐官、公然告訴して言うには、雑兵から軍の頂点にまで登りつめながら、これでも些少だとして飽き足らず、元首の地位を窺っているのだと。二　しかしわけても彼をつけ狙っていたのがドルス(2)という楯隊の医務官上がりの人物であって、この者がマグネンティウス治下のローマで楼閣警備隊長(3)に昇進したのち、都市長官アデルフィウス(4)をさらなる高位を目指しているとして訴えたことは既に述べた(5)。三　そこでいざ審問という段になって、裁判に必要な手続きも揃い、告訴の論告が待ち設けられたとき、まるで十把一絡げのように俄かに侍従らが意向を表明したために――という噂が根強くあったのだが――共謀者として拘留されていた面々が縛めを解かれ、ドルスは姿を消し、ウェリッシムスはあたかも芝居の幕が引き下ろされたか(6)のようにたちまち口を噤んでしまった。

第七章　副帝ユリアヌス、侍従長エウテリウスにより、皇帝の御前にてマルケルスに対し、弁護される、および、エウテリウス賛

一　同じ頃、噂が届いたことによってコンスタンティウスは、セノネスで包囲攻撃に遭っていた副帝にマルケルスが援軍を差し向けなかったこと(7)を知り、これを軍務から解いて家郷に去るよう命じた。この者はまるで重大な侮辱を蒙ったかのようにユリアヌスに対して何事かを画策し、あらゆる告訴に対し開かれている正帝の耳を当て込んだ。二　このようなわけで、彼が離任すると、侍従長のエウテリウス(8)がただちにあとを追って派遣され、もし何事か彼がでっち上げた場合にはこれを論破する役目を仰せつかっていた。ところが

(1)不詳。
(2)不詳。
(3)原句 nitentium rerum centurio（光り輝くものの百人隊長）で、アンミアヌスにしか現われない用語。
(4)クロディウス・ケルシヌス・アデルフィウス。簒奪帝マグネンティウスの下で三五一年六月七日から十二月十八日までローマの都市長官を務めており、この間の出来事。有罪判決は受けなかったらしい。妻はキリスト教徒で詩人であった。
(5)この部分は伝存しない。
(6)ローマ時代の劇場では、芝居が始まる際に幕が引き下ろされ、芝居が終わると再び引き上げられた。口を噤むのが役者だとすれば、この習わしがアンミアヌスの時代には逆転していたことを示すが、観客だとすれば同じ習わしが続いていたことになる。ただし、ローマの観客が芝居が始まってすぐ静かになったとは考え難いが。
(7)一六・四・一二。
(8)ユリアヌスの宮廷の侍従長（三五六―三六〇年）。恐らくアンミアヌスと近しい人物だったと想像される。

そんなこととは露知らず、やがてメディオラヌムにやって来ると、いかにも虚言癖があり狂者の一歩手前の者らしく、大声を発して騒ぎ立て、顧問会に入室を許されると、ユリアヌスを尊大ぶった人物で早くもさらなる高みへと抜け出すべく、いっそう強力な翼を身につけようとしていると非難する。このようなことを大仰な身振り手振りを交えて語ったわけである。三　こうしたことを彼が口から出まかせにでっち上げているうちに、エウテリウスが要求を容れられて招じ入れられ、望みのままに語るよう命じられると、慎しみ深くかつ控え目な言葉で、真《まこと》が偽りに覆い隠されていることを示す。というのも、軍司令長官が(1)――信じられていたとおり――故意に手控えている間に、油断なき精励をもって、セノネスに長く包囲されていた副帝は蛮族を追い返したのであり、副帝は己が依り頼む権威者に生ある限り忠実な下僚であり続けるだろうということを、己れの頸を担保に請け合ったのである。

四　事のついでに、同じくこのエウテリウスについて少々付け足しておくのがよかろう。ことによると信じてもらえないかもしれぬが、そのわけは、たとえヌマ・ポンピリウスかソクラテスが宦官について何か肯定的なことを言い、その発言に誓いのお墨付きを加えたところで、真理に背を向けたと批判されるであろうからである。しかし、茨の間にも薔薇は生え、野獣のうちにも人に馴れるものが幾らかある。(3)それゆえ、彼の余人に秀でた特質について、たしかなところを掻いつまんで示すことにしよう。五　生まれはアルメニアで自由人の血筋であったが、(4)近隣の敵に捕えられてまだ幼少の砌《みぎり》に去勢され、ローマの商人に売られたところ、コンスタンティヌスの宮殿に連れて行かれる。ここで成長するうち次第次第に、真っ当に生きているというしるしと利発さを示していったのであって、かかる境涯にあっては十分と言えるだけ学問に熟達し、見当のつかぬ難問を考えて答えを見出す鋭敏さの横溢によってぬきんで、記憶力は滅法強く、善行を為そうと懸命で、正しい判断に満ちており、もしコンスタンス帝(5)がかつて、成年に達してより……既に成熟の域にあったこの者に耳を傾け、廉直と公正の勧めに従っていたなら、いかなる過ちも、もしくは少なくとも赦されてよい過ちしか、犯さなかったろうに。六　この者は侍従長としてユリアヌスをも時折りはたしなめたのであったが、アシア風の習慣(6)の中で育てられ、ために軽はずみであったからである。最後に退いて閑暇の身となるも、のち宮殿に迎え入れられると、つねに醒めた目でものを見、何より一貫した態度を貫き、信義と自制という大いなる徳を崇めて、そのため、他人の生命を守るためでなければおよそ秘密を洩らしたなどとも、また殖産の欲をたぎらせたなどとも、余の者たちのように訴えられたことがなかった。

七　こうした結果、程なく引退してローマに移るとそこに居を構えて老いゆく日々を送り、良き想い出を伴《とも》として侍らせていたが、ありとあらゆる階級に貴まれ、愛されたものだった。こうした類の人々は不正な手段で蓄財したのち、ひそかな隠れ家を求め、日の光を忌み嫌う者の如く、傷を与えた大勢の者に見られる

(1)マルケルス。一六-四-三では肩書きが騎兵長官となっていた。軍司令長官というのは騎兵長官と歩兵長官のいずれをも指し得る名称なのであろう。
(2)ローマ王政時代の第二代の王。賢王として知られた。
(3)諺。
(4)コンスタンティヌス一世(大帝)。
(5)副帝在位、三二三—三三七年。正帝在位、三三七—三五〇年。コンスタンティヌス一世の子。その欠点についてはアウレリウス・ウィクトル『ローマ皇帝伝』四一-二三—二四、ゾシモス『新ローマ史』二-四二が伝えている。
(6)アシア人は柔弱と一般に見なされていた。

のを避けるのが常であるのだが。八　古の宦官たちの誰にこの者をなぞらえるべきか、故事を数多繙いても私には見出し得なかった。古代にも全くもって少数とはいえ、信義に篤く廉潔なる者がいたのだが、何らかの欠点がしみとなってついていたからだ。というのも、こういう者たちの誰であれ勉学もしくは才覚によって人に秀でた美点を身につけている一方、あるいは貪欲でけだものじみているために蔑まれたり、あるいは人を害おうとする傾きがあったり、もしくは支配者に過度にこびへつらったり、あるいは権勢を笠に着て傲慢であったりするからである。だが、あらゆる方面にこのように経験を積んだ者のことを私は読んだこともなければ聞いたこともないことを打ち明けておく。我らの時代の豊富な証言を頼りとしてもである。九　しかしながら、もしたまたま誰か穿鑿好きと言うべき故事の読者があって、ポントス王ミトリダテス(1)の宦官メノピロス(2)を私に突きつけるとするなら、一言注意しておくゆえ想い出して頂きたいが、彼については絶体絶命の危機の中で天晴れ示して見せたもの以外には何も伝えられていないのである。一〇　激しい戦闘においてローマ軍とポンペイユスに敗れた件の王はコルキス人の国(3)に逃れる際、年頃の娘で名をドリュペティナといい、辛い病に苦しんでいるのを、シノリア(4)の要塞に残し、このメノピロスに託した。メノピロスは乙女を療治のあらゆる助けを借りて完治させ、父親のため厳重に保護していたが、最高司令官代理のマリウス・プリスクス(5)によって彼の籠もっていた砦が包囲され始め、その守備兵らが降伏を目論んでいるのに気づくと、高貴な生まれの娘が捕虜となって生き延びて凌辱され、父親の恥となるのを恐れて、彼女を殺し、次いで剣を己が腸《はらわた》に埋めたのであった。さて、元の話に戻るとしよう。

第八章　正帝コンスタンティウス陣営内の苛斂誅求《かれんちゅうきゅう》と誹謗中傷、および、宮廷人の貪欲

一　上述の如く、マルケルスが挫かれて出身地のセルディカ(6)に戻ると、正帝の陣営内では皇帝の威厳を守ることを口実に数々の非道が行なわれた。二　なぜなら、トガリネズミの鳴き声がしたことや鼬《いたち》と出会ったことについて、あるいはこれに似たしるしのために誰かが詳しい者に相談をしたり、または老婆の呪《まじな》いを痛みを和らげるために用いたり――これは医術の権威も認めているのであるが――したなら、どこからかは想像もつかぬまま被告人として訴えられ裁判に引っ立てられて、罰として命を落とすのだったからである。

---

(1) ミトリダテス六世。ポントス王（在位、前一二〇―六三年）。ローマと三度戦ったがポンペイユスに敗れ、最後は自ら命を絶った。

(2) 不詳。以下に語られる事件は、前六六―六五年のことであるが、アンミアヌス以外伝える者がいない。ウァレリウス・マクシムス『著名言行録』一‐八‐異国之部一三は異なる話を伝えていて、「ミトリダテス王の娘ドリュペティネは王妃ラオディケから生まれた子だが、歯が二重に生えていてたいそう醜く、父親がポンペイユスに敗れて逃げる際にお伴をした」とのみある。

(3) 黒海東岸の王国。当時はミトリダテスに征服されていた。

(4) シンホリウムとも。ミトリダテスは小アルメニアに七五の要塞を築いて富を蓄えたというが（ストラボン『地誌』一二‐三‐二八）、中でもこの要塞が最重要で、大アルメニアと小アルメニアの境にあったらしい。今日のトルコ北東部のバイブルトか。

(5) ポンペイユスの軍団副官と思われるが、他に伝なく不詳。

(6) 今日のブルガリアのソフィア。

三　ほぼ同じ頃、サロナエの住人[1]でダヌス[2]という名の男を、脅かすだけのつもりで妻が些細な咎で訴え出た。この女に、どこで知ったか、ルフィヌス[3]がにじり寄ったのだが――この者が特務官ガウデンティウスを通じて知ったあることを披露したために、当時パンノニアの執政官格総督であったアフリカヌスが客人とども生命を落としたことは既に述べた[4]――当時なおも近衛長官官房の吏官長をしていたのは杓子定規な性格の賜物であった。四　この男が、自慢げに話していたように、この気紛れな女を、言語道断な同衾《どうきん》をやってのけたのち危険な偽計に巻き込んだ。嘘を継ぎ接ぎして大逆罪で無実の夫を告訴し、緋紫の衣をディオクレティアヌスの墓所[5]から盗んで幾人かの共謀者とともに隠し持っている、とでっち上げるよう説き伏せたのである。五　こういうふうに大勢の者を滅ぼすべく話を捏造すると、自身は栄進の望みを懐いて、いつもの誹謗中傷を巻き起こそうと、皇帝の陣営に飛ぶ。そして事が知れると、当時近衛長官を務めていた、秀でて志操堅固なる士マウォルティウス[6]が告訴内容を厳しい取り調べによって検分せよと命ぜられ、審問の同席者として出納補佐官[7]の、同じく非の打ちどころなき厳格さを具えたウルスルス[8]が加えられる。六　こうしてこの一件が時世の求めるところに従って大きく取り扱われはしたが、大勢の者を拷問にかけても何一つ見出せず、裁判官らが黒白《こくびゃく》をつけるに窮していたとき、ついに押えつけられていた真実が息を吹き返し、進退谷《きわ》まった女が、ルフィヌスこそこのからくりすべての考案者だと白状し、姦通の汚辱までも隠さず打ち明ける。そこでただちに法規をあたって、〈彼らは直きこと〉正しきことを〈尊ぶ気持ちから〉二人一致して両名の者に死罪の判決を下した。七　これを知るやコンスタンティウスは呻吟し、まるで己が身の安寧の守り手が消し去られたかのように嘆じて、早馬を遣わし、ウルスルスに宮廷に戻れと威嚇の態で命じた。真実のために出頭せよ、と。(9) しかし彼は引き留めようとする者らを尻目に、つかつかと押し入り、顧問会に入ると、何憚ることなく思いのままに出来事を説明した。そしてこの大胆さによって追従者どもの口を塞ぎ、近衛長官と自らの身を重大な危険から救い出したのである。

八　そのあと、大きな噂となって広まったあのアクィタニアでの一件も起こった。ある老獪《ろうかい》な男が豪華で洒落た宴に招かれ——この手のものはこの地方では至って多いのだが——亜麻製の臥台敷布の緋紫の縁取りが随分と極太で、食卓係の手際によって互いに接するほどになっており、テーブルにも同様の掛布がかかっているのを見て、マントの前身頃を両手で内側に折り曲げて全体のつくりを皇帝の衣裳のようにしつらえた。(10) このことが裕福な家屋敷を没落させたのである。

---

(1) サロナエは今日のクロアチア南部の港町ソリン。ただし、底本の Salonitanum quendam を seruum quendam（ある奴隷）と読む版もある（B, Ro, Sel）。

(2) 不詳。

(3) 一五-二-八。

(4) 一五-二-七―九。

(5) 三一六年に亡くなったディオクレティアヌスの墓所は没地であるダルマティアのサロナエのちょうど近郊、スパラトゥム（今日のクロアチアのスプリト）にある。

(6) 一五-八-一七に出る前年三五五年の執政官ロリアヌスのこと。

(7) 国庫を預かった。

(8) 三五五―三六一年、出納補佐官を務めた。

(9) B, Ro, Sel, deJ は「威嚇の態で命じた。彼がそこへやって来て、元首に近づきたいと思ったとき、真実を守ることに与し得ぬよう廷臣たちによって妨げられた」と長めの補筆をするが、ラテン語がアンミアヌスの文章にしては素直すぎる。

(10) すなわち、この敷布や掛布を使えば皇帝用の紫衣が作れることを暗示した。臥台は宴会の必需品で、身を横たえて食事するためのもの。

九　同様の悪意をもってのことだが、ある特務官が、ヒスパニアでやはり晩餐に招待された際、夕べの灯りを持ち来る少年奴隷たちが慣わしどおり「打ち負かさん」を高唱するのを聞いて、決まり文句を曲解し、(1)高貴な家を消し去ってしまった。

一〇　こうした類のことはますます増えていったが、その訳は、コンスタンティウスが札付きの臆病者で……つねに自身の襲撃されることを予期していたからであり、かのシケリアの僭主ディオニュシオス(2)と同じであった。この人も同じこの弱点ゆえに、娘たちは床屋に仕立て上げて髭剃りを誰か他人に任せずにすむようにしたし、また寝所にしていた小屋は周囲に深い壕を巡らして、その上に取り外し可能な橋を渡し、その桁材と小幅板を、眠りに行く際は外して携えて行き、夜明けになって出て行こうとするときにはまたそれを嵌め合わせたものだった。一一　この市民災厄の牛吼《ぎゅうこう》ラッパを吹き鳴らしていたのがやはり宮居の有力者連中で、断罪された者たちの財産を狙ってこれを己れの財産に組み入れるためであり、その隣地までたっぷりと収奪する材料にせんがためであった。一二　なんとなれば、明白な文書が暴いたとおり、取り巻きの者らの喉を誰よりも先に開かせたのはコンスタンティヌスであるが、彼らを属州の骨の髄で太らせたのはコンスタンティウスだったのだ。一三　というのは、この帝の治下に、各々の身分の首魁が、正義や廉直のわきまえもなしに、富へのとどまるところを知らぬ欲をたぎらせたのであって、正規官僚の中では筆頭格が近衛長官のルフィヌス(3)、武官の中では騎兵長官アルビティオ、侍従長……（ア）ヌス法律顧問官(4)、そして都にてはアニキウス氏族(5)で、この氏族と張り合おうと後の世代が務めはしたが、遥かに大きな財産が相手とあっては決して飽くことを得なかった(6)。

第九章　ペルシア人との和平交渉がなされる

一　だが、オリエントではペルシア人が、以前習いとしていたような遭遇戦によるよりも窃盗と強奪によって人畜を分捕ろうとし、時には不意を衝いて獲物を手に入れ、幾度かは衆兵に打ち負かされてこれを失い、時折りは奪い取れるものを何も眼前に窺わせてもらえなかった。二　しかるに近衛長官のムソニアヌスは、学芸の心得は、先述のとおり、数多あったものの、賄賂に弱く、金銭でたやすく真実を外れる男だったが、人目を欺き誑かすことに長けた者幾人かを特派してペルシア人の計画を探り、この種の協議にメソポタ(7)

(1) 少年奴隷の言葉を「夕べを打ち負かさん」とする校訂案もある（Wa）。

(2) ディオニュシオス一世（在位、前四〇五―三六七年頃）。同様の話はプルタルコス『英雄伝』「ディオン」九、シケリアのディオドロス『歴史叢書』二〇-六三-三、キケロ『トゥスクルム荘対談集』五-五八―五九にも見える。

(3) ウルカキウス・ルフィヌス。副帝ガルスの叔父にあたる。一四-一一-二七。

(4) 底本 praepositusque cubiculi laps ..... anus quaestor. 写本の毀れは人名二つを含むと見なされ、侍従長の名と思しき laps は Eusebius（エウセビウス）と復元されることが多い（B, Ern, Ro, Sel, Wa）が、-anus に終わる法律顧問官の名については復元は絶望的である。

(5) プラエネステを出自とする氏族。帝政後期に大いに栄えた。

(6)「この氏族の先祖たちと張り合おうと子孫たちが努め、はるかに大きな財産をもってしても決して飽くことを得なかった」とする版がある（B, Ern, Ro, Sel, Wa）。

(7) 一五-一三-一―二。

ミアの将軍で様々な軍務と危難に鍛え上げられたカッシアヌス[1]を加わらせた。三　彼らは密偵らの一致した確証により、サポル[2]がその王国の一番はずれの国境線において自軍の兵に大量の血を流させながら辛うじて敵部族を撃退していることを明知すると、我らの領土に隣り合う将軍タムサポル[3]に、無名の兵士たちを用いてひそかに話を通じ、もしたまた機会が得られたなら信書をもってこの上はローマの元首との間で和平を固めるよう王を説得してもらいたいと持ちかけた。それが成れば、側面は損害の惧れがなくなる[4]から、執拗に迫る敵方に打ってかかれよう、と。四　タムサポルはこれに応じた。すなわち、この者たちを信頼して王に報じ、コンスタンティウスが甚だ熾烈な戦争に巻き込まれ、平身低頭、和を乞うておりますと伝える。だがキオニタエ族[5]とクセニ族[6]の許にこれらの書面が送られている間に——それらとの境界地域でサポルが冬を過ごしていたのだが——長い時間が経過してしまった。

第十章　正帝コンスタンティウスの、軍を率いての凱旋式めいたローマの都への到着

一　こうしたことがオリエント地方とガリア諸州で情勢に対応すべく措置されている間に、コンスタンティウスは、まるでヤヌス神殿が閉じられ[7]、敵がことごとく平らげられたかのように、ローマ訪都を熱望し[8]、マグネンティウス死してのち名目もなしにローマ人の血からの凱旋式を祝おうとした[9]。二　というのも、どこかの民族が戦を仕掛けてきたのを自らの臨御のもとに打ち負かしたわけではなく、あるいは己が将軍の武勇によって打ち負かしたと聞いたわけでもなく、もしくは何がしかを帝国に加えたわけでもなく、あるいは

およそこの上ない窮地にあって先頭に、もしくは先頭の一人として立っているのが見られたわけでもなく、あまりに長蛇の行列と、黄金飾りでしゃちこばった軍幡と、警護の者たちの美々しさを、平穏な暮らしをしていてこういった類のものを目にしようなどとは夢にも思ってもみなければ望んでもいない民衆に、見せびらかさんがためであったのだ。三　ことによると知らなかったのかもしれない。古の元首たちの幾人かは、平時にこそ先導吏に満足していたが、合戦の炎《ほむら》が懶惰《らんだ》な営みを許容し得ない段ともなると、ある者は荒れ

(1) 他に伝なく、不詳。

(2) 一四-三-一。

(3) 恐らく、ペルシア名はシャープール・タムシャープール。サーサーン朝ペルシアでは、王の名に「タム［力強い］」を添えた名は、高位の官職を授けられた者の栄誉の渾名という。

(4) 「西側はすべて安泰」と読む版もある（B, Ro, Sel）。

(5) 今日のコーカサス地方に起源をもつ遊牧民族か。フン族の系統とも。次のクセニ族とともにペルシア帝国の北辺を脅かしていた。

(6) 底本 Cusenos. クセニ族という名称は、ここと一九-二-三にしか現われないが、今日のイラン東部に侵入したクシャーン族からの推定により、二箇所とも写本の読みを改めたもの。写本は Eusenos（エウセニ族）となっており、大方の版（B, Cl, Ern, Eyss, Ga, Ro, Sel, Wa）はこれを採る。

(7) ローマのヤヌス神殿の扉は、外戦が終結したときのみ閉じられる習わしであった。

(8) この時代、もはやローマは行政上の首都ではなく、皇帝が訪れることも稀であったが、観念の世界では過去の栄光に根差した「永遠の都ローマ」が生き続けていた。

(9) 凱旋式は、本来は外敵に対する勝利を祝うためのものであったから、同じローマ人の簒奪帝マグネンティウスを倒したことは挙行の理由にならないはずである。

狂う風が轟々と吹き募るのも構わず漁師の小舟に身を預け(1)、ある者はデキウス父子の顰《ひそみ》に倣って国家のために生命を捧げんと誓い(2)、ある者は敵の陣営を自ら出御して下級兵とともに偵察し(3)、つまりはそれぞれが天晴れな行動によって名を挙げ、己が栄誉ある行ないを後の世に託してしきりと想起されるようにしたのだということを。

四　それゆえ、仰山なものが一つ一つ支度に費やされるや、オルフィトゥス(4)が再度都市長官を務めた年〈の四月二十八日〉(5)、オクリクルム(6)を横切り、大いなる栄誉に昂然として、恐ろしげな隊列に取り巻かれつつ、まるで整った戦列に導かれるかのように進んで行き、者皆の目もじっと食い入るように彼の上に注がれた。五　そして都に近づくと、元老院の忠勤と貴族の貴い血筋に列なる面々を清々しい表情で検分したが、ピュロス王の使節であったかのキネアス(7)の如く大勢の王が一堂に会しているというに非ず、世界全体の避難聖所がここにあると考えていた。六　そこから民衆の方に目を転じたときには、何と速やかに各地にいる人間種族のすべてがローマに流れ込んで来たかに肝を潰した。そしてまるでエウフラテス河やレヌス［ライン］河に武具を見せつけて脅かそうとするかの如く(8)、左右に軍団印を先立たせて、自らは唯一人、黄金の二輪戦車に坐していたが、これは様々な宝玉の明輝に燦然とし、その煌めきには言わば明滅する光が混じり合っているように見えた。七　そして彼はというと、他の雑多な人間が先を行くその背後で、緋紫の糸で編まれた大蛇(9)が取り囲んでいたが、これは槍の穂先を黄金と宝石で飾り立てたところへくくりつけてあって、大きく開いた口から風を通し、そのためあたかも怒りに駆られてしゅうしゅうと音を立てているようであり、また尻尾をくねらせ風になびかせていた。八　そうして、両脇には武装した者たちの二重の列が歩みを進めたが、丸楯と立物《たてもの》のついた兜がちらちらと光を放ち、輝く胸当てを身に着けていた。またこれに混じって挂甲《けいこう》騎兵が――クリーバナーリウス〔鉄釜兵〕と呼びならわしているが――仮面様の兜を被り鎧で覆って身を守り、鉄の腹帯を締めていて、これはプラクシテレス[10]の手に磨きをかけられた彫像だ、人間ではないと思われるほ

(1)ユリウス・カエサル。ポンペイユス軍を討つため前四八年一月五日、二万の軍を率いてイタリアからギリシアのエペイロス地方に船で渡ったカエサルは、アントニウスを呼び寄せるべく、嵐の中、単身、漁師の小舟でイタリアに戻ろうとした。詩人ルカヌスが『内乱』第五歌五二五―六九一でこの一件を歌っている。

(2)クラウディウス・ゴティクス帝（在位、二六八―二七〇年）はゴート族との戦争の際、デキウス父子の故事（八五頁註（7））に倣ったと伝えられるが、恐らくデキウス帝（在位、二四九―二五一年）の誤りで、黒海西岸に近いアブリットゥスの戦いでゴート族に敗れたデキウス帝の遺体は発見されず仕舞いだった。

(3)ガレリウス帝（在位、二九三―三一一年）は大アルメニア遠征の際、副帝でありながら二、三の騎兵とともに自らペルシア軍の陣営を偵察した（エウトロピウス『建国以来の歴史概略』九-二五-一）。

(4)オルフィトゥスは、三五三―三五五年にローマの都市長官を務めたのち、三五七―三五九年に再び同職にあった。この三五七年の出来事。

(5)他の史料に見えるこの日付を、十七世紀刊本の提案に従って欠語箇所に補っておく。

(6)ローマの北方五十数キロメートル、ウンブリアのティベリス（テーヴェレ）河畔の町。今日のオトリコリ。

(7)キネアスはテッサリアの弁論家で、エペイロスのピュロス王に仕え、前二七九年、アウスクルムの戦いのあと、使節としてローマに派遣された。ここに語られる逸話は、プルタルコス『英雄伝』「ピュロス」一九に見えるが、様々な形で他の作家にも現われる。

(8)前者はペルシア人を、後者はゲルマニア人を象徴する。

(9)蛇印（一五-五-一六）。その由来は古く、インド人ないしダキア人よりローマが採り入れたという。

(10)前四世紀のアテナイで活躍した名高い彫刻家。

どであった。この者らを薄くて丸いこざねがその身体の曲線に合わせて包んでおり、それが全身に及んでいて、必要あって関節をどちらへ動かそうとも繋ぎ目がぴたりとそれに合わせるので、この衣服は動きをともにするのだった。

九　こうしてアウグストゥス［正帝］よと目出度き歓呼を受け、山々や岸辺に大音声《だいおんじょう》が轟きわたっても、身じろぎ一つせず、己が諸属州において見られたのと違《たが》わぬ姿、同じ不動の姿勢を示していた。[1]　一〇　なぜなら、高き門[2]をくぐる際にもかなり低く身を屈めたし[3]、あたかも頸を固めでもした如く視線を真っ直ぐにして顔を左右に向けなかったし、まるで人間の立像のように、車輪がつかえても前のめりにならず、唾を吐いたり顔や鼻を拭ったり擦ったり、あるいは手を動かしたりするところが見られることも全くなかった。一一　これらは彼の気取りではあったが、それでもこういったことは、私的生活におけるその他の事柄も含め、ただ彼にのみ認められる――と、そう信じてよかったのだが――並々ならぬ忍耐のしるしであったのだ。一二　一方、彼が帝位にあった全時期を通じて、およそ一般の私人を乗り物に同乗させることも同僚執政官に迎えることもしなかったし――神々に列なる元首たちが行なったようには――また、同様のことを幾つも、権勢を誇る高みにありながらまるで公正至極の法のように遵守したことについては、そういう事例のあった際に報告しておいた憶えがあるので[4]、省略する。

一三　かくしてローマに、帝権とあらゆる徳の住まう家に入り、そのかみの権能を表わす目にもいとしるき広場なる[5]演壇[6]までやって来たとき、思わず息を呑み、目の届くすべての側に驚きの光景が密に繰り広げられていることに眩惑されたが、元老院議事堂[7]で貴顕の士に向けて語り、民衆には高壇[8]より語ると、度重なる

(1)「己が諸属州」は、コンスタンティウスが他の二兄弟と共治の期間、オリエントを受け持っていたことをいい、クセノポン『キュロスの教育』八―一―四〇―四二は、ペルシア王キュロスが、唾を吐いたり鼻を擦ったり、振り返ったりせずに不動の姿勢を保つことが王やその一統の威厳を増すと考えていたと伝える。

(2)ローマの市門は大体五―六メートルの高さがあるが、アーチ部分を蔽う半円形の吊り格子があるため、開口部は精々三・五メートルになるという。凱旋車に乗ってこれを潜るとすれば、さほど余裕があるわけではない。

(3)難解な箇所で、文脈からすると身体を動かさない方が適している。原文は nam et corpus perhumile curuabat portas ingrediens celsas. アンミアヌスはコンスタンティウス二世の体躯を（多少の悪意を籠めて）胴長短足でガニ股と述べている（二一―一六―一九）ので、とくに長身というわけではないが、一部の訳にあるように「かなりの短躯でありながら、高き門をくぐる際には身を屈めたし」とまで言えるかどうかは疑問。皇帝がローマに入城する際の儀礼としてのお辞儀か、あるいは、キケロ『弁論家について』二―二六七に見えるメンミウスなる人物への揶揄（自分を大物と思っているから、フォルムに向かう途中、アーチ門を通る際には「凱旋将軍気取りで」頭を下げる）を踏まえた冷笑でもあろうか。

(4)この部分は伝存しない。

(5)フォルム・ロマヌム（ローマ広場）。カピトリウム山の東南麓の広場で、共和政期以来ローマ市の政治経済の中心。

(6)元老院議事堂前にあった演壇で、前三三八年、ローマ南方の港町アンティウムを戦争で下して没収した船の舳（rostra）を飾ったことからロストラと呼ばれた。コンスタンティウスの時代には、アウグストゥスが新築したものがフォルム・ロマヌムの西端にあって、セプティミウス・セウェルスの凱旋門とティベリウスの凱旋門に南北を挟まれていた。これと正反対の東端を占めるユリウス・カエサルを祀る神殿正面にも同種の演壇があって、こちらは前三一年のアクティウムの海戦で捕獲した船の舳で飾られていたが、ふつう演壇といえば、前者を指す。

(7)カエサルとアウグストゥスにまで遡る元の議事堂が二八三年の火事で焼失したあと、ディオクレティアヌス帝が再建したものが今日に残っている。堂内には前二九年以来、勝利の女神の像と祭壇が置かれていたのを、このときコンスタンティウスが撤去させ、程なくユリアヌスが元に戻したらしいが、これについてアンミアヌスは触れていない。

(8)先述の演壇を指す。

歓呼の中、宮殿(1)に迎えられて望みどおりの喜びを味わい、騎馬の競技を催しては、お高くとまっているわけでもなければ身に沁みついた奔放さを捨てるでもない民衆の野次に度々打ち興じたが、自身はまた慎しみ深く、守るべき規《のり》を守っていた。一四　というのも、他の町々でのように試合を自らの判断で終わらせることなく、慣わしどおりに様々な成行きに任せていたからである。それから七つの山(2)の頂に囲まれた坂と平地を領する都の街区とその周辺を見渡した際、目に入ったばかりのものが一々、他のすべてに勝ってぬきんでていることを予感した。神的なるものが地上のものに優っていることそのままの、タルペイユスのユッピテルの神殿(3)、属州ほどの規模に建てられた浴場(4)、ティブルの石(5)を積み重ねて堅固に造られた円形競技場(6)の偉容――その天辺まで人間の視線はなかなか登ってゆかぬものだが――あたかも円形の一地区に見目麗しい高さの穹窿を添えたかの如きパンテオン(7)、渦巻階段で上に上がれてさきの世の元首たちの似姿を載せた高柱(8)、そしてウルプスの神殿(9)と平和の広場(10)、それにポンペイユスの劇場(11)とオーディオン(12)とスタディオン(13)、そのほか、これらにうち混じって永遠の都を飾るもの。

一五　しかしながら、トラヤヌスの広場(14)に来たとき、これはおよそ天《あめ》の下《した》にまたとなき構築物であって、筆者が思うに、神々のお墨付きすら得られた讃嘆すべきものであるのだが、雷に撃たれたようにその場に釘

(1) Domus Augustiana (Augustana). パラティウム山の上にアウグストゥスが建てた住居をドミティアヌスが拡張したものが今日に伝わる。

(2) ローマの七つの丘（山）。アウェンティヌス山、カエリウス山、カピトリウム山、エスクィリアエの丘、パラティウム山、クィリナリスの丘、ウィミナリスの丘。

(3)カピトリウム山のユッピテル・オプティムス・マクシムス（至善至大のユッピテル）神殿。この山の南西にあって、死罪の人間を突き落としたというタルペイユスの岩に因んで「タルペイユスのユッピテル」の名がある。コンスタンティウス時代の神殿は、火災で一度焼失したのをドミティアヌスが再建したもの。

(4)誇張が過ぎるようであるが、こう解釈されている。当時のローマ市内には、カラカラ帝の浴場、ディオクレティアヌス帝の浴場、コンスタンティヌス帝の浴場など、大規模な浴場施設が多数あった。

(5)トラバーチンのこと。ティブル（ローマの東の町で、今日のティヴォリ）の特産品。

(6)フラウィウスの円形競技場。今日のコロッセオ。ウェスパシアヌスが建設に着手し、ティトゥスが八〇年に完成。その後、落雷による破損と修復を重ねて今日に至っている。収容人員は四万五〇〇〇人。

(7)前二七年にアグリッパが建て、のちハドリアヌスが再建した、ドーム屋根をもつ神殿。カンプス・マルティウス（マルスの原）にある。

(8)トラヤヌスの記念柱とマルクス・アウレリウスの記念柱。高さはともに二九・七八メートル。片やフォルム・トラヤニ（トラヤヌスの広場）に、片やカンプス・マルティウスにあり、どちらも円柱内部に造られた階段で上に上がることができる。後者については、柱上のマルクス・アウレリウス像がローマ教皇シクストゥス五世によって聖ペトロ像に置き換えられている。

(9)ハドリアヌスがフォルム・ロマヌムの近くに建てた神殿で、ウェヌス・フェリクス（幸いのウェヌス）とローマ・アエテルナ（永遠のローマ）に捧げられており、ローマ最大を誇る。

(10)平和の女神の神殿が建っていることからこう呼ばれた。別名フォルム・ウェスパシアニ（ウェスパシアヌスの広場）。

(11)前五五年、ポンペイユスが建てたローマ最初の石造りの劇場。収容人員約一万一〇〇〇。

(12)ドミティアヌスがカンプス・マルティウスに建てた収容人員約七〇〇〇人の音楽堂。次のスタディオンの南にある。

(13)同じくドミティアヌスがカンプス・マルティウスに建てた競技場。約二万人収容。

(14)ローマ市最大の広場。一端に凱旋門を有し、広場とウルピウス会堂、トラヤヌスの記念柱、図書館を擁し、のち、ハドリアヌスがトラヤヌス神殿を付け加えた。白大理石を敷きつめた一一八メートル×八九メートルの広場の中央にトラヤヌスの青銅製騎馬像があった。

づけとなり、巨大な建造物に心をさまよわせたが、それらは語ろうにも言葉が浮かばず、はかなき人の身には再び得るべくもないものだった。それゆえ、何かこうしたものを試みようとの目論見がすべて消え失せ、前広場の中央に置かれて皇帝その人を背に乗せているトラヤヌスの馬だけなりと真似たいものだし、これなら真似られるだろうと言うのだった。一六　これに、側近く立っていた王子のホルミスダスが[1]——この人のペルシアからの出立については前に述べておいたが[2]——蛮族の狡知をもってこう答えた。「その前に、皇帝陛下、かかる厩を建てるようお命じなさいまし、もしお出来になるなら。陛下がお造らせになる馬は、目の前のこれと同じくらい広い場所に宿らせねばなりません」[3]。この王子はまた、ローマについてどう思うかと訊ねられて、ここでも人は死ぬのだと判ったことだけが気に入りましたと答えたものである[4]。一七　それゆえ、鳥肌の立つような驚愕とともに数々のものを見たあとで、皇帝は評判というものについて、無力なものだとか、意地の悪いものだとかいって、不平を洩らしたが、そのわけは、あらゆるものを常に大きく嵩上げするくせに、ローマにあるものを説き明かすとなると色褪せてしまうからであった。そして何を為すべきかと長考に及んだ末、都を飾るものを付け足そうと心に決めて、隣の競技場に[5]オベリスクを建てることにしたのだが、このオベリスクの由来と形状については然るべきところで説明しよう[6]。

一八　この間、コンスタンティウスの姉妹で副帝ユリアヌスの妻であるヘレナ[7]がお為ごかしでもってローマに来させられて、これに当時皇妃であったエウセビア[8]が、自身は生涯石女《うまずめ》であったのだが、陰謀を企み、特に調《あつら》えさせた毒薬を飲むよう言葉巧みに持ちかけ、妊娠するたびに流産させようとした。一九　というのは、以前にもガリア諸州で男の児を出産したとき、謀略によってその生命を奪ったからで、産婆を報酬を餌に買収し、生まれたての男の児を、程よい以上に深く臍の緒を切らせて殺したのだった。かくも大層な、かくも齷齪《あくせく》とした努力が傾注されたのも、最も強力な男子に跡継ぎが現われないようにするためであった。(9)

二〇　こうして世の中で最も壮麗な都にさらに長く逗留し、いっそう妨げるものなき閑暇と楽しみ事を味わおうと皇帝は望んだのだが、引きも切らず確かな報告が届いて、スウェビ族(10)が両ラエティア(11)を、クァ

---

(1) ペルシア王ホルミズド二世の王子ホルミズド。兄弟シャープール二世が三〇九年に即位したのに伴って投獄された。ゾシモス『新ローマ史』二-二七によると、三二四年に脱出に成功してコンスタンティヌスに保護を求めたという。このの ち、コンスタンティウスの対ペルシア戦で騎兵隊を指揮するほか、ユリアヌスのペルシア遠征にも加わることになる。

(2) この部分は伝存しない。

(3) すなわち、ローマの版図を最大にしたトラヤヌスと同じく、ローマの領土を拡大し、ペルシアも支配下に収められるものなら収めてみよとの謎。

(4) 底本 placuisse. これを displicuisse（気に入りません）と読む案があるが（Henri de Valois—Sey と del 引用）、今日では採られていない。

(5) キルクス・マクシムス。底本は in proximo circo だが、大方の版（B, Cl, Eyss, Ga, Ro, Sel, Sey^{LD}）は in maximo circo（キルクス・マクシムスに）の読みを採る。

(6) 一七-四-一―二三で説明される。オベリスク建立はこの三五七年のローマ訪都時とする説があるが、アンミアヌスの記述ではむしろその翌年か翌々年と解される（一七-四-一）。

(7) 一五-八-一八。

(8) 一五-八-三。

(9) これは満更出鱈目でもないと見なされている。コンスタンティウスの妻エウセビアに子がない以上、ユリアヌスにもし子ができれば力関係が逆転しかねない惧れがあった。

(10) 今日のマインツ川流域に住んだゲルマニアの部族。

(11) 一五-四-一。

ディ族[1]がウァレリア[2]を襲撃しており、また掠奪行為に最も手慣れている部族サルマタエ族[3]が上モエシア[4]と第二パンノニアを荒らし回っていると知らせてくることに危惧を覚えた。これらの報告に促されて、入市後三十日めの五月二十九日[5]、都を発ち、トリデントゥム[6]経由でイリュリクムへと道を急いだ。二一　そこからマルケルスの代わりとして、戦争経験からくる熟練によって揺るぎなき人物セウェルス[7]を派遣し、ウルシキヌスはわが許へ参上せよと下知をした。そこで、こちらは書状を受け取ると喜び勇んでシルミウムにやって来たが、引き連れていたのはただ……そしてペルシア人との間で樹立が可能とムソニアヌスが報告してきていた和平について、長くあれかこれか考量のあった挙句、オリエントに軍司令長官の権限を帯びて再び派遣される。我らの同僚のうち年長の者たちは兵を指揮する役目に昇進し、我々若年兵は彼に従って、国家のためにその命ずるところを何なりと実行する覚悟でいよと命ぜられる。

第十一章　副帝ユリアヌス、レヌス［ライン］河の島々に家財を携え退避していたアラマンニ族を攻撃し、トレス・タベルナエを修復して彼らに備える

357年

一　だが副帝はセノネスで動乱の冬を過ごしたのち[8]、正帝が九度、自身は再度執政官を務める年[9]になると、ゲルマニア人の脅しが四方八方からうなりをあげる中、吉兆に動かされていそいそとレミに急行し、軍隊を率いているのが不仲でも横柄でもなく軍務における長年の質実で知られるセウェルスであるのを大いに喜び、直き道を先導する彼に、温順なる兵が指揮官に従う如く倣ってゆこうとした[10]。二　別の方面ではバルバティ

オがシルウァヌスの没後、歩兵長官の位に昇進していて、元首の命によりイタリアから二万五〇〇〇の兵(11)を率いてラウラキ(12)に来た。

三　というのも、熟考の上、入念に手筈を整えたのだが、常にもまして荒々しく振舞い、出没する範囲も広くなっているアラマンニ族を、我らの軍勢を倍にし、火鋏隊形(13)を成して狭所に追い込むことで殺そうとい

---

(1)ゲルマニアの部族。今日のモラヴァ川以西、ドナウ河以北のあたりに住んだ。

(2)パンノニアの属州。今日のハンガリーのドナウ右岸の中西部に大体相当する。

(3)ユーラシア平原に興ったスキュティア系の遊牧騎馬民族で、前三世紀頃に一部が黒海北岸に進出、そののちもドナウ流域のローマの属州を脅かしたが、ローマ側から定住を認められたり、ローマ軍の一員として活躍する例も見られ、その槍騎兵はローマの軍制改革にも影響を及ぼした。

(4)マケドニアの北に隣接する属州。大体今日のセルビア南部にコソヴォを加えた地方。

(5)ローマ式に数えると、四月二十八日の入市から厳密には三十二日め。

(6)イタリア北部山間地方の町、今日のトレント。

(7)すなわち、ガリア方面騎兵長官としてマルケルスの後任。

(8)一六-二-二-四-五

(9)三五七年。

(10)Sel 以外の諸訳（B, Ro, Sey^{LP}, Yo, WH）は、主客を逆にしてセウェルスがユリアヌスに従うと解する（「軍隊を率いているのが……セウェルスであって、直き道を先導する自身に、温順なる兵が指揮官に従う如く倣ってゆこうとしてくれるのを大いに喜んだ」）。また、現代の版には採られていないが、「温順」なのを「指揮官」の方とする読みもある（十五世紀写本ほか）。

(11)リバニオスはこの時の兵員数を三万とする（『弁論』一八-四九）。

(12)ラウラクムとして一四-一〇-六に既出。一五-一一-一一ではラウラキ。

(13)V字型の隊形で、開いている二つの頂点で敵を挟撃する。

うのだった。四　しかしながら、この妙手を急ぎ実行しようとする間に、蛮族で好機を捉えて盗みを働くに巧みなラエティ族[1]が双方の軍の陣営の間をひそかに通り抜けてルグドゥヌス[2]を不意討ちし、急襲をかけてこの町を荒らし、灰燼《かいじん》に帰せしむるところだったが、入口が閉ざされていることによって阻まれ、市外に見出し得たものをことごとく劫掠するにとどまった。五　この災禍を知ると副帝は機敏に意を用い、軽装の屈強な騎兵三部隊を派遣し、三つの道を見張らせたが、盗賊集団は疑いなくここを突破して来るだろうと知ってのことだった。また〈その試みも待ち伏せ側にとって〉無駄ではなかった。六　というのも、これらの道を通って出て来た者はことごとく斬り捨てられ、分捕品はすべて無疵のまま取り戻され、無事に逃れたのはバルバティオの防衛線を通り抜けた者たちのみであったからだが、危ない目にも遭わずに逃走を許されたわけは、士官のバイノバウデス[3]とのちの皇帝ウァレンティニアヌス[4]がその指揮する騎兵部隊とともにこれに当たるよう配置されていたけれども、楯隊の士官でバルバティオの同僚として遠征にやって来ていたケラ[5]から、ゲルマニア人が引き揚げていくであろうと聞いていた道を見張るのを禁じられたがためであった。七　このことに飽き足らずに歩兵長官[6]は、意気地なしでユリアヌスの名声にけちをつけてばかりいる男だったが、己れがああいう命令を下したのはローマ国家[7]の利益に反することだったと承知していて――非難を受けたときにケラがこれを認めたからだが――コンスタンティウスに虚偽の報告をし、件の士官たち[8]は私が率いていた兵を惑乱させようとして公務を口実にやって来たのだとでっちあげた。これがもととなって彼らは職を解かれ、一私人となって家郷に戻った。

八　同じ頃、レヌス河のこちら側に定住していた蛮族は軍隊の到来に怯え、その一部は、難路でもとから傾斜のきつい道を、巨木を伐って道塞ぎにすることで巧みに遮断した。また他の者たちはこの河に[9]幾つも点在する島を占拠して獣の侘しい鳴き真似をし、ローマ軍と副帝を愚弄挑発した。副帝は心がかっとなって興奮をきたし、幾人かを捕えようと、バルバティオが河を渡るつもりであったか、橋を組むために用意しておいた舟の中から、七艘を求めた。すると相手は、彼に何一つ成し遂げさせぬよう、すべてを燃やしてしまった。[10]　九　遂には、最近捕えた斥候の洩らしたところにより、既に乾燥の夏となっていて河を浅瀬で渡る

（1）アラマンニ族の一派。ただし、後出（二〇・八・一三、二一・三・一六）のラエティ族はローマ領のガリアに定住した小作人的な身分の蛮族であり、ここも同じ部族と見る見方もある。

（2）一五・一一・一一。

（3）角隊の士官として後出（一六・一一・九、二一・六・三）するバイノバウデスであろう。ただし、一四・一一・一四には楯隊の士官のバイノバウデスが現われており、この人物と同一か否かは説が分かれる。

（4）ヴァレンティニアヌス一世（在位、三六四—三七五年）。第二十六巻以下にその治世が語られる。

（5）アンミアヌス以外に伝なく、不詳。

（6）バルバティオ。

（7）底本 contra utilitatem Romaniae iussisse. この Romaniae は有力写本にある読みで、真正ならば Romania（ローマ国家）の最古の用例（四世紀末）となり、deJ は支持するが、B, Cl, Ro, Sel は同義の Romanae rei に改める校訂案を採る。

（8）バイノバウデスとヴァレンティニアヌス。次の「彼ら」も同じ。

（9）河の名 Rhenum（レヌス［対格形］）を補う版が多い（B, Cl, Ern, Eyss, Ga, Ro, Sel, Wa）。

（10）リバニオス『弁論』一八・五〇の説明は全く違っていて、バルバティオがレヌス河に舟橋を渡させたが、アラマンニ族が木材を上流から流してこれを破壊し、舟を沈めたのだという。

ことができると知り、補助軽装部隊を督励して角隊の士官バイノバウデスとともに派遣したのは、もし運が味方をしたなら、語り草となる一仕事を成し遂げさせようとの肚だった。この者たちは、今は徒歩《かち》で川瀬を進むかと思えば、幾度かは楯を船底よろしく身体の下にあてがって泳ぐことにより、手近な島にやって来たが、水から上がると誰彼構わず男も女も年齢の区別なしに家畜の如く屠ってゆき、空の小舟を手に入れると、ゆらゆら揺れはするがこれに乗って出て、この種の場所を数多く侵し、殺戮にも飽きると、分捕物を山のように積んで――その一部は河の勢いのために失ってしまったが――全員が無事帰投した。一〇　そしてこれを知ると、残りのゲルマニア人は、島を守りと恃むのは当てにならぬと打ち捨て、さらなる奥地へと、妻子と食糧と蛮族なりの財産を携えて行った。

一一　このあとユリアヌスはトレス・タベルナエ[1]の修復へと転じた。この名で呼ばれた砦が、さほど以前ではないが、敵の執拗な攻撃に遭って破壊されていたのである。この砦が建設されたればこそ、ガリア諸州の内奥部へそれまで習いとなっていたようにゲルマニア人が進出するのが防がれている、ということで衆目一致していたのであって、この事業を目論見より早く完遂もしたし、ここに駐屯すべき守備隊のための食糧を、危ない目に遭う惧れなしとしなかったが、蛮族の作物の中から手勢を使って集め、丸一ヵ年分を蓄えもした。一二　また、いかにもこれだけではよしとせず、自身のためにも二〇日分の火を通した糧食を集めた。というのも、兵士らが己が右手で獲得したものをいっそう喜んで費消したのは、彼らの許に近頃届けられた補給物資に全く手をつけることができなかったことの怒りが甚だしかったからであって、その訳は、バルバティオが傍らを通過する物資の一部を傲岸にも抜き荷し、残った分は集めて積み上げ、焼却したからであった。かかる仕儀に及んだのは蒙昧にして正気を失くしていたからか、それとも元首の命により大胆不敵に数々の非道を試みたのかは、この時はまだ明らかでなかった。一三　とはいえ、噂の域を出ないものの、こういったことがあちこちで取り沙汰されていた。ユリアヌスはガリア諸州の窮境を和らげるべく選ばれたのではなく、熾烈きわまる戦争によって亡き者とされ得るようためであった。当時なお未熟で、干戈《かんか》の響きにすら耐えられまいと見られていたから、と。一四　砦陣地の構築が早々に立ち上がって、兵の一部は野営哨戒所に出張り、他の者たちは穀物を、伏兵を惧れて用心しつつ集めている間に、蛮族の群れがそのあまりの速さのために噂に先んじて到来し、バルバティオと、先述のとおり(2)ガリアの防衛線から分断されてしまったその麾下《きか》の軍隊に急襲をかけ、逃げる相手を追ってラウラキにまで至り、さらに能うる限りその先まで追ったが、旅嚢に供回りのついた荷駄獣の大部分を奪って仲間の許に戻った。一五　ところがこの男は、まるで遠征を首尾よい成果で終えたかのように、兵を冬営に割り振ると、常の如く、副帝の告発をでっち上げる気で、皇帝の宮廷へと帰還した。

---

(1)今日のフランス北東部、アルザス地方のサヴェルヌ。ストラスブールとその北西の町メスの中間。一六-二-一二の夕べルナエとは別。

(2)一六-一一-六。

第十二章　副帝ユリアヌス、ガリアを窺うアラマンニ族の七王を攻め、蛮族をアルゲントラトゥス近郊の合戦にて蹴散らす

一　この不面目な恐慌が四方に伝わると、アラマンニ族の諸王、クノドマリウス[1]にウェストラルプス、ウリウス、さらにはまたウルシキヌス[2]にセラピオ[3]とスウォマリウスとホルタリウス[4]も一緒になって、己れらが兵力の精鋭をすべて一つに糾合し、また戦の……アルゲントラトゥスの町[5]のほど近くにやって来たのは、最悪を惧れて副帝は退却したものと考えてのことだったが、こちらはこの時もなお砦の完成に余念がなかったのである。二　一方、自信を煽ってこの者たちに頭をいっそう高く擡《もた》げさせたのは楯隊の逃亡兵で、犯した罪の罰を怖れて敗将の退却のあと彼らの許へ走り、兵ただ一万三〇〇〇のみがユリアヌスの手許に残っていると教えたのだが——まさにこの人数が彼に従っていたのだ——それは蛮族の猛々しさが決戦を求める熱狂を各方面に呼び覚ましている最中だった。三　同じことを幾度も繰り返すこの男の真剣さに、いっそう大きな自信を得て、彼らは使節を送って寄越し、相当居丈高に副帝に指図して、我らが武勇と剣によって求めた土地から退去せよと伝えた。副帝の方は怖じることを知らず、また怒りにも悲しみにも捉われることなしに蛮族の横柄さを嘲笑って、使節を砦陣地の築造完成まで引き留め、飽くまで同じ姿勢を貫いて動じなかった。四　一方、すべてを引っ掻き回して混乱に陥れていたのが、何憚ることなく方々にしゃしゃり出て危険を敢えて冒す先頭に立っていたクノドマリウス王で、眉高々と誇らしげであったのは、再三見られたことだが、好首尾に舞い上がっていたのだった。五　というのは、副帝デケンティウス[6]と対等に相見《あいまみ》えてこれを打ち負

かしもし、また数多《あまた》の富める町を破壊してこれを劫掠もし、長きにわたって手向かう者もなく恣《ほしいまま》にガリア諸州を跳梁跋扈《ちょうりょうばっこ》したからである。この者の自信を強めるのに、最近もまた、数と力に優る将軍[7]の敗走が一助となった。六 というのも、アラマンニ族は楯のしるしに目を留めて、恐怖が先立つあまり白兵戦に入る前に自分らが多大の損害を出して逃げ散ったことも一度や二度ではなかったその敵兵が、味方の僅かばかりの掠奪部隊の前に引き下がったことを知っていたからである。副帝はこのことへの不安に心穏やかでなかったが、それはいざ必要に迫られたときに危難を共にする仲間が離れ去ってしまっては、たとえ勇猛とはいえ、少数の者で大人数の部族を迎え撃つことを余儀なくされるからであった。

七 そうして既に太陽の光が赤々と燃え立ち、ラッパの響きが一斉に鳴りわたるや、歩兵の軍勢がゆるや

(1)コノドマリウスとも。アラマンニ連合軍の中心人物。

(2)この三人の王は、今日のドイツ南部、ネッカー川からライン河上流にかけての地方を治めたらしい。三人めのウルシキヌスは、アンミアヌスの上官にあたる騎兵長官ウルシキヌスとは同名の別人。

(3)クノドマリウスの甥にあたり、諸王連合の中で第二の地位を占めた(一六-一二-二三)。七人の王の中で唯一、非ゲルマン語系の名をもつ由来は、一六-一二-二六に語られる。

(4)スウォマリウスはケルト語系の名前か。最後の二人の王は、この翌年三五八年にユリアヌスと和議を結ぶことになる(一七-一〇-三)。

(5)今日のストラスブール。

(6)簒奪帝マグネンティウスの従兄弟または兄弟。三五〇年の七月ないし八月にマグネンティウスから副帝に指名されたが、政治・軍事の能力に欠け、三五二年にはクノドマリウスに敗戦、マグネンティウスの死の報に接して三五三年八月十八日、セノネスで自死を遂げた。

(7)バルバティオ。

かな歩調で進発させられ、その側面には騎兵部隊が添えられたが、その中には挂甲《けいこう》騎兵と弓兵(1)という恐ろしげな類の武人もいた。八　そして、ローマ方の軍団印が前進を始めた地点から蛮族の陣地までは一四レウガで測られたので——すなわち二一マイルである(2)——利と安全を的確に図って、副帝は既に先発していた先駆け兵を呼び戻し、いつもの言葉で静粛を命ずると、部隊ごとに固まって周囲に居並ぶ者たちに、生来の穏やかな話しぶりでこう語りかける。

九「皆の者の安全を確保しようと考えて——ごく掻いつまんで言えばだが——心けして屈してはおらぬ副帝が諸君に発破をかけ、懇請する、戦友の諸君、予期されることを凌ぐため、あるいは振り払うためには、ひとかどの屈強な武勇を恃みとしつつも、むしろ用心の勝る道を選ぼうではないか。あまりに性急な一か八かの道は採らぬがよい。一〇　なぜなら、危難に際しては若武者たる者、活発にして大胆であるべきものだが、同様に、状況が求める場合には従順にして思慮深くあるべきものだからだ。それゆえ、予の思うところを、諸君の判断が味方をしてくれ、義憤が堪《こら》えてくれるなら、手短に説いてみよう。一一　はや日も正午に近い。行軍の疲れに困憊《こんぱい》した我らを険しくも定かならぬ道が待ち受けていよう。夜は、月も欠けゆき、星が出たとて楽になるべくもない。目の前の大地は熱気にほてり(3)、水の援護に潤うこともない。こういったところを仮に誰かが具合よく通り抜けられるようにしてくれたとしても、敵の大軍が休息をとり飲み食いで力を取り戻した上で向かって来たなら、我らはどうするのか。いかに力を揮って、飢えと渇きと労苦のために四肢が萎えていては、立ち向かえばよいのか。一二　それゆえ、最も困難な状況すら時宜を得た手立てを講じれば対処できることが多く、揺らいでやまぬ形勢も、正しき思慮を良き方向に働かせれば、天与の策が立て直してくれることが再々あるのであるから、ひとつどうだ、ここに矢来と壕で回りを固め、夜哨を配して休むことにし、差し当たり必要な睡眠と食事をとった上で――神のお許しを得てこう言いたいものだが――凱旋をもたらす鷲印と勝利の軍幡を、朝一番の光が差しそめる頃、進発させようではないか」。

一三　すると彼らは、話の終わるのを待ち切れずに歯ぎしりの音を立て、戦闘への意欲を槍で楯を打って示しつつ、既に目の前に見える敵めがけて我らを連れて行けとせがんだが、天上なる神の加護と己れらに対する自信、それに武運に恵まれた指揮官が実証して見せた勇猛を恃みとしてのことであり、また、結末から知れるとおり、救いの守護神と言うべきものも現前して、わが加勢できる間に勝負をつけよと彼らを煽り立てていたのである。一四　こうした熱狂に加えて、高位の士官たちの全き賛同もあり、とりわけ近衛長官フロレンティウス(4)は、なるほど危険ではあるが、しかし蛮族が一塊《ひとかたまり》になっているうちに戦うべきだと順当な計算により考えた。これがもし散り散りになったなら、生まれもっての熱しやすさで離反へと傾きがちな兵

(1) 補助軍に属する精鋭部隊で、騎乗し、恐らくオリエントの部族から成っていた。前者は鎖帷子《くさりかたびら》に似た鎧を身に纏った。

(2) 一ローマン・マイルは約一・五キロメートルなので、二一マイル（＝一四レウガ）は約三一・五キロメートルに相当する。ここに述べられているのは、ローマ軍陣地（トレス・タベルナエ＝今日のサヴェルヌ）から敵の陣地（アルゲントラトゥス＝今日のストラスブール）までの距離。

(3) 暑気と実った穀物（一六-二一-一九）の存在から、戦いは盛夏に行なわれたと推測され、三五七年八月の終わりと考えられる。

(4) フラウィウス・フロレンティウス。三四五年にコンスタンティウスの補佐官として影響力を誇り、三五七―三六〇年にガリア諸州担当近衛長官（ガリア道長官）を務める。

の妄動はこらえきれまいと言うのだった。手から勝利が捥《も》ぎ取《と》られたと考えるであろうそのことに、最後の手段に訴えもせず不承不承甘んじることはあるまい、と。

一五　それにまた、二つの思案が我が軍の自信を強めたが、それは、過ぎて間もない年、ローマ軍がレヌス河の彼方の土地を広く駆け巡った際に、唯の一人も我が家を守ろうとする者が見かけられず、また立ちはだかりもせず、木の道塞ぎをぎっしりと並べて方々で道を遮断してあるばかりで、冬の季節が霜枯れをもたらす中、遥か彼方まで追いやられて蛮族はかつがつの暮らしをしていたこと、および、皇帝が彼らの土地に足を踏み入れても敢えて抵抗しようともしなければ姿を見せようともせず、和平を認められたのも低姿勢に懇望してのことであった(1)のを想起していたのである。一六　しかしながら、情勢が変化したことに気づいた者は誰もいなかった。当時は三方面からの破滅に迫られていたからであって、皇帝は両ラエティアを通じて攻勢をかけ、副帝は間近にあってどこにも逃れ出ることを許さず、不和のため敵対していた近隣部族(2)はここかしこにおいて包囲された者たちの後頭部を踏みつけにせんばかりだったのである。けれどものちになると和平が認められて皇帝は退き、争い事の種は片づいて近隣諸部族も既に協和し、ローマの将軍の無様この上ない敗退(3)が生来の猛々しさを増大させたのである。一七　同じくまた、別の事情によってもローマの状況は深刻となっており、それはかかる一事によっていた。王の血筋の二兄弟が、前年コンスタンティウスから認められた和平の縛《いまし》めに縛られて敢えて騒乱も蜂起も起こそうとはしなかった。だが、少しのち、このうちの一人グンドマドゥス(4)が、こちらの方が力もあり、信義に篤かったのだが、謀略にかかって生命を落とすと、その民全員が我らの敵と共謀し、たちまちウァドマリウス(5)の民も当人の意に反し——と当人は主張したのだが――戦を起こそうとする蛮族の隊列に自ら加わったのだった。

一八　それゆえ、一番の頭《かしら》から下っ端までことごとく、今ぞ一戦交えるに良きと賛同し、決意の臍《ほぞ》を固めようとしたとき、俄かに旗手が叫んだ。「進み給え、万人のなかで最も幸《さき》わう副帝よ、盛運のおん身を導くところへ。今ようやくおん身を通して武勇と思慮が戦に出ようとしているのを我らは感ずる。幸先よく勇ましい斬込み隊長(6)として我らの先に立ち給え。戦好きの将帥、手柄の直々《じきじき》の証人の目の前で、兵が、天上なる神意が味方につきさえすれば、力を奮い起して何を成し遂げるか、身をもってお知りになりましょう」。一九　これを聞くや、休息は許されなかったゆえ、軍隊は進発し、なだらかに盛り上がった丘の近傍まで来たが、この丘は既に実をつけた穀物畑に覆われており、レヌス河の堤からさほど離れてはいなかった。その頂からは、敵の騎馬の斥候三名が色めき立って、ローマ軍俄かに到来を報じんものと自軍へ急いだが、徒歩《かち》の兵一名が後を追えずに我が軍の手際の良さに捕えられ、ゲルマニア人は三日三晩かけて河を渡ったと明かした。二〇　彼らが既にほぼ密集して楔形を成しているのを我が軍の指揮官らは目に留めると、はたとその場に停

(1) 前年、三五六年の出来事と見なされる。一四-一〇-九―一六にも同様の事例が見えるが、三年前の三五四年のことなので「過ぎて間もない年」とは言い難く、副帝ユリアヌスの存在を言う次節とも矛盾する。あるいはアンミアヌスの記述に混乱があるか?

(2) 北東に隣するブルグンディイ族(一八-二-一五)を指す。

(3) 一六-一一-一四。

(4) 一四-一〇-一。

(5) 一四-一〇-一。

(6) 原語 antesignanus. 元来は軍団の最前列に立つ部隊の兵(先鋒兵)をいうが、ここは比喩的。

止し、前衛兵[1]も槍兵も筆頭格兵ら[2]も、あたかも不落の城壁の礎を置いたかの如くになったが、敵も同じ用心を見せてためらいがちに停止した。二一　そして、先述の脱走兵[3]が教えたとおりに、騎兵隊全員が右翼からこちらに対峙しているのを見ると、騎兵勢として手許にある精鋭のすべてを左翼に配して密集隊形とした。そしてここの所々に軽装歩兵の遊撃兵を混じたが、さだめて確実を期する策が求めたからであろう。二二　というのは、彼らも心得ていたからだが、たとえ手練れであっても馬上から戦う者は、我が軍のクリーバナーリウス［鉄釜兵］と相見《あいまみ》えたときは手綱と楯を放さず持って槍は片手で揮うため、鉄鎖の覆いに包まれた戦士に傷を負わせることはできないが、他方、歩兵の方は、勝負もまさにたけなわというときには眼前のこと以外には注意が向かないのが常であるので、身を低くしてひそかに這い寄り、馬の脇腹に穴を開けて騎乗の者をいきなり落馬させ、易々と仕留められるようにできるのである。

二三　そこでこうした配置を行なうと、自軍の右翼にはひそかな伏兵を目立たぬように置いた。ところで、戦にはやる荒くれた民なべてを率いていたのはクノドマリウスとセラピオで、権限においては余の諸王より上位にあった。二四　そしてクノドマリウスと言えば、戦争全体の不届きな仕掛け手であり、頭頂には炎の色の紐飾りを巻いて、左翼の先頭に立っていたが、合戦の白熱が予期されるところでは大胆にして途方もない膂力《りょりょく》を恃み、巨漢にして、泡を吹く馬にすっくと跨がり、恐ろしげな大きさの投げ槍を抱えて背筋を伸ばし、甲冑の輝きでは他を凌いで際立っていて、奮闘努力の兵であるとともに余の者たちに優って有能な指揮官であった。二五　一方、右辺はセラピオが率いていたが、当時はまだ大人の産毛を生やした若者で、有能さにかけては年齢に先んじており、クノドマリウスの兄弟で生涯不実この上なかったメデリクス[4]の息子。

このように呼ばれたわけは、その父が長く人質としてガリア諸州に留め置かれ、ギリシアのある秘儀を教わって、この我が子、生まれた時からの呼称でもってアゲナリウスと呼びならわされていたのを、セラピオという名に変えたのである。(5) 二六　この者たちに続いていたのが権能では次位にある諸王で、その数五名、それにまた一〇名の王子、名士の長い列、および兵三万五〇〇〇で、これは様々な部族から一部は報酬によって、一部は相互奉仕の契約によって、求められたものである。

二七　そして、はや容赦のない響きをラッパが一斉に立てると、ローマ軍の将セウェルス(6)は左翼の戦列を指揮し、(7) 兵を仕込んだ溝の近くに来たとき――そこから潜んでいた者らが俄かに躍り出て一切を混乱に陥れる手筈であったのだが――怯える様子もなく停止し、伏兵あるをいささか疑ぐって、踵《きびす》を返そうとも先へ

(1) 原語 antepilani. 伝統的には第三列兵（pilani）の前に配される二列の部隊、すなわち最前列の hastati（槍兵）と第二列の principes（主力兵）を指す用語だが、アンミアヌスの頃には廃語となっており、しかもアンミアヌスの原文では antepilanis hastatisque と二つが並列に置かれているゆえ、古めかしい語を、本来の意味から外れて用いていると解されている。あるいは前註の「先鋒兵」と同義か。

(2) 原句 ordinum primi. 士官と百人隊長の間の位かと思われるが、詳細はよく分からない。

(3) 一六-一二-二―三。

(4) 不詳。

(5) セラピス神の名を貰っての改名。セラピス（もと冥界の神。のちに太陽神、癒しの神）信仰は、ギリシア系のプトレマイオス王朝時代にアレクサンドリアで盛んになり、アレラテとアレクサンドリアの間の交易によってガリアにもたらされ、商人や軍人や奴隷がさらに内陸部に伝えた。

(6) 一二-一〇-二一、一二-一一-一。

(7) 以上の両軍の布陣については、補註A参照。

進もうともしなかった。二八　これを見ていかな艱難辛苦にも立ち向かう意欲に満てる副帝は、熾烈な一戦の要求するところに従って、二〇〇名の騎兵で周囲を固めていたが、歩兵の隊列に、勢い迅速に散開せよと言葉で促した。二九　そして、全員に等しく語りかけることは、場が広大に伸びていることによっても、一つ所に集められた衆勢の数の多さによっても叶わなかったため、また、それでなくとも由々しき嫉みの重荷を避けるべく、正帝がただ自らのみの特権であると考えているもの[1]に手を出したと見られぬようにしていたのだが、我が身を気遣い[2]敵の飛び道具を躱《かわ》しつつ、こうした類の言葉をかけて、名のある兵名もなき兵を分け隔てなく、勇敢な働きをなすよう焚きつけていった。三〇　「来たぞ、仲間の諸君、いよいよ真っ当な戦の時が。疾《と》うから予も諸君とともに待ち望んでいたし、さきにはこれを呼び寄せようとて、諸君が物騒な動きで武器を要求したのだったな」。三一　同じくまた、別の、軍団印の背後で最後列に配された者たちのところへ来ると、「どうだ」と言った。「戦友諸君、待ちに待った日が今ここにあって、我ら全員にこの前の汚辱を雪《すす》ぎローマの威厳に本来の誉れを取り戻せと迫っているぞ。此奴らは、度外れな狂気妄念のために身を滅ぼすよりなくなって、我らの力に圧倒される定めにある蛮族だ」。三二　同様にまた、別の、長く実戦経験を積んだ者たちを順当に配置した際には、このような督励でもって力を添えてやった。「起ち上がろうではないか、勇士たちよ、我が方に投げつけられた侮辱を我らは応分の武勇で撥ね返せるであろう。これを思えばこそ、予は副帝の称号を躊躇しつつも受けたのだ」。三三　一方また、合戦の合図を軽々に求め、そわそわと動き回って命令を破りそうな手合いを認めるたびに、「よいか」と言った、「敵を敗走させようと深追いしすぎて、来たるべき勝利の誉れを害ってくれるなよ。また誰も万やむを得なくなるまでは退いてはならぬ。逃げようという輩はきっと見捨てるからな。敵の背に斬りかかろうという者には側にあって離れまい。もしそれが程を弁え用心した上でのことであるなら」。

三四　こういった類のことを同じように幾度も繰り返しつつ、軍隊の大部分を蛮族の最前列と対峙させていったが、すると突然、アラマンニ族の歩兵のどよめきが怒号を交えて聞こえて来たのは、馬を措《お》いて王族の者らも我々と行動を共にしろと、心一つに声を合わせて叫んでいたからであって、何か不利なことが起こった場合、哀れな雑兵をうち捨ててさっさと退却の手立てを見出すことがないようにするためであった。

三五　これを知ると、クノドマリウスは馬からただちに跳び下り、残りの者もこれに倣って躊躇なく同じようにした。彼らの誰一人、自陣の勝利を疑わなかったからである。

三六　それゆえ、ラッパ手の吹奏によって慣わしどおりに戦の合図が双方で与えられると、激しい勢いでぶつかり合った。少しの間、口火を切る飛び道具が投げられ、そうして、注意深いというよりは慌てふためいた走りでゲルマニア人が突進し、槍を右手で差し伸べつつ我が軍の騎兵部隊に躍りかかったが、ぎりぎりと歯を恐ろしく鳴らし、常にましていきり立っているためにその長髪は逆立ち、眼からは狂気とも言うべきものが光を放っていた。この者たちに真向かって一歩も引かぬ兵が楯をかざして頭を守りつつ剣を突き出し、あるいは槍を振り回して生命はないぞと脅しをかけ、怯えさせようとした。三七　そして戦闘のまさに山場

（1）正帝への謀反の下心ありと勘繰られぬよう、全軍を前に訓示を垂れることを避けたという意味であろう。

（2）底本 cautior sui. これを逆の意味の incautior sui（我が身を気遣いもせず）とする版がある（B, Cl, Ro, Sel)。

において騎兵ががっちりと密集隊形を作り、歩兵が側面を強固に固めて、前面は所狭しと丸楯を連ねて覆うと、濛々たる砂塵が立ち昇り、一進一退の様々な動きがあって、今は我が軍が持ちこたえるかと思えば今度は引き下がり、膝に力を籠めつつ蛮族の最も手練れの戦闘兵幾名かは敵を押しのけようと骨折ったが、極度の粘り腰のために手と手が入り乱れ、楯の星が楯の星とぶつかり合い、躍り上がる者、倒れる者の大音声《だいおんじょう》が天にこだまし、そうして、左翼が相手方深くまで歩を進め、攻めかかるゲルマニア人の幾多の隊列を力まかせに押しやり、蛮族の只中へと吠え猛りつつ突入して行ったとき、右翼を預っていた我が軍の騎兵は思いのほか脆く後退し、先に逃げ出した者があとから逃げ出した者の妨げとなる間に、軍団の懐に守られて踏みとどまり、再び戦闘を始めた。三八　こういう仕儀となったその訳は、戦列を立て直している間に挂甲《けいこう》騎兵が、己れらの指揮官が軽い傷を負い、また同僚指揮官のある者が甲冑の重みに潰れてしまった馬の頸を伝って滑り落ちるのを見て、てんでに逃げられる方向へ逃げ出したからで、歩兵を蹴散らして危うく総勢を乱してしまうところであったが、歩兵の側が密集隊形を成して互いに身体を寄せ合い、動じることなく踏みとどまったために事なきを得たのである。それゆえ、騎兵が逃げて身を守ること以外眼中にないのを遠くから認めると、副帝は、馬を励まし、あたかも出走棒[1]か何かになったかの如くこれを引き留めた。三九　副帝を、長槍の先についたあたかも長く伸びる蛇の抜け殻の如き緋紫の大蛇のしるしによって認めると、一部隊の士官が歩をとどめ、恐怖に打たれ蒼白となって再び戦列につくべく駆け戻った。四〇　すると、形勢思わしからざるときに好んでしたように、件の者らをやんわりと諫めて副帝は「どこへ」と言った、「我らは退くのだ、最強の勇士らよ。逃げたとて無事に済んだためしはなく、無益な試みの愚かさ加減を示すだけなのを知らぬのか。味方のもとへ戻ろうではないか。せめては誉れに与ることになろう。もしも国家のため戦ってくれている者らをうっかり見捨てるところなのであれば」。四一　このように如才なく言って一人残らず戦の務めの遂行へと立ち帰らせたが[2]、違いはあれど古のスラを模したのであって、この人はミトリダテス配下の将アルケラオスを相手に戦列を繰り出して[3]熾烈な合戦に疲弊し、兵のことごとくから見捨てられたとき、最前列に走って行って軍幡を奪い取ると、敵方に投げて、「行け」と言ったのである。「危難の仲間に選ばれた者らよ、最高司令官はどこに置いてきたのかと人問わば、嘘偽りなくこう答えよ。『ボイオティアに唯一人、我ら全員を守らんと、己が血を流して戦いおり』と」。

四二　こうして、アラマンニ族は我が軍の騎兵を押しのけ、蹴散らしてのち、歩兵の最前列に攻めかかって、抵抗の気概を失わせ押しのけようとした。四三　しかし白兵戦となってのちは、互角の戦いが長く続いた。というのは、角隊と腕輪隊は長年の戦闘経験によって鍛えられていて、彼らを挙動で既に怯えさせ、鬨《とき》の歌[4]をここぞとばかり盛大にあげたのである。この叫び声は決戦まさにたけなわのとき、ぼそぼそとした呟

(1) 戦車競走のスタートを制御する横棒。
(2) ゾシモス『新ローマ史』三-三二-四によると六〇〇名が戦場から逃げ、のちにユリアヌスから罰せられたという。
(3) ポントス王ミトリダテス配下の将アルケラオスは、ギリシアでの対ローマ決戦に派遣されたが、前八六年、ボイオティアのオルコメノスの戦いで二日がかりの合戦に敗れた。この時にはスラの武勇がローマ軍に勝利をもたらした。プルタルコス『英雄伝』「スラ」二一。
(4) 原語 barritus. 元来はゲルマニア人の戦の歌で、タキトゥス『ゲルマニア』三によると、これでもって士気を奮い立たせ、戦の成行きを占うという。

きから始まり、次第次第に大きくなって、岩打つ波さながらに高まりゆくものである。次いでひゅうと鳴る飛び道具がこちらから、またあちらから頻々と飛び交うと、次々と砂煙が立ち昇って視界を奪う中、武器が武器と、身体が身体とぶつかり合った。四四　しかしながら、暴戻《ぼうれい》と怒りのせいで算を乱した蛮族は、炎の如く燃えたぎり、我が兵を亀甲隊形(1)の如くに守っていた楯の隙なき連なりを、剣の執拗な打撃で分断しようとした。四五　これを知るや、僚兵に加勢しようと、速足でバタウィ隊(2)が王らとともにやって来た。恐ろしげな手勢で、絶体絶命の窮地に取りこめられた者たちを、運が味方するなら、突き破らんとした(3)のである。そして戦陣ラッパが容赦ない響きを立てる中、真っ盛りの勢いで戦いが行なわれた。四六　ところが、アラマンニ族は戦に一心にのめり込んでいて、鼻息いとも荒く、あたかも狂気の成せる業と言うべきか、行く手にあるものすべてを滅し去らんとするかの如くであった。とはいえ、穂槍や投げ槍の止むことがなく、鉄鏃《てつやじり》の矢も降り注いだ。もっとも、白兵戦もあって、剣が剣と撃ち合い、胸当てが剣によって割られて、傷ついた者はまだ血を流し尽くしてしまわぬうちに、もうひと働き目にもの見せんと起ち上がるのだったが。四七　というのも、ある種互角の者同士が一戦を交えたからであって、アラマンニ族は頑健にして上背もあり、我が兵は随分と経験を積んで技倆があった。あちらは荒々しく嵐のよう、こちらは穏やかで慎重、こちらが士気に信を置けば、あちらは巨体を恃みとしていた。四八　とはいえ、一再ならずローマ兵は甲冑の重みに耐えかねて持ち場を離れては再び起ったし、膝の疲れに屈してしゃがみ込んでも左の膝を立てて蛮族兵は我から敵に挑みかかろうとしたのであって、これは極度の粘り強さのしるしである。

四九　そこで不意に貴顕の密集隊が勇躍跳び出し、これに混じっては王たち(4)も戦っていたが、雑兵を従え、何を措いても我が軍の隊列に殺到し、道を切り拓きつつ、プリマニの軍団(5)のところにまで到達してみると、こちらは中央に陣取っていて、こうした堅固な構えは司令部陣営と呼びならわされており、密集して隙のない列を成す兵が櫓を思わせる不動の堅固さでもって居並んでいたもので、士気を高めて戦闘を再開したけれども、負傷を避けることを狙って魚族剣闘士(6)風に身を鎧っており、敵の脇腹が炎《ほむら》立つ怒りでむき出しになったところを抜き放った剣で突き刺していった。五〇　すると向こうは勝利のために競って生命を擲《なげう》ち、我が隊列の結束をゆるめようと試みた。しかしながら、落命する者が引きも切らず、これをまたローマ兵は

---

(1) 楯の並びを密にして隊列の前面を覆い、左右の端も兵が楯を連ねて防護し、さらに頭上にも楯をかざして、亀の甲羅のような防御物を構成した隊形。

(2) バタウィはライン河口に住んだゲルマニア系の部族。ドルススの時代にローマと和を結び、有能な兵を提供した。のち、ハドリアノポリスの戦いでも援軍を出している（三一‐一三‐九）。ただし、「王らとともに（cum regibus）」とあるのは不可解で、バタウィ族はこの当時王をもたなかった。二〇‐一‐三ほか二箇所ではバタウィ隊がヘルリ隊とともに言及されることから、「ヘルリ隊とともに（cum Herulis）」と読みを改める案もある。

(3) 底本 eruptura. 大方の版（B, Cl, Ern, Eyss, Ga, Ro, Sel, Sey[LD], Wa）は ereptura（助け出そうとし）との読みを採る。いずれの読みを採るかで「絶体絶命の窮地に取りこめられた者たち」がローマ軍か蛮族かに分かれる。底本どおりだと蛮族となる。

(4) アラマンニ族の王たち。ただし、七人全員かどうかは、ラテン語に定冠詞がないため、詳らかにしない。

(5) 「バタウィ隊」や「腕輪隊」のような民族名、渾名で呼ばれずに数字で呼ばれる（「プリマニ（Primani）」は第一軍団を意味する）ところから、恐らく帝政後期の皇帝直属部隊の中で最も古くからあったものと考えられている。

(6) 剣闘士の一種で、頭頂に魚の飾りをつけた兜をかぶり、ガリア人風の武装で戦った。

今やいっそうの自信をもって撃ち倒していったのだが、蛮族は倒された者の代わりを生き残りの者が務めたものの、死に目に遭う者らの呻き声を頻りと聞くうちにすっかり怖じ気づいてしまい、身体が言うことを聞かなくなっていった。五一　そして遂にはあまりの負け戦に倦み疲れ、次いではただ逃走にのみ躍起となって、てんでに道をとり全速力で逃げ去ろうと急いださまは、ちょうど時化《しけ》の海の波間からどこなりと風が運び去るに任せて、船乗りと乗客が陸《おか》に上がろうとはやるよう。これは望んでできるというより、願掛けによらねばならないことを、現場に居合わせたことのある者は誰しも認めるであろう。

五二　実際、宥められたる神の慈悲深い意向が味方をしていたのであり、退却せんとする者を背後から斬りつけた兵は、時折り剣が曲がってしまって、揮うべき道具が手許に見当たらぬときには、蛮族自らの持つ得物《えもの》をその懐に沈めたのであり、傷を負わせる側は誰一人、血を見て怒りを満ち足らせることなく、また幾度もの殺害に右手を飽かすこともなく、あるいは命乞いする者に情けをかけて引き下がることもなかった。

五三　こうして、夥しい数の者が致命傷を受けて横たわり、手っ取り早く死による癒しを求めていたが、半死半生ですでに精根尽きようとしつつも死にゆく眼で光を享受しようと捜し求める者らもあれば、幾人か、木の幹ほどもある槍に首を刎ねられて、それが喉の皮一枚でつながってぶら下がっている者らもあり、また、ぬかるんで滑りやすくなった地面で僚兵の血に足を滑らせ、身体は剣から無傷であっても、折り重なるように倒れて来る者らの下敷きとなって命を落とす者たちもあった。五四　こうしたことがまことに上々の首尾で生ずると、いっそう強力に勝者の側が押して行き、切っ先は度重なる打ち込みで鈍ってゆき、光り輝く兜と楯は足下に転がった。遂には絶体絶命の危機に瀕して蛮族は、積み上がった屍体の山が逃げ道を塞いでいたので、唯一残された手段として、もはや背後を掠めるように流れている河[1]に助けを求めた。五五　そして甲冑を鎧ってはいても足早に駆けて、逃げる相手を兵が疲れ知らずに追い迫ったものだから、ある者たちは水練の心得によって我が身を窮地から救い出せると考え、生命を河流に預けた。そのため、聡き心で来たるべきことを予見しつつ副帝は、士官ら、諸将ともども、叱責の叫びをあげ、敵を深追いしすぎて我が軍の一兵たりとも渦巻く流れに身を預けてはならぬと禁じた。五六　その結果、目撃されたことには、河岸に立っている者らがとりどりの武器をもってゲルマニア人を刺し、中に誰かすばしこさで死を免れた者がいても、傷を負わされた身の重さで河底まで沈んで行った。五七　そしてあたかも劇場の何かの出し物において、幕が数々の驚くべきものを見せるが如く、今や恐れ気もなく見ることができたのだが、せっせと泳ぐ者たちに幾人か泳ぎを知らぬ者がしがみついている。これとは別に、泳ぎの達者な連中に置いていかれて、丸太のように浮いている者たちがいる。またあたかも河の荒々しさがレスリングを挑むかの如く、幾人かが波に呑まれて姿を消す。楯に乗って、切り立った波頭が押し寄せるのを、斜めに進んでは躱《かわ》しつつ、向こう岸まで幾多の危難ののちたどり着く手合いもいる。遂には蛮族の血でしぶきをあげつつ、色の変じた河筋が、常にはない水嵩に呆気にとられていた。

五八　こうしたことが行なわれている間に、クノドマリウス王は退却の手立てを見出すと、屍体の山を通り抜けて、僅かな数のお付きとともに俊敏迅速に陣営へと急いだが、この陣営というのはトリブンキとコン

(1) 戦場からライン河までの距離は、現在は十二キロメートルほどあるが、当時は七—八キロメートルと推定されるという。

コルディア(1)というローマの砦の近くに怖いもの知らずにも構えたもので、思わしくない事態に備えてかねて用意していた舟に乗り込み、人目につかぬ所で身を潜める肚であった。五九　それで、レヌス河を渡らねば自領(2)に行き着くことができなかったので、顔を見破られぬよう覆って、そろそろと踵《きびす》を返した。そうして既に岸に近づいたとき、淀んだ水を湛えた湿地を迂回して越えようとして、粘りのあるぬかるみに踏み込んだため馬から転げ落ちたが、すぐさま、肥《ふと》り肉《じし》で重めではあったものの、抜け出して近くの丘に難を逃れた。この人物をそれと認めると――なぜなら、正体を隠し得なかったからで、それまでの羽振りの良さに裏切られたわけだが――ただちに息せききって一箇大隊が士官の指揮下、あとを追い、軍勢をもって森に覆われた小山を取り巻き、用心深く包囲したが、突入を恐れたのは、文目《あやめ》も分かぬ鬱蒼たる暗がりの中でひそかな計略にかからぬようにとの用心であった。六〇　これを見ると、恐怖もここに極まって、単身出で来たり自ら投降したが、二〇〇名を数えるその従者と三人の最も近しい友は、このような仕儀に立ち至った場合、王より命永らえること、あるいは王のために死なぬことを恥と考え、縛めを受けるべく我が身を引き渡した。

六一　そして生まれもっての習慣により、蛮族などというものは逆境にあっては腰が低く、順境においては性格を一変させる例に洩れず、王は他人の意向の奴隷となって蒼白の面《おも》で曳かれて行ったが、仇を為した自覚から舌を閉ざしていたさまは、野蛮で嘆かわしい凶行のあと灰燼《かいじん》に帰したガリア諸州を跋扈《ばっこ》して数々の蛮行の脅しをかけていた人物とは、何とも天と地ほどの差があった。

六二　かくてこれらのことにも天上なる神の加護により終止符が打たれると、既に日も暮れてのち、曲げラッパ手が合図を鳴らしたので、不承不承ながら呼び戻された兵は、レヌス河の堤近くに野営し、「楯(3)」を幾重にも並べて防護された中で兵糧と睡眠を貪った。六三　この合戦に倒れたローマ兵は二四三名であったが、指揮官は四名であった。角隊の士官バイノバウデス[4]、同じくライプソ[5]、および挂甲《けいこう》騎兵を率いていたインノケンティウス[6]、それに無任所士官のある人物だが、その名は判明していない。一方、アラマンニ族の側では六〇〇〇の屍体[7]が原に横たわっているのが数えられ、その他に勘定のできぬほどの嵩の死者が河波に運ばれて行った。六四　このときユリアヌスは、その地位以上に目にもの見せ、命令権による以上に手柄によって力を示したので、全軍一致しての歓呼によってアウグストゥス［正帝］と呼ばれたが、差し出がましいことをすると言って兵らを咎め、そのようなものはもとから望んでいないし、得たいとも思わぬと誓って断言した。六五　そして首尾よき戦果の喜びを増そうと、軍会〈を召集し、全員の見ている前で〉クノドマリウスを我が許に連れ来たれと命じたが、最初は背を丸くして、次いでは地面に平身低頭、お国言葉で懇願して赦しを乞うと、安心せよと命じられた。六六　そして数日して皇帝の宮廷[8]に連れて行かれ、そこから

（1）前者はプロトマグス（一六-一二-一二）と同一とする説がある。後者はアルゲントラトゥスから北へ向かう街道沿いにあった砦で、今日のアルザス地方バ＝ラン県のヴィサンブールか。

（2）底本 ad territoria sua. Wa は ad tentoria sua（自らの幕舎に）。

（3）原語 scuri は楯を意味するが、ここでは楯のみを並べたのでなく、楯をもった兵を配置したと考えられる。

（4）一六-一一-九に既出。

（5）他に伝なく、不詳。

（6）他に伝なく、不詳。

（7）ゾシモス『新ローマ史』三-三-三も同じ数字を挙げる。リバニオスは八〇〇〇とする（『弁論』一八-六〇）。

（8）シルミウムにあった正帝コンスタンティウスの宮廷。

ローマに送られて、カエリウス山[1]にある異邦人部隊陣営[2]にて嗜眠の病で亡くなった。

六七　これら、かくも数多の、かほどの事が首尾よき結果をもって成し遂げられているときに、コンスタンティウスの宮殿では幾人かの者が、元首その人を喜ばせようとして、ユリアヌスを貶《けな》し、嘲笑をこめてウィクトリヌス[3]と呼んだが、それは、軍を指揮するたびに恭しく報告を寄越し、ゲルマニア人を撃破したなどと知らせること度々であったがゆえである。

六八　そして空疎な賛辞を積み重ねたり、あからさまに光に照らし出す賛辞を繰り出したりする中で、世界全域で行なわれていることは何によらず彼のめでたき采配のお蔭ということにして、皇帝を、もともとの性格からして自信過剰であったのだが、例の如く増長させた[4]。六九　この結果、追従者たちの大仰な物言いに舞い上がってしまって、このときもそれからも告示を公にしては、尊大にもいやというほど数多くの嘘言を弄し、自身が独力で、事の現場に居合わせなかったにも拘らず、戦いもし、勝ちを収めもして、諸族の王らが平身低頭するのを助け起こしてやったと再三書いたのであり、もし例えば彼が当時イタリアで公務に携わっていて、ある将軍がペルシア人相手に勇猛を奮ったとすると、長大な文章のどこにも彼については言及せずに、月桂樹を添えた書簡[5]を送りつけて方々の属州に財政負担を強い[6]、自身が第一線に立っていたなどと忌まわしい大言壮語を交えて知らしめるのであった。七〇　すなわち、この元首の告示が残っていて公文書の中に収められているのだが、〈その中で〉受けた報告を〈これ見よがしに〉物語り、かつ己れを天にまで昇らせつつ[7]、合戦のあったときはアルゲントラトゥスから四〇宿駅分隔たった所にいたにも拘らず、戦闘を述べては、戦列を整えた、旗手の間に立った、蛮族を一目散に敗走させた、そして自らの許へクノドマリウ

西洋古典叢書

月報 130

2017＊第4回配本

スパルタを流れるエウロタス川

目次

2017年10月
京都大学学術出版会

不安にさせる歴史家

田中　創

アンミアヌス・マルケリヌスに最初に出会ったのは修士課程の授業であった。その授業は、各自が毎週ペンギン・クラシクスの英訳でアンミアヌス一巻分と関連する二次文献を事前に読んでおき、授業当日は予め設定されたお題に従って議論を行なうというものだった。授業の華は、二人の学生が相異なる学説の立場を擁護し、できるかぎり多くの聴衆（＝他の学生）の支持を勝ち取るという対抗弁論であった。事前に自分が読んできた解釈が担当学生や教員の弁論でひっくり返されることも日常茶飯事。このような授業のせいで、修士時代の私は色々と解釈に迷うことになり、煙に巻かれたような気持ちで一年間の授業を終えた。

その頃に抱いていたアンミアヌスの印象といえば、とにかく皇帝コンスタンティウス二世を悪しざまに描き、皇帝ユリアヌスや上官ウルシキヌスを折につけて称える、偏向した歴史家というものであった。また、民族誌や地誌、天象に関する説明など脇道に逸れることが多い史書だったことも強く印象に残った。ヘロドトスを彷彿とさせるびっくり箱のような内容や、善悪の役者が明確な語りの構図、時に刺激の強い場面描写は、アンミアヌスの魅力のひとつである。ともあれ、飽き性で移り気な私には、絶えず緊張感が漂うタキトゥスよりも付き合いやすい作家であった。

その後、私の研究関心は後四世紀のギリシア弁論家リバニオスに移り、アンミアヌスとは折に触れて顔を合わす程度の間柄となった。実際、アンミアヌスの著作の中には、リバニオスの書簡に登場する知人・友人・親戚たちが様々に描き出されている。それは、ムソニアヌス、モデストゥス、サルティウスといった高官たちにとどまらない。ササン朝ペルシアに使節として派遣されたスペクタトゥス（第十七巻）、ニコメディアの地震で死亡したアリスタエネトゥス（同巻第七章）、プロコピウスの反乱に加わり、兵に裏切られて敵に引渡されたヒュペレキウス（第二十六巻第八章）といった「端役」のような人々もまたそうである。アンミアヌスは書簡からは得られない情報を提供してくれる重要な歴史証人なのである。

しかし、今回この小稿を書くにあたって、十数年ぶりにアンミアヌスとじっくりと向き合ったところ、彼の描くローマ帝国像は、修士時代に見ていたものから随分と変わっており、私は改めて多くの迷いと不安を感じることになった。

読んでいて何よりも感じるのは、どうしてこの話に触れないのだろう、という違和感である。もちろん、キリスト教の歴史にあまり触れないアンミアヌスの姿勢には以前から気づいていた。アレクサンドリア司教ゲオルギウスの殺害や、ローマ教皇ダマスス選出をめぐる騒動、エルサレム神殿の再建など社会秩序的に目立った事件を除けば、せいぜいのところ、公共便が教会会議の開催のせいで疲弊したといった社会問題や、折々に登場する聖職者などへのわずかな言及に限られる。伝統的な歴史叙述に従おうとすれば、キリスト教のことに触れないのは当たり前に見えるかもしれない。しかし例えば、三五九年のセレウキア教会会議という東方の司教たちを一堂に集める大会議の運営に関わったラウリキウスの州行政を述べるにあたって、「注目に値することは何も起こらなかった」（第十九巻第十三章）として第十九巻を閉じるところには著者の底意を感じざるをえない。

触れられないのは、キリスト教の問題だけではない。コンスタンティノポリスの元老院で議員登用や皇帝への演説作成で活躍した哲学者テミスティオスのことはおくびにも出されない。ユリアヌス帝と親しかった哲学者や、ウァレンス帝治世に拷問にかけられた哲学者にはわざわざ触れているにもかかわらず、である。エウナピオスの『哲学者およびソフィスト列伝』とも共通するこの姿勢は四世紀末の知識人層の考えを推し量るうえで興味深いものがある。

そして、語りの多くの箇所が、歴史書が書かれた四世紀末、テオドシウス一世の時代を指し示している。分かりやすい例を挙げれば、アンティオキアで発生したテオドルス事件の叙述がある（第二十九巻第一章）。この事件は、有力者たちがウァレンス帝の後継者を占ったために、関係者の大規模な捜査と処罰が行なわれたというもので、テオドルスはその占いで次の皇帝と予言される人物である。ところでアンミアヌスは、占いが次の皇帝の名前としてTh-e-o-dの四文字までを示したと記述しており、占いそれ自体としてはテオドシウスが即位することを見事に的中させた事後予言になるように描いている。アンミアヌスがどこまで史実を伝え、どこから脚色を加えているのか、読みながら絶えず不安にさせられるのである。

テオドシウス帝のことは、彼が登場する第二十九巻六章を除いて、直接には語られない。しかし、彼を意識した叙述も、今回読み直してみて、コンスタンティウス二世やユリアヌスの治世を論じた部分にちりばめられているように感じられた。四世紀の弁論家たちは現皇帝の徳目を過去の皇帝たちと対比して論じることを好んで行なった。リバニオスはテオドシウスに向けて『第二十四弁論（ユリアヌスの報復について）』や『第三十弁論（神殿擁護論）』などを書いているが、そこではテオドシウスを歴代皇帝と対比する姿勢が色濃い。テミスティオスも先任皇帝たちとの比較を通じた政策の提言（あるいはプロパガンダ）と解することができる弁論をいくつも編んでいる。むろんタキトゥスも執筆時の為政者トラヤヌス、ハドリアヌスを意識しながら、『同時代史』や『年代記』を著わした。しかし、アンミアヌスの叙述はこのような歴史叙述の伝統に則るのみならず、同時代の修辞文学の伝統を色濃く受けながら筆を執ったように見える。いずれにせよ、アンミアヌスの著述の理解にはかなりの知識が必要となる。どこまでが事実でどこからが脚色かを見破る眼力が試されているような、そのような不安が読んでいて付きまとうのである。

アンミアヌスが何者なのかという基本的な問題についても、我々は不安にさせられる。なぜなら、彼に関する情報の多くが、彼自身の口から伝えられる断片的な情報に頼らざるをえないからである。これまで長らく、リバニオス書簡一〇六三に伝えられる名宛人マルケリノスが歴史家アンミアヌスと同定されてきた。名宛人がローマで作品を発表したことを同胞市民リバニオスに祝福されているという内容が、自分はギリシア人だとするアンミアヌスの記述や、ローマでの彼の活動をうかがわせる内容と合致していたからである。しかし、同書簡の名宛人については何人かの学者からアンミアヌスと同定することへの疑義が出されており、実際、同定の根拠は薄弱である。そして、これが成り立たないなら、アンミアヌスの出身や、作品の発表状況についても、確固たる手掛かりがなくなるのである。

　さらなる不安は、私自身の人生経験に由来する。アンミアヌスの第二十六巻の掉尾を飾る津波の描写は印象的なものであり、エドワード・ギボンもその『ローマ帝国衰亡史』第二十六章冒頭でこれに関わる叙述をしている。

ウァレンティニアヌス、ウァレンス両帝による共治の第二年目〔三六五年〕、七月二十一日の朝まだきだったが、ローマ世界のほとんど全土が大激震に襲われた。震動は海洋にまでおよび、地中海沿岸では突然水が退き海底が露出、夥しい魚群が手づかみでき、大型船すらが干潟に残される始末。物見高いある観察者〔アンミアヌス〕は、地球の創生以来はじめて陽光を浴びた峡谷や山々の突然の出現を見、その眼よりもむしろ空想を大いに娯しませた。（中野好夫・朱牟田夏雄訳）

ギボンはアンミアヌスを「著者自身の同時代史をもっとも正確かつ誠実な筆をもって伝えてくれている道案内の人物」（同章）と高く評価しているが、その一方で、先の引用箇所では註を付して以下のようにコメントしている。

Such is the bad taste of Ammianus (XXVI. 10) that it is not easy to distinguish his facts from his metaphors.

もし二〇一一年三月のあの体験がなかったなら、ギボンの寸評に私はためらいなく同調していたかもしれない。なるほど、この津波の描写がアンミアヌスのクライマックスにあたるゴート人侵入を意識した文学的効果を狙ったものであることは間違いなかろう。しかし今では、自然の猛威を体験した人物に多少の修辞学の素養があれば大なり小なりこのような記述になるのではなかろうかとも考えている。歴史家の解釈は自分の経験に左右されざるをえないという当たり前のことを改めて実感させられたのである。

　ともあれ、このようなアンミアヌスについての考えをあれこれと議論する輪は、今回の邦訳の登場でさらに広がることだろう。ちなみに、修士の授業最後のお題は、アンミアヌスの描くローマとその将来は楽観的なものか悲観的なものかというものであった。今回の邦訳刊行を機に、この問題と数々の不安にもう一度向き合ってみたい。

（古代ローマ史・東京大学大学院総合文化研究科准教授）

連載

西洋古典雑録集（4）

誰が最初の犬か？

ギリシア哲学史でよく見かけるのが「哲学伝承の図式」である。古い例では、アリストテレスが『形而上学』やその他の著作で紹介している初期哲学者の系譜がある。万有を構成する基本原理は何かという問いがミレトスのタレスによって立てられ、タレス自身は「水」と答えるのだが、後続のイオニアや西方の哲学者たちの回答を批判的に吸収するなかで、アリストテレスは四つの基本要素からなる原理論を構築していく。このような図式はうまく整理されているようで、反面、例えばヘラクレイトスが「火」の基本要素を唱道した哲学者だと言われると、現存の断片から推測するかぎりではなにか的外れな印象を受けたりする。つまり、図式化は便利ではあるが、実際にはその図式にうまく当てはまらないところがあるように思えたりすることがある。

ここで紹介するのは、キュニコス派——かつては犬儒派と呼ばれた——の系譜に関する問題である。少しく文献学的な話になるが、この点はご容赦願いたい。シノペのディオゲネス（前四一二頃—三二三年）は終生犬（kynos）と呼ばれたが、これは杖をつき頭陀袋をもって徘徊する乞食同然の姿を侮ってつけられた綽名である。以来、彼の生き方に同調する人々はキュニコス派（Kynikos）と呼ばれるようになる。ところが、ディオゲネス・ラエルティオスの『哲学者列伝』を繙くと、ディオゲネスが黒海の沿岸にあったシノペからアテナイにやって来たとき、アンティステネスに出会って弟子となったとある。アンティステネスがディオゲネスの師であり清貧の生きかたを教えたのであれば、当然アンティステネスがキュニコス派の祖であることになる。実際この書にはそのように書かれている。当時アンティステネスはアテナイの南方のキュノサルゲス（Kynosarges）——白い犬あるいは足の速い犬の意味——という体育場で教授していた。『スーダ』という古辞書は、ディデュモスという男が神殿で犠牲を捧げていたとき、どこからともなく犬が現われて、犠牲式の動物をさらって、この地に逃げ込んだことから、この名がついたと記している。

アンティステネスの年代は前四四五頃—三六五年頃のおよそ八〇年である。七〇歳で死んだという記録もあるが、ディオドロス（『歴史文庫』第十五巻七六）から三六六年頃までは生きていたと考えられる。一方、ディオゲネスがアテナイにやって来たのは、よく知られているように貨幣改鋳事件が原因であった。おそらく父のヒケシアスがそれまで良質であった貨幣を劣悪なものにした張本人であったと思われるが、そのためにヒケシアスと彼の子のディオゲネスが祖国を追放されることになる。問題はその出奔の時期がいつ頃かということであるが、古銭学の研究によってその年代を特定することができる。出土したシノペの貨幣を調べると、前三五〇年以降からギリシア語でΙΚΕΣΙΟの名が刻まれていることがわかる。ギリシア語にはH音を示す字母はなくHIKESIOと読むが、これは当時シノペで財務官をしていたヒケシアスの名を刻んだものである。そして、このヒケシアスこそディオゲネスの父であった。とすれば、追放後にシノペを離れたディオゲネスが、その頃にはすでに死去していたアンティステネスとアテナイで邂逅する可能性はほぼゼロであることになる。

ディオゲネス・ラエルティオスの『著名哲学者たちの生涯と意見、および各学派の学説の要約的集成』——通常は『哲学者列伝』と称されるこの書物は、おそらく紀元後三世紀前半に成立したとみなされているが、各哲学者にまつわるいろいろな興味深いエピソードが含まれていることもあって、しばしば参照され重用されている。この書物の冒頭部分を読むと、ギリシアの哲学はイオニア派とイタリア派とに大きく二分され、このうちイオニア派はタレス、アナクシマンドロスなどを経てソクラテスに至り、ここで三派に分岐して、ひとつはプラトンからつづくアカデメイア派、もうひとつはアンティステネス、ディオゲネス、クラテスから、ストア派の祖キティオンのゼノンへと流れ、残りのひとつはプラトンの弟子アリストテレスからテオプラストスへとつづくペリパトス派となる。

この分類は一見わかりやすいが、このように位置づけてみると、キュニコス派はソクラテスの思想をストア派に中継する役割をしているようにみえる。しかしながら、右に述べたことが事実であれば、この哲学の伝承はそれほど自明ではないことになる。ディオゲネス・ラエルティオスが話の典拠とした人びとは、『哲学者の系譜（Diadokhai philosophōn）』の著者であるアレクサンドリアのソティオン（前二〇〇頃—一七〇年頃）やヘラクレイデス・レンボス（前二世紀）などであり、ディオゲネス・ラエルティオスは、アレクサンドリアの著作家たちが作り上げた「系譜」の図式をほとんどそのまま受け入れている。この学派の継承はこれらのアレクサンドリアの著作家たちによって捏造された可能性があるように思われる。

（文／國方栄二）

西洋古典叢書

［2017］全７冊

★印既刊　☆印次回配本

●ギリシア古典篇

アイリアノス　動物奇譚集　1★　中務哲郎 訳

アイリアノス　動物奇譚集　2★　中務哲郎 訳

デモステネス　弁論集　5　杉山晃太郎・木曽明子・葛西康徳・北野雅弘 訳

プラトン　エウテュプロン／ソクラテスの弁明／クリトン★　朴　一功・西尾浩二 訳

プルタルコス　モラリア　12　三浦　要・中村　健・和田利博 訳

ロンギノス／ディオニュシオス　古代文芸論集☆　戸高和弘・木曽明子 訳

●ラテン古典篇

アンミアヌス・マルケリヌス　ローマ帝政の歴史　1★　山沢孝至 訳

●月報表紙写真――エウロタスはアルカディア南部の山地に発し、南に流れてラコニア湾に注ぐ唯一の大きな川で、下流の細長い平野部にさしかかったところでスパルタの町を通過している。その流れは、城壁を持たぬことで知られたこのポリスの市域の東端を囲繞する防御線をなしているかのようである。写真は、今日のこの町の北東部に架かる橋の上から下流方向を望んだもので、画面の右外に（南に）つづく道路を突き当たった高台一帯がアクロポリス、また河流の右岸、画面の右上奥に見える箇所より少し先に、スパルタの少年たちに対する成人儀礼として有名な鞭打ちが行なわれたと言われるオルティア・アルテミスの聖域がある。（一九七九年三月撮影　内山勝利氏提供）

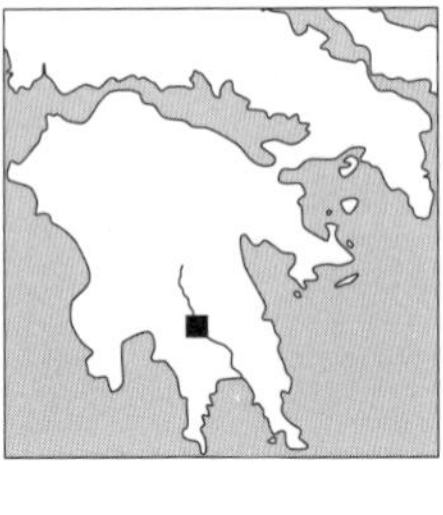

スが連れて来られたなどと偽って示していて、何たる不当な扱い、ユリアヌスの誉れ高き功業については沈黙しているのであり、世評というものがまことに偉大な業績を、たとえ大勢の者が包み隠そうとしたところで黙して語らぬ訳にはいかなかったのでなければ、奥深い所にこれを葬り去ってしまっていたであろう。

(1)ローマの七つの丘のうち、南東の端のもの。
(2)属州の軍隊からローマに徴用され、兵站や急使、捕虜の輸送、さらには密偵などの特殊任務にあたった兵のための陣営で、アウグストゥス帝が最初に建設し、二世紀に再建された。
(3)「ウィクトリヌス（Victorinus）」は「勝者（victor）」から作られた人名で、戦勝報告を度々送って寄越すユリアヌスを指すが、この名は、三世紀後半の一時期、ローマから離反・独立したガリア帝国の皇帝マルクス・ピアウォニウス・ウィクトリヌスも名乗っていた。初代皇帝ポストゥムスに取り立てられて二六八年春、共治帝となったウィクトリヌスは、やはり同年に皇帝になったマルクス・アウレリウス・マリウスとポストゥムスがともにその年のうちに殺されたため、単独皇帝となり、ガリア、ブリタンニア、ヒスパニアを治めたが、二七〇年初めに殺された。ユリアヌスを、将来正帝コンスタンティウスに弓を引くことになる逆心の持ち主で、なおかつ哀れな最期を遂げることになろうと予言含みに揶揄したもの。
(4)正帝コンスタンティウス配下の将卒のたてた武功はすなわち正帝の武功とするのが当時の常識であり、アンミアヌスのこのあたりの批判はあまりにユリアヌス贔屓《びいき》で不当だとの評がある。
(5)戦勝を伝える至急報には、月桂樹の枝が添えられた。
(6)「財政負担」とは「黄金の冠（corona aurea）」のことで、皇帝即位何周年、あるいは戦勝などの際、属州から徴収された祝儀金。名目上の戦勝を理由にした恣意的な取り立てが三世紀以降横行し、属州を苦しめた。
(7)底本どおりだと、「すなわち、この元首の言葉が残っていて、公文書の中に収められており……報告を物語ることの、また己れを天にまで昇らせつつ」となって、欠語部分以降が要領を得ない。Ro, B は「すなわち、彼の言葉が残っていて、元首の公文書の中に収められており、その中に大言壮語し己れを天にまで昇らせる報告がなされている」と読む。

第十七巻

第一章　副帝ユリアヌス、レヌス川を渡ってアラマンニ族の村を掠奪し、火を放つ。この地でトラヤヌスの砦を修復し、一〇ヵ月間の休戦を蛮族に認める

一　これら、既に物語った様々な出来事がこのように終幕を迎えると、若きマルスの徒は、レヌス［ライン］河がアルゲントラトゥスの戦いのあと長閑《のどか》に流れる中、小康を得つつも、おぞましい鳥どもが命を落とした者らの遺体を喰らいはしないかと気遣って、誰彼の別なく全員を埋葬するよう命じ、決戦の前に傲慢な要求を幾つか持ち来たったときに述べておいたあの使節(1)を解放してやって、トレス・タベルナエに戻った。

二　それから捕虜全員を含む分捕物を、自身が戻るまで保管すべくメディオマトリキ(2)に移すよう指示し、自らはモゴンティアクスに赴こうとしたのは、橋を組んで渡河し(3)、蛮族の領地で蛮族を捜し出すためで、我らが領地には一人も残さなかったからだが、軍隊が反対したために禁じられるところであった。しかしながら、流暢にして心地良き弁舌の才によってこれを惹きつけ、己が意向の方へと移らせた。それというのも、敬愛の情が、実地に証拠を見せられたあとではいっそう燃え盛り、あらゆる役務の僚兵、威厳を具え堂々たる将軍、一日瞭然、兵以上に多くの労苦を我が身に課するのを習いとする者に、喜んで従うよう励ましたからで

ある。そして上述の場所に到着するや、橋を展《の》べて河を渡り、敵の領地を占拠した。三　ところが蛮族は、この工作の大がかりなことに金縛りになって――安らかな閑暇の内にある己れらが平穏を乱され得るとは当時よもや思ってもみなかったのであるが――他の者たちの破滅を教訓に、己れらの境遇に何が迫っているかを不安交じりに思案し、最初の嵐の矛先を躱《かわ》すため、和平を求めると装って使節を送って寄越し、拵えあげた言葉で、協和の盟約の堅固なることを言明させた。そして、いかなる思慮あるいは方針によるのかは判らぬが、意向を変じ、別の者たちに強いて早駆けでやって来させ、これを通じて、彼らの領地から引き上げなければ苛烈極まりない戦になろうと我が方に脅しをかけた。

四　こうしたことを信頼できる筋から知らされると、副帝は、夜の安らぎが始まる頃合い、程よい大きさの軽舟に八〇〇名の兵を分乗させたが、それは、二〇マイル上流へ赴いて(4)岸に上がり、見つけたものを手当たり次第、剣と火で犯すようにさせるためであった。五　このように手筈を整えて、日の昇りそめるとき、山々の頂に蛮族の姿が見られたので、高みに向けて意欲満々、兵が導かれたが、一人も見出せずにいたところ――なぜなら、これを予想してたちまち離れ去ったからだが――遠くの方で大きな煙の立ち昇るのが望見

---

(1) 一六-一二-一三。
(2) 一五-一一-一九。
(3) レヌス（ライン）河を。モゴンティアクスは今日のマインツ。
(4) 写本は不可解な eorum XX（彼らのうち二〇名が）を含む。B の校訂案の MP＝milia passuum（マイル）。Ro, Sel は「上流へ二〇スタディオン［＝三六〇〇メートル］の距離赴いて～させるため」とし、del は「そのわけは、大人数で上流へ赴いて～させるため」と読むのを良しとする。

され、我が軍が敵の領土に押し入って荒らしていることを示していた。六　この事態がゲルマニア人の心を打ちのめし、狭隘で潜み場所の多い所で我が軍に対し敷いていた待ち伏せを放棄して、メヌスという名の川(1)を飛び越え、近縁の者たちに救いの手を差し伸べるべく去って行った。七　というのも、先行きのわからぬ混乱した状況下で起こりがちなことだが、こちらからは我が軍の騎兵の攻め寄せ、あちらからは舟に乗って来た兵の不意討ちに遭って震え上がり、脱出のための速やかな手立てを、土地に明るいゆえ見出したからだが、この者たちが逃げ去ったことで兵は思いのままに前進しつつ家畜や実りの豊かな農家を掠奪し、一軒たりとも見逃さなかったが、また捕虜にする者らを引きずり出しておいて、どこまでもローマ風に建てられていた住居にことごとく火をかけ、焼き払った。八　そして一〇マイルの所にまで達して、陰鬱なる闇が恐怖を懐かせる森(2)の近くに来たとき、立ち止まって長く躊躇したのは、地面の下の幾つかの潜み穴、すなわち幾つにも枝分かれした溝の中に大勢が隠れていて、頃合いよしと見れば飛び出して来るだろうと、脱走者の暴露により教えられたからである。九　しかしながら、全員が大胆不敵にも敢えて近づくと、伐り倒したトキワガシ(3)とトネリコ、それに樅の大木でもって道が覆われているのを見出した。そこで、用心しつつ後戻りし、長く険しい九十九折《つづらお》れ道を通らずしては先に進めないことを悟って、心中ほとんど怒りを抑えきれなかった。一〇　そして気候の厳しさが霜枯れをもたらす中、極度の危険を冒して齷齪《あくせく》するも甲斐なかったため——なぜというに、秋分も過ぎてこのあたり一帯では降り積もった雪が山野を埋め尽くしていたからだが——記憶に残る仕事に取りかかった。

一一　すなわち、妨げる者のないうちに、砦(4)が、これはアラマンニ族の地にトラヤヌスが建設して自らの名で呼ばれることを望んだもので、少し前激しい攻撃に遭っていたのだが、応急の突貫工事に精を出して修復された。そしてここへ、情勢に鑑みて守備隊が置かれ、蛮族の懐から食糧が掻き集められた。一二　こういったことが己れらを滅ぼすべく着々と行なわれているのを見、かの者たちは事が成し遂げられてはと危惧し、慌てふためいて集まると、弁者を遣わして懇願し、どこまでも平身低頭、和睦を求めたが、これを副帝はあらゆる道を思案して確かめた上、もっともらしい理由を数多掲げて、向こう一〇ヵ月間にわたり与えてやったが、もちろんのこと、望外に抵抗なく占拠できた砦陣地を、城壁の仕掛けや強力な機械装置で固めねばなるまいと、慧眼をもって推し量っていたのだった。一三　この返答を頼りに、三人の野蛮きわまる王が、とうとう最後に来訪し、アルゲントラトゥスでの敗者に援助を送った者たちに数えられることから、今となってはおっかなびっくりの態であったが、父祖このかたのやり方に従い厳かな言葉で誓約し、平穏を乱すことは何もすまい、盟約は定めの日まで、あなた方がそう決めたのだから、守って、砦には指一本触れずにいようし、また、守備隊が事欠いていると一報してくれたなら穀物を肩に担いで運んで来ようと請け合った。これをどちらも、恐怖心が実のなさを抑え込んだために、彼らは実行した。

（1）今日のマイン川。モゴンティアクス近傍でレヌス（ライン）河に合流する。
（2）モゴンティアクス（マインツ）の北、メヌス（マイン）川の右岸に延びるタウヌス山。
（3）原語 ilex. 正しくはオークの木で、地中海沿岸には生育するが、このあたりにはない樹種という。
（4）モゴンティアクス（マインツ）近傍でメヌス（マイン）川にも近い場所にあったと考えられるが、詳しい位置は不明。

一四　この記憶に残る戦、いかにもポエニ人相手やテウトネス族相手の戦(1)にも比すべきながら、ローマ国家にとっていとも軽微な損失で成し遂げられた戦を、目出度くも幸いなる者たりし副帝は手放しで喜んだが、コンスタンティウス没後も同じ生き方を貫いて、瞠目すべき業により勇名を馳せたということがなかったなら、誹謗中傷をする者らの言も信じられ得たのであって、この者たちは、彼があちこちで勇敢に事を為したのは、罪せられし者らの運命に陥って兄弟のガルス同様に殺される——とは彼の予想でもあったのだが——それよりはむしろ誉れ高く戦って果てることを望んでいたゆえである、などという話を拵え上げたのであった。

第二章　副帝ユリアヌス、第二ゲルマニアを荒らし回るフランク族六〇〇名を包囲し、飢餓ゆえの降伏に追い込む

一　これらのことをこうした状況下に能うる限りしかと処置しておいて、冬営地に戻ってみると、骨折り仕事としてこのようなものがなお残っているのを見出した。レミ(2)へと騎兵長官セウェルスがアグリッピナとユリアクム(3)を経由して向かっている際、フランク族の最強部隊が六〇〇名の軽装歩兵を擁して——というのはのちに明らかとなったことだが——守備隊のいない場所(4)を荒らし回っているのに遭遇したのであり、大胆さを募らせて悪行に及んでいたのは、時あたかも副帝がアラマンニ族の辺隅の地に忙殺されていて禁じる者がいないため、豊富な分捕品を存分にせしめられると踏んだがゆえである。しかし今や戻って来た軍隊を怖

れるあまり、長らくもぬけの殻となっていた二つの砦を占拠して、能うる限り己が身を守ろうとしていた。二　ユリアヌスはこの新たな事態に愕然とし、この者らに手を出さずに通過したならどのような結果を来たすかを推し量って、兵を止め、〈砦を〉封鎖する手筈を整えたが、〈これらは〉モサ川[5]が脇を流れており、そして五十四日めに至るまで、すなわち十二月から一月にかけて包囲の膠着状態が続いたのは、蛮族が覚悟を決め、信じられぬような粘り強さで抵抗したからである。三　ここに至って、智謀に富む副帝は、月のない晩を選んで蛮族が氷に閉ざされた川を渡るのではないかと大いに惧れ、連日、陽が西に傾いてから夜明けの光が差しそめるまで哨戒艇を用い川を上り下りするよう兵に命じたが、その目的は、張りかけた氷を割り砕いて、誰にも脱出の手立てが易々と手に入ることのないようにするためであった。そしてこの策によって彼らは飢餓と不眠と、これ以上ない絶望に疲弊したため、自ら進んで投降し、ただちに正帝の宮廷へと送られた。四　この者らを危地から救い出そうとフランク族の大軍勢が進発したが、すでに捕えられ連れ去られたと知ると、それ以上何もせずに自領地へと踵《きびす》を返した。こういったことを仕遂げて、冬を過ごそうと副帝

---

(1) 後者は、今日のユトランド半島から南下してきたキンブリ族とテウトネス族を相手にした戦い（前一一三―一〇一年）。前一一三年、アルプス東端のノレイヤでの戦いにローマ軍が敗れ、その後もアルプスの西で敗戦が続き、軍制改革を行なったローマが一〇二年のアクァエ・セクスタエ（今日のエクサン＝プロヴァンス）での戦いでようやく攻勢に転じた。

(2) 今日のフランス北東部のランス。

(3) それぞれ今日のケルンとその西方のユーリヒ。

(4) 今日のオランダ最南部のヘールレンあるいはマーストリヒトのあたりと推定されている。

(5) 今日のマース川。ただし、上流にあたるフランス語圏ではムーズ川。

はパリシイ(1)に戻った。

第三章　副帝ユリアヌス、貢税に圧迫されていたガリア人の負担軽減を試みる

一　それゆえ、数多くの部族が連合してさらに大きな勢力となるであろうと予想されたので、戦の見通しの悪さを慮《おもんぱか》って、怜悧な指揮官は山とある懸案事に締めつけられていた。そして休戦の間に、たとえそれが多事多端で短くあろうとも、土地所有者を苦しめている損害の手当てをすることができると考え、税の評価計算を取り仕切った。二　そして近衛長官のフロレンティウス(2)が、一切を計算した上で――というのがその主張だったのだが――人頭税(3)で不足する分はすべて徴発によって埋め合わせを致しますと保証した際には、そのようなことのあるのを承知していて、これが行なわれるのを許すくらいならむしろ生命を失くしてもよいと語った。三　なぜならこの種の用意周到、いやむしろより正確に言えば覆滅毀損が負わせる癒せぬ傷が、究極の欠乏へと諸属州を追いやることの多かったのを知っていたからであるが、こうした事情が、のちに示されるとおり(4)、イリュリクムを根底から覆したのである。四　このことのゆえに、近衛長官は、正帝から財務の最高責任を委ねられた私が突然に信を失うのは我慢がなりませんと叫んだけれども、ユリアヌスはこれを宥めておとなしくさせようとし、事細かに本当のところを計算することによって、人頭税の計算額は欠くことのできぬ食糧調達に十分なばかりか有り余っていることを教えてやった。五　しかしそれでも相変わらず、かなり後になって課税増強案が自身に差し出されたが(5)、これを読み上げることにも署名すること

にも耐えられず、床に投げ捨てた。すると近衛長官の報告を受けた正帝の書簡により、フロレンティウスが信用されていないと映るような胡乱《うろん》な真似はせぬようにと釘を刺されたが、返書を認《したた》めて、あちこちで劫掠に遭っている属州民が、せめて定まった税を納めてくれるなら、いかなる処罰をもってしても貧しき人々より搾り取ることの叶わぬ追加分はともかくとして、慶賀すべきことでありますと答えた。こうしてこの時もそれ以後も、ただ一個の精神の強靭さにより、通常の分以外には誰もガリア人から何一つむしり取ろうとは試みぬようになったのである。六　……遂には前例のないことながら、副帝は近衛長官に求めて得たこととして、様々な形の災厄に痛めつけられた第二ベルギカ(6)の管轄が自身に委ねられるようにしたが、すなわちその条件とは、近衛長官の下僚も総督の下僚も何人にも支払いを強制せざることというのであった。これに慰藉《いしゃ》を得て、副帝が自らの管轄下に引き受けていた者たち全員が一息つき、督促されずとも定めの期日より前に負担額を持ち来たった。

(1) 今日のパリ。
(2) 一六-一二-一四。
(3) 一四五頁註（4）。
(4) 一九-一一-一二—一三で語られる。
(5) この年、三五七年は一五年に一度の税の評価替えの年にあたっていた。
(6) 一五-一一-一〇。首邑はレミ。

第四章　正帝コンスタンティウスの命により、オベリスクがローマのキルクス・マクシムスに真っ直ぐに建てられる。および、オベリスクについて、また、ヒエログリフについて

一　ガリア諸州再生のこの事始めの間に、オルフィトゥスが未だ二度めの都市長官職を務めているとき(1)、オベリスクがローマのキルクス・マクシムスに建てられた(2)。これについて今ここで、ちょうどよい機会なので、少しばかり脇に逸れるとしよう。二　太古の時代に建てられ、城壁の派手な嵩高さと一〇〇の城門の与える入り口でかつて名高かった都を、百の門のテーバイ(3)と、建設者らは実相に因んで呼び慣わしたが、この言葉によって属州は今日に至るもテーバイス(4)と呼ばれている。三　この都を、カルタゴが勢力を広く拡大してゆく最初の頃に、不意を衝いた攻撃でポエニ人の将たちが滅ぼしたが(5)、のちに再建されると今度はかのペルシア王カンビュセス(6)が、生涯他人の物に欲を出し、かつまた残忍な人物であったけれども、エジプトを侵略した際に攻撃したのは、羨望の的であった富をそこから奪うためで、神々への捧げ物すら見逃さなかった。四　この者は掠奪する兵の間をあたふたと走り回っているうちに、着衣のゆるみのために足を取られてうつ伏せに倒れ、自らの短剣が、これは右の太腿にあてがって携帯していたのだが、転倒の急なはずみで鞘から飛び出し、負傷したが、すんでのところで命取りとなって死ぬところであった(7)。五　その後だいぶ経って、オクタウィアヌスがローマ国家を統《す》べていたときのエジプトの監督官コルネリウス・ガルス(8)が夥しい横領を働いてこの町を喰い物にしたが、帰還ののち窃盗と属州横奪の廉《かど》で訴えられると、皇帝がこの一件の調査を委ねた貴族たちが激しく憤っているのを怖れるあまり、剣を抜き放ってその上に倒れ伏した。この人物は、

私の見積もりに誤りがなければ、詩人のガルスで、『牧歌』の最後のところで[9]ウェルギリウスがある種哀悼を籠めて優しい歌により称揚している相手である。

(1) オルフィトゥスについては二五頁註（1）。その二度めの都市長官職は三五七―三五九年にあたるが、「未だ（adhuc）」の語からすれば三五八年ないし三五九年か。

(2) 一六-一〇-一七。

(3) エジプトの古都テーベ（今日のルクソール）のこと。「百の門のテーバイ」はホメロス『イリアス』第九歌三八〇に見える表現だが、このエジプトの町を指しているかどうかは不明。建設者がこう名づけたというのは、明らかに誤りで、ギリシア人による。

(4) エジプト管区内の属州テーバイス。

(5) アンミアヌスの誤り。第一次ポエニ戦争時のカルタゴの武将ハンノが前二四七年、リビュアの町ヘカトンピュロス（Hecatonpylos）を征服したが（ポリュビオス『歴史』一〇-二八以下）、この町を「百の門のテーバイ（Thebae hecatonpylae）」と混同したもの。

(6) ペルシア王キュロス二世の長子（在位、前五三〇―五二二年）。前五二五年、エジプト遠征に勝利を収めた。

(7) ヘロドトス『歴史』三-六四は、こうした事故でカンビュセスが亡くなったとするが、場所も状況も異なる。

(8) ガイウス・コルネリウス・ガルス（前七〇／六九―前二六年）。騎士身分のローマ人で、オクタウィアヌス（アウグストゥス）配下の軍指揮官として対アントニウス・クレオパトラ戦に活躍し、その褒賞として前三〇年、初代エジプト総督の地位を得た。しかしピラミッドやオベリスクに自己の功績を刻ませるなどの慢心が災いしてアウグストゥスの不信を招き、前二六年、種々の告発と元老院からの弾劾を受けて自害した。自身詩人でもあり、恋愛詩集四巻があった。また、修業時代からウェルギリウスと親しく、前四二年にはウェルギリウスのマントゥア（今日のマントヴァ）の領地を没収から救ったともされる。

(9)『牧歌』第十歌。このほか、ウェルギリウスは『農耕詩』第四歌の後半にガルス賛美を置いていたが、ガルスの失脚と自死を受けて別の内容に差し替えたと古註が伝える。真偽のほどは定かでない。

六　この都では、巨大な神殿[1]やエジプトの神々の姿をかたどった様々な巨像の間に、たくさんのオベリスクが見られ[2]、他にも倒れて砕けてしまっているものがあるが、古の王たちが戦によって部族を平らげたり、あるいは国事隆盛に気を良くして、山々の鉱脈を、世界の果ての住人のもとにあるものさえも調べ上げて、切り出し、建立し、崇敬の念から天上なる神々に捧げたものである。七　ところで、オベリスクというのは鋭く尖った石で、折り返し標柱[3]とも言うべき形をなしてかなりの高さにまで次第次第に伸び上がってゆき、太陽光線を真似たように、少しずつ細くなってゆくが、外観は四角くて、先細の頂上部へと至っており、職人の手で磨いてある。八　また、ものを象《かたど》った無数の記号が、これはヒエログリフと呼ばれており、至る所に彫られているのが見られるが、原初の叡智を宿した古き権威が刻みつけたものである。九　というのも、鳥や獣を、別世界のもの[4]さえ含め、数多の種類、彫刻して、達成されたことの記憶が、続く将来の世代にまで広く伝わるべく、王たちの立てた、あるいは果たした誓願を示そうとしたのである。一〇　なぜなら、今日では定まった数の手軽な文字があって、人間の心が思い描き得るものを何にせよ表わすのだが、太古のエジプト人もこれと同様にものを書いたわけではなく、一つ一つの文字が一つ一つの名詞や動詞の用をなしたのである。時には文全体も表わした。一一　以上の知識を、さしあたりこの二つの例で〈説明しよう〉。禿鷲でもって「産みの自然[5]」という概念を目に見える形にする[6]。なぜなら、この鳥には雄が見られないことを自然科学の理論が語っているからである[7]。また、蜜を作る蜂の姿形でもって「王」を示し[8]、支配者たる者には人好きのする性格とともに毒針もまた具わっていて然るべきこと、等々をこうしたしるしで表示している。一二　そして、例の如くコンスタンティウスを増長させる追従者たちが遠慮会釈もなく大声に触れて回っ

たことには、オクタウィアヌス・アウグストゥスはオベリスク二基をエジプトのヘリウポリスの町から移し、[9]

（1）底本 delubra. これを labra（水盤、泉水）とする版が多い（B, Ern, Eyss, Ga, Wa, de J）。

（2）破壊や国外への持ち去りのため、現在のテーバイ（ルクソール）には三本のオベリスクが建っているのみ。

（3）戦車競走の折り返し点を示す円錐形の標柱で、コースの両端に設けられていた。

（4）ハヤブサの姿のホルス神や不死鳥（フェニックス）など、人間界とは別の世界の存在。

（5）原語 natura. 英語 nature の語源。元来は「生まれ」を意味し、転じて「本性」、「自然」などの意にもなる。

（6）そのような事実はなさそうである。

（7）エジプト人の考えでは、禿鷲には雌しかおらず、受胎するには南風または東風に逆らって飛ぶのだという（プルタルコス『モラリア』「ローマ故事」二八六C、アイリアノス『動物奇譚集』二-四六）。

（8）正しくは、下エジプト王を表わす。

（9）ヘリウポリス（またはヘリオポリス）はギリシア語で「太陽の町」の意。エジプト名はイウヌ（Jwnw）。『旧約聖書』ではオン。下エジプトの町で、今日のカイロの北東にあった。太陽神の神殿があり、末期王国時代第二十六王朝のプサンメティコス二世（在位、前五九五―五八九年）が建てた一対のオベリスクの片方が今日も残っており、もう片方を、別のオベリスクとともに前一〇年、アウグストゥス帝がローマに移設させた。

その一つはキルクス・マクシムス(1)に、今一つはカンプス・マルティウス(2)に置かれたのだが、最近もたらされたこの一基(3)は、大きさゆえの困難に怖じ気づき、手をかけることも動かすことも敢えてしなかったものだなどと言うから、知らぬ者は学ぶがよいが、この古《いにしえ》の元首が他のものは移設しておきながらこの一基には手も触れずに素通りしたのは、これが太陽神への特別な捧げ物として献じられ、豪壮な神殿という犯すべからざる聖所の内部に据えられて、よろずのオベリスクの頂点の如く傑出していたからである。一三　しかしながら、コンスタンティヌス(4)はこれを軽くあしらって、この嵩高きものをその台座から捥《も》ぎ離《はな》し、そうして不可思議なるものを一つの神殿から取り去ってローマに、すなわち全世界の神殿に供えても何ら宗教に悖ることはないと正しく見積もって、運搬の便宜が整うまで長く横たわらせておいた。これがニルス［ナイル］の河筋を通って運ばれ、アレクサンドリアで陸揚げされると、前代未聞の大きさの船が建造され、三〇〇人の漕ぎ手によって(5)動かされることになっていた。一四　こうした備えがなされたものの、先述の元首が世を去ったために、勢い込んだ企ては熱が冷め、遅きに失してから(6)ようやく船に積み込まれて海とテュブリス川(7)の流れを通り、この川は、ほとんど無名のニルス河が送って寄越したものを自らの歩みの危うさのせいで養い子たる(8)城壁(9)にまで運べぬのではないかと、あたかも青ざめたかの如くであったのだが、都から三マイル離れたアレクサンデルの郊外地区(10)に搬入される。そこから大艜に載せられて、オスティア門(11)と公共池泉(12)を通ってそろりそろりと曳いてゆかれ、キルクス・マクシムスに運び込まれた(13)。一五　このあと残るは立てること

（1）九九頁註（3）。こちらのオベリスクは第十九王朝のセティ一世（在位、前一二九〇—一二七九年）が着手し、その子ラムセ

郵便はがき

料金受取人払郵便

左京局
承認
3060

（差出有効期限
平成31年
6月30日まで）

6 0 6-8 7 9 0

（受取人）

京都市左京区吉田近衛町69
京都大学吉田南構内

京都大学学術出版会
読者カード係 行

▶ご購入申込書

書　名	定　価	冊　数
		冊
		冊

1．下記書店での受け取りを希望する。

都道　　　　市区　店
府県　　　　町　　名

2．直接裏面住所へ届けて下さい。

お支払い方法：郵便振替／代引　公費書類（　　）通　宛名：

送料　ご注文 本体価格合計額　1万円未満：350円／1万円以上：無料
代引の場合は金額にかかわらず一律230円

京都大学学術出版会
TEL 075-761-6182　学内内線2589 / FAX 075-761-6190
URL http://www.kyoto-up.or.jp/　E-MAIL sales@kyoto-up.or.jp

お手数ですがお買い上げいただいた本のタイトルをお書き下さい。

（書名）

■本書についてのご感想・ご質問、その他ご意見など、ご自由にお書き下さい。

■お名前

（　　歳）

■ご住所

〒

TEL

■ご職業

■ご勤務先・学校名

■所属学会・研究団体

■E-MAIL

ご購入の動機

A.店頭で現物をみて　B.新聞・雑誌広告（雑誌名　　）

C.メルマガ・ML（　　）

D.小会図書目録　E.小会からの新刊案内（DM）

F.書評（　　）

G.人にすすめられた　H.テキスト　I.その他

●日常的に参考にされている専門書（含 欧文書）の情報媒体は何ですか。

ご購入書店名

都道府県　市区町　店名

ご購読ありがとうございます。このカードは小会の図書およびブックフェア等催事ご案内のお届けのほか、広告・編集上の資料とさせていただきます。お手数ですがご記入の上、切手を貼らずにご投函下さい。

各種案内の受け取りを希望されない方は右に○印をおつけ下さい。　案内不要

ス二世（在位、前一二七九―一二一三年）が完成させたもの。その後倒れて行方不明となり、一五八九年、教皇シクストゥス五世によって三キロメートル弱北のピアッツァ・デル・ポポロに再建されて今日に至っている。花崗岩製。高さ二三・二メートル、推定重量二三五トン。

(2)ローマ市の西、セルウィウスの城壁（旧市壁）とティベリス（テーヴェレ）川との間の平地。練兵場、民会開催、娯楽の場として利用された。こちらのオベリスクはプサンメティコス二世のもので、やはりその後に倒れ、一七五一年、教皇ピウス六世によってピアッツァ・ディ・モンテチトーリオに再建されて今日に至っている。赤色花崗岩製。高さ二一・七九メートル。

(3)前記の二基とは異なり、これはヘリウポリスではなくテーバイ（ルクソール）北部のカルナックの大神殿に建てられていたもので、高さ三二・一八メートル、推定重量四五五トンは現存オベリスク最大。赤色花崗岩製。第十八王朝のトトメス三世（在位、前一四九〇―一四三六年）の建立。

(4)コンスタンティヌス一世（大帝）。

(5)仮に三段櫂船であったとすると、左右両舷に各五〇人×三段の漕ぎ手を配したことになる。

(6)コンスタンティウス一世の没年は三三七年であるから、二〇年ほどの間、アレクサンドリアで放置されていたことになる。

(7)ティベリス川とも。ローマの都を流れる現テーヴェレ川。

(8)底本は九世紀の有力写本どおり aluminis. これは alumnis の異綴でないとすれば、中性名詞 alumen（明礬《みょうばん》）の単数属格であるが、moenibus aluminis（明礬の城壁）は意味を成さず、いずれにせよ後続の動詞 inferret とのリズムも悪い。

(9)ローマの都を指す。

(10)ローマの南数キロメートルにあった郊外地区。アレクサンデル（アレクサンドロスのラテン語形）の名の由来は不詳。

(11)キルクス・マクシムスの南にあたるローマの市門で、約二〇キロメートル南西の外港オスティアに至るオスティア街道の起点。有名なケスティウスのピラミッド型墳墓を挟んで東門と西門があり、東門をくぐるとそのまま一キロメートル余りほぼ直進してキルクス・マクシムスに到達できる。

(12)キルクス・マクシムスの南東端からセルウィウスの城壁までの間にかつてあった池で、水泳場として利用されていたらしいが、後二世紀後半には埋立てにより消滅。ただし、その西側を通る道に「公共池泉通り（Vicus Piscinae Publicae）」の名を残した。ここではこの通りを指すのかもしれない。

(13)その後何世紀かのちに倒れて地中に埋没し、三つに割れていたが、一五八八年、教皇シクストゥス五世によって一・五キロメートルほど東のサン・ジョヴァンニ・イン・ラテラーノ教会前に再建され今日に至っている。

のみであったが、それは苦心惨憺《くしんさんたん》の末に果たされ得る、あるいは苦心惨憺してすら果たされ得ぬと見込まれていた。危険なまでに高くした梁《はり》に――それがために起重機の林立が見られたであろう――太く長いロープが結わえつけられ、幾重にも重なった織り糸の如き外観を呈して、その余りの目の詰み具合によって空が覆い隠されてしまう。これに書き文字の彫り込まれた巨塊がじかに括りつけられ、少しずつ虚空を高みへと伸ばされてゆき、長く宙吊りのまま、幾千もの人々がまるで粉挽き臼の下受け石を回すようにして、競技場の中央に設置され、その上に青銅製の球(1)で黄金の葉飾りに輝くものが載せられると、この球がたちまち神の雷火に撃たれ、そのため取り除かれて、青銅製の松明《たいまつ》を象った像が取りつけられたが、やはり同様に金箔をかぶせてあって、あたかもたっぷりとした炎で松明が光り輝いている如くである。一六 そして続く幾世代が他のオベリスクをもたらしたが、その一つはウァティカヌス(2)に、今一つはサルスティウスの庭園(3)に、二基がアウグストゥス廟(4)に建てられた。一七 ところで、キルクスに見られる古いオベリスク(5)に刻みつけられた象形文字の文面を、ヘルマピオン(6)の書に従って、ギリシア文字に翻訳された形で付け加えておく。

南面ヨリ翻訳始マル(7)

---

(1) 天球の象徴とされる。
(2) ローマ市からティベリス川を挟んで西側にある土地。カリグラ帝(在位、三七―四一年)がヘリウポリスからオベリスクをここに運んでガイウス・ネロ競技場に建てさせたが、この競技場跡地が今日のサン・ピエトロ大聖堂になっており、その前のサン・ピエトロ広場の中央に一五八六年、教皇シク

ストゥス五世によってオベリスクが移設されて今も建っている。このオベリスクはこれまでの三基と異なり、象形文字が刻まれていない。赤色花崗岩製。高さ二五・三七メートル。

（3）ローマ共和政末期の歴史家サルスティウスが造らせた豪壮な庭園で、代々の子孫が拡張し、ついには帝室の所有となった。ローマ市の北端、外側のアウレリアヌスの城壁と内側のセルウィウスの城壁に南北を挟まれ、東をウィア・サラリア（塩街道）で区切られた一角にあった。ここのオベリスクはローマに運び込まれてから、アウグストゥス帝がキルクス・マクシムスに建てさせた（一七‐四‐一二）のと同じ碑文が模刻され、二〇〇年頃に建てられた。現在はトリニタ・デイ・モンティ教会前の広場に建っており、これは教皇ピウス六世による一七八九年の再建による。赤色花崗岩製。高さ一三・九二メートル。

（4）カンプス・マルティウスの北の端、フラミニウス街道とティベリス川の間にアウグストゥスが墓所として建てた円墳状の建物で、常緑樹で上面を覆い、頂上にはアウグストゥス像を置いた。のち、一世紀後半頃、南面の入り口の両脇にオベリスク一対が加えられた。この一対はやはり無文で花崗岩製。一基は高さ一四・七五メートルで、一五八七年、シクストゥス五世によってサンタ・マリア・マッジョーレ教会の近くに再建され、もう一基は一四・六四メートル、ピウス六世によって一七八六年、ピアッツァ・デル・クィリナーレに再建されて今日に至っている。

（5）コンスタンティウスではなく、アウグストゥスが前一〇年に持ち込んだもの（現在地ピアッツァ・デル・ポポロ）。

（6）不詳。

（7）このオベリスク側面の碑文は四面に縦各三行があるが、北と西と南の面は中央の行がセティ一世、両端の二行がその子ラムセス二世の刻ませたもの。東面は全く手つかずであったのをラムセス二世がすべて刻ませた。ヘルマピオンのギリシア語訳は全十二行のうち六行（七行？）分しかなく、欠落がすべて引用者アンミアヌスによるのか（引用の最後に「云々」とあるので、全文を引く意図がなかったことは明白）、一部ヘルマピオンにも責があるのか、それとも写本の伝承過程で失われたのかは判らない。一番古い九世紀の写本は該当箇所を一頁半にわたって空白のままとしており、ギリシア語本文を記した写本は皆無で、十六世紀の刊本のみがこれを伝える。内容も、もとの碑文との間にかなりの食い違いがあって、例えば、東面を除く三面で中央列に刻まれているはずのセティ一世の第一の名が、訳文では一度も登場しないなど、ギリシア語訳にはかなりの混乱が見られる。

第一行ハ斯ク読マレル(1)

一八　へりおす(2)ヨリ王らめすてす(3)ニ。我ハ汝ヲシテ、人住マウ全地ニ喜ビヲ以テ王タラシメタリ。へりおす此ノ者ヲ愛《メ》ズ。ソレカラ(4)——力有ルあぽろん(5)、真理ヲ愛ズル者、へろんノ子(6)、神ヨリ生《ア》レシ者、人住マウ地ノ創造者、此ノ者ヲへりおす選ビタマウ(7)、あれすノ屈強ナル子(8)、王らめすてす。此ノ者ニナベテ地ハヒレ伏シヌ、ソノ剛力《ゴウリキ》ト勇気ノ故ニ(9)。王らめすてす、へりおすノ永遠ニ生キ永ラウ子(10)。

第二行

一九　力有ルあぽろん、真理ノ上ニ坐シタル者、帯冠(11)ノ主《アルジ》、えじぷとヲ大イナラシメ総《ス》ベタマウ者、へりおすノ都(12)ヲ光輝アラシメ(13)、自余ノ人住マウ地ヲ創造シ、へりおすノ都ニ坐《イマ》ス神々ヲ、像ヲ建テ大イニ尊ビシ者、へりおす此ノ者ヲ愛ズ。

第三行

二〇　力有ルあぽろん、へりおすノ子、光眩《マバユ》キ者、へりおす此ノ者ヲ選ビタマイ、屈強ナルあれす此ノ者ニ賜物ヲ授ケタマウ。其ノ恵ミハナベテノ世々ニ留マル(14)。あんもん(15)、不死鳥(16)ノ神殿ヲ善キモノヲ以テ満タシ、此ノ者ヲ慈シム。此ノ者ニ神々ハ生命ノ時ヲ授ケタマイヌ。

(1) 底本 *ΣΤΙΧΟΣ ΠΡΩΤΟΣ ΤΑΔΕ ΛΕΓΕΙ.* Eyss, Ga は最後の *ΛΕΓΕΙ*（= *λέγει*）を「語り給う」の意に解して次の一八節の本文冒頭に置く

（「へりおす、王らめすてすニ語リ給ウ」となる）。
(2) ＝太陽神ラー（レーとも）。
(3) ラムセス二世。第十九王朝第二代のセティ一世（在位、前一二九〇―一二七九年）の子。六七年の長期にわたってエジプトを治め（在位、前一二七九―一二一三年）、各地にオベリスクをはじめ数多くの記念建造物を造らせた。
(4) 底本 *καὶ Ἀπόλλων κρατερός.* この最初の *καὶ* は、恐らく碑文に含まれる語ではなく、訳者ヘルマピオンの挿入した「地の文」。これを省く版が多い（B, Cl, Eyss, Ga, Ro, Sel, Sey[LP]）。
(5) ＝「ホルス［ハヤブサ］神、力有る牡牛」。王の名乗りの第一の名。ヒエログリフの十二列すべての最上部にホルス神（もと天空の神だが、国王と同一視されるようになった）が刻まれており、これをアポロン神と意訳したもの。
(6) ＝「太陽神ラーの子」。ヘロンはもとトラキア人の信仰した神で、アポロンと同一視された。これがプトレマイオス朝時代にエジプトに伝わり、アトゥム神（ヘリウポリスで信仰された太陽神）と同一視された。このことから太陽神をヘロンと表現したもの。
(7) このあたりは、もし（南面でなく）北面右列の訳だとすると、原文の「神の造り給いしラー神、二つの地［＝上下エジプト］の創造者」に相当するか。
(8) 「あれすノ子」は、戦に強いことを言う美称であろう。
(9) 北面右列の訳なら、このあたりも「いずこの地にても名高し。勝利の大いさゆえに」に相当するか。
(10) ラムセス二世の碑文末尾に頻出する「ラーの如く生命を授けられたる」あるいは「永遠の生命を授けられたる」に相当するか。
(11) 原語 *διάδημα.* 神聖性の象徴として頭に巻いた鉢巻（diadem）。
(12) ヘリウポリスのこと。
(13) セティ一世の碑文に見える「大いなる記念碑によりヘリウポリスを栄光あらしむる」に相当するか。
(14) この一句は、同じ南面の中央列、セティ一世の碑文中に現われるセティ一世の二つめの名がここに混入したらしい。
(15) ＝アムン（アメン、アモンとも）。テーバイで古くから信仰された神で、アメン・ラーなどとして太陽神ラーと同一視された。
(16) フェニックス。ヘリウポリスで崇拝されていた伝説の鳥で、五〇〇年に一度生まれ変わり、父の遺体を葬るためにこの町の太陽神殿に飛来するとヘロドトス『歴史』二-七三が伝える。タキトゥス『年代記』六-二八は後三四年にエジプトに出現し、これを契機にこの鳥をめぐる議論のあったことを伝える。

力有ルあぽろん、(1) へろんノ子、人住マウ地ノ王らめすてす、此ノ者ハ余ノ諸族ニ贏《カ》チテえじぷとヲ護リタリ。(2) へりおす此ノ者ヲ愛ズ。此ノ者ニ神々ハ生命ノ長キ時ヲ授ケタマイヌ。人住マウ地ノ主、永遠ニ生キ長ラウらめすてす。

西面ノ(3)第二行

二一　大イナル神、へりおす、天ノ主。(4) 我ハ汝ニ飽クコトナキ生命ヲ授ケタリ。力有ルあぽろん、比類ナキ帯冠ノ主。此ノ者ハ神々ノ像ヲ此ノ王国ノ内ニ建テヌ。(5) えじぷとノ主、而シテへりおすノ都ヲ天ノ主へりおす御自ラト同ジキ様ニ飾リタリ。善キ業ヲ畢《オ》エタル哉《カナ》、へりおすノ子、永遠ニ生キ長ラウ王ハ。

第三行

二二　天ノ主ナル神へりおすヨリ王らめすてすニ。我ハ力トヨロズノ者ニ及ブ権限ヲ授ケタリ。此ノ者ヲ真理ヲ愛ズル時ノ主あぽろん、而シテ神々ノ父へぱいすとす、(6) あれすノ為ニ選ビタマイヌ。ナベテノ者ノ喜ビナル王、へりおすノ子、而シテへりおすニ愛デラレシ者。

東面ノ第一行

二三　へりおすノ都ニ出デタル大イナル神、天ニ坐《イマ》ス力有ルあぽろん、へろんノ子、へりおす此ノ者ヲ愛デタリ。神々モ此ノ者ヲ尊ビタリ。全地ニ王タル者、へりおす此ノ者ヲ選ビタリ。あれすニ因リテ屈強ナル

王。あんもん此ノ者ヲ愛ズ。而シテ光眩クシテ永遠ノ王ヲ引キ較ベタル者、云々。(7)

第五章　正帝コンスタンティウスとペルシア王サポル、書簡と使節をもって和を講ずるも、空しく終わる

358年

一　ダティアヌスとケリアリス(8)が執政官のとき(9)、ガリア諸州において万事が入念に手配され、過去の出来事への怖れのため蛮族による襲撃も鈍っていた折りに、ペルシア王が、なおも最果ての部族と国境を接する

---

(1) これ以下、「永遠ニ生キ長ラウらめすてす」までを Wa は「別の面の第一行」と見なし得ることを示唆する。たしかに、次の面はなぜか第二行から始まっている。

(2) 南面右列と西面左列の碑文原文「ネブティの支配者、エジプトの守護者、異邦を制したる者」に相当するか。

(3) 底本 *ΛΙΒΟΣ*（*λιβός*）は読みの修正で、十六世紀の刊本（写本はすべて碑文のギリシア語訳を載せていない）は *ἄλλος*（別ノ面ノ）。刊本どおりの読みを採る版も多い（Bほか）。

(4)「語リ給ウ」等の動詞を補って考える。

(5) 南面左列の「この者は神々の像を造り、その神殿を建てぬ」、あるいは東面左列の「この者は神々をその姿に、大いなる館の内に造る」に相当するか。

(6) 南西と西面の各左列に「記念祭を祝う主。その父プタハ・タトネンの如く」とあるのに対応するか。プタハ神はもと下エジプトのメンフィスの職人の守護神。大地の神タトネンと同一視されて、万物の創造神となった。これを鍛冶の神ヘパイストスと意訳したもの。

(7)「云々」は原句 et reliqua. ここからラテン語に戻る。

(8) ダティアヌスはアンティオキア生まれのキリスト教徒で、浴場の三助の子ながら速記術を学んで書記官となり、三五八年に執政官となった。ケリアリスについては六七頁註（10）。

(9) 三五八年。

土地に滞在し、あらゆる部族の中でも最も精悍な戦士たるキオニタエ族およびゲラニ族[1]を相手に同盟の約を担保つきで既に結んでいたのだが、自領へ戻ろうとしたところ、ローマの元首が腰を低うして和を求めていると知らせるタムサポルの書状[2]を受け取った。二　そこで、帝国の屋台骨が弱ってきているのでなければ[3]かかる挙に打って出ることはあるまいと推測して、大いに鼻を高くし、和平の名は歓迎するものの厳しい条件を呈示し、ナルセウス[4]なる者に贈り物を持たせて使者に遣わし、コンスタンティウス宛の書簡を与えたが、生来の高慢を毫も改めることがなかった。その書簡の中味は次のようであったと筆者は聞いている。

三「王の中の王サポル、星辰に与る者、太陽と月の兄弟[5]が、わが兄弟なるコンスタンティウス・カエサル[6]に格別の挨拶を申し述べる。

貴下が、余人の物への執拗なる欲心が往々いかほどの荒廃を惹き起こすものか、状況そのものから学ばれて、最善の道に立ち戻り、公正というものが下す歪められることなき判断を真《まこと》と認められたことを、予は喜び、ついに満足を覚えるものである。四　それゆえ、真理の考究は制約なしに自由であるべきであり、高位の境涯にある者は思うままを語るのがふさわしいのであるから、わが言わんとするところは予が度々繰り返してきたことを思い起こしつつ、わが提案を手短にまとめることにする。五　ストリュモン川[7]とマケドニア国境までをわが父祖が保持していたことは、貴下らの古代文献も証している[8]。これを予が要求することは理に適っていよう――わが主張するところが傲慢とならざらんことを願うが――栄《は》えある位と一連の目にもしるき徳をもって古の諸王に立ち勝っている予であるからには。しかるに、いついかなる時もわが心には熟慮というものがあり、うら若き頃よりこれと共に育ちしゆえ、およそ後悔の種となるべきことは認めたためしがない。六　それゆえ、アルメニアと、加えてメソポタミアを、[9]予は回復せねばならぬ。これはわが祖父より詭計をめぐらし奪い去られしもの。[10]貴下らが図に乗り主張するところはわが許では毫も受け容れられぬ。武勇か計略かの区別なしに、戦の首尾よき結末はすべて称えられて然るべきなどとは。七　最後に、もし正

(1)キオニタエ族については一五七頁註（5）。ゲラニ族はここにしか名の出ない遊牧民族で、サーサーン朝ペルシアのゲラーン地方に因む名。

(2)一六-九-三—四。

(3)底本 nisi infirmato imperii robore. 有力写本は逆の意味の nisi firmato imperii robore（帝国の屋台骨が強化されているのでなければ）となっており、ペルシア王はローマの国力が戦争を遂行し得るほどに強まっていて、和平締結の提案は観測気球であり、柔弱な態度を見せれば戦端を開くことにつながると考えたと見なして、後者を採る版もある（B, deJ）。

(4)ナルセスとも。二四-六-一二にも出るペルシアの将帥の一人。

(5)サーサーン朝ペルシアの王は、系譜的にはアフラ・マズダの被造物であり、文字どおり太陽と月の兄弟と言える。

(6)ここの「カエサル」は「副帝」ではなく、皇帝が正式名で名乗る名の一つ。コンスタンティウス二世の正式名はインペラトル・カエサル・フラウィウス・ユリウス・コンスタンティウス・アウグストゥスだった。

(7)今日のストリモン川。ブルガリアのソフィアの南、ヴィトシャ山地に発して南流し、ハルキディキ半島を経てエーゲ海に注ぐ。古くはマケドニアとトラキアの境界を成していた。

(8)アケメネス朝ペルシア（前五五八—三三一年）の直系を名乗るサーサーン朝（後二二六—六四二年）は、前五世紀初めのギリシアとのペルシア戦争時の勢力範囲の回復を期しており、これはギリシア本土のトラキアを含んでいた。「古代文献」とはヘロドトスを指す。

(9)ローマの属州としての小アルメニアとメソポタミアを指す。四一頁註（3）、一七頁註（6）。

(10)シャープール二世は、ナルセス王（在位、二九三—三〇二年）の孫であったが、ナルセス王は二九七年、ペルシア遠征を敢行したローマ皇帝ガレリウスに敗れ、翌年の和約で属州メソポタミアとアルメニアの相当部分をローマに割譲した。

しきを勧める者の意に沿う気が貴下にあるなら、絶えず悲嘆のもととなり血塗られている些細な領域など見下すがよい。さすればその余の所は安んじて治められよう。聡明に思案することだ。療治の術を行なう者らも、時には焼いたり切ったり、身体の一部を切断したりして、残りの部分が害われぬまま使えるようにする し、獣らもこうしたことを得てして行なうものであって、何ゆえに己れが殊更力を尽くして捕えられるのかに気づくと、その原因となるところを自ら進んで捨て、以後は怯えることなく生きてゆけるようにするのだ(1)。八 予はたしかに申し置くが、もしこのわが使節が空手で立ち戻った場合、冬の休息の時期が過ぎてのち、全兵力を挙げ、運とわが条件の公正なることに基づいて首尾よき成果を期しつつ、理の許す限り、予は急ぎ来たるであろう」。

九 この書状を長く考量したのち、よく言われるところの直ぐなる胸を以て、考え抜いた返答がなされたが、それは次のようであった。

一〇 「陸海の勝者コンスタンティウス、永劫のアウグストゥスがわが兄弟サポル王に格別の挨拶を申し述べる。

貴下健勝の由、予は慶賀するものであり、貴下が望まれるなら友ともなろうが、さりながら常に折れることを知らずさらに方々を彷徨《さまよ》わんとする欲心は厳しく非難するものである。一一 貴下はメソポタミアを貴下の領土の如く要求し、アルメニアも同様に扱い、満足な五体から一部を切除して以てその健康を以後盤石ならしめることを推奨されるが、これはおよそ相槌を打つよりはむしろ水に流すべきところである(2)。然るがゆえに、瞞着によって覆い隠されぬ、目にもしるく、虚仮脅《こけおど》しに脅やかさるべくもない真理を受け止められよ。一二　わが近衛長官[3]は、公の利益を図って交渉を始めることを考え、貴下の将[4]を相手に下卒を通じ、予に相談なく[5]和睦の協議に入った。予は和睦を否むものでも拒むものでもない。ただ、尊厳と栄誉が伴っているべきであり、わが評判あるいは威光を毫も損ねるものとなってはならぬ。一三　なんとなれば、一連の事蹟が――嫉みの耳は宥和されんことを願うが――予を幾重にも輝かせ、帝位簒奪者らが消え去ってローマ人の全地が予に服従する今この時に、予がオリエントの一隅に追いやられた際[6]長く欠けるところなしに保っていたものを放棄するなど、道理がなく無分別であるからだ。一四　さてまた、願わくは、常の如く我らに向けられている脅しは無用に願いたい。我らが時折り戦を仕掛けるよりはむしろこれを受けて立ったのは、怠惰のゆえに非ず、慎しみのゆえなること、我らは挑まれるたびに我らのものを、良き自覚の醸す最も屈強なる意気を以て守ることは、論を俟《ま》たぬゆえ。我らは体験と書見によって、幾つかの戦闘では稀にローマの勢威が揺らぐことはあっても、戦の最後の結末においては決して弱小に堕することがなかったことを学び知っ

（1）まさにこの理由でビーバーが自己去勢を行なう話が、大プリニウス『博物誌』八-一〇九ほかに見える。

（2）底本 infundendum（注ぎ入れるべき）は意味を成さない。Ro, Sel は infindendum（割り裂くべき）を、B は inludendum（嘲弄すべき）を採り、del は Ern, Wa の refutandum（反駁すべき）を良しとするが、むしろ defundendum（流し去るべき）と読んでおく（この語はアンミアヌスには他に用例を見ないが、それを言うなら infindendum も inludendum も同断）。

（3）ムソニアヌス。一六-九-二。

（4）タムサポル。一六-九-三―四。

（5）これが事実であったとは考え難い。

（6）兄コンスタンティヌス二世、弟コンスタンスの二兄弟と帝位を分かち合っていたとき、コンスタンティウス二世は帝国東部の統治を担当していた。「オリエントの一隅」は大袈裟。

ているからには」。

一五　この使節が何も得るところのないまま帰されると——また、箍《たが》の外れた王の欲心には、これ以上いかなる返答もできなかったからだが——ほとんど日を置かずして、補佐官のプロスペル(1)に、士官にして書記官のスペクタトゥス(2)、また同様に、ムソニアヌス(3)の提案により、説得の業師として哲学者のエウスタティウス(4)があとを受け、皇帝の書簡と贈り物を携えたが、この間にサポルの備えを手練手管で遅らせ、その北辺の諸属州(5)が人間業以上に防御を固めることのないよう(6)努めんとしてであった。

第六章　アラマンニ族の一部族なるユトゥンギ族、両ラエティア劫掠の折りにローマ軍に撃破され敗走せしめられる

一　かかる定かならぬ情勢にあって、アラマンニ族の一派でイタリアの領域と境を接するユトゥンギ族(7)が、自ら懇望して得た和睦の条約を忘れ、両ラエティア(8)を疾風《はやて》の如く荒らし、常態を外れて町の包囲さえも試みるほどだった。二　これを追い返すため、強力な手勢とともにバルバティオが派遣されたが、シルウァヌスに代わって歩兵長官に昇進していて、臆病ではあるものの流暢な言葉を操る人物であり、兵士らの戦意を激しく掻き立てて多数の相手をまことに手ひどく倒したため、危険を怖れて敗走に転じた僅かな一班が辛うじて脱け出し、再び家郷に戻ったときには涙と悲哀なしとしなかった。三　この戦にはのちの執政官ネウィッタ(9)が騎兵部隊の長として加わりもし、勇敢な働きもしたことが確認されている。

第七章　ニコメディアが地震により倒壊する。また、地震が起こるのに幾通りの型があるか

一　同じ頃、怖ろしい地震がマケドニア、アジアとポントゥス地方(10)で絶え間のない揺れにより幾多の町と

(1) 一四-一一-五。
(2) アンティオキア出身。修辞学者リバニオスの従兄弟。弁論に秀で、三五八年に書記官、軍士官を務めた。
(3) 一五-一三-一。
(4) カッパドキア出身の異教徒の哲学者。イアンブリコスの弟子。のち、ユリアヌス帝の宮廷に招聘される。
(5)「北辺の諸属州」がローマ側を指すか、ペルシア側を指すか、テクストの読みの問題と絡めて解釈が分かれる。底本どおりに読めばペルシア側で、ローマが使節を送ってシャープール二世の北辺防護固めを妨害する意図が読み取れる。次註参照。
(6) 底本の ne（〜せぬよう）は、Cl による挿入。この代わりに B は dum（〜するまで）を、Em, Eyss, Ga, Wa, deJ は ut（〜するよう）を挿入する。底本どおりの場合、「北辺の諸属州」はペルシア側（「人間業以上に防護を固めることのないよう」）、dum と ut の場合はローマ側（「人間業以上に防護を固めるまで／固められるよう」）を指すことになる（いずれの場合も、メソポタミア北部。ただし、dum を採る B はイリュリクムと解する）。
(7) もとスウェビ族の一派で、アラマンニ族と混淆しドナウ河上流の北に住んだ部族。しばしばローマ領に侵入したが、四三〇年、軍司令官アエティウス率いるローマ軍に敗れ、以後歴史に登場しなくなる。
(8) 一五-四-一。
(9) フラウィウス・ネウィッタ。ゲルマニアの出身であったらしい。のちユリアヌスに重用され、四年後の三六二年、執政官を務める。
(10) 三つとも管区名として用いられていて、それぞれ、トラキアを除くギリシア本土、小アジア南西部、小アジア東部および北部にあたる。

山を揺すぶった。しかしながら多種多様な受難が記録される中で、ビテュニア(1)の町々の母なるニコメディア(2)の災禍が突出していたのであって、その破滅の様を真実ありのままに、かつ手短に述べよう。

二　八月二十四日(3)、曙光がさしそめる頃、黒雲の分厚い塊が、少し前まで晴れやかだった天の相貌を掻き消し、日の光を追いやって、手許のものや側近くにあるものすら見分けられなくなった。それほどにも眼のものを見る力が曇らされ、漆黒の闇が地に拡がって腰を据えたのである。三　次いであたかも至高の神が命取りの雷電を投じ、風をまさしく四方より呼び覚ます如く、猛り狂う嵐が幾つも襲いかかったが、その勢いに押された山々の呻きが聞かれ、打ちつけられた浜の怒濤が聞かれ、これに旋風と竜巻が大地の恐ろしい震動を伴って続き、町と郊外を土台から覆してしまった。四　そして丘の斜面を数多の家屋が引きずられて行ったために、次々と折り重なるように落下し、崩壊の轟音があたり一帯にこだました。これに混じって連れ合いや子供らを、また近しい血縁で結ばれている者があればそれを、捜し求める人たちの口々の叫びで高い山巓《さんてん》が響きわたった。五　遂に第二時も過ぎて、第三時(4)にはまだかなり間がある頃、既に晴れて明るくなっていた空が、隠れていた屍体の散乱を明るみに出した。というのも、幾人かはのしかかってきた瓦礫のあまりの力に押しつぶされて、まさにその重みの下敷きとなって亡くなった。頸まで土砂に埋まって、もし救助する者がいたなら助かったであろうのに、手が差し伸べられなかったために死んでゆく者たちもいた。他にも突き出た建材の尖端に刺さって宙吊りになっている者たちがいた。六　大多数は即死であった。少し前には人間だったのに、今や屍体の雑然とした積み重なりが認められるばかりだった。家々の傾いた屋根の内側に無傷で閉じ込められた者たちもいたが、息苦しさと飢えのために果てるしかなかった。この者たちの中にはアリスタエネトゥス(5)がいて、最近になって創設された管区を代官の権限をもって治めていたのだが――その管区はコンスタンティウスが妻エウセビアを称えてピエタスと名づけたのだった(6)――この降って湧いた出来事に苦しみつつ魂を長い時間かかって吐き出した。七　他に、突然の大崩壊の下敷きとなってしまって、今なお同じ瓦礫の山に埋もれている者たちがいる。幾人かは頭を強打し、あるいは腕や脚を切断され、生死の境をさまよいつつ、同じような目に遭っている他の者に助けを乞い求め、たっての願いにも拘らずうち捨てられた。八　そして、公共の建物と民家と、それに人々の大部分は助かった筈のところ、急に上がった火の手が五昼夜にわたり燃え拡がって、焼き尽くせるものはことごとく灰燼《かいじん》に帰せしめたのだった。

（1）一四-一一-六。
（2）小アジア北西岸、マルマラ海の最東隅に面した町。今日のイズミット。
（3）三五八年の八月二十四日（ユリウス暦で）。
（4）ローマ人は昼間を十二等分したので、季節により一時間の長さが変わる。ニコメディアの緯度（北緯四一度）は大体日本の青森と同じで、八月下旬の日の出から日の入りまでは一三時間半ほどあるので、太陽の南中を正午とすると、日の出は五時一五分、第二時は七時三〇分、第三時は八時四〇分の少し前となる。空が晴れたのは八時頃であろうか。
（5）ニカエア出身の異教徒。リバニオスの知遇を得た。前年の別の役職への就任を断わって、新設されたピエタス管区の代官職に就いてほどなく、地震に遭った。リバニオスが詩を一篇捧げている。
（6）エウセビアは三六一年に亡くなっているので、地震の三年後のことになる。死後の顕彰と考えられるから、「最近になって創設された」は、既存の管区（ポントゥス管区？）が「最近になって改称（改編）された」の意で、コンスタンティウスが三六一年以降にピエタス（「敬虔」「家族思い」等を表わす名詞）と改称した管区をアリスタエネトゥスが三五八年に治めていたという意味であろう。

九　地震について、古人が推測を重ねたところを少しばかり述べておく時が来たように思う。それというのも、真理それ自体の秘密には、我々市井の人間のこの無知のみならず、灯下での長年の学究により営々と続いて未だに尽きることなき自然学者の論争でさえも、迫り得ていないからである。(1)　一〇　こういうわけで、祭儀書や神官の書の場合と同じく遵守がなされ、どの神が大地を揺らすのかが明らかでない以上、神を取り違えて名指ししてしまって清めの儀式が執り行なわれる仕儀とならぬよう、祭司たちは細心の注意を払っているのである。(2)　一一　さて、地震が起こるのは、アリストテレス(3)が加わって奮闘努力している説の見積もるところでは、我々がギリシア語でシューリンクス(4)と呼ぶ大地のささやかな空洞において、水が波立って頻繁に圧力がかかった場合か、もしくは少なくとも、アナクサゴラス(5)が主張するところでは、大地の底に流れ込む風の力による。こうした風が外殻に覆われた固い地層に入り込んだとき、噴き出し口が見つからないと、膨張して(6)その下へ潜り込んだ場所の大地を震動させる。それゆえ、よく観察されることだが、大地が揺れているときには我々のいるところではそよとの風も感じられない。(7)大地の最も深い奥所で精を出しているからである。一二　アナクシマンドロス(8)が言うには、夏の過度の旱魃《かんばつ》によって乾いているとき、あるいは大雨による湿潤のあと、大地が罅割《ひびわ》れを大きく広げ、これに上から勢いよく大量の空気が入り込むと、罅割れのところで激しい気流に揺さぶられてその本来の座から動かされるのだ、と。それがため、この種の恐ろしい事象は炎暑の季節、あるいは天からの降水が余りに過剰な際に起こる。ゆえに水の元素の力なるネプトゥヌス［ポセイドン］を古《いにしえ》の詩人たち神学者たちは「エンノシガイオス［大地を揺する者］」、「セイシクトン［地面を揺らす者(9)］」と呼んだのである。

一三　地震が起こるには四つの様態がある。一つはブラスマティアース［隆起］(10)で、これは大地を沸騰水の要領で(11)底から立ち昇らせて、巨大な塊を上へ押し上げるものであり、アジアではデロス島(12)が浮かび上がっ

（1）アンミアヌスが参照したと思われる先人の著作は以下が考えられる。アリストテレス『気象論』、セネカ『自然論集』六、大プリニウス『博物誌』二-一九一―二〇九、ゲリウス『アッティカの夜』二-二八。

（2）このあたりの記述はゲリウス『アッティカの夜』二-二八-二を下敷きにしている。

（3）アリストテレス『気象論』二-八。

（4）*σῦριγξ*（葦笛）。葦笛のような管状の空洞を意味する。

（5）前五世紀のイオニアの自然哲学者。「断片」一-四四（Diels-Kranz）。

（6）底本 tumidi. これを umidi（湿気を帯びて）とする版もある（B, Ern, Eyss, Wa）。

（7）一七-七-三の嵐と矛盾するようである。

（8）前六世紀のミレトス出身の自然哲学者。日時計や地図や天球儀の発明などが帰せられている。

（9）*Ἐννοσίγαιος, Σεισίχθων.*

（10）*βρασματίας.* これは *βράσσειν*（沸き立たせる）から派生した語。以下の島名の列挙は、大プリニウス『博物誌』二-二〇二から取捨選択したものと考えられる。

（11）あるいは、「大波の要領で」。

（12）エーゲ海のキュクラデス諸島の小島。アポロン信仰で名高い。ゼウスがアステリエという娘に恋をしたが相手にされなかったため、娘を鶉《うずら》に変えて海に投げ捨てるとそこから島が生まれ、最初オルテュギア、のちにデロスと呼ばれたという（ヒュギヌス『ギリシア神話集』五三）。

たり、テラ島(1)とアナフェ島(2)と、さきの時代にはオピウサ、ペラギアなどと呼び慣わされて、そのかみ黄金の雨に濡れたロドス島(3)が浮かび上がったのがその例であって、またボエオティアのエレウシン(4)、テュレニ人の所のウルカヌス(5)、その他数多くの島も然りである。あるいはクリマティアース［横揺れ］(6)、これは横ざま水平に動いて町や建物や山を倒壊させる。あるいはカスマティアース［陥没］(7)で、これは大きな揺れによって突然に深淵が口を開き、大地の一部を呑み込むもので、例としてはアトラス海(8)でヨーロッパ大陸よりも広大な島(9)が、クリサ湾でヘリケとブラ(10)が、そしてイタリアのキミニウス地方でサックムム(11)の町が、エレボス(12)の深い裂け目へと追いやられて永遠の闇に閉ざされている。一四　これら三種類の地震の間に脅かすような音のミューケーマティアース［牛吼《ぎゅうこう》］(13)が聞こえるが、それは縛りが解けて諸元素がひとりでに飛び出したり、あるいは大地の沈下とともにそれらが元へ滑り落ちたりする時である。というのは、この場合必然的に大地の崩壊やうなりはあたかも牛の鳴き声の如き音を響かせるからだ。だが、このあたりで初めに戻ろう。

(1)同じくキュクラデス諸島の島。今日のティーラ（サントリーニ）島。ポセイドンの子エウペモスが海中に投げ入れた土塊が島になり、最初カリステ、のちにテラと呼ばれたという（アポロニオス・ロディオス『アルゴナウティカ』第四歌一七四六―一七六四）。底本 Thera は写本の Hiera を読み替えたもの。大方の版（B, Cl, Ern, Eyss, Ga, Ro, Sel, Wa）は Hiera（ヒエラ島）を採るが、この名の島は、今日のシチリア島の北のリパリ諸島と西のエガディ諸島にしかなく、本文前後の島と地理的に離れすぎているため、Wa が註釈中で Thera への読み替えを示唆している。

(2)テラ島の東にある島。今日のアナフィ島。クレタ島の北の海で夜闇に包まれたアルゴ号の一行にアポロン神が碇泊のための小島を出現させ、この不思議に因んでアナペ（出現）と呼ばれたという（アポロニオス・ロディオス『アルゴナウティカ』第四歌一七一一―一七一八)。

(3)小アジア南西沖の島。ヘリオス(太陽神)信仰の中心地で、その昔ゼウスと神々が世界を分け合ったとき、この島が海中から浮かび上がってくるのを見たヘリオス神が、自分の所有たることを宣したという(ピンダロス『オリュンピア祝勝歌』第七歌五四―七〇)。オピウ(ッ)サ(Ὀφιοῦσσα, 蛇だらけの島)の異名については大プリニウス『博物誌』五-一三二とストラボン『地誌』一四-二-七にも紹介されているが、ペラギアは他に伝がない。「黄金の雨」はダナエ神話とは無関係で、ゼウスがロドスの人々に莫大な富を雨の如く降らせたというホメロス『イリアス』第二歌六七〇あるいはピンダロス『オリュンピア祝勝歌』第七歌四八―五一に基づく表現。

(4)コパイス湖畔の町。湖水の氾濫のために湖底に沈んだという(ストラボン『地誌』九-二-一八、パウサニアス『ギリシア案内記』九-二四-二)。アンミアヌスは湖中に出現した島だと勘違いしたか。

(5)今日のリパリ諸島に属する火山島ヴルカーノ。リウィウス『ローマ建国以来の歴史』三九-五六-六に前一八三年、シキリア島沖にそれまでなかった島が新たに海から現われたとあるのがこれか。「テュレニ人の所」はテュレニア海を意味する。

(6)κλιματίας. これは κλίνειν(傾ける)から派生した語。

(7)χασματίας. これは χάσκειν(口を開ける)から派生した語。

(8)原句 Atlanticum mare(アトラス山脈沖の海)。今日の大西洋よりはるかに狭い範囲を指す。

(9)プラトン『ティマイオス』、『クリティアス』の伝えるいわゆるアトランティス大陸伝説をいう。「ヨーロッパ大陸」は原句 Europaeus orbis で、これを属州エウロパ(今日のトルコのヨーロッパ側領土とほぼ同じ)と解する見方もあり、その方が常識には適うが、orbis(円盤状の大地)の語があるゆえ、無理であろう。プラトン『ティマイオス』二四E―二五Aでは、小アジアと北アフリカを合わせたより大きいとされる。

(10)「クリサ湾」は、コリントス湾内の北側、聖地デルポイの南にあたる小湾を指すが、ここではコリントス湾と同義。二つの町は湾の南岸、ペロポンネソス半島側にあったが、前三七三年、夜間の地震で津波に襲われ、海底に沈んだという(ストラボン『地誌』八-七-二、セネカ『自然論集』六-二三-四、オウィディウス『変身物語』第十五歌二九三―二九五)。実際にはブラ(ブリスとも)はその後も存続したらしい。

(11)「キミニウス」はエトルリア南部の火山とカルデラ湖(今日のヴィーコ湖)の名。湖畔の町サックムムが地震により湖底に沈んだということであろうが、町については不詳。

(12)黄泉の国。

(13)μυκηματίας. これは μυκᾶσθαι(モーと鳴く)から派生した語。

第八章　副帝ユリアヌス、フランク族の一派サリイ族の降伏を受け容れ、カマウィ族の一部を殺し、一部を捕え、残りに和平を認める

一　ところで副帝は冬をパリシイで過ごしていたが、未だ一つにまとまらぬものの、アルゲントラトゥス以後、全員が大胆にして獰猛なること狂気の域にまで達していたアラマンニ族を急ぎ出し抜こうと多大の熱意を傾け、ガリア遠征の始まる七月を待ちつつ長く不安に苛まれていた。というのも、寒気と霜が緩んで穏やかな夏の日々となり、アクィタニアから糧秣が運ばれて来るまでは、出発できないからだった。二　だが、入念な計算がほとんどあらゆる困難に打ち勝つものである如く、あれこれと多くのことを心中に思い巡らし、これのみぞ唯一の策というものを見出した。すなわち、一年の内で機の熟するを待つことなく、蛮族の不意を衝くことである。そしてこの考えを固めると、駐屯地で消費される筈の分から二〇日分の穀物を、長期の使用に耐えるよう火を通して、俗に「一口」[1]と呼ばれるものだが、これを志ある兵の肩に荷わせ、この支えを頼りに、以前の如く吉兆を得て出立したが、五、六ヵ月の内には[2]喫緊かつ不可欠な二つの遠征を終えられるだろうと見積もっていた。三　これらの準備を終えると、真っ先にフランク族を目指す。すなわち、サリイ族[3]と習慣的に呼んできた者たちで、以前からローマ領のトクサンドリア[4]という所に勝手放題に住まいを定めるという不敵さであった。トゥングリ[5]まで来たとき、最高司令官はいまだ冬営地にいると高を括っていた右の者たちの使節が姿を見せ、このような条件で和睦を申し出た。すなわち、我らはまるで自領地にいるか

のようにおとなしくしているので、これを何人も傷つけ煩わせぬこと、と。この使節には、十分に協議の上、込み入った条件を返答して、この者たちが戻って来るまで同地に留まると見せかけ、贈り物を与えて去らせた。四　そうして、あれよという間に、出立した者らのあとをつけ、将軍セウェルスを川岸伝い[6]に派遣して、部族全員を急襲すると、あたかも電光旋転、これを撃破し、既に抵抗するよりは懇願する態の相手に、時宜を得た寛仁の方向へと勝利の成果を転じて、家財や子供つきで降伏するのを認めてやった[7]。五　また同様の挙に敢えて出たカマウィ族[8]を、同じく迅速に攻撃して、一部を殺し、一部は激しく応戦するのを生け捕りにして鎖につないだが、この他、一目散に逃げてあたふたと自領に急ぐ者たちは、兵を長駆のあまり疲れさせぬよう、さしあたり無傷で去るのを許した。少し後にこの者たちが、嘆願のためと利益確保のために使節を

(1) 原語 bucellatum. bucca（顎）からの派生語で、あるいは噛みごたえのあることから「顎パン」の意か。硬いビスケットのような兵隊食で、遠征の際、兵はこれを二日食べ、三日めにはパンが与えられた。

(2) 原句 intra mensem quintum uel sextum（五番めあるいは六番めの月の内に）。「五、六ヵ月めに」の意か、「五月ないし六月の内に」の意か、解釈が分かれる。

(3) ライン河口あたり、ないしは今日のアイセル川下流域に住んでいたフランク族の一派。

(4) 今日のマース川とスヘルデ川に挟まれた地方。オランダのノールト・ブラーバント州、ベルギーのアントウェルペン州と、両国にまたがるリンブルフ州に相当。

(5) 一五–一一–七。

(6) すなわち、モサ（マース）川の岸伝いに。

(7) ユリアヌスはサリイ族を今日のブラーバント地方北部に住まわせ、ローマのために国境を守る義務とローマに兵を提供する義務を課したと解釈されている。

(8) ライン河下流域のゲルマニア人部族。本来の住地であるライン河右岸から河を越えてローマ領内に侵入して来た。

送って寄越すと、眼前で地にひれ伏している彼らに、恙《つつが》なく故地に戻るという条件で和平を与えてやった。

第九章　副帝ユリアヌス、蛮族に破壊されていたモサ［ムーズ］河畔の三つの砦を修復し、飢えに苦しむ兵より侮辱と脅しを浴びせられる

一　それゆえ、万事望みどおりに運ぶ中で、何としても属州の利便を基礎固めしようと孜々《しし》として急ぎ励み、モサ川に迫《せ》り出した堤に真直ぐ並んで置かれていた三つの砦(1)が蛮族の執拗な攻撃により長らく破壊されたままとなっていたのを、時局に合わせて再興しようと考え、遠征を暫しの間脇へ打ちやって、ただちに修復がなされた。二　そして賢慮を迅速さにより確かなものたらしめるため、遠征に向かう際兵が頸に携えた一七日分の糧食から一部を引き去って件《くだん》の要塞陣地に蓄え、取り除けた分はカマウィ族の畑から補えることを期した。三　ところが全く異なる結果となった。穀物は未だ実ってすらいなかったからで、兵は携行分を費消してもどこにも糧が見つからず、破れかぶれの脅しをかけてユリアヌスを非難や侮辱で責め立て、アシア育ちのギリシア野郎(2)と呼んだり、また、嘘つき(3)、利口ぶった愚か者と呼んだりした。そして兵士の間では弁の立つことで目につく者が常に幾人か見られるものだが、こういったようなことを縷々《るる》叫び立てた。

四「俺たちはどこへ連れて行かれるのか。いい目を見る望みも失せて、これまでだってずっと雪や突き刺すような酷い霜の中、辛い目、耐え抜くにもあまりに苛酷な目を辛抱してきたのに。だが、今度は何たるざまか。敵の命運の瀬戸際にまで迫ろうというときになって、飢えという最も無様な死に方で痩せ衰えてゆ

くのだ。五　俺たちが暴動を唆していると思ってもらっては困るから、俺たちはただ生命のためにものを言っているのであって、金銀を求めてではないことを誓っておく。そんなものはこれまでずっと手にすることもできなかったし、拝ませてももらえなかった。俺たちには拒まれたのだ。まるでこれほどの苦労や危険を身に引き受けたのは国家に盾突いたのだとやり込められたようなものだ」。

六　実際また、不平不満には正当な理由があるのだった。なぜなら、かくも数多くの誉むべき実績を積み上げ、どう転ぶやも知れぬ難局の分かれ目を乗り越え、ガリアで汗水垂らして疲弊していながら、兵は祝儀金(4)も給与も、ユリアヌスがこの方面に派遣されて来てからもはや受け取っていなかったからで、その訳は、彼自身にも与えるべきものがどこにも見当たらなかったし、コンスタンティウスもいつもどおり支出がなされることを認めようとしなかったことにある。七　これが貪欲よりもむしろ欺瞞の仕業であることは、当の副帝が、慣わしどおりひげを剃るための金を求めたある雑兵に端銭《はしたぜに》を与えたところ、当時書記官をしてい

(1)不詳。今日のリエージュ、ナミュールとその中間ともいう。
(2)アシア（小アジア）人は虚栄心が強く惰弱というのがギリシア人・ローマ人側のイメージであった。
(3)底本と同じ句読法のSey^{LD}は「アシア人、ギリシア野郎の嘘つき」と訳す。コンマの位置をずらして「アシア育ちのギリシア野郎、また、嘘つき」とするのがBで（本訳はこれに従う）、WHも同様の解釈をしている。Ro, Selはいずれにもコンマを置くが、解釈はSey^{LD}に同じ。
(4)当時のローマ軍兵士には、食糧・衣服などの現物支給のほか、現金による給与、臨時の手当や祝儀金（皇族の誕生日や皇帝即位記念日などに支給）などが与えられた。給与は比較的少額で支給も不定期で遅延もあり得たため、一番の収入は祝儀金や手当であった。次のひげを剃る金もこの手当の一つであろう。

たガウデンティウス(1)から屈辱的な誹謗中傷をもって責め立てられたという事実から明らかであって、この書記官は、彼の振舞いを探るためにガリア諸州に長逗留していたのだったが、のちに副帝自らがその殺害を命じた。これについては、いずれ適当なところで述べられるであろう(2)。

第十章　アラマンニ族の二王スウォマリウスとホルタリウス、捕虜を返還して副帝ユリアヌスから和睦を得る

一　遂に騒動が鎮められ、そのためにはあれやこれやの宥《なだ》め賺《すか》しなしとしなかったが、舟橋を拵えてレヌス河を渡り、アラマンニ族の地に足を踏み入れたところで、騎兵長官のセウェルスが、それまでは戦好きで精力的であったのだが、俄かに腰抜けとなった。二　そしてしばしば全軍を、また個々の兵を督励して、勇敢な働きをなせと言っていた者が、この時は合戦を思いとどまらせる方にまわり、卑しむべき臆病な人間に見えたが、ことによると迫り来る死を恐れていたのかもしれず、タゲス(3)の書やウェゴエ(4)の書にある、近々稲妻に撃たれるべき者たちは感覚が鈍って雷鳴もその他の大音響も耳に聞こえなくなるという話と同断であった。それで常に似ずだらだらと行軍をし、挙句は敏捷な足の運びで先導していた道案内の者らをこっぴどく脅しつけ、お前たち全員揃ってこの土地には全く不案内だと認めるのでなかったら生命はないぞと言って怯えさせる始末だった。彼らは禁じられると権威を怖れ、以後決して先に進まなかった。

三　しかしながらこうして逡巡しているうちに、アラマンニ族の王スウォマリウス(5)が自ら進んで配下の者

を従えやにわに姿を見せ、以前は猛々しくローマに害をなさんものと心を荒げていたが、この時はもしも己れの所有になるものを保持することが認められるならそれは望外の利益だと考えていた。そして表情と歩みぶりが嘆願者たることを示していたゆえに、迎え入れられて、案ずることなく心安んじていよと言われると、己れの裁量を全く放棄し、膝を屈して和議を求めた。四　その和議は、過去のことを水に流し、こういう条件で獲得した。すなわち、捕虜となった我が兵を返還し、必要が生ずるたびに兵に糧秣を提供し、市井の請負人のやり方で、持ち込んだ分に対し受領証を受け取ること。これを然るべき時に提示しなかった場合、再び同量を要求されるものと心得べし、と。

五　こうして真っ当に手配されたことが支障なく果たされると、ホルタリウス(6)という名のもう一人の王の領地を目指さねばならなかったが、足りないように見えるのは案内人のみであったので、楯隊の士官ネス

(1) 特務官として既出（一五-二-八、一六-八-三）。
(2) 二二-一一-一で語られる。
(3) 土塊が変じて人間になり、エトルリア人に予言の術を教えたという伝説的な人物（オウィディウス『変身物語』第十五歌五五八）。エトルリア語で書かれたその教えがラテン語に翻訳され、ヘクサメトロスの詩に編まれていて、雷や地震や豊作の呪《まじな》いなどについても述べられていたという。
(4) エトルリアの女予言者。パラティウム山のアポロン神殿に納められている雷についての書物の著者とされた。
(5) 一六-一二-一。
(6) 一六-一二-一。

ティカ[1]と驚くべき剛勇の持ち主カリエット[2]に副帝が命じて、八方手を尽くして一人捜し出し、拘束して捕虜として我が前に差し出せと言うと、速やかにアラマンニ族の若者が捕えられて連れて来られ、身の安全の確保を約定としてのち、道を教えようと約束した。六　この男が先に立ち、軍隊があとに従ったが、大木の道塞ぎに阻まれて前に進めなくなった。しかしながら、長く曲折の多い迂回路をとって遂に土地に到達すると、兵は誰しも怒りに駆られて畑を焼き、人畜を攫《さら》い、抵抗する者は手加減せずに斬り捨てていった。七　この災厄に打ちのめされた王は、焼き払われた諸地域と村々の跡形を数多《あまた》認めるや、国富に究極の損失が生じたと今や思いなして、自らもまた赦しを乞い、命ぜらるべきことは実行し、全員を返還しようと呪詛つきの誓いでもって約した。というのも、このことが並々ならぬ意気込みで交渉されたからだが、ところが大勢を留めたままにして少数の者を返して寄越した。八　これを知るとユリアヌスは義憤へと駆り立てられ、慣わしに従って贈り物を受けるべく王がやって来ると、その供の者四人を、この者たちの忠勤に王はとりわけ頼っていたのだが、捕虜全員が戻って来るまで解放しなかった。九　しかしながら、副帝から引見に呼ばれ、落ち着かぬ目つきで拝謁していると、勝者の威容に圧倒され、厳しい条件を押しつけられたが、即ち、幾多の好首尾を得たからには蛮族の横暴により破壊された町々も修復することがふさわしいゆえ、荷車と建材をその財の中から、また配下の民の財の中から、供出すべきこと、と。そしてこれを約し、信義に悖《もと》る行為のあった場合は己が血をもって罪を贖うべきことを誓うと、本国に戻ることを許された。というのも、スウォマリウスの如く食糧送達を強いることは、その領土が完膚なきまでに荒廃して、提供できるようなものが何も見当たらなかったゆえに、不可能だったからである。

一〇　こうして、かつては途方もなく増長し我らの財産の掠奪によって富を増すことに馴染んでいたかの王たちは、ローマの権能の軛《くびき》に今や屈服せしめられた頸を差し出し、あたかも貢租国に生まれ育った者らの如く、一も二もなく命令権に従った。このように事を成し遂げてのち、いつもの陣所に兵を配分すると、副帝は冬営に戻った。

第十一章　副帝ユリアヌス、ガリアにて首尾よき成果を挙げてのち、正帝コンスタンティウスの宮廷にて妬み心を懐く者たちから嘲笑され、のろま、臆病者呼ばわりされる

一　このことがコンスタンティウスの宮廷内に程なく知られるようになると――まるで下僚のように、副帝はすべての事蹟について正帝の耳に入れる必要があったからだが――宮殿の中で勢力を揮っていた者たちは皆、疾《と》うから学識ある阿諛追従の専門家と成りおおせていて、正しく思案され上首尾に成し遂げられたことをお笑い草に転じ、このようなことを言いたい放題、愚かしくも叫び立てた。「勝ち戦で憎まれよう、こ

(1)他に伝なく、不詳。恐らくもとからのローマ人ではない。
(2)蛮族出身。巨漢で怪力の持ち主。のち、両ゲルマニア方面補佐官となって、ユリアヌスに尽くすことになる。その働きをゾシモス『新ローマ史』三-七が大いに称えている。

の人間ならぬ牝山羊は」。これはユリアヌスを毛深いといって揶揄したもので、また「もの言う土竜《もぐら》」、「紫衣を纏った猿」、「ギリシアの学者先生」だとかこれに類する数々の呼び方もした。そしてまた、こうした類のことを聞きたくてうずうずしている元首の耳から、鈴を鳴らすようにして、彼の武勲を恥知らずな言葉で覆い隠そうと努め、のろまだの臆病者だの青瓢箪だの、失態を言葉巧みに粉飾しているなどとなじった。こうしたことが起こったのはこの時が初めてではないが。二 というのも、なべて赫々《かくかく》たる栄誉はつねに嫉みにさらされる習いであるように、古の偉大な将軍たちに対しても欠点や悪行を、たとえ見出し得ずとも、彼らの目覚ましい功績に気を悪くした嫉みが捏造したのを、我々は読み知っているからである。三 例えば、ミルティアデスの息子キモン(2)は酒色の抑えが効かぬと非難された。パンピュリアの川なるエウリュメドンの畔で数え切れぬほどのペルシア兵を殲滅し、尊大ゆえにつねに頭が高い民族に身を低くして和平を乞わしめた男が。同様にアエミリアヌス・スキピオ(3)は「寝呆け野郎」と政敵たちが悪意を以てののしった。その甲斐ある用心のお蔭で、ローマを滅ぼさんとの意を決した二つの強力至極な町が除かれたのだったが。四 さらにまた、ポンペイユス(4)に対してさえも下心ある誹謗家たちが、いくら粗探しをしても批判すべき点が何も見出せなかったとき、この二つの笑止千万で無意味なことに目をつけた。生まれもっての癖とも言うべきもので、頭を指一本で掻くということと、暫くの間見苦しい腫物を隠すために純白の帯布を脛に巻いていたということである。このうちの一方をよくやるのはだらしのない人間だからであり(5)、もう一方は国家転覆の野心があるからだと彼らは主張し、いささか非力な議論でもって、身体のどの部分に王の威厳を表わすしるしを巻くかは問題ではない(6)と吠え猛るのだった。明々白々たる証拠が証しているとおり、祖国の誰一人、武勇でも愛嬌でも敵わなかった[7]男についてである。

(1) ユリアヌスが哲学者然とした顎鬚を伸ばしていることを揶揄したとの解釈もある。のちにはユリアヌス自身がペルシア兵を「牝山羊」と呼んでいる（二四-八-一）。

(2) アテナイの政治家（前五〇四―四四九年）。前四七〇年のテミストクレスの陶片追放後、実権を握り、対ペルシア戦に度々勝利し、とくに前四六五年には小アジア南岸パンピュリアのエウリュメドン川（今日のキョプリュス川で、一部舟航可能）河口で陸戦海戦に勝利を収めた。しかし親スパルタ的な姿勢がアテナイ市民の不信を招き、前四六一年、自身が陶片追放に遭った。若い頃から実姉エルピニケとの近親相姦の噂があったほか、前五世紀の喜劇詩人エウポリスが「酒好きで無頓着、時々エルピニケを独り残してスパルタへ寝に行きたがった」という台詞を書いている（プルタルコス『英雄伝』「キモン」一五）。

(3) 小スキピオ（プブリウス・コルネリウス・スキピオ・アエミリアヌス・アフリカヌス、前一八五／八四―一二九年）。前一四六年にカルタゴを、前一三三年にヒスパニア北部内陸の町ヌマンティアを滅ぼした（ただし、この二つの町は当時、ローマにとっての脅威とは言えなかった）。その死は暗殺と推定される。プルタルコス『モラリア』「教養のない権力者に一言」七八二Fに、「酒はキモンに対する中傷材料、眠りはスキピオに対する中傷材料だった」とある。

(4) グナエウス・ポンペイユス・マグヌス（前一〇六―四八年）。

(5) 女っぽい仕草とされていた。ポンペイユスと同時代のラテン詩人カルウス（前八二―四七年）の風刺詩に「泣く子も黙るマグヌスが指一本で頭を掻いている。この人が何を欲しがっていると思うかね。男だ」というのがある（「断片」一八（Morel））。

(6) 純白の帯冠（鉢巻）を頭に巻くのは王のしるしだが、これを脛に巻いても同じことだという主張。

(7) 底本 nec fortior nec amantior. この後半二語を nec autem cautior（一方また用心でも敵わなかった）とする版もある（Ro, Sel）。

五　以上のようなことが行なわれている間に、ローマでは、代官の任にあったアルテミウス(1)が、近頃都市長官に引き立てられながら寿命のため逝去していたバッススに代わってこの長官職も務めていた(2)。その統治は内紛の混乱を蒙ったが、物語るにふさわしいような記憶すべき何事もなかった。

第十二章　正帝コンスタンティウス、かつては支配者、当時は流浪の民であったサルマタエ族と、両パンノニアおよびモエシアを荒らしていたクァディ族に強いて、人質を出さしめ、捕虜を返還せしむる。かつまた、流浪のサルマタエ族に自由を回復させて父祖の住地に戻し、王を置く

一　この間《かん》、シルミウムで冬季の静養をしていた正帝に、由々しき報知が頻々と届いて、サルマタエ族とクァディ族(3)が合従連衡《がっしょうれんこう》し、隣同士の誼《よしみ》で、また習俗と武具も似通っているところから、心を通じ、両パンノニアとモエシアの片方を部隊を分散させて侵略していることを示した。二　正々堂々の合戦よりもむしろ盗賊行為に適したこの者たちには、かなり長い槍と、磨いて滑らかにした角を幾つも麻の衣に結わえつけてあるのが小札《こざね》のように見える胸当てがあり、それに牡馬の大部分は習慣に従って去勢してあって、これは牝馬を見て興奮し、ついて行ってしまったり、あるいは待ち伏せの最中に暴れ、立て続けに嘶《いなな》いて乗り手の存在を暴露したりしないようにするためである。三　そして相当な距離を、他を追撃するにも、あるいは自ら背を見せて逃げるにも、縦横に駆けるが、素直な駿馬に跨りつつ、各一頭を、時には各二頭を引き連れて

いるのは、乗り替えによって馬匹の体力を温存し、交互に休ませることで活力が回復するようにするためである。

四　そこで春分が過ぎると、皇帝は兵の大部隊を召集し、喜ばしき運の導きの下に進発したが、最適の地点に到着すると、根雪の塊が既に融けて氾濫を起こしているヒステル川(4)を、船の甲板の上に橋を拵えて渡り、蛮族の地にこれを荒らさんものと侵入した。蛮族は急行軍に機先を制され、戦に逸《はや》る軍勢が己れらの喉元に迫っているのを認めると、この季節はまだ召集不能と踏んでいただけに、一呼吸おくことも踏みとどまることも敢えてせずに、予期せざる破滅を免れようと、総勢どっとばかりに逃げ出した。五　恐怖に足のもつれた者たち多数が倒され、敏捷さで九死に一生を得た者たちがいれば、それらは山間の隠れ谷に身を潜め、郷里が剣によって滅びゆくのをうち眺めたが、逃げるのに使った精力で抗戦していたなら、さだめし郷里を守りおおせたことだろう。六　これらのことが行なわれたのは、サルマティア(5)の中でも第二パンノニア(6)を臨む

---

(1) イタリア管区には、メディオラヌムにいて北部七州を管轄するイタリア代官と、ローマにいて中部南部の一〇州を管轄するローマ市代官の二人の代官がいた。アルテミウスは後者。

(2) 三五九年八月二十五日に四二歳で死去したユニウス・バッススの都市長官職をアルテミウスが一時的に引き継いだ。従って、翌年の出来事の記述がここに紛れ込んでいる。バッススの前任者はオルフィトゥス（一四-六-一、一六-一〇-四）。

(3) 一六-一〇-二〇。

(4) 今日のドナウ河のとくに下流部分。これをギリシア人がイストロスと呼んだことに由来。中・上流はケルト系の名前でダヌビウス河といい（一七-一三-四）、これが河全長を指す名にもなったが、ヒステル河の名も使われ続けた。

(5) サルマタエ族の住地（一六-一〇-二〇）。

(6) 一五-三-七、一六-一〇-二〇。

領域であったが、それと等しい勢力で兵の旋風がウァレリア[1]にて蛮族の財を、手当たり次第に焼きまた奪い取ることで荒らしていった。

七　この損害の甚だしさに驚いて、潜伏の計画を捨て、サルマタエ族は表向き和を乞いつつ、三手に分かれて悠々と行動する我[2]が軍を襲おうと企んだ。……槍を構えることも傷害の勢いをかわすことも、また窮地に陥った場合の最後の手であるが、逃走に転じることもできなかったのだった。八　一方、ただちにサルマタエ族の許に馳せ参じ、危難をともにしていたのがクァディ族であって、この部族は元々、不法行為の共犯者としてしばしば不可分な存在であった。しかし彼らにさえも、明々白々たる危険の中へ飛び込んだとあっては、即断敢行が幸いすることはなかった。九　というのも、大勢が殺され、一部生き残り得た者たちは勝手知ったる丘を通って逃げ延びたのだが、この成果によって力と士気を呼び覚まされた軍が密集隊形をとってクァディ族の領国へ急ぎ向かったところ、彼らはさきの敗北が因《もと》となって差し迫りつつある事態を怖じ恐れ、腰を低くして和を乞わんものと、信頼の態で元首の御前に罷り来たり、元首もこうした類の挙に対してはかなり温厚とあって、条件を取り決めるための日を言い渡すと……[3]ようにしてジザイス[4]の方も、当時はまだ王子であり、身の丈高き若者であったが、サルマタエ族の隊列を懇願のため、戦闘の様態に整列させた。そして皇帝に拝謁すると、武器を投げ捨て、胸をべったりと地面につけ、息も絶え絶えに平伏した。ところがいざ申し述べるべき段になって、怖れのあまり声が務めを果たせなくなり、いっそうの憐憫《れんびん》を惹き起こしたのだが、幾度か試みたものの、嗚咽《おえつ》に妨げられて、求めるところを説くことが碌にできなかったのだった。一〇　最後になってようやく元気を取り戻し、起ち上がるよう命じられると両膝をついた姿勢をとり、言葉も再び使えるようになって、非違への宥恕赦免《ゆうじょしゃめん》を賜わるよう嘆願し、また、願い出のためにその場への入場を許されていた衆勢も、その口は首長に身の危険の有る無しが未だいずれともつかぬうちは恐怖のため無言のまま閉ざされていたのだが、彼が地面から身を起こすよう命じられて、懇願の合図を長らく待ち設けていた者たちに与えると、全員が楯と槍を投げ捨てて、祈願のために両手を差し伸べ、嘆願の腰の低さで王子に優ろうとさらに多くの工夫を凝らしたのであった。一一 恐怖心に駆られて余のサルマタエ族とともにルモ、ジナフェル、フラギレドゥス(5)という従属王(6)たちまでもが、またさらに数多くの貴顕の者たちが罷り来たっており、願いの叶う期待を懐きつつ同様の処遇を求めんとしていた。この者たちは、身の無事が認められたこととの喜びで舞い上がっていたとはいえ、敵対行為を重くのしかかる条件でもって償うことを約し、さらに我

(1) 一六‐一〇‐二〇。
(2) これをローマ軍の形容ではなく、ローマ軍を襲うサルマタエ族の作戦内容の続き(「三手に分かれて行動し、より安全に我が軍を襲おう」)とする解釈もある。さらに後続の欠語部分に目的の接続詞 ut を補って、本節末尾までを作戦に含める(「それによってローマ軍が槍を揮うことも……逃走に転じることもできないようにしようとした」)解釈も少なくない(Ro, Sel, deJ ほか)。
(3) この欠文の中でクァディ族との和議の吟味がなされていたと推測されるが、欠文を想定せずに「条件を取り決めるための日のみを言い渡すと、ジザイスも」と解する版(B, deJ)、pari(同様の)を補って「同様のやり方で条件を取り決めるべく言い渡された日になると、ジザイスも」とする版(Ro, Sel)がある。
(4) クァディ族ではなく、サルマタエ族の王子。
(5) この三人は他に伝なく、不詳。
(6) 原語 subregulus. ここと一七‐一二‐二一にのみ見える語で、部族全体の王に従属する族長の如き存在かと思われるが、不詳。

が身を、財産と妻子、および自領地の全体ともども、ローマの権限の下に進んで差し出しもしたであろう。しかしながら、公正と結びついた仁慈が優勢となり、居住地を安んじて保持せよと命ぜられると、捕虜としていた我が兵を返還し、要求された人質を連れ来たった上、向後指図には迅速第一に従うことを請け合った。一二　この寛仁の実例に励まされて、一族郎党を引き連れた王子のアラハリウス、および貴顕の者の中でもぬきんでていたウサフェル[1]が馳せ参じた。この二人は、土地の者らの一隊の指導者であって、片やトランスユギタニ族[2]、クァディ族の一部を、片やサルマタエ族の中でも土地が境を接していることと荒々しい気質によって固く結びついていた者たちを統率していた。これら部族の民が盟約を結ぶと見せかけて俄かに蜂起するのではないかと惧れて[3]、皇帝は一同を分け、サルマタエ族のために嘆願する者らは暫時引き下がっておれと命じておいて、その間にアラハリウスとクァディ族の一件を吟味した。一三　この者らが被告人然として姿を見せ、身体を二つ折りにして立って、重大な非違の申し開きができなかったとき、究極の不幸を恐れ、命ぜられた人質を出したが、これ以前には盟約の担保を示すよう強いられたことは一度もなかったのである。一四　この者らが公正順当に処置されると、ウサフェルが懇願すべく目通りを許されたが、アラハリウスが頑強に抗弁し、自らに認められた和議は彼にも及んで然るべきだと主張した。たとえ格下でわが命令には従う習いであろうと、協力者であるのだからというのである。一五　だがしかし、この問題が討議されたのち、サルマタエ族は、常にローマ人の庇護民であったとして、他者の覇権から脱するよう命ぜられ、泰平を守る絆たる人質を出すことを喜んで受け容れた。一六　また、このあと、諸部族が王も交え合流して夥しい数の人の群となって押し寄せ、アラハリウスが咎めもなしに済んだと知った以上は、我々の喉元から剣を離してほしいと懇願し、求めていた和平を自身らもまた同じようにして手にすると、領国の懐深くより首領たちの息子を呼び寄せ、人質として慮外に早く差し出し、同様にまた取り決めどおり捕虜の我が兵も差し出したのだったが、この捕虜たちは国の者の場合に優るとも劣らぬ嘆きとともに手放したのだった。

一七　これらが片づくと、サルマタエ族に注意が移されたが、こちらは敵視よりもむしろ憐憫に値する者たちであった。(4) この者たちに以下の事情がもたらした好結果の大きさたるや信じられぬほどであり、ある人たちの考えにある、宿命は元首の権限によって克服されもするし生み出されもするというのもむべなるかなと思われるほどであった。一八　かつてこの領国の土着の者たちは力あり、かつ高貴であったが、ひそかな陰謀が奴隷どもを鎧わせて怪しからぬ所業へと至らしめた。そして蛮族にあってはあらゆる権利が力の内に存するのが常態となっているとおり、猛々しさにかけては対等ながら、数には勝る者らが主人たちを打ち負

(1) この二人も他に伝なく、不詳。
(2) アンミアヌスのみが伝える部族名。今日のブダペストの北、ドナウ河が東流から南流に急に転じるあたりの右岸丘陵地に住んだ。
(3) 実際、すぐあとの一七-一三-五―八と一九-一一-一五―一〇でリミガンテス族が二度もこうした挙に出る。
(4) サルマタエ族（一六-一〇-二〇）がドナウ左岸に定住したとき、征服した部族を隷属状態に置き、これがサルマタエのリミガンテス族と呼ばれたが、三三四年に蹶起し、サルマタエ族（一七-一三-一の「自由サルマタエ族」）は、北をマリシア川（今日のルーマニア西部を西流するムレシュ川）、西をパルティスクス川（今日のハンガリー東部を南流するティサ川）、南をドナウ河、東をトランシルヴァニア・アルプスの山地に囲まれた住地を逐われて北へ逃げ、後出のウィクトハリ族に保護を求めた。一方、三〇万人がコンスタンティヌス一世によってローマ領内各地に定住を認められたという。

かした。一九　彼らは恐怖のあまり頭が混乱して、かなり遠方のウィクトハリ族(1)の許へ逃げ込んだが、窮境にある以上、奴僕に仕えるよりも守り手に服従する方が望ましいと判断してのことだった。こうしたことを嘆きつつ、赦しを得て保護下に受け容れられると、彼らは自由の保証を要求したが、その事情の剣呑なことに打たれ、全軍の見ている前で彼らを呼び集めて皇帝は優しい言葉をかけ、予およびローマの将軍より外の者に従ってはならぬと命じた。二〇　そうして自由の回復に面目の増大が伴うよう、この者たちにジザイスを王として立ててやったのであり、赫々たる栄誉のしるしに当時たしかにふさわしい者で、事が明かしたとおり、忠義な人間でもあったが、しかし何人も、この天晴れな処置ののちは、取り決めどおりに我らの捕虜の戻るまでは退去を許されなかった。

二一　蛮族の地でこれらのことを成し遂げてのち、ブリゲティオ(2)に陣を移し、ここでも一帯で事を構えていたクァディ族との戦の残り火を涙か血かで消し鎮めようとした。この者たちの王子で、王ウィドゥアリウスの子ウィトロドルス(3)、それに従属王のアギリムンドゥス(4)、またその他の、種々《くさぐさ》の民を治めていた貴顕の者たち、役職者たちは、領国にして生まれ育った土地の懐に軍隊を認めると、兵らの足元にひれ伏し、赦しを得ると、命ぜられたことを実行し、課された条件に従わんとしたゆえ、担保の人質として己が子息を引き渡し、剣を抜くと――これを彼らは神と崇めるのだが――信義を守りとおすことを誓った。

第十三章　正帝コンスタンティウス、奴隷身分のサルマタエ族なるリミガンテス族を大量に殺戮したのち、その居住地を明け渡せしめ、配下の兵に呼びかける

一　これらのことが、物語ったとおり、好首尾のうちに終えられると、奴隷身分のサルマタエ族なるリミガンテス族の方面に急いで軍を移すことを国益が要求したというのは、この者たちが数々の怪しからぬ振舞いをやってのけていながら何の罰も受けないのは全くもって言語道断だったからである。というのも、それまでのことを忘れたかの如く、当時自由部族[5]が蹶起《けっき》すると自らもまた絶好の機会を得たとばかりローマの国境線を突破したからであり、この瞞着行為に対してばかりは、己が主人にして敵なる者たちと心を一にしていたのである。二　しかしながら、これもまた非違の重大さが求めるよりも穏便に処罰し、遠隔地に彼らを移して我らが領土を荒らす機会を失くす程度の報復にとどめる旨が熟考の末決定されたのだが、随分と長きにわたって犯した罪悪の自覚が彼らに危険を恐れるよう警告した。三　それゆえ、大々的な戦が自らに仕掛けられるのではないかと疑って、剣と嘆願の両道で策略の備えをした。ところが、軍隊を一目見るや、まる

(1)ウィクト(ゥ)アリ族とも。ゲルマニア人部族で、今日のスロヴァキアあたりにいたらしいが、エウトロピウス『建国以来の歴史概略』八-二によると、四世紀後半には今日のルーマニア西北部に移っていた。

(2)ブレゲティオとも。今日のハンガリー北西部のドナウ右岸、コマーロム市のセーニ地区にあったローマの軍団駐屯地。

(3)父子ともに不詳。

(4)不詳。

(5)サルマタエ族の中の自由身分の者たち。

で雷火の一撃を喰らったかのようになり、最悪の事態を考えて命乞いをし、年々の貢税と元気旺盛な若者の徴発と、それに隷属を確約したが、もし他所へ移るよう命ぜられたなら拒絶しようと構えていたのは仕草と表情に示していたとおりで、主人を追い出したのち安泰に住居を定めた場所の防備を恃んでのことだった。四　なぜなら、この一帯にはパルティスクス川(1)が屈曲の多い流路をなして流れ込んでヒステル河(2)に交わっているのだが、単独で気ままに流れている間は幅も奥行きもある土地をゆったり通り過ぎるものの、河口近くでこの土地を狭隘なものに狭め、住人をローマ軍の攻撃からダヌビウス河(3)の河筋によって守っているのであり、一方、蛮族の侵入からは自らが障害物となって安全に保ってやっており、ここでは大部分がもとから湿地である上、川の増水によって水に浸かるために湖沼だらけで、柳が密生しており、それゆえによほど土地に通じている者でなければ通れないからである。加うるに、パルティスクス川の河口にほぼつながる島弧状の湾曲部を大きい方の河(4)が取り巻き流れ、陸との連絡を断っていた。五　それゆえ、元首の促しにより、生来の倨傲《きょごう》をもって川のこちら側の岸へやって来たのは、結果が示したとおり、命令を実行せんとに非ず、兵の現前を恐れていると見られないようにするためであって、傲然と突っ立ち、何が命ぜられようと拒絶するためにこそ罷り出て来たことを表わしていた。六　かかることもあろうかと皇帝は思い巡らして、夥しい数の部隊へとひそかに軍を分け、飛ぶが如き敏捷さでリミガンテス族(5)を自軍の戦列の只中に包囲した。そして小高い丘の上に少数の者を従えて立ち、警護の兵の防備に守られて、彼らに手荒な真似はするなと穏やかに警告した。七　しかし彼らは心の迷いに揺れ動いて、あれかこれかと行きつ戻りつし、狂気に狡猾も加わって、嘆願と戦闘をともに試みんとし、手近なところで我が軍めがけて急襲をかける備えをしつつ、わざと楯を遠くに投げ、これを回収すべく少しずつ前進して、詭計のしるしを見せずに足場をひそかに確保しようとした。

八　そしてすでに日も夕刻に傾き、遠のいてゆく光が遅滞を破るよう警告すると、軍幡を押し立て、彼らを目がけて火の如き勢いで兵が向かって行った。向こうは一塊になり密集隊形にまとまって、さきに述べたとおり、小高い所に立っていた元首その人を狙い、獰猛な眼と声で挑みかかりつつすべての攻撃を集中させた。

九　その狂乱の血迷いに軍隊の怒りは堪《こら》えることができず、さきに述べたとおり皇帝を猛然と脅かす彼らを、前面を先細りにして──この隊形を素朴な兵隊言葉で「豚の頭」(6)と呼んでいるが──熾烈な突撃で蹴散らし、右翼では歩兵が歩兵の集団をなぎ倒してゆき、左翼では騎兵が騎兵のすばしこい部隊になだれかかった。

一〇　近衛大隊(7)は正帝の前面を注意深く警護し、刃向かう者らの胸、やがては敗走する者らの背に斬りつけ、そして倒れる際にも蛮族は度し難い強情さでもって、死よりも我が軍の歓喜を嘆いていることを身の毛もよ

---

(1) もとはパティッスス。のちにはティサスあるいはティシアとも。今日のハンガリー東部を南流してセルビアでドナウ河に合流するティサ川。

(2) 二三七頁註(4)。

(3) 二三七頁註(4)。

(4) ダヌビウス。

(5) 底本 Limigantes. しかし写本は migrantes(移ろい行く者たちを)となっており、Ga, Wa が採用する。校訂案には Novák の morantes(躊躇する者たちを)、Heraeus の mirantes(うち驚く者たちを)等もあり、前者は Ro が採用している。

(6) すなわち、火鋏隊形(一六-一一-三)に似た形だが、前後が逆。

(7) 原句 cohors praetoria. 古い名称で、当時にはこのようなものはなかった。

だつ叫びで示し、死者の他にも大勢が、膕《ひかがみ》の腱を切られ、それゆえ逃走の救いを奪われて横たわり、ある者たちは右腕を斬り落とされ、また幾人かは剣による傷は負わなかったものの、上に倒れて来た者の重みに潰されて、声一つあげられずに苦痛を堪えていた。一一　また、彼らの誰一人として多種多様な死に様の中で赦しを乞うたり、剣を投げ捨てたり、さっさと殺してくれとたって願ったりする者はなく、たとえ一敗地に塗れてはいても、相変わらず武器を握ったままで、自らの意識の下す判断に打ち負かされるよりはいっそ他人の腕力に打ち負かされる方が罪は軽いと考えており、こうなったのも運であって報いではないと時折呟くのが聞かれた。こうして小半時の経過のうちに戦いの山場も過ぎ、かくも多くの蛮族がたちまちのうちに倒れてしまったため、合戦のあったことはただ勝利のみが知らしめていたほどであった。

一二　敵対する民が倒されるや否や、生命を奪われた者たちの身内が粗末な小屋から引きずり出され、大挙連行されて来たが、老若男女うち混じり、それまでの生活の誇りも忘れて奴隷然とした服属という奈落に陥ったが、僅かな時間が経過してのち、死者の山と捕虜の列が認められることになった。一三　こうして戦のほてりと勝利の果実に促されて、戦闘を放棄したり小屋に潜み隠れていた者たちの殲滅へと色めき立った。この者たちを、現場へ蛮族の血に飢えた兵がやって来ると、やわな藁家を毀ち散らしてなで斬りにしたのであり、誰一人、家が、たとえ頑丈この上ない材で組み上がっていても、死の危険から救い出しはしなかった。一四　遂にすべてが炎上し、もはや誰も隠れていることができなくなると、生命の守りが周囲からことごとく断たれたため、あるいは強情を貫いて火に呑まれ身を滅ぼし、あるいは火事から逃れようと飛び出したはいいが、一方の破滅は免れても、敵の剣で倒されていった。一五　しかしながら、幾人かは武器と劫火を逃れて手近な川の渦巻く流れに飛び込み、水練の心得で向こう岸にたどりつけるものと望みをかけたが、その多くは溺れ死に、他の者は投げ槍に貫かれて生命を落としたその様は、大量に流された血でもって大河の水流がしぶきを上げるほどであった。こうして二つの元素[(1)]によってサルマタエ族[(2)]を勝者の怒りと武勇が滅ぼした。

一六　それゆえ、この一連の出来事ののち、なべての民から生存の望みと慰め一切を奪うべしと決定された。そして家を焼き、家族を奪ったのち、舟を集めよとの命が下ったのは、我が軍の戦列から向こう岸が隔てていた者らを狩り出すためであった。一七　そして戦闘員らの意欲が冷めぬよう、ただちに小舟に乗せられ、人目につかぬ所を通って導かれた軽装の即応部隊がサルマタエ族の潜伏場所を占拠したが、この者たちは国人の軽舟、馴染みの漕ぎっぷりを認め、それが不意に目にしたものであったために欺かれたのだった。一八　がしかし、遠くに武器がちらちらして、恐れていたことが近づきつつあるのに気づくと、彼らは沼沢地を避難場所として身を寄せ、その彼らを兵は猛然と追撃して大多数を殺し、注意深く足場を固められると も何かを敢行できるとも思えなかった場所で勝利を得た。一九　アミケンセス族[(3)]をほぼ片づけ、蹴散らした

(1)火と水。
(2)むしろリミガンテス族というべきところ。
(3)サルマタエ族に属するリミガンテス族の一派と思われる。パルティスクス川（ティサス川）がダヌビウス河に合流するあたりに住んでいた。ここの城郭町アキミンクム（今日のセルビアのスタリ・スランカメン）に因む命名と考えて、アキミケンセス族と読む提案もある（B）。次のピケンセス族とともに、アンミアヌスのこの箇所にのみ名が出る。

あとで、遅滞なくピケンセス族[1]を目指した。境界を接する地域に因んでそう呼ばれていたのである。この者たちに警戒心を強めさせたのは、間断なく届く噂により知られた仲間の部族の災難であった。これを屈服させるために――方々に散らばった者たちを追おうにも、道に不案内なことが妨げとなって、困難だったからだが――タイファリ族[2]と、同じくまた自由身分のサルマタエ族[3]の加勢が仰がれた。二〇　そして地勢を考慮して補助軍の部隊を分けた際、モエシアに隣接する地域を我が兵は持ち場に選び、タイファリ族は自らの住地の隣を得、自由部族は自領の真向いの土地を占めた。

二一　これをリミガンテス族は……また屈従させられ倒された者たちの例にも怯えて、最期を遂げたものか情けを乞うたものか、心迷い、長くためらっていたが、それはどちらの側にも軽微ならざる手本があったからである。しかしながら、最後には年配の者たちの合議が強く推すのを受けて[4]、降伏せんとの考えが勝ちを収めた。そうして勝利の様々な栄冠に、またひとつ、武器を執って自由を侵犯した者らの平身低頭が付け加わった。そして彼らのうちの生き残りは懇願をもって、主人は打ち負かした弱腰の相手と蔑んでいた一方、力の優ると目に映った相手には項《うなじ》を垂れたのである。二二　そこで自由通行を認められると、砦としていた山を捨てて、ローマ軍の陣営近くに彼らの大部分は馳せ参じ、広々とした平原に親や妻子や慌しい中取るものも取りあえず持ち出すことのできた貧弱な家財とともに散らばった。二三　そして勝手放題の無謀を自由と見なしている限りは、転地を強いられるくらいならむしろ生命を捨てるだろうと思われた者たちが、命令に従って、平穏で安んじていられる他の居住地を受け容れ、戦争に悩まされることも暴動によっていたたまれなくなることもあり得ぬようにすることに同意した。実際、この居住地を自ら得心して受け容れ――と信じられていたのだが――彼らは暫くの間おとなしくしていたものの、あとになると生来の野蛮さによって身を滅ぼす悪行へと蹶起《けっき》した。これについては、適当な箇所で明らかとなるであろう(5)。二四　このように事の成り行きが上々に運んだために、イリュリクムにふさわしい守りが二重の仕方で固められ、その事業の大仕事二つながらに皇帝は取りかかり、どちらも完遂した。不実な者らに比して……追放された民が、たとえ移り気な性質にかけてはほぼ等しくとも、それでも敬意を払うことにかけては多少は優ろうとするのを、遂に召還して父祖代々の居住地に置いた。そしてこの者たちに、恩顧の極みとして、毫も卑しからず、彼ら自らが以前戴いていた王子(6)を王に立ててやったが、気性と身体つきの美質において人並みすぐれた者であった。二五　正当な処置をこのように積み重ねると、コンスタンティウスは既に危惧を凌ぐ高みにあり、兵の総意によって再度、征服された者らの名に因み、サルマティクス［サルマタエ族の征服

(1)上モエシアの部族。同じくリミガンテス族の一派と思われ、ピンクム（今日のベオグラードの東数十キロメートルにあった町）の近くでダヌビウス河に合流するピンクス（今日のセルビアのペク）川に因む命名か。ピンケンセス族と読む提案もある。
(2)ゲルマニア人の一派で、西ゴート族と同盟しており、今日のルーマニアのトランシルヴァニア・アルプスの南に住んでいた。
(3)一七-一二-一七—二〇。
(4)原句 ad ultimum coetu seniorum urgente. この ad ultimum を「最後には」ではなく「最後まで」と解して、「年配の者たちの合議は徹底抗戦を唱えたけれども」との訳もある。
(5)一九-一一-五—一七で語られる。
(6)先述のジザイス（一七-一二-九）。

者」と呼ばれたが、(1) もはや退去しようとして、大隊と百人隊と中隊をすべて召集し、壇上に立って軍団印と

鷲印と幾手もの高官の集団に取り囲まれ、常の如く全員の歓呼を受けて軍にこう語りかけた。

二六 「天晴れ成し遂げられた成果を想起することは、勇者にはあらゆる喜びにもまして心地よいものだが、これに促されて今一度恭しく繰り返したいのは、神意により下された勝運をもって、戦の前にも合戦まさにたけなわの折りにも、我らが、ローマ国家の忠義この上なき守り手として、正常に復せしめたものだ。なぜなら、かくも麗しくかくも後世の記憶に委ねるべきと考えて間違いのないことがあろうか。卒は奮闘の結果成し遂げたことを、将は賢慮をもって決定を下したことを喜ぶこと以外に。二七 イリュリクムをあまねく敵の狂気が跋扈《ばっこ》していた。我らがイタリア人とガリア人を守っていた間、不在の我らを増長した自惚れでもって蔑《さげす》みつつ。そうして幾度も出撃しては最果ての国境線を荒らし、今は木の刳《く》り舟《ぶね》で川を渡ったかと思うと時々は徒歩越《かちご》えし、一戦交えることにも武器や膂力《りょりょく》にも頼らず、人目を忍ぶ盗賊行為を習いとしており、その狡猾さと人を手玉にとる様々な手口でもって、部族揺籃の頃から既に我らの父祖たちにも恐れられていた。こうした状況に、我らは遠く隔たっていたゆえ、耐えられるところは耐えたのだが、少々の損失ならば将軍たちの有能さでもって避けることができようと期待していたからだった。二八 しかるに、これが放恣《ほうし》によって増長し、諸属州の破壊的にして頻繁な災禍となって現われ出るや、ラエティアに通ずる道の守りを固め、用心怠りない防備をもってガリア諸州の安全を確乎たるものとして、背後にいかなる脅威も残さぬようにしてから、我らは両パンノニアに来たった。もしも永遠なる神の御心に適うなら、崩れゆくものを堅固ならしめんとして。そして、諸君も知ってのとおり、準備万端整えて、春もたけなわの頃進発し、嵩

なす山の如き任務を身に負った。第一は、組み材を編んでの橋の構築が飛び道具の雨に妨げられぬようにすることだったが、これを易々と仕遂げ、敵の領土を目にし足を踏み入れてのちは、死に至るまでの強情をもって抵抗を試みるサルマタエ族を、我が方に損害を出さずに打ち倒し、また、これに等しい不敵さでもって高貴なる者の軍団の隊列めがけて突進し、サルマタエ族に加勢せんとするクァディ族を、粉砕した。この者らは、方々を襲撃し、吐く息も威嚇的に抗戦する中で、痛ましい損害を出してのち、我らの武勇がいかほどの力あるものかを痛感し、戦う備えをした手を、武具の守りをかなぐり捨てて、後ろ手に組み合わせ[2]、身の安全はただ嘆願にのみあることを思い量って、慈悲深い正帝の足元に身を投げたのだったが、正帝の戦は幸いな結果に終わることを度々聞いていたからだ。二九　こうしたことを片づけてのち、リミガンテス族をも等しい勇猛でもって我らは圧倒し、大勢を殺したが、危難を逃れようと已むなく沼沢地の隠れ場所に逃げ場を求める者らもいた。三〇　首尾よき結末でこれらにも片をつけると、お誂え向きに穏やかな時節が到来した。リミガンテス族にははるか遠隔の地に無理やり移らせて、これ以上我らが従属民の破滅を狙って行動を起こすことができぬようにし、大勢の者を容赦してやり、自由部族には、我らに対し献身的で忠義な者となるであろうジザイスを戴かせてやったが、蛮族から王を奪う[3]よりは王を任じてやる方がよいと考えたから

（1）二十三年前、副帝時代の三三五年にもドナウ河畔で勝利を収め、サルマティクスの称号を得ていた。

（2）ローマ軍に縛られる前からすでに両手を後ろ手に組み合わせていたと解釈される。

（3）底本 auferre barbaris regem. 最初の語を adferre と読み、「蛮族に王をあてがう」とする版がある（B, deJ）。

であって、授けてやった統治者は当の者たちによっても以前選ばれ受け容れられていたというこの栄誉が威厳を増し加えるゆえなのだった。三一　それゆえ、四重の褒賞を、これはただ一度の遠征がもたらしたのだが、我らと国家は獲得したのだ。第一に罪深き盗賊どもの仇を討ったことによって。次いで諸君のもとに敵の捕虜がふんだんに有り余っていることによって――武勇は汗と右腕で獲得したもので満足させられねばならぬのだからな。三二　我らには豊かな資産と富の大いなる蓄えがあり、あらゆる者の所有財産を我らの労苦と雄々しさが全きままに守りおおせるであろう。このことは良き元首の心に適い、首尾よき成果に適うからだ。三三　最後に、予もまた敵の名の分捕物を掲げよう。二度めとなるサルマティクスの称号だ。これは諸君が思うところを一にして予に――こう語っても高慢とならざらんことを願うが――当然のものとして授けてくれたのだ」。

三四　こうして発言が結ばれてのち、軍会全体は、いっそう値打ちのある獲物と利得への期待が増したがために、いつになく熱を籠め、祭りの如き歓声に沸き立って皇帝を称え、慣わしどおり神を証人に呼ばわって、コンスタンティウスに負けなしを唱えると、嬉々として幕舎へ戻って行った。そして皇帝は宮居(1)に送り届けられ、二日間の静養によって英気を回復すると、凱旋の行列を成してシルミウムに引き揚げ、兵の諸隊は定められた駐屯地に戻った。

第十四章　ローマの和平使節、サポルがアルメニアとメソポタミアの回復を要求したため、任を果たさずしてペルシアより戻る

一　それと同じ頃、上述のとおりペルシア人の許へ遣わされていた使節のプロスペルとスペクタトゥスとエウスタティウスが、クテシフォン[3]に戻った王のところへ皇帝の書簡と贈り物を携えて参内し、現状に手を加えぬままでの和平を要求し、指示されたところを忘れずにローマ国家の国益と威信を一歩も譲ろうとせず、友好の盟約は、アルメニアもしくはメソポタミアの位置づけを狂わせるような変更は何一つ加えぬということの条件で固めるべきことを主張した。二　それゆえ、この地に長く逗留し[4]、頑固一徹の王がこれら地域の支配権が自らの手に帰せられねば和平を受け容れぬと態度を硬化させるのを認めたため、使命を果たさずして帰還した。三　このあと、まさにその条件を等しい頑強さでもって達成しようと、補佐官ルキリアヌス[5]が派

(1) シルミウムからさほど遠くない地、アキミンクム（今日のセルビアのスタリ・スランカメン）か、さらに下流のシンギドゥヌム（今日のベオグラード）にあったと推測される。
(2) 一七-五-一五。
(3) ティグリス河中流左岸の町。今日のバグダッドの南東四〇キロメートル。サーサーン朝ペルシア時代は王の冬宮があった。六三七年にアラビア人に征服される。
(4) 実際には三五八年の五月初めから五月二十五日前後までだったらしい。
(5) 一四-一一-一四。

遣され、当時書記官をしていたプロコピウス(1)も伴っていたが、この男はのちに、言わば必然の暴力の結び目に絡め取られたかの如く、国家転覆へと蹶起《けっき》することになる。

(1) キリキア出身。ユリアヌスの母方の縁者。この後も三六三年のユリアヌスのペルシア遠征で軍を率いるなどする。三六五年九月二十八日にコンスタンティノポリスで起こした帝位簒奪については、第二十六巻第七章以下で語られる。

第十八巻

第一章　副帝ユリアヌス、ガリア人の利益を図り、いずこにても万人により法が守られるべく配慮する

359年

一　これらのことは世界のさまざまな所で同じ一年[1]に行なわれた。だが、ガリア諸州においては、事態がまだしも良い状況にあり、またエウセビウスとヒュパティウスの兄弟[2]が執政官の称号を得るまでに昇進するといった中で、相次ぐ成果によって名を上げたユリアヌスは冬営にて[3]暫しの間、戦の気苦労を脇にやり、それに劣らぬ心遣いで諸属州の繁栄に通じる手立てを数多く講じていったが、その際肝に銘じたのは、誰にも貢租の負担が殊更重くのしかかることのないよう、あるいは有力者が他人のものを横領したり、国家に損失を蒙らせて私腹を肥やそうという手合いが国家の中枢に関わったりせぬよう、またはおよそ審判人たる者が公正の道を外れては処罰なしで済まぬようにすることだった。二　そしてこの矯正を易々と成し遂げたというのは、訴因ないし当事者の重大さに鑑みて必要な際には彼自らが訴訟を裁定し、正不正を判別する者として揺るぎなかったからである。三　それで、この種の法廷論争において彼の称賛すべき行為は数々あるが、こういう風な言動があったという一例を挙げるだけで十分であろう。四　少し前にナルボネンシス[4]の知事を

していたヌメリウス(5)が着服を働いたとして訴えられ、常ならぬ糾明の意気込みでもって、法壇にて公開で、望む者には傍聴を許して審理を行なった。この者が否認をもって嫌疑から身を守り、いかなる点でも論駁され得なかったとき、舌鋒鋭い弁論家デルフィディウス(6)が彼を激しく攻め立てながら証拠のないのに苛立ってこう叫んだ。「清栄極みなき副帝よ、およそ誰が有罪たり得ましょうや、もし否定するだけで事足りるなら」。これに対しユリアヌスはむっとして、当意即妙に「そして誰が」と答えた、「無罪たり得ようか、もし告訴するだけで事足りるなら」。まことこうした類の人間味ある行為の数々があったのである。

(1)三五八年。
(2)フラウィウス・エウセビウスとフラウィウス・ヒュパティウス。コンスタンティウス二世の皇妃エウセビアの兄弟で、三五九年に揃って執政官に就任するも、のちウァレンス帝（在位、三六五―三七八年）代の三七一年に帝位を狙っているとして訴えられ、追放されることになるが、程なく呼び戻され名誉回復される（二九‐二‐九―一六）。弟のヒュパティウスは、その後三七九年にローマの都市長官、三八二―三八三年にイタリア及びイリュリクム担当近衛長官（イタリア・イリュリクム道長官）を務める。
(3)パリシイ。三五八―三五九年の冬をここで過ごした。現に地名を補って「パリシイで冬籠りをしつつ」と読む版がある(Ro)。
(4)一五‐一一‐六。
(5)ヌメリアヌスとする史料もある。詳しい経歴は不明。
(6)アッティウス・ティロ・デルフィディウス。ブルディガラ（今日のボルドー）出身の異教徒で、幼少時より文芸に親しみ、修辞学教師として名を成した。同時代同郷の詩人アウソニウス（三一〇頃―三九三／九四年）が「ブルディガラの教師たちの思い出」五‐五の中で、「雄弁、博学、素早く頭と舌が働き、冗談は心地良い」と評している。

第二章　副帝ユリアヌス、奪還したレヌス河畔の要塞の城壁を修復し、レヌスを渡り、アラマンニア[1]の敵対する一部を荒らしてアラマンニ族の五王に和平を求めしめ、捕虜を返還せしむ

一　ところが急を要する遠征[2]に出立しようとした際には——これはアラマンニ族の幾つかの村が刃向かっていて、他ならぬこの連中も余の者たちの例に倣って倒しておかねば途方もないことを始めるであろうと思案していたからだが——目算により好機到来となった場合ただちに、いかなる兵力、いかなる迅速さをもって噂に先んじて彼らの領地を不意討ちすべきか、思案投げ首の態であった。二　そうしてあれこれと大いに考えた挙句、遂に、結果がその有効なることを証した一策を試みることに決めた。無任所士官で、人も知る忠誠心と胆力を具えたハリオバウデス[3]を、誰にも知らせず使節と見せかけて、すでに平らげた王であるホルタリウス[4]の許に派遣したが、そこからは武力を急遽差し向けるべき相手との国境地域へと容易に歩を進めて、彼らが何を画策しているか、蛮族の言葉を熟知しているゆえ、探ることができようというのである。三　この者がこの任を果たすべく、自信満々、出立すると、副帝自らは季節も好適とあって、遠征に向けて八方より兵を呼び集め、進発したが、喫緊の課題の中でも早々に果たさねばならぬと考えたのは、熾烈な戦闘の始まる前に、はるか以前に破壊され無人となっていた諸邑《しょゆう》に入ってこれを回復した上で、防備を巡らし、さらには焼けた倉庫の代わりを建てて、ブリタンニア諸州より運ばれて来る習いの食糧を蓄えておけるようにすることだった。四　そのいずれも、皆の予想より早く完了した。というのは、倉庫は迅速な作業で建てられ

て十分な量の糧食がその中に蓄えられたし、また七つの町が占拠されたからである。カストラ・ヘルクリス[5]、クァドリブルギウム[6]、トリケンシマとノウェシウム、ボンナ、アンテンナクム、それにウィンゴ[7]で、この最後の町には喜ばしき成行きと言うべきものによって近衛長官のフロレンティウス[8]までもが兵の一部を率い、長期の使用に足る大量の補給物資を携えて俄かに姿を現わした。

五　これらが達せられてのち、残るは切羽詰まった状況に強いられての、回復した町々の城壁修復であったが、まだこの時は邪魔立てする者もなかった。それで歴然たる証拠によって明らかであるのは、この時期、蛮族は恐怖ゆえに、ローマ軍は指揮官への敬愛ゆえに[9]、国益に奉仕していたということである。六　諸王は

(1) アラマンニ族（一四-一〇-一）の住地。本文には二〇-四-一が初出。

(2) ユリアヌスの対アラマンニ族第三次の遠征になる。

(3) 他に伝なく、不詳。

(4) 一七-一〇-五―一〇。

(5) 今日のオランダのアルンヘム近郊か。以下、順に北から南に数え上げられる町々をユリアヌスが占拠したのは、ブリタンニア島から調達する食糧をライン河経由で安全に内陸へ輸送するため。

(6) 今日のオランダ国境に近いドイツのクレーフェのあたりか。

(7) この五つはいずれもライン河沿いで、順にそれぞれ今日のドイツのクサンテン近郊（「トリケンシマ（第三十）」の名は一一九年から二七四年まで第三十軍団ウルピア・ウィクトリクスの駐屯地だったことに由来）、ノイス、ボン、アンデルナハ、ビンゲン。

(8) 一六-一二-一四、一七-三-二。

(9) 底本 rectoris amore. B は rectori amore と読むが、この場合、「蛮族は恐怖ゆえに国益に、ローマ兵は敬愛ゆえに指揮官に奉仕していた」となる。

前年の約定[1]に従って、建築に手頃な資材を多数、手持ちの荷車に積んで送って寄越し、補助軍の兵らは、常にこの種の役務を小馬鹿にするものだが[2]、ユリアヌスの甘言によって靡《なび》かせられてまめまめしく従い、五〇ペース[3]もの、またそれ以上の木材をいそいそと肩に担ぎ、建設作業に最大限の協力を行なった。

七　これらが細心の注意をもって着々と進捗する間に、ハリオバウデスが万事を偵察して戻り、見聞きしたことを報告した。この者の到着後、全員が全速力でモゴンティアクスに来たが、ここでフロレンティウスとルピキヌス[4]——セウェルスの後任——がここに橋を拵えて渡河すべきだと頑強に言い張ったとき、副帝はきっぱりと拒絶し、平定した相手の土地に足を踏み入れるべきではない、よくあるように出《い》で合《あ》うものを片端から荒らしてゆく兵の不躾《ぶしつけ》のために盟約が不意に毀れてしまうことがあってはならぬからだと主張した。

八　ところが、軍が向かっていたアラマンニ族[5]は、全部族が、危険がすぐそこまで来ていると考えて、以前の協定により我々の盟友であったスウォマリウス王[6]に威嚇半分、警告し、ローマ軍の渡河を妨げるように言った。それというのも、王の領地はレヌス河の向こう岸に接していたからである。王が我一人だけ反対はできぬと誓言するので、蛮族の集団が一つにまとまり、モゴンティアクス近傍に来て、軍が河を渡らぬよう大いに力を揮って止めようとした。九　それゆえ、副帝が、平定した相手の土地を害わぬよう、あるいは最も好戦的な民の抵抗を押して橋を結び渡し大勢の者を危険に曝さぬよう、橋を繋ぎ渡すのに最適の場所へ〈行け〉と説き勧めたのは二重の理由で当を得ていると思われた。一〇　このことを敵は聡くも察知して、対岸をゆるやかに進み、我が軍が幕舎を設営するのを遠くから認めると、彼らもまた眠らずに夜明かしし、渡河が試みられぬようじっと用心深く見張っていた。一一　しかしながら、我が兵は予め目星をつけておいた場所[7]に到着すると、矢来と壕を周囲に巡らして休息し、副帝はルピキヌスと相談した上で、ある士官たちに命じて、銘々三〇〇人ずつ、杭[8]を持った即応の兵を用意させ、何を為し、どこへ行かねばならぬか皆目知らせずにおいた。一二　そして夜も更けた頃、集合させると、全員を舟に乗せて、これには四〇艘の小舟が――この時、それだけしか手回らなかったからだが――使われたのだが、川を静かに、櫂も宙に浮かせたまま、波音が蛮族の目を覚まさせぬように下り、敵が我が軍の焚く火を見張っている間に心身の敏捷さを発

(1) 一七-一〇-四。
(2) 一般の軍団兵と違って、補助軍の兵は特権的な立場にあり、雑役を忌避する傾向にあった。
(3) 一ペースは二九六ミリメートルゆえ、五〇ペースは一四・八メートルになる。ただし、原語は quinquagenarius で、単位なしの数字なので、五〇ディギトゥスであれば、一ディギトゥス＝一八・五ミリメートルゆえ、〇・九二五メートルになる。ふつうは長さ五〇ペースと考えられているが、丸太の直径が五〇ディギトゥスとの解釈もある。
(4) フラウィウス・ルピキヌス。三五九年、セウェルス（一六-一〇-二一）の後任としてガリア方面騎兵長官に就任。
(5) 以下、アラマンニ族には親ローマ的な部族（スウォマリウス、ホルタリウス、ウァドマリウスの王国。ただし、ウァドマリウスの部族は一時ローマに敵対した（一四-一〇-一、一六-一二-一七））と、反ローマ的な部族（マクリアヌス、ハリオバウドゥス、ウリウス、ウルシキヌス、ウェストラルプスの王国）の二派がある。
(6) 一七-一〇-三―四。その領国は今日のマイン川の北のライン右岸にあった。
（7) 恐らく今日のシュパイアー近郊と思われる。
(8) ライン河の対岸に橋頭堡を造るための資材。

揮して兵は向こう岸に押し渡れと命じる[1]。

一三　このことが急ぎ行なわれている間、以前我が方と同盟を結んでいたホルタリウス王[2]は、何ら謀反を企てようとはしなかったが、しかしまた近隣部族とも友好関係を保とうとして、王たち、王子たち、首長たち全員を宴に招いて手許に引き留め、飲み食いを部族の習わしで第三夜警時[3]まで続けた。この者らがそこから退散しようとするところをたまたま我が軍が出し抜けに襲撃したものの、およそ殺すことも生け捕ることもならなかったが、夜闇と馬とが助けとなったためであり、闇雲な衝動に駆られるままに行方をくらましたのである。だが、徒歩《かち》で彼らに従っていた従僕や奴隷は、夜陰に乗じて危地を脱した者らを除き、殺害した。

一四　遂にローマ軍の渡河を知ると——こちらは以前の遠征の経験からこの時も首尾よく敵に巡り合いさえすれば労苦の慰藉が得られるものと思っていたのだが——橋を渡されぬよう鵜の目鷹の目で見張っていた王たちとその民は愕然とし、恐怖に怯え切って散り散りに逃げ出し、御し難い乱心も鎮まって、己れの縁者や家財を急いで遠方に移し始めた。そしてたちまちあらゆる困難が払拭され、橋が通され、不安を覚える諸部族の予想に先んじて兵が蛮地に姿を見せ、ホルタリウスの王国を、危害を加えることなく通過して行った。

一五　だが、当時なお敵対的であった王たちの土地に着くと、あらゆるものを焼き、また奪い、反乱者らの領地の真ん中をずかずかと前進して行った[4]。そうして囲みを成す柔《やわ》な住居に火を放ち、大勢の人間を斬り捨て、また、倒れる者多く、嘆願の態で腰を折る者らもいるのを目にとめたのち、カペラティイあるいはパラスと名のついた地区[5]で、境界石がローマ人とブルグンディイ族[6]との隣り合った土地を区切っている所に来ると、陣営を置いたが、そのわけは、実の兄弟で王のマクリアヌスとハリオバウドゥス[7]を恐怖心を懐かせずに迎え入れるためで、この二人は身に破滅の迫るのを感じて心中不安を覚え、和を乞わんとして来ていたのである。一六　この二人に次いですぐに、ラウラキの向かいに住地をもつウァドマリウス王[8]も来たって、温かい推薦の辞を記した元首コンスタンティウスの書状を持ち出し、鄭重に迎え入れられたが、かつて正帝からローマ国家の庇護の下へ迎え入れられたゆえ、当然のことであった。一七　そしてマクリアヌスはというと、兄弟ともども鷲印と軍団印の只中に案内されると、武具と部隊の意匠さまざまな装いに呆然となったのは、

（1）いささかねじくれた文なので、原文に頻出する受動態を多く能動態に訳してある。

（2）一七-一〇-五―九。その領国はマイン川の南からネッカー川までのライン右岸にあった。

（3）すなわち、夜中の十二時を過ぎるまで。

（4）底本をはじめ、ほとんどの版が（例外はB）ここで改行を行なうが、然るべき理由があるとは思えない。

（5）カペラティイは防柵を意味するアラマンニ族の言葉から来ているとする説や、パラス（Palas）は Ad palos（杭のところ）の転訛で、国境線（limes）の構築に因むとする説などあるが、ローマとブルグンディイ族との境界が定かでないため、位置の特定は困難。

（6）底本 Romanorum et Burgundiorum. 固有名詞を改変して Alamannorum et Burgundiorum（アラマンニ族とブルグンディイ族の）とする版が多い（Cl, Ern, Eyss, Ga, Ro, Sel, Wa）。ブルグンディイ族は、いわゆるブルグント族。ゲルマニア東部の部族で、二九七年のローマとの戦いで初めて文献に登場し、四世紀にはマイン川の南、アラマンニ族の東に定住した。ローマ領との間に境界石があったとの話は他の文献に見えない。

（7）この二人はアラマンニ族の一派で、後出のブキノバンテス族（二九-四-七）の王であったらしい。ハリオバウドゥスは前出のハリオバウデス（一八-二-二）とは別人。二人の領国は西をライン河、北と東をネッカー川に挟まれた土地にあった。

（8）一四-一〇-一、一六-一二-一七。その領国はブレゲンツ湖を出て西流するライン河の北にあり、南岸の町ラウラキ（ラウラクムとも。一四-一〇-六、一五-一一-一一）に相対していた。

この時初めて見たからだったが、己が民のために願いの筋を述べた。だがウァドマリウスは、国境線に隣り合っていただけに我が方の事情に馴染んでいて、これ見よがしの武装の華麗さには驚嘆しつつも、ごく若いうちからこのようなものを幾度も目にしたことを思い出した。一八 遂に、長く思案を秤にかけたのち、全員一致の合意により、マクリアヌスとハリオバウドゥスには和平が認められたが、しかしウァドマリウスには、己れの身の安泰を確保しようとしていながら、なおかつ、使節の名目で嘆願者として来ていて、王たち、ウリウスとウルシキヌスとウェストラルプス(1)のために同様に和を乞うており、さしあたり返答ができなかったのであって、蛮族というものは移ろいやすい信義を有しているゆえ、我が軍の撤退ののち勇気を盛り返して、他者を通じて獲得したものに安んじてはおらぬのではないかと危惧したからである。一九 だが彼ら自らも、収穫物と住居に火をつけられ、大勢が捕えられたり殺されたりしたのち、使節を送って寄越して、まるで彼らの方から我らが民に対してこのようなことを仕出かしたかのように、腰を低くして願うに及んで、同様の条件で和平を得た。その条件の中でもとりわけ優先されたのは、度重なる掠奪行により奪った捕虜全員を元に戻すことであった。

第三章 歩兵長官バルバティオとその妻の首がなぜ正帝コンスタンティウスの命により刎ねられたか

一 こうした世直しをガリア諸州において天慮が行なっている間に、正帝の宮廷内で国家転覆の騒動が些細なきっかけから起こり、悲嘆と哀泣へと至った。当時歩兵軍の指揮官であったバルバティオ[2]の屋敷に蜂が目立って大きな群塊を拵えた。それでこのことにつき、異兆に通じた者たちに彼が不安交じりに相談すると、大いなる危難が予示されている[3]との返答であったが、すなわちこのような解釈による。この飛ぶ虫は、いったん棲家を構え富を蓄えたあとは、追い払うのに煙と鐃鈸《にょうはち》[4]の騒々しい音をもってしなければならぬ、と。

二　この男にアッシュリア[5]という名の妻があり、寡黙でもなければ聡明でもなく、遠征に出で発った夫が、我が身に予言されたのを忘れずにいた一件ゆえ幾通りもの危惧に不安を覚えていたというのに、女の浅知恵に駆り立てられて、暗号文字[6]の心得のある下女を呼び寄せ、これはシルウァヌス[7]の資産から受け継いでいたのだが、夫に宛てて間の悪い手紙を書いて、あたかも泣き言を言うかの如く誓って述べるには、コンスタンティウスの逝去も近づき、その後ご自身が望みどおり帝位に迎えられても、私を蔑んで、数々の女たちの間

---

(1) この三人の王はアルゲントラトゥス（ストラスブール）の戦いでユリアヌス率いるローマ軍と戦っている（一六-一二-一）。

(2) 一七-六-二。

(3) 蜂の群塊は不吉な前兆とされることが多く、例えば、前四八年、ポンペイユスがパルサロスでのカエサルとの決戦に向けてデュラキオンを進発したとき、軍団印に蜂が群がって覆い隠したという（ウァレリウス・マクシムス『著名言行録』一-六-一二）。

(4) 小型で肉厚のシンバルの一種。

(5) 名前からして近東の一族の出と思われるが、他に伝なく、不詳。

(6) ローマではカエサルやアウグストゥス帝が既に初歩的な暗号文字を使っていた（カエサル『ガリア戦記』五-四八-四、スエトニウス『ローマ皇帝伝』「アウグストゥス」八八）。

(7) バルバティオの前任者（一七-六-二）。

でも身体の美しさで際立つ今の皇妃エウセビアとの結婚を第一に考えるような真似はしないでほしい、と。三　この手紙が出来得る限り内密に送り届けられたのち、女主人の口述によってこれを書き上げた下女は、遠征から全員が帰還するや、写しを持ってアルビティオ(1)の許へ、夜の憩いの始まる頃おいに(2)走り、得たりやおうと迎え入れられて、その書きつけを渡した。四　彼はこの証拠を頼りに、人を告訴することにかけては誰よりも能があったので、元首に報告をし、そして慣わしどおり審理に猶予も休止も設けられぬ中、バルバティオは手紙を受け取ったことを認め、妻はこれを書いたことを軽微ならざる証拠によって立証され、ともに首を刎ねられて死んだ。五　彼らが処罰されたのちも、審問が長々と尾を引き、大勢が、咎ある者も咎なき者も苛酷な目に遭わされた。そうした中にあって、前親衛隊長で士官のウァレンティヌス(3)もまた共謀者として他の大勢とともに幾度も拷問にかけられ、生き延びはしたのだが、何があったか全く知らなかったのだった。それゆえ、不正により身の危険を蒙った代償に、イリュリクムの将軍職を得た。

六　ところで、このバルバティオはいささか粗野で、傲慢な心向きの持ち主であり、多くの者に毛嫌いされていたが、そのわけは、副帝ガルスの下で親衛隊を率いていた間は(4)裏切者で不実な人間であったし、副帝の没後は軍の顕職を鼻にかけて思い上がり、副帝ユリアヌスに対してもやはり同じような捏造を繰り返し、真っ当な人々の顰蹙《ひんしゅく》をしきりに買いつつ、正帝の開けっ広げな耳元であれこれとひどい話を喋り散らしたからであるが、七　さだめし、古人アリストテレスの知恵ある言葉を知らなかったのであろう。この人は、弟子で近親にもあたるカリステネス(5)をアレクサンドロス王の許に遣わし、生殺与奪の権限を舌先三寸に有している人間の前ではできるだけ口数を少なくし感じよく話すよう度々訓導したのだった。八　人間が役に立ちそうなものと有害なものを時に見分けるということに何の驚きもないにせよ――人間の精神は天上の神々との近親性を有すると我々は見なしているのだからだが――理性を欠く動物も時折り己れの安全を深い沈黙で守る習性があるのは、次の例がとりわけよく知られる。九　雁は東の地を温気《うんき》のゆえに去って西の地を目指すが、鷲の多くいるタウルス山(6)に分け入り始めると、この滅法強い鳥を恐れ、小石を銜《くわ》えて嘴を閉じ、いかに切羽詰まったとて鳴き声が出てこないようにする。そしてこの高原地帯をさっさと飛んで越えてしまうと、石ころを落とし、こうして恙なく旅を続けるのである。(7)

(1) 一四-一一-二。
(2) 第一夜警時（日没から夜九時頃まで）か、就寝時刻か、詳らかにしない。
(3) 他に伝なく、不詳。
(4) 一四-一一-一九。
(5) アリストテレスの甥。大王のアジア遠征に同行したが、跪拝礼を求められたことが因となって不和となり、身柄を拘束されたまま、インド遠征中に亡くなった。ウァレリウス・マクシムス『著名言行録』七-二-異国之部一一に詳しい話がある。
(6) 一四-八-一。
(7) 雁は食物摂取の際、よく砂や小石も一緒に呑み込む習性があり、これが雁の胃袋から発見されることから起こった話ではないかという。プルタルコス『モラリア』「陸棲動物と水棲動物のどちらがより賢いか」九六七B、アイリアノス『動物奇譚集』五-二九も同様の話を伝える。大プリニウス『博物誌』一〇-五一も雁の知恵を記すが、小石で嘴を閉ざす話は紹介されていない。いずれにせよ、時に沈黙を保つ雁の知恵を、浅はかに作り話を喋り散らすバルバティオと対比させる意図がある。

第四章　ペルシア王サポル、ローマ人を全力を挙げて攻撃する備えをなす

一　シルミウムでこうした審問が並々ならぬ入念さで執り行なわれている間に、オリエントでの巡り合わせが危険を知らせる恐ろしいラッパを再び吹き鳴らしていた。なぜなら、ペルシア王が、平定した猛々しい諸部族の加勢を得て武器を執り、王国を増し加えんとの野望に人間の分際を超えて燃え立ち、武器と兵力と糧秣を準備し、黄泉の国の霊たちと談合を交え[1]、また、先々のことについてあらゆる宗教に伺いを立てつつ、これらが十分に集まったならば、春の穏やかな時候が始まる頃おいに、全面的侵略を行なおうと考えを巡らしていたからである。

二　そしてこの知らせをまず噂が、次いで確かな知らせの者が持ち来たり、不安に苛まれた全員を迫り来る災厄への大いなる恐怖がうろたえさせていたとき、宮廷工廠[2]が、世に言うところの同じ鉄床《かなとこ》を昼夜分かたず打つことによって、宦官たちの意のままに、猜疑心強く臆病者の皇帝にウルシキヌス[3]を、あたかも凄まじい形相のゴルゴン[4]であるかの如く、突きつけて、同工異曲の話を頻繁に開陳して言うには、シルウァヌス殺害後、いっそうすぐれた人物が払底しているかのように、東方領域の防衛のため再度派遣されて、鼻息荒く更なる上位を窺っております、と。三　一方また、こうしたあまりに醜い阿諛追従によって、きわめて大勢の人間がエウセビウス[5]の歓心を買おうと努めた。当時侍従長をしていた人物で――本当のところを言わねばならぬとすれば、この男の許ではコンスタンティウスは大いに力があった[6]のだが[7]――前述の騎兵長官の身の安泰を舌鋒鋭く攻撃していたのだが、それには二重の理由があって、すべての者のうち唯一人、余の者た

ちのように彼の富を増し加えることもしなければ、彼がうるさく要求して已まないアンティオキアの家を立ち退きもしないからであった。四　この男は、毒をたっぷりと含みもつ蛇が、何匹もの仔を、まだ碌に這うこともできぬのにけしかけて危害を加えさせる如く、既に成人している侍従たちを差し向けて、私的生活の世話の合間に、いつまでも子供っぽく甘ったるい声を婀《あで》やかに響かせ、(8)あまりに開けっ広げな元首の耳元で、この勇敢な人物の評判を手きびしい悪口雑言により打ちのめすように仕向けた。彼らもただちに命令を実行した。五　こうした類の事柄に嫌気がさして、古のドミティアヌス(9)を称えることに喜びを覚えるわけだが、この人は、たとえ父や兄と異なり己が名の記憶を祓い浄めることのできぬ呪いで汚したのではあれ、それでも、ローマの法の及ぶ範囲内では何人も男児を去勢すべからずと、威嚇をもって禁じた誠に慶賀すべき法律

(1)ペルシアのマゴス僧（予言を行なう祭司）による死者との交霊術をいう。
(2)後出の慣用句に合わせて、宮廷内の取り巻き、とくに宦官連中をこうなぞらえたもの。実在したわけではない。
(3)アンミアヌスの上官にあたる騎兵長官。帝位僭称者シルウァヌスの誅殺に功があった（一五-五-二一―三二）。
(4)髪の毛が蛇で、見る者を石に変える女怪メドゥサの一人。
(5)一四-一〇-五。
(6)底本 multa Constantius potuit. この最後の語を posuit に改め、「この男にコンスタンティウスは大いに頼っていた」と解する版がある（Ro, Sel）。
(7)皮肉ないし反語で、実際はコンスタンティヌスがエウセビウスに操られていたということ。
(8)侍従たちも去勢のせいで声変わりしないので。
(9)六八頁註（2）。ドミティアヌス帝が去勢を禁じた話は、スエトニウス『ローマ皇帝伝』「ドミティアヌス」七に見える。

でもって光彩を放ったのだった。もしこのことなかりせば、数稀であってさえ耐え難い連中がうようよしているのに誰が我慢できようか。六　とはいえ、用心に用心を重ねて行動が起こされたが、それは、侍従長の思い描くところによれば、ウルシキヌスを再度召還しても、恐怖ですべてを混乱に陥れるような真似をさせず、運の巡り合わせにより機会が得られたときにはさっさと生命を奪ってしまえるようにするためであった。

七　こうしたことを彼らがひそかに画策して、ああもしようかこうもしようかと心を乱しているとき、我々はかつてのコンマゲネ王国の名高き首邑《しゅゆう》サモサタ(1)に暫時滞在していたが、突如として意想外の動きが、しきりに届く確かな噂によって耳に入る。この動きについては物語が先へ進めば明らかとなるであろう。

第五章　親衛隊員のアントニヌス、一家をあげてサポルの許に走り、既に自らも動きを起こしていた相手をローマとの戦争に駆り立てる

一　アントニヌス(2)なる者がいて、富裕な商人上がりで、メソポタミアの将軍の出納吏員であったが、当時は親衛隊員をしていて、鍛え抜かれ、また聡明で、かの地全土でよく知られていたけれども、ある者たちの強欲のために巨額の損失を負わされ、有力者らを相手に争ううちに、己れがますます不正義によって打撃を蒙るのに気づき、これは一件を吟味する者たちが力の勝る者の方に贔屓《ひいき》をする傾向があったからだが、棘を踵で踏まぬよう、物腰柔らかな愛想遣いへと切り換え、共謀により国庫の債務者欄に移されていた負債(3)を認め、今にも大きなことを仕出かそうとして国家全体の部分部分にこっそりと探りを入れ、どちらの言語で書

かれたものでも理解できるため、[4] 算定に没頭し、いかなる、もしくはいかほどの勢力の兵が、いずこにあるか、もしくはいつ遠征に乗り出そうとしているかを書き留め、同様にまた武器と糧秣の備えや、その他戦争に資することになるものが豊富に手回っているか否かを、たゆみなき探索で調べ上げた。[5] 二 そして、オリエント全体の内情を、兵力と給与の最大部分がイリュリクムに配分されていることもあって――その地に皇帝は深刻な案件のため足止めされていたので――学び知るうちに、書き証文をもって己れの負債であることを認めるよう暴力と恐怖で強いられた金銭の支払い期日に定められた日がはや迫ろうとするに及んで、出納補佐官[6]が相手方を贔屓して喧嘩腰で迫るので、自身が八方からあらゆる裁判沙汰の危険に押し潰されずにいないことを予見すると、妻子および愛着あるすべての縁者を引き連れてペルシア人の許への逃亡を、悪戦苦闘、試みた。三 そして、哨戒兵の目を逃れるため、ヒアスピス[7]に――この地はティグリスの流れに洗われているのだが――小金を投じて地所を買う。そしてこの一計のお蔭で、ローマの国境地帯の最果ての地方にまで来た理由を、誰も既に大人数を抱える地主となった者から敢えて聞き出そうとしないので、忠義で泳ぎ

（1）一四-八-七。
（2）属州メソポタミアの将軍カッシアヌスの出納吏員であったとされる。
（3）本来なら有力者が担うべき国庫への負担金を、結果的にアントニヌスが肩代わりさせられたということであろう。
（4）ラテン語とペルシア語との解釈もあるが、ローマ軍の内情調査という文脈からすれば、ギリシア語とラテン語か。
（5）アンミアヌスで二番めに長い文。一〇四語を擁する。
（6）原句 comes largitionum. 国庫出納補佐官（comes sacrarum largitionum）の下僚で、担当管区内での財務を管理した。
（7）ニシビスの北東にあたるティグリス河右岸の町。現トルコのヤルバシ。当時のローマ領の最前線。

も達者な奴隷たちを通じて、対岸の一帯すべてを将軍の権限で当時守っていたタムサポル(1)とひそかな対話を度々行ない、そして事前に心根を知ってもらった上で(2)、ペルシアの陣営から敏捷な男たちの加勢を派遣させると、一家の大事なものをすべて抱えて軽舟に乗り、夜夜中《よるよなか》に河を渡るが、逆しまに見たかのバビュロンの裏切り者ゾピュロス(3)のようであった。

四　メソポタミアの情勢がこういう有様となっても、宮廷の一党は我々の破滅を狙って相も変らぬ童謡《わざうた》を歌い、遂に最も勇敢なる男を害う取っかかり(4)を見出したが、それには宦官の集団が主導者また使嗾者《しそうしゃ》となっており、この連中ときたら常に粗暴で嫌悪を催させるし、余の親族を欠いているため(5)ただ財産のみを可愛いくて仕方がない娘のように抱擁するのだ。五　そして定まった目論見は、洗練された老人で(6)金回りもよいが、戦には向かず、怯懦《きょうだ》で、素姓の卑しいために長官の顕職を手に入れることから未だに遠く隔てられているサビニアヌス(7)を、東方諸領の長たるべく派遣し、一方ウルシキヌスには歩兵を指揮させてバルバティオの後任とするため宮廷に戻し、これにより彼らの言い囃したところでは国家転覆の血眼の煽動者が生身を曝して恐るべき難敵から攻撃されるようにする、ということであった。

六　こうしたことがコンスタンティウスの陣営内で、まるで祭典芝居の舞台でのように演じられ、元締めたちが急に売り立てられた職権の代価(8)を有力者の家々にばら撒いている間に、アントニヌスが王の冬営に送り届けられていそいそと迎え入れられ、そして被り物(9)の権威によって高位を授けられて――この栄誉によって王の食卓への相伴が許され、また、栄誉に浴した者たちはペルシア人の間では評議の席で説き勧めたり意見を述べたりすべく口を開くのだが――世に言うところの棹《さお》も曳綱《ひきづな》も使わず、とはすなわち、謎めいていたり曖昧であったりする回りくどい言い方をせず、帆を一杯に張って国政に身を投じてゆき、件《くだん》の王を焚きつけて、その昔マハルバルが愚図だといってハンニバルを非難した[10]のと同じように、陛下はお勝ちにはなれますが勝ちに乗じることはご存じないと始終唱え続けた。七　というのも、国政の只中で育ち、諸事万般に通じていたので、聴き手の旺盛な、耳当たりのよいものを得ようとする感覚を捉え——褒めることをせず、

（1）一六-九-三。

（2）「そして事前に心根を知ってもらった上で」は原句 et antea cognitus. これをアントニヌスではなく、タムサポルの修飾句とすれば、「対岸の一帯すべてを将軍の権限で当時守っていた、旧知のタムサポル」と訳せる。

（3）ペルシア人。前五二〇年頃、ペルシア王ダレイオスから虐待を受け逃げて来たとの触れ込みでバビュロンの町に入り、信用を得てのち、裏切ってダレイオス王のために町の門を開いた（ヘロドトス『歴史』三-一五三—一五八）。アントニヌスはローマを裏切るために敵国ペルシアに入り込んだから、逆の様相となる。

（4）ウルシキヌス。

（5）宦官には子がいないことをいう。

（6）底本 cultus. これを uietus（皺の寄った）と読む版もある (B, Ga, Wa, de])。

（7）他に伝なく、不詳。三五九年、ウルシキヌスに代わってオリエント方面騎兵長官に任命された。

（8）サビニアヌスからの賄賂。

（9）原語 apex. ここでは後出の tiara（一八-八-五）に同じ。ペルシア人のティアラに二種あり、シャープール二世のティアラは上部に矢狭間を三つ列ねた「城壁冠」と呼ばれる王冠様のもの、廷臣たちのものは円錐形に近い縁なし帽の一種。ともにフェルト製。

（10）マハルバルは前二一六年のカンナエの戦いでカルタゴ軍の右翼を預かった指揮官。リウィウス『ローマ建国以来の歴史』二二-五一-一—四に見える有名な逸話。

ホメロスのパイアケス人(1)に倣って沈黙をもって讃嘆する聴き手なのだが——もはやかれこれ四〇年を閲《けみ》する記憶によって開陳するには、次々と戦の成果があがってのち、とりわけヒレイヤ(2)とシンガラ(3)ではかの熾烈極まる夜戦《よいくさ》が戦われ、我が方の軍勢(4)は総崩れとなって串刺しにされ、まるで渉外神官(5)が間に割って入って両軍を引き分けたとでも言うべき有様だったのだが、ペルシア人は勝利を収めていながら未だエデッサ(6)にもエウフラテスの橋(7)にも到達していない。武力と華々しい戦果を恃んで国を拡大していて然るべきであった(8)のに。とりわけ内戦の動乱が長く続いてローマの太柱の血が双方の間で流されていたときに、と。

八　こうした類の話でもって、折りにふれ食事の席で——彼らの間では古のギリシア人の習慣に倣って(9)そこで戦争の備えや重大な事柄について諮られるのであるが——素面のままこの脱走者は、すでに火のついていた王を煽り立て、冬が過ぎればただちに己が幸運の大いさを恃んで戦を起こすように仕向け、自身もまた必要とあらば幾度でも助力を致しましょうと自信たっぷりに請け合った。

第六章　軍司令長官ウルシキヌス、オリエントより召喚され、すでにトラキアまで来たとき、メソポタミアに再派遣される。そこへ戻るとマルケリヌスを通じてサポルの来寇を探る

一　ほぼ同じ頃、サビニアヌスは俄かに手に入れた職権にのぼせ上がり、キリキア(10)の領域に入ると、前任者(11)に元首の書簡を与えたが、元首は宮廷まで、さらに上位の職階を拝命すべく疾《と》く馳せ参じよと促してい

た。たとえウルシキヌスがテュレ(12)に留まっていようと、事の重大さのため相応の理由でこれを呼び寄せざるを得ない、さほどの急を要する事態に立ち至っている。何分、古き時代の修練と、また長年の経験からペルシア人の戦術にも通暁している男であるから、と。二　この噂によって諸属州が動揺をきたし、町々の身分

(1)パイアケス人の国に漂着したオデュッセウスがアルキノオス王の屋敷で自身の漂流譚を長々と語り終えたとき、一同は感嘆のあまり言葉もなかった（ホメロス『オデュッセイア』第十三歌一―二）。

(2)エレイヤとも。属州メソポタミアの町。今日のイラク北部のテル・ハッヤールにあたるか。三四八年、ローマ軍が禁に背いて夜間、ペルシア軍陣営に突入し、掠奪のため灯りをつけたところ、これが丘に陣どったペルシア方の飛び道具の恰好の標的となって、勝利が敗北に変じた。シンガラの戦いと称される。

(3)同じく属州メソポタミアの町。今日のイラク北部のシンジャール。前出ヒレイヤから遠くない。

(4)ペルシアに走ったアントニヌスの進言をローマ側の視点で語っているため、「我が方」はローマ側を指す。

(5)王政期のローマで和戦の儀式など、対外的な職責を負った神官団（三〇三頁註（6））で、既に消滅して久しく、これを喩えに持ち出すのは一種の懐古趣味。

(6)属州オスドロエナ（一四-三-二）の首邑。交通の要衝。今日のトルコ南部のアタチュルク湖南方のシャンルウルファ。

(7)当時、エウフラテス河の架橋は、北から順にサモサタ、カペルサナ、ゼウグマの三箇所にあった（一八-八-一）。

(8)底本は不完全な部分を含む。Ro, Sel は「王国を拡大しアシア全土を支配していて然るべきであった」との補筆を採用する。

(9)ヘロドトス『歴史』一-一三三。ゲルマニア人についても同様の習慣が伝えられている（タキトゥス『ゲルマニア』二二）。

(10)一四-七-一八。

(11)ウルシキヌス。

(12)トゥレとも。ギリシア人ローマ人が想像した極北の島。

ある者も庶民も決議やシュプレヒコールを連発し、ほとんど手を掛けんばかりにして国の守り手を引き止めようとしたが、それは、己れらを守るために残し置かれた彼がなまくらでひ弱な兵を率いて一〇年の間[1]、何一つ失わなかったことを想い出し、それとともに、雲行きの怪しい時に彼が離任させられ、なまくらなことこの上ない人物が着任したと知って、安寧に不安を覚えたためである。三　我々の信ずるところでは――実際また、疑いもないことだが――噂というものは空中の道を翼をかって飛んで行くのだが[2]、その報知がこうした出来事を暴いて見せたればこそ、ペルシア人の許で最高評議会が召集されたのである。そして侃々諤々《かんかんがくがく》あれこれと得失を量ったのち、アントニヌスの勧めにより決したことには、ウルシキヌスが遠ざけられ[3]、新米の将軍は軽く見られているゆえ、町々の包囲という危険な作戦は二の次にして、エウフラテス河を突破し、前進して、噂に先んじた速攻で諸属州を押さえることができるようにする。そこはガリエヌス[4]の時代を除いてそれまでいかなる戦いにも無傷で、長期間の平和のゆえに富み栄えているから、と。そして、神助け給わばこの件にうってつけの指揮官に私がなりましょうと請け合った。四　全員一致の同意によってこの案が称えられ固められ、総がかりで至急集めねばならぬものに向かうと、糧秣、兵、武器やその他来たるべき遠征に入用な道具が冬じゅうを費やして準備されていった。

五　我々はその間、タウルス山のこちら側[5]に暫時滞在したあと、命に従ってイタリア諸領[6]へと急ぎながら、オドリュサエ族[7]の山々から流れ下るヘブルス川[8]の近くに来たり、ここで元首の書状を受け取ったが、それはあとの保証を棚上げにして[9]、メソポタミアに戻れと命じるものであり、我々は他の人物に一切の権限を移されたまま、一人の従卒ももたずに危険な遠征に乗り出そうとしていた。六　これは、帝国を形作っている始末の悪い者たちによって企まれたことで、その狙いは、もしペルシア人が目論みも空しく自領に戻ったなら新任の将軍の武勇にその偉功が帰せられるし、もし拙き運に見舞われたならウルシキヌスが国家の裏切り者として被告人の立場に立たされる、というにあった。七　そこで思慮を巡らし長く逡巡したあとで、取って返すと、我々は高慢に満ちたサビニアヌスを見出した。[10]　中背で小心翼々とした人物であり、剣戟《けんげき》の響きは申すに及ばず宴席のささやかな物音すらほとんど見苦しい恐怖の色を表わさずしては耐えられなかった。

（1）古い時代の法律行為として、告訴対象者の身体に告訴人が手を掛けると、手を掛けられた者は告訴人に従って法廷に出向く義務が生じた。これを思わせる表現。

（2）ウルシキヌスは三四九年ないし三五〇年にオリエント方面騎兵長官に就任。三五四年から三年間は臨時の措置としてメディオラヌムやガリアに移動したが、三五七年には再び対ペルシアの前線に復帰しているので、三五九年の時点で、不在期間も含めると一〇年間、任にあったことになる。

（3）ウェルギリウス『アエネイス』第四歌一七三―一九〇を想起させる。

（4）ローマ皇帝（在位、二五三―二六八年）。その治世にはペルシアの攻勢が強まり、アンティオキアが二度（二五六、二六〇年）攻略されるなどした。

（5）ローマからの視点であるので、タウルス山の北側になる。

（6）ここでは近衛長官管轄領イタリア（イタリア道）を指し、宮都でイタリア半島に属さないシルミウムなども含む。

（7）トラキアの部族。

（8）今日のマリツァ川（ブルガリアのソフィア南方のヴィトシャ山地に発してトラキアを貫流し、エーゲ海に注ぐ）。流域にはハドリアノポリス、フィリッポポリスなどの重要都市があった。

（9）底本の読み omni causatione posthabita には、「つべこべ言わずに（メソポタミアに戻れ）」（Sey[1D]）、「理由を一切明かさずに（メソポタミアに戻れと命じる）」との解釈（Ro）がある。本訳は B, deJ の読みに従ったが、解釈は B の「一切の用心を脇に置いて（メソポタミアに戻れ）」を採らず、deJ に倣った。

（10）面会の場所はエデッサの町だったろうとする推測がある。

八　とはいえ、斥候たちが敵方ではあらゆる下拵えが大車輪で進行していると一貫して強く確言し、脱走者たちもこれに同意するので、この小人物があくびをしている間に、我々は急ぎニシビス[1]に来たが、包囲作戦を隠蔽しつつペルシア軍が不意を衝いて町に襲来することのないよう、有効な備えをするためであった。九　そして城壁内で急を要する事柄がせっせと進められている間にも、煙とひっきりなしに明滅する火がティグリス河からカストラ・マウロルム[2]とシサラ[3]とその他の近隣地方越しに町まで途切れることなくくっきりと輝いて見えたが、常にまして数が多く、敵の掠奪部隊が河[4]を渡って押し出して来たことを如実に示していた。一〇　それゆえ、道が占拠されぬよう早駆けで先発し[5]、二マイルの所まで来たとき、いかにも自由人らしい風采の少年で、首飾り[6]をつけ、推定八歳の子供が道路の真ん中で泣いているのを見つけたが、その子が言うには、ある自由人の子であった。これを母親が、迫り来る敵への恐怖に慌てて逃げるうち、足手まといが多いのに気が動顛し、一人置き去りにしたのだった。[7]この子を、哀れに思い心を動かされた将軍の命により、馬に乗せ、私の前に坐らせて町に連れ帰る間、城壁の周囲を取り巻いて掠奪者たちは広く徘徊していた。一一　そして、私は包囲攻撃の災厄を怖れたので、半開きになっている搦め手門の中に少年を下ろすと、我が軍の隊列に息せき切って飛んで戻ろうとしたが、すんでのことに捕虜になるところだった。一二　なぜなら、アブディギルドゥス[8]なる士官が馬丁とともに逃げるのを敵の騎兵部隊が追いかけ、主人は逃げおおせたが奴隷をひっ捕らえて、私が早駆けにすり抜けた際、[9]馬で出て行った官吏はいったい誰かと問い、ウルシキヌスがつい先ほど町[10]に入り、イザラ山[11]を目指しているのだと聞くと、これを教えた相手を殺し、大挙一丸となって私を、息もつかずに駆けて追いかけて来たからである。一三　この者たちを馬の駿足でもって振り切り、アムディス[12]という堅固ならざる砦の近くで、牧草地に馬を放して我が軍の兵らが悠々と寝そべっているのを見出すと、腕を大きく伸ばし、軍用マントの裾をこれに巻きつけて高く掲げ、敵がすぐそこにいることをいつもの合図で知らせてやり、そうして彼らと合流し、歩調を合わせて進んで行ったが、私の馬は既に疲れ始めていた。 一四 また、我々に危惧されたのは、その夜が満月であったことと、野面《のづら》が一面平坦で、仮に危急の事態が降りかかったとしても隠れ場所が満足に得られないことで、木も茂みもなく、ただ丈の低い草が見られるばかりだったのである。 一五 それゆえ考え出したのは、火を灯したカンテラを背に置いて

---

(1) 四九頁註（3）。

(2) ニシビスの北西三〇キロメートルのダラの町から二日分の距離（約八〇キロメートル）にあった要塞。

(3) ニシビスの東に旅程一日分（約四〇キロメートル）隔たった所のペルシア側要塞。

(4) 東を流れるティグリス河を。ペルシア軍本隊はこの時点でまだはるか南のニネウェを通過していないから（一八-七-一）、押し出して来たのは先遣部隊であろう。

(5) 行き先は明示されないが、恐らくイザラ山の要塞を経て北西のアミダを目指したものと思われる。

(6) 自由人身分の少年が頸に下げるお守りブッラ（bulla）であろう。

(7) 母親は子供をおいてニシビスに逃げ込んだということであろう。

(8) 他に伝なく、不詳。

(9) ということは、以下の敵味方のやりとりを聞くのはまず不可能であろう。アンミアヌスの脚色と考えられる。

(10) ニシビス。

(11) ニシビスの北方にあたるティグリス上流の山。肥沃で葡萄酒の産地であった。今日のトルコのトゥール・アブディーンにあたる。アンミアヌスがウルシキヌスと誤認されたのであろう。

(12) イザラ山中の砦。アラム語で「列柱」を意味するアンムーディーンよりという。今日のシリアのアームーダー。

落ちないようぐるぐる巻きにし、これを載せた馬一頭だけを乗り手なしに放ちやって左手に行かせ、一方我々は右手にある山の支脈に向かう。これによって、獣脂を塗った松明がゆっくりと進む将軍の行く手を照らしているとペルシア方は思って、何を措いてもその道を採るであろうということだった。この手を予め打っておかなかったなら、我々は包囲され捕えられて敵の軍門に降《くだ》っていただろう。

一六　この危地を逃れ出て、とある森がちの場所で葡萄や果樹の植わっている、メイヤカリレ(1)という名の所に――冷たい湧き水からその名がついたのだが――来たとき、住人はすべて姿を消していて、遠くの人目につかぬ場所に一人だけ兵士が隠れているのを発見したが、この男は将軍(2)の前に連れて来られると恐怖のあまり様々に異なる話をし、それゆえ疑いの目で見られたが、脅しをかけてやると怖れに駆られて事情を一切偽りなしに明かし、語り聞かせるには、ガリア地方のパリシイ生まれで、騎兵部隊で戦っていたが、あるとき犯した失態の処罰を恐れてペルシア方に逃亡し、その後、性廉直なることを認められて妻を得、子供をもうけてのち、我らの領域に偵察員として遣わされ、しばしば正確な報告を持ち帰った。だが今は、掠奪者の部隊を率いている貴人のタムサポルとノホダレス(3)から遣わされて、学び知ったことを報告すべく彼らの許へ戻るところだ、と。このあと、様々な方面の動向で承知していることを付け加えたのち、殺される。

一七　それで懸念への不安が増し、そこから状況の許す限り早足にアミダ(4)に来た。このののち起こった災禍(5)によって名高い町である。ここへ我が軍の斥候たちが戻ったとき、剣の鞘の内部に暗号文字で書かれた獣皮紙があるのを我々は発見したが、プロコピウスから我々に届けるよう命じられていたものであり、この人が使節としてペルシア人の許へ、補佐官のルキリアヌスとともに以前遣わされたことは、前述しておいたとおりで、(6)次のようなことを故意に曖昧に知らせていたのは、使いの者が捕えられ書かれてある中味が理解されて破滅的な事態の契機が呼び覚まされぬようにとの用心であった。

一八　「ギリシア人の使節の遠ざけられ、ことによると殺される運命にもあるからには、かの年経《としふ》りし王はヘレスポントスに飽き足らずして、グレニコスとリュンダコス(7)に橋を結び渡し、アシアを数多《あまた》の民とともに侵略せんとて来たるならん。その性、激しやすく甚だ苛烈。旗を振り火に油を注ぐは往昔のローマの元首ハドリアヌスの世継ぎ(8)なり。ギリシアもし用心せずんば、万事休したり、嘆けど戻らず」。

一九　この文の意味するところは、ペルシア王がアントニヌスの慫慂《しょうよう》によりアンザバ(9)とティグリスの二河を渡って全オリエントの支配権を握ろうとしているということであった。これを余りの晦渋ゆえに苦心惨憺《くしんさんたん》

---

(1) イザラ山中のローマ軍の要塞。その名はシリア語で「冷たい水」を意味するという。
(2) ウルシキヌス。
(3) 一四-三-一。
(4) ティグリス河最上流部河畔の町。今日のトルコのディヤルバクル。
(5) 一九-一-一―八-四に語られる攻防戦を指す。
(6) 一七-一四-三。
(7) 前者は小アジア北西端のトロアス地方を流れ、マルマラ海に注ぐ川。現ビガ川。前三三四年、アレクサンドロス大王がペルシアに勝利を収めた戦いで有名。後者はその一〇〇キロメートルほど東の川で、第三次ミトリダテス戦争中の前七四／七三年、ローマの将軍ルクルスがポントス軍に勝利。
(8) ローマ皇帝アントニヌス・ピウス（在位、一三八―一六一年）。
(9) 後出のニネウェ（一八-七-一）の町の南方で東からティグリス河に合流する川で、別名アディアバス（二三-六-二二）。今日のイラク北部のザバ（大ザバ）川。

読み解いたのち、賢明な策が採られる。
二〇　その頃、ペルシア人の覇権に服していたコルドゥエネ[1]のサトラップがいて、ローマ側ではヨウィニアヌス[2]の名で呼ばれていたが、若年の頃よりひそかに我が方と気脈を通じていて、そのわけは、たまたま捕虜となってシュリア諸州に留め置かれ、自由人の学芸の甘美さに魅せられたということがあって、我らの側に戻って来ることを燃える思いで望んでいたからだった。二一　この人の許へ私は、何が行なわれているか確実に知るべく、ある忠義この上ない百人隊長[3]とともに派遣され、道なき山と切り立った隘路を通って到着した。そして目通りを許され、私であることを認められて温かく迎え入れられたのち、私が来た理由を彼一人にだけ打ち明けると、土地に通じたある寡黙な人物をつけてそこからかなり離れた高く聳える岩山へ送られたが、そこからは視力に不足のない限り、五〇マイル先までいかに小さなものでも目に見えるのだった[4]。
二二　そこに我々は丸二日留まり、三日めの太陽が輝き出たとき、眼下に拡がる大地の外周、これをホリゾーン［地平線］[5]と呼ぶのだが、その全体が無数の部隊に埋め尽くされており、王が衣の明るさで金色に輝きつつこれを先導するのを我々は認めた。これと並んで左を進んでいたのがグルンバテス、キオニタエ族[6]の高貴な王で、年齢こそ中どころで皺の寄った肢体をしていたが、ある種高邁な精神を具え、勝利の数々の徽章でもって名高かった。右にはアルバニ族[7]の王、等しい地位と栄誉で高みに昇っていた。そのあとに諸々の将軍たち、権威と権限によってぬきんでた者たちが続き、これにあらゆる階級の集団が続いたが、こちらは近隣諸部族の精鋭の中から選り抜かれ、難局に耐えることを永の災いによって学び知っていた。二三　いつまで我らにトラキアの町ドリスコスのこと[8]、また、一部隊ずつ囲いの中で閲兵を受けた軍隊のことを、与太話好きのギリシアよ、お前は語ろうというのか。我らは用心深く、あるいは、さらに本当のところを言うなら、臆病であって、信用できる証拠によって疑わしくもなく不確かでもないとされたもの以外に何かを誇張するということなどしないのに。

（1）コルデュエネとも。今日のトルコ南東部、ヴァン湖から山地を一つ隔てた南の高原地帯。クセノポン『アナバシス』三-五-一五の記すカルドゥコイ人の地で、今日のクルド人地域にあたる。アミダからは東に一五〇キロメートルほどの距離。

（2）他に伝がないが、恐らくアンティオキアでギリシアの学芸を学び、アンミアヌスとも親しくなったものと思われる。

（3）原語 centurio. 四世紀には同じ職階を指すのに、一部を除き、centenarius の語が用いられた。アンミアヌスが古い用語を使っているのは、例外的事例か、懐旧趣味かのいずれかであろう。

（4）いかに空気清浄で視界がよくとも、五〇マイル（ローマン・マイルで、約七五キロメートル）先の人物を以下のように見分けられる筈がない。アンミアヌスの文学的脚色で、ホメロス『イリアス』第三歌一六一―二四四のいわゆる「城壁からの物見」のくだりが念頭にあったと思われる。

（5）*ὁρίζων*（原文では複数形 *ὁρίζοντες*）。原義は「境界を区切る円」。

（6）キオニタエ族については一五七頁註（5）。グルンバテス王については詳細不明。のち、アミダの攻囲戦に登場する（一九-一-七）。

（7）カスピ海西岸のアルバニア地方（今日のアゼルバイジャン）に住んだ部族。当時はサーサーン朝ペルシアに属していた。

（8）トラキアのヘブロス川河口西方の平野にあった町。前四八〇年、アケメネス朝ペルシアのクセルクセス王がギリシア本土に攻め寄せる前、この町で閲兵を行ない、一万人入る石垣を拵えてこれを枡代わりに、一七〇万人以上にのぼる全兵員を数えたという（ヘロドトス『歴史』七-五九―六〇）。

第七章　サポル、キオニタエ族、アルバニ族の王とともにメソポタミアに入り込む。ローマ人は自らの畑に火を放ち、農夫を町の中に追い込み、エウフラテスの此岸を要塞と守備隊で固める

一　王たちがアディアベナ(1)の大邑《たいゆう》ニネウエ(2)を通って、アンザバ川の橋の中程で生贄を屠り、臓物《ぞうもつ》が幸先よかったために喜色満面、渡河したのち(3)、我々は、余の衆勢全員は三日かかってようやく侵入し得ると見積もりを立て、いち早くそこからサトラップの許へ戻って休息し、もてなしの務めを受けて人心地ついた。二　そこから同様に、人気のない荒涼たる場所を通って、必要不可避という大いなる慰めに導かれて存外に早く帰投し(4)、舟橋の一つを王らが渡ったに過ぎない(5)と単刀直入に教えて(6)、意を決しかねていた者たちの心を力づけてやった。三　それゆえ、ただちに騎馬の急使がメソポタミアの将軍カッシアヌス(7)と当時の属州知事エウフロニウス(8)の許へ送られたのは、農民らを家族と家畜の一切ともども、いっそう安全な場所に移らせ、堅固ならざる城壁に囲まれた町カラエ(9)を速やかに捨てさせるためだった。加うるに、秣《まぐさ》がふんだんに手回らぬよう、原全体に火をつけよ、と。四　そして命令が遅滞なく果たされ、火が放たれると、猛り狂う元素の巨大な勢力が、既に黄色な茎を伸ばしていた穀物すべてと瑞々しい草を焼き尽くしたため、ティグリスのまさに畔からエウフラテスに至るまで、緑なすものは何も見当たらぬほどだった(10)。この時、幾多の野獣が焼け死に、ことにこの一帯に大きな勢威を揮うライオンがそうだったが、ふつうは次のようにして命を落としたり徐々に目が見えなくなってゆくものである。五　メソポタミアの河川の葦原と茂みの間には無数のライオン

がうろついており、ここの温暖この上ない冬のお蔭を蒙って、常に危害に遭わない。だが、太陽の光線のせいで燃え盛るような季節になると、熱に焦がされた地域では日輪の暑さと蚋《ぶゆ》(11)の多さに悩まされる。この蚋の

---

(1) ティグリス河中流左岸の地方。古代アッシリア帝国の版図の中心。一一五年、トラヤヌス帝が征服し、アッシュリアの名称でローマの属州としたが、二年後、次のハドリアヌス帝が放棄。当時はペルシア領であった。

(2) ニノスとも。ティグリス河の中流、今日のイラクのモスルの対岸（左岸）にあった町。アッシリア帝国の首都。なお、サポルの軍の行程は、地理的にはアンザバ渡河→ニネウェ→ティグリス渡河の順で、アンミアヌスの記述は時間順でない。

(3) 河の神を宥め、渡河が無事にすむよう生贄を捧げ、占いをした。ただし、この情景をアンミアヌスが岩山から目撃したことはあり得ない。後日得た情報であろう。

(4) アミダの町（一八-六-一七）へ。

(5) すなわち、アンザバ川は渡ったが、ティグリスはまだ渡河していないとの意か。

(6)「単刀直入に」は原句 absque ulla circumitione. これを「迂回せずに」と解して、「舟橋の一つを王らが回り道せずに渡ったと教えて」とする訳が多い（B, Ro, Sel, Sey[LD], WH）。

(7) 一六-九-二。

(8) 三五九年の属州メソポタミア総督（知事）。リバニオスの弟子パンドルスの父（キリキア出身）にあたる可能性がある。

(9) エデッサの南南東三〇キロメートルほどの古都。今日のトルコのハッラン。三頭政治の一角を成したクラッススが前五三年、パルティア人に敗死した地。また、後二一七年、カラカラ帝が暗殺されたのはここエデッサの間。帰属は時により変化したが、ディオクレティアヌス帝以降はローマ領。

(10) 焦土作戦は、のちにペルシア方も実行している（二四-七-七）。

(11) 原語 culex. 厳密には吸血性の蚋とは異なり、英語で eye fly（日本語でメマトイ）と呼ばれるごく小さな蝿の一種で、人畜の眼を襲って涙液を餌とし、病気をうつしたり眼を傷つけたりする。また、ぶら下がったロープなどに群れる習性があるという。この虫が大蛇に狙われた羊飼いの瞼を刺して目を覚まさせ、助ける話がウェルギリウス作の（現在では偽作とされる）小叙事詩『蚋（*Culex*）』に語られる。

群れたるや、この一帯では何にでもたかるのである。そして眼を、湿り気があり輝く器官だというので、この飛ぶ虫は狙い、瞼《まぶた》の表面にとまって噛むので、当のライオンは長く苦しめられ、あるいは癒しのために逃げ込もうと川に身を投げて溺れ、あるいは爪で頻繁に掻いてほじくり出してしまうために眼を失い、途方もなく狂暴になる。さもなければ、オリエント全土にこの種の獣がうようよしていることだろう。

六　野が、先述のとおり、焼かれている間に、親衛隊員を添えて派遣された士官らがエウフラテス河の此岸を要塞と先を尖らせた杭とあらゆる類の防御で固め、投擲機を渦の立っていない所(1)の適当な場所にしつらえた。

七　これらが急ぎ行なわれている間に、サビニアヌスは、急転直下の全体的危機があれよという間に進行する最中《さなか》、死屍累々たる戦争の選り抜きの指導者でありながら、エデッサの墓所(2)で、まるで死者たちを相手に和平を固めれば恐れることは何もないと言わんばかりに、お気楽な生き方からだらしのない所業に及び、役者の身振り芝居の代わりに、節を響かせて戦士の踊りを、この上ない無為のうちに楽しんでいた(3)のであって、たしかにやることも不吉なら場所も不吉、というのも、こうした類の、行なうも口にするもおぞましい振舞いは、先々の動乱を予告するものとして、真っ当至極な人間なら誰しも避けねばならぬことを、我々は時代の進展とともに学んでいるからだ。八　その間、王らはニシビスを取るに足らぬ前哨所と見なして打ち捨て(4)、火災が乾燥した餌食の様々あったことで大きく拡がっていたので、秣の欠乏を避けようとして山麓の草の多い谷間《たにあい》を進んで行った。九　そしてベバセ(5)という村に来ると、そこから一〇〇マイル隔たったコンスタンティア(6)の町までは絶えざる乾燥のために何もかもが干涸らび、ただ井戸の中に僅かな水が見出されるばかりであるため、いかにすべきか長く逡巡ののち、この際自兵の頑健を恃みとして突っ切ろうとしたが、信頼できる斥候の教えるところによって、エウフラテス河が雪解けのため増水し、濁流を吐いて広範囲に氾濫しており、そのため瀬を渡ることが皆目できないことを知る。一〇　それゆえ、偶然の機会がつかめと差し出してくれるものの方に心を向け直し──懐いていた期待から慮外にも締め出されてしまったので──そうして眼前の状況の険しい有様に応じて緊急の会議が召集され、アントニヌスは意見を述べよと命じられると、口を開き、道を右の方《かた》に転じて、長めの迂回をすることになるが、肥沃でしかも敵は真っ直ぐに進むと考えて未だ手をつけられていない地帯のあらゆるものを用いつつ、二つの防御用陣地、バルザロとクラウディアス(7)

(1)すなわち、岸が河水に浸食される惧れがなく、機械を据え付けてもその重量に耐えられる場所。
(2)エデッサについては一八-五-七。「墓所」とあるが、実際にはキリスト教殉教者の墓の上に建てられた教会を指すか。
(3)アンミアヌスは悪しざまに描くが、サビニアヌスは正帝コンスタンティウスの意を体して兵力温存策をとっていたとの解釈がある。
(4)シャープール二世は、三三七年、三四五年、三五〇年の三度、ニシビス攻略に失敗している。
(5)ニシビスの北西の町ダラ（現トルコのオーウズ）からさらに西にあった村。
(6)コンスタンティナとも。恐らくカラカラ帝がエデッサとダラの中間に建てた町で、初め帝の本名マルクス・アウレリウス・アントニヌスからアントニヌポリス、のちにマクシミアノポリスと呼ばれた。ペルシア人に破壊されていたのをコンスタンティウス二世が再建し、コンスタンティアと改称した。今日のトルコのヴィランシェヒル。
(7)二つともエウフラテス河上流のサモサタからさらに上流のメリテネまでの間の河畔にあり、バルザロは小アルメニアに属する左岸の要塞、クラウディアスはカッパドキアに属する右岸の町。実際にはエウフラテス河はメリテネで既に二つの支流が流れ込んでおり、水源にも程遠い。

を、自ら案内するゆえ、目指しましょう。そこは水源に近いので川幅も細く狭く、新たに合流する水もなくてまだ成長していないため浅瀬が多く、容易に入ってゆけます、と勧めた。一一　これを聞いて助言者は褒めそやされ、かつ、心得ている道を案内せよと命ぜられるや、全部隊ことごとく当初たどった道から転じて、先導者のあとをついて行った。

第八章　イリュリア人の騎兵七〇〇名がペルシア軍に不意を衝かれ敗走せしめられる。[1] ウルシキヌスとマルケリヌスが別々の方向に逃げ出す

一　このことを確実な偵察によって知り、我々が取り決めたのは、サモサタに急行してそこの河を越え、ゼウグマとカペルサナ[2]にある橋の連結を断って、敵の攻撃を、もし運が味方してくれたなら、はねのけることであった。二　だが、忌まわしく、全き沈黙でもって覆い隠すべき醜態が生じた。というのは、二部隊の騎兵約七〇〇名が、メソポタミア支援のため最近イリュリクム[3]から派遣されていたのだが、覇気を欠いた臆病な連中で、この一帯で守備についていたものの、夜間の奇襲を恐れ、どの道もいっそうよく見張っておくのが適切であった夕刻に、公道からなおさら遠くへ引き下がっていた。三　これを見て取ると、葡萄酒と眠りにどっぷり浸かっている彼らを、およそ二万のペルシア兵がタムサポルとノホダレスの指揮下、誰にも見咎められずに通り過ぎ、武装してアミダ近郊の高い円丘の背後に身を潜めた。

四　やがて、前述のとおり、サモサタへ赴こうとして我々が未だ朧な光の中を進んでいると、ある高い見

晴らし場所に光る武具の煌めきに射すくめられたため、敵がいるぞと鋭く叫び叫びして戦闘へと促す習いの合図をし、停止して一塊《ひとかたまり》となったが、追いかけてくる相手が既に目の届くところにいるからには逃げ出すことも賢明でないし、騎馬の、それも数に優る敵と一戦交えるのも、疑うべくもない死の恐怖ゆえ得策ではないと判断した。五　遂に万やむを得ず、もはや白兵戦に打って出るしかなくなって、いかなる手を打つべきか我々が逡巡していたとき、我が方の幾人かが軽率にも挑発を仕掛けて殺され、それで双方の側が押し出してきたとき、アントニヌスが威風堂々、隊列の先頭にいるのがウルシキヌスにそれと認められ、非難の響きある声でどなりつけられて、裏切者、人でなしと呼ばれると、栄誉のしるしとして頭頂に戴いていた被り物(4)をとって馬から跳び降り、二つ折れになって顔を地面につけんばかりにし、庇護者よ主人よと呼んで挨拶し、手を背中で組んで――これはアッシュリア人の間では嘆願者の姿勢を表わすのだが――六　そうして「お赦し下さい」と言った。「いとも高大なる補佐官閣下、已むを得ずして、好き好んでではなく、この、私も承知しております罪深い所業に陥ったのです。私をまっしぐらに駆り立てたのは、あなた様もご存じのとおり、不公正な債鬼どもで、その強欲にはあなた様のあのいと高き地位といえども、私の窮状のため戦って

(1)この見出しは不正確。敗走せしめられたのはウルシキヌスとアンミアヌスの部隊であって、イリュリア人騎兵ではない。
(2)二つともエウフラテス河畔の町。ゼウグマ（ギリシア語で「軛《くびき》」の意）は東岸のアパメアに対して西岸にあり、今日のトルコのビレジック付近。アパメアともどもセレウコス一世が建て、両者を舟橋で繋がせた。カペルサナはその二〇キロメートルほど上流（北）の町。
(3)一五-三-七。
(4)原語 tiara. 二七三頁註（9）。

下さったところで、対抗できなかったのです」。こう言うが早いか、衆人環視の中から退いたが、顔はそむけず、姿が掻き消えてしまうまで恭しく後退りをし、胸襟を開いて見せていたのだった。

七　こうしたことが小半時の過ぎるうちに行なわれている間に、丘の高みを占めていた我が軍の最前列兵が叫び声をあげ、挂甲《けいこう》騎兵の別の一団が背後に見え、全速力で近づいていると言う。八　そして泡を喰った状況下ではありがちなことだが、いずれと出で合《いあ》うべきか、あるいは出で合うことが叶うか、決しかねたまま、夥《おびただ》しい衆兵の圧力に押されて、どこへなりと銘々に手近と見えた方へ算を乱して総崩れに走り、銘々がこの大いなる窮地から我が身を救おうと試みるうちに、別れ別れとなって敵の散兵とうち混じる。九　そこでもはや生きる意欲を蔑み、雄々しく勝負しつつも高く切り立ったティグリスの岸に我々は追いやられる。そこから幾人かは真っ逆様に追い落とされ、甲冑が絡まって河が浅瀬になっている所に引っかかったが、また他に淵の渦巻く流れに呑まれて沈んでゆく者もあり、敵と相見《あいまみ》え、勝敗交々《こもごも》に一戦を交える者も少なくなく、また幾人かは戦列の厚みに縮み上がって、タウルス山の間近な支脈を目指して行った。一〇　こうした者たちの中に将軍その人[(1)]も認められ、戦士の集団に取り囲まれたものの、士官のアイヤダルテス[(2)]と従卒一人とともに、馬の駿足によって難を逃れ、退き去った。

一一　私の方は、僚兵のたどった方角からはぐれて、いかにすべきか周囲を見回しているうちに、親衛隊員のウェリニアヌス[(3)]と出会ったが、太股に矢が突き立っていた。この戦友のたっての願いで矢を抜こうとしていると、四方をペルシア軍の前哨兵に取り巻かれたため、息を切らして走り、這《ほ》う這《ほ》うの態《てい》[(4)]で町を目指したが、町は我々が攻撃されていた側では小高い所にあって、幅のごく狭い上り坂一本で近づけるのみであり、この坂を、丘から伐り出した臼石が道を狭めるべく(5)積まれて、なおのこと窮屈にしていた。一二　ここで、我々と同じ勢いで坂上を目指して駆け上がろうとするペルシア兵とうち混じり、翌日の日の出までそこを動けずに立ち尽くしていたが、その稠密なことといったら、死者の骸《むくろ》が大勢の者に支えられてどこにも倒れる余地を見出せず、また私の目の前のある兵は頭を割られたものの、それも一等強力な剣の一撃を喰らって真っ二つに割けたのだったが、四方から押し込められて木の幹よろしく突っ立っていたほどであった。一三　そして、あらゆる種類の投擲機を用いて多種多様な飛び道具が胸壁から飛んだとはいえ、やはり城壁との近さがこの危地から我々を救い出してくれたのであり、ようやく搦め手の門から私が中に入ると、そこには人が犇めいていたのだったが、近郷近在から男も女も流れ込んで来るためであった。なぜなら、ちょうどこの頃、たまたま郊外で、一年が巡ると開かれる習いの外国商人の市があって、これに田舎人がどっとばかり押しかけて賑わわせていたからである。一四　そうこうするうち、様々な声が響いて一切が混沌としてくる。失った者を嘆く人々もいれば、致命傷を負った人々もおり、また雑沓のあまり姿を見ることのできぬあれこれの愛しい者たちを呼ぶ人々も多かった。

(1)ウルシキヌス。
(2)他に伝なく、不詳。
(3)一五-五-二二。
(4)アミダ。

(5)底本 ad calles aptandas（道をしつらえるべく）。これを採った場合は、「この坂を、丘を切り裂くようにして道をしつらえるべく積まれた臼石が、なおのこと窮屈にしていた」と訳せる。

第九章　アミダの様子、および、当時ここでいかほどの軍団と騎兵部隊が守りについていたか

一　この町は、かつては至って狭かったのを、当時まだ副帝であったコンスタンティウスが、近傍の住人が安全至極な避難所をもてるようにと、アントニヌポリスというまた別の町を再建した折りに[1]、たくさんの塔や城壁で囲み、そこに壁上投擲機の倉庫を置いて、敵には恐るべき町とし、自らの名で呼ばれることを欲したのである[2]。二　そして南風の当たる側では、近くから湧き出るティグリスの曲がりくねった流れ[3]に麓を洗われ、東風に吹かれる所ではメソポタミア[4]の平原を見下ろし、北風に曝される方角ではニュンファエウス川[5]に間近く、タウルス山系の頂の蔭に入るが、この山々がティグリス河の彼方の部族とアルメニアを分かっている[6]。そよぐ西風に向かっては、グマテナ[7]に接するが、これは肥沃で、耕作にかけても同じく実り多き地域であり、アバルネ[8]という名の村があって身体に良い湯の温泉浴で知られている。一方、アミダの中央の砦の麓には豊かな泉が湧き出していて、飲むことができるが、湯気の立つ温《ぬく》もりがあって時折り悪臭がする[9]。三　この町の防衛には、第五軍団パルティカ[10]が常置されていて、地元民の侮るべからざる騎兵部隊が添えられていた。だがこの当時は進撃するペルシアの大軍よりも行程を急ぎ駆け抜け、先んじて、六箇軍団[11]が堅固この上ない城壁に張りついていた。マグネンティウス組とデケンティウス組[12]、これらは、内乱に関わ

（1）コンスタンティウス二世の副帝在位は三二四—三三七年。アントニヌポリス（二八七頁註（6））の再建は、父帝コンスタンタン

ティヌス一世からオリエントに派遣された三三三年から三三七年までの間となる。
(2)「自らの名で呼ばれることを欲した(suoque nomine uoluit appellari)」はアミダではなく、コンスタンティアの別称もあったアントニヌポリスに関わる筈であるから、「アントニヌポリスというまた別の町を再建し」に続くべきところ。テクスト伝承の過程で位置がずれてしまったか、あるいはアンミアヌスの書き誤りか。
(3)ティグリスは町の南ではなく北を流れており、その水源は実際にはアミダからかなり隔たった北西にある。このあたりのアミダの説明は、アンミアヌスが実見した町にしては不正確なところがあり、三〇年ばかりのちに記憶に頼って書いたせいかと思われる。
(4)広域名のメソポタミアではなく、ローマの属州メソポタミアであるが、それでも見下ろせるのは山間のティグリス河沿いの平地のみで、属州南部の平原は含まれ得ないであろう。
(5)アンミアヌスにのみ見える川。今日のトルコのバトマン川という。実際にはアミダの北でなく、東、しかも数十キロメートル離れた所にある。
(6)ここで「タウルス山系」と言っているのは、今日のトロス山脈の東に列なりトルコ南東部を東西に延びるギュネイドウ・トロスラル高原(古名アンティタウルス)のことで、「ティグリス河の彼方」とはローマ側から見ての表現なので、ティグリスの南を指す。
(7)アンミアヌスにのみ現われる地方名。今日のトルコのアタチュルク湖の東南一帯を指すか。
(8)アミダの西北西七十数キロメートル。温泉を表わすペルシア語よりの名称といい、温泉のあるのは今日のチェルミークの近く、ティグリス、エウフラテス両河の中間。
(9)硫黄臭であろう。
(10)アンミアヌスにのみ名指しされる軍団で、ディオクレティアヌス帝の創設になり、アミダ陥落の際恐らく以下に挙げられる他の軍団ともども潰滅したのであろう。
(11)底本 sex legiones. Cl は septem legiones(七箇軍団)と改める。軍団数が増えるのは、後出の第十軍団組とフォルテンセスを別物と考えるため。ただし、その上でスペルウェントレス、プラエウェントレスの二つを連隊と見なし、併せて一軍団と数えて六箇軍団のままとする考え方もある(B の Tome II, n. 218 を参照)。
(12)この二つは簒奪帝マグネンティウス(在位、三五〇—三五三年)、その副帝デケンティウス(在位、三五〇—三五三年)麾下の軍団であったため、討伐完了後、コンスタンティウス二世によってガリアから遠ざけられ、オリエントの最前線に送られたのである(一九-五-二)。

る遠征の完遂後、偽り多く不穏な連中であるとして、外敵との戦以外に危惧されるものはないオリエントに来るよう皇帝が強いたのだった。また、第三十軍団組[1]と第十軍団組フォルテンセス[2]と、スペルウェントレスとプラエウェントレスが[3]、既に補佐官となっていたアエリアヌス[4]の指揮下にあったが、これらの者がまだなお嘴《くちばし》の黄色い新兵だった時分、今名を挙げた人物はいまだ親衛隊員だったけれども、その督励によりシンガラから押し出して行って、眠りこけていたペルシア兵を多数殺害したことは既に述べておいた[5]。四 随従弓隊[6]の大半も参集していたが、すなわちこう名づけられた騎兵部隊のことで、これに従軍しているのは全員、武器と腕っぷしのたくましさで他の者の間にぬきんでた自由身分の蛮族だからである。

第十章 サポル、ローマ方の要塞二基の明け渡しを受ける

一 こうしたことを最初の攻撃の嵐が思い設けぬ試みによって繰り広げている間に、王は自らの民と引き従えていた諸部族とともに、アントニヌスの進言どおり、ベバセ[7]という所から行程を右にとって、ホレとメイヤカリレとカルカを通り[8]、アミダは素通りする気でいたが、ローマ方の要塞の近くに来たとき――一方はレマン、もうひとつはブサン[9]と呼ばれる――脱走者らからの漏洩によって、大勢の人々の財産がそこに移されて、高く聳える頼もしい砦の中に入れたつもりで保管されていることを知り、またこれに付け加えられたことには、そこには高価な家財の他に、幼い娘を一人連れた美しい女が見つかる。ニシビスのクラウガシウス[10]なる者の妻で、この男は生まれと名声と権勢にかけて町の参事会員の中でも一目置かれている、と。二

そこで他人の財物を奪い取る強欲に駆られて先を急ぎ、力攻めに要塞を攻めたが、これにより守備兵は種々の武具に目を眩ませられ、心俄かに狼狽したために、自らに加え、保護を求めて逃げ込んでいた者たちもことごとく巻き添えにして降伏をし、そして立ち退けと命ぜられると、ただちに城門の鍵を持ち来たり、入り口が開くと、そこに集められていたものがすべて引っ張り出され、恐怖で雷に撃たれたようになっている女

---

(1) ライン下流に駐屯した第三十軍団ウルピア・ウィクトリクス（二五九頁註（7））の、もしくはこれが三五二年ないし三五五年にゲルマニア人に潰滅させられたのち、新たに興され、地名のトリケンシマから名づけられた軍団の分遣隊。

(2) 底本 Decimanique Fortenses. 四二五—四三〇年に成立の『官職録』「東」三四に「在アイラ（＝今日のアカバ湾最奥部に臨む町エーラト）、第十軍団組フレテンセスの長」と記載の軍団と同一と見なして Decimanique Fretenses（第十軍団組フレテンセス所属兵）と読みを改める説もある（deJ, Sey[LD]）。第十軍団ゲミナの分遣隊。ただし、フォルテンセスは第十軍団と別の軍団とする見方もある。二九三頁註（11）を参照。

(3) 奇襲攻撃に適した軽装の部隊。前者は「現場に駆けつける者たち」、後者は「先駆けて来る者たち」の意。ともに補助軍の部隊で、軍団扱いするのは誤りともいう。

(4) 他に伝なく、不詳。

(5) 三四八年の出来事で、この部分は伝存しない（二七五頁註（2）を参照）。「これら」はスペルウェントレスとプラエウェントレスを、「今名を挙げた人物」はアエリアヌスを指す。

(6) 騎兵の精鋭部隊で、あるいはアルメニア出身の兵かもしれない。

(7) 一八‐七‐九。

(8) 「右」とはこの場合北のこと。この三つの要塞のうち、メイヤカリレは前出二八一頁註（1）。ホレ（ホレンとも解せる。別称ロルネ（一九‐九‐四）とカルカはアンミアヌス以外に名が出ず、不詳。次のレマンとブサンが実際はカルカと同一との説もある。

(9) ともに不詳。

(10) アンミアヌス以外に伝なく、不詳。

たちと、母にしがみついて、うぶな年頃が始まったばかりにして重々しい悲哀を味わっている幼な子たちが連れ出された。三 そして王がいったい誰の妻かと訊ねて、クラウガシウスの妻と知ると、凌辱を加えられるのを恐れる女に案ずることなく側近く来ることを許し、目通りをし、ちょうど口元まで黒いヴェールで覆い隠している相手に、夫を取り戻し、貞潔が犯されずにすむという今や確かな希望を与えて、慇懃《いんぎん》に力づけてやった。というのも、夫がこの妻への驚くほどの愛に燃えていると聞いたため、これを代価とすればニシビスの引き渡しを取引きできると踏んでいたからである。四 しかしながら、他にもキリスト教の儀式に則って聖なる信心に身を捧げた乙女らが見出されたのを、危害を加えずに保護せよ、常の習わしどおり宗教に奉仕させて、誰も禁ずることがあってはならぬと下知したが[1]、さだめて温厚をさしあたりの間装って、それ以前は恐ろしいばかりの無慈悲さで震え上がらせていたすべての者に、王が人間らしさと今や穏やかになった気性によって運の強大さを手加減したことをこの真新しい例をもって学ばせ、自ら進んで、怖じることなく参集するようにさせるためだったのであろう。

(1) サポルには三五四―三五五年頃、アディアベナ地方(一八・七・一)でキリスト教徒迫害を行なった前歴がある。

第十九巻

第一章　サポル、アミダの住人に降伏を勧めるうち、守備隊の矢や太矢に狙われる。同じことをグルンバテス王が試みる間に、その息子が殺される

一　我が軍の兵が哀れにも捕虜となるというこの戦果に嬉々とし、王はまた同様の上首尾を待ち設けてそこを進発し、ゆるやかに前進して三日めにアミダに着いた。二　そして曙が輝きそめたとき、目にし得る一切は星と煌めく武器で光を放ち、武具を鎧った騎兵が平原と丘を埋め尽くしていた。三　一方、馬上豊かに他の者よりも一段と丈高く、王その人が全部隊を先導していたが、帯冠の代わりに宝玉をちりばめた牡羊の頭部の黄金像(1)を戴き、高位高官の幾重《いくえ》もの輪と種々の部族の供勢《ともぜい》によって威厳を高めていた。そして精々のところ言葉を交わして城壁の守備兵を試してやろうとするのみであるのは十分に明らかで、アントニヌスの献策によって別の所へ急いでいたのだった。四　ところが、天上なる神意は、ローマ国家全体の苦渋をただ一つの地域の範囲内に閉じ込めんがため、己れを途方もなく買いかぶって、姿さえ見せてやればただちに、包囲された連中は全員恐怖に生きた心地もせず、身を低うして嘆願に来るであろうと信じるように王を駆り立ててしまったのである。五　国王付きの部隊を伴って騎馬で城門に駆け寄って行った。この王が己れを恃

みすぎて、間近く身を乗り出し、その表情までも明瞭に認められ得るほどになっていた間に、矢やその他の飛び道具によって、目にもしるき装具のゆえに狙われ、危うく倒れ伏すところだったが、砂塵が射手《いて》の視界を奪ったがために、衣の一部が太矢(2)に当たって切り取られただけで命拾いをし、こののち数え切れぬほどの殺戮を繰り広げることになったのである。六　このことから、まるで神殿を汚した罰当たりに対するように怒り狂い、かくも多くの王と部族の覇主が冒瀆されたと宣して、町を毀《こぼ》ち去《さ》る備えを大いなる力の入れようで推し進めようとしたが、有力な将軍たちが、怒りに流されて誉れ高き企てを打ち捨ててはなりませぬと懇願するので、最高位の者たちの穏やかな懇請に宥められ、翌日にもまた降伏について守備兵らに警告することに決めた。

七　それゆえ、最初の光が到来したとき、キオニタエ族の王グルンバテス(3)が、覇主のため自信満々、力を尽くそうと、供回りの敏捷至極な一団を率い城壁目指して進み来たったが、この王が既にたまたま飛び道具の射程内に来ているのに手練《てだ》れの狙い手が気づくと、投擲機にものを言わせてその息子を、一人前になりたての若者で、父の傍らにぴたりと寄り添っているのを、胸当てと胸に穴を開け貫通させた。上背と身体の美しさで同輩の者たちに立ち勝っていた若者であった。八　この者が倒れると、その同国人は皆算を乱して逃

---

(1) このような宝冠は、すでにバビロニア人が神性のしるしとして王の肖像に用いていた。

(2) 原語 tragula.「投げ槍」との解釈もある。この場合、あとの「射手」は「投げ手」となる。

(3) 一八-六-二二。

げ出したが、じきに、奪い去られはしないかともっともな思案により戻って来て、夥しい部族を棘々しい叫びで戦へと呼び覚まし、これらが馳せ集まるや、こちらからもあちらからも雨霰と飛び道具が飛び交って、熾烈な合戦の火蓋が切られる。九　そして死屍累々の勝負が日の終わるまで延々と続いた挙句、はや夜が始まる頃となって、死者の山と血の海の中で辛うじて守られていた遺体が、昏黒《こんこく》の闇に紛れて引きずり出されるその様は、ちょうどそのかみトロイアの近傍でテッサリアの将軍の息絶えた戦友をめぐり仲間たちが苛烈きわまる戦いで討ち合ったようであった。一〇　この死を王の幕舎は悲しみ、貴顕の者たちも総じて父王とともに突然の災厄に打ちのめされたため、服喪が宣せられ、高貴の生まれゆえに一目置かれ、また愛せられた若者が当人のお国ぶりの仕方で嘆き悲しまれた。それゆえ、平生武具を纏っていた姿のままに運び出されて、高くしつらえた大きな壇と言うべきものの上に安置され、その周囲には一〇の寝台が延べられて、故人となった人々の像を入念に整えて既に埋葬されてある遺体にこれらの似姿がそっくりとなるようにしたものを載せ、そして七日の間、実にすべての男たちが幕舎仲間や中隊ごとに宴に没頭し、踊ったり、一種暗鬱な弔い歌を歌ったりして、王家の若者を悼むのだった。一一　だが女たちは哀れっぽい胸打ちの仕草を交え、花の盛りに刈り取られてしまった部族の希望を、いつもの哀泣により嘆き悲しんでいたその様は、ウェヌス［アプロディテ］を崇める女たちが涙を流すのがしばしば見受けられるアドニスの聖なる祭の時と同じであった。この祭神が実った穀物のある種の象徴であるとは、秘儀的な教理の教えるところである。

(1)(2)(3)(4)(5)

第二章　アミダが包囲され、二日の間に二度、ペルシア軍の攻撃を受ける

一　遺体が焼かれ、遺骨が銀の壺に収められてのち――その骨は大地に委ねるべく故地へ運ぶことを父王が決めていたのだが――最高評議会を開いた上、町を毀って焼き払うことで、生命奪われし若者の御霊《みたま》を宥めることに決した。というのは、グルンバテスも唯一人の世継ぎの霊のため仇を討たずには先へ進むことを肯《がえん》じようとしなかったからである。二　そこで二日間を休息に充て、平時に変わらず拡がっている肥沃な耕作地を荒廃させるべく人員をたっぷりと派遣しておいて、楯の列を五重に連ねて町が包囲され、そうして三日めの光が差しそめる頃には、騎兵隊の煌めく集団が、人間の眼の四囲に眺めることができた一切を埋め

(1) 遺体が敵方に。
(2) ホメロス『イリアス』第十七歌を通して歌われる、アキレウス（ミュルミドネス勢＝テッサリア人を率いる将）の親友、若きパトロクロスの屍体をめぐる熾烈な争奪戦をいう。最後はギリシア方が救出に成功する。
(3) 奴隷あるいは戦争捕虜の殉葬を指すとの解釈があるが、殉葬者を先に埋葬してわざわざ似姿を拵えるのは不自然であるし、戦地の葬儀で寝台を並べるのも想像し難い。恐らくここは、次の一一節ともども、帰郷してからの本葬の様子が紛れ込んだのであろう。さらに、古くローマで名家の一員の葬儀の際、代々の先祖のデスマスクをつけた者たちが参列した（ポリュビオス『歴史』六-五三）その風習をここに持ち込んだ可能性もある。
(4) 拳で胸を打つのは、ギリシア古来の哀悼の仕草。
(5) アドニス祭は、女神アプロディテに愛された薄命の美少年アドニス（はかなき若さの象徴）を讃える祭で、萎れやすい花を瓶や鉢（「アドニスの園」）に入れて屋根に上げ、死せるアドニスを悼む歌を歌う。主として女の祭で、アテナイでは盛夏に行なわれたが、アンティオキアでは秋に行なわれた（二二-九-一五）。

尽くし、籤によって割り当てられた持ち場に、ゆるやかな歩調で前進しつつ隊列がついた。三　ペルシア方は城壁の外周すべてを包囲していた。東向きの部分はキオニタエ族に当たったが、ここは我々の命取りとなったあの若者が倒れた所であった。(1)クセニ族は(2)南面に配置され、北の区域はアルバニ族が(3)固めており、西門にはセゲスタニ族(4)が対峙していたが、全軍の中で最も精悍な戦士であり、これとともに見た目にも高々とそばだちつつ象の隊列が皺だらけの図体も不気味に、武装兵を背に乗せてゆっくりと前進して行ったが、忌まわしい見世物の醸し出すあらゆる恐怖にもまして恐るべきものであったのは、すでに幾度も述べたところである。(5)

四　かくも数え切れぬ諸部族がローマ世界に火を放たんと長きにわたって駆り集められ、我らの破滅を狙っているのを目にして、助かる見込みはないと考え、この後、生命の最期を誉れあるものとするよう心がけたが、これは既に我々全員が望むところであった。五　こうして日の出から日の終わりまで、戦列は動く様子もなく立ち尽くし、地歩《ちほ》を全く変えずに釘づけになった如くであったし、物音や馬の嘶《いなな》きも聞かれず、来たときと同じ隊形で去り、食事と睡眠によって元気を回復すると、夜も残り少なくなった頃、ラッパ手の吹き鳴らす音に導かれて、町を、程なく陥落するかの如く、恐ろしい輪で取り巻いた。六　そしてグルンバテスが血で湿した槍を故国の儀礼と我らが渉外神官(6)の慣わしに則って投じるや否や、軍は武器の音を響かせつつ城壁に跳びかかり、たちまち涙を誘う戦の嵐が牙を剥き、戦闘へと全身全霊で向かってゆく騎兵部隊のすばやい前進があり、対するに我が兵の鋭く、得たりやおうの反撃があった。

七　そこで、頭を砕いて大勢の敵を、「蠍《さそり》(7)」から放たれた大石が押し潰したが、また矢に射抜かれた者たちもあれば、太矢に刺し貫かれて身体を地面に転《まろ》ばす者たちもあり、他にもまた傷ついた者たちがあたふたと逃げて仲間の所へ戻ろうとした。八　町においてもこれに劣らぬ嘆きと死があり、雲霞《うんか》の如く矢がびっしりとひっきりなしに飛んで空を暗く覆い、またシンガラを奪取した際に(8)ペルシア軍が手に入れていた投擲機なる器械がさらに夥しい負傷をもたらした。九　なんとなれば、力を奮い起して守備兵らはいったん放棄した戦闘に代わる代わる舞い戻っては、守り抜かんとするこの上ない意欲に燃えつつ、したたか傷を負って倒れるか、あるいは手足を捥《も》がれもんどりうって間近に立っている者たちを転倒させるか、あるいは他方、肢

(1) すなわち、籤の悪戯によって、キオニタエ族は自分たちの王子の倒れた所を持ち場とすることになった。

(2) 底本 Cuseni. 写本に問題のある箇所で、Ro, Sel は大幅な加筆を採り入れ、cuius manibus excidio urbis parentari debebat, Gelani（その霊に町の破壊でもって宥めの捧げ物をする必要があったのである。ゲラニ族は［南面に配され］）とする。ゲラニ族については、一七-五-一。クセニ族については、一六-九-四。

(3) 一八-六-二二。

(4) サーサーン朝ペルシアとインドの間、今日のイラン・アフガニスタン国境のあたりの部族。

(5) これらの部分は伝存しない。

(6) 二七五頁註（5）。古くはローマの元老院が開戦を決議すると、渉外神官が敵との国境に赴き、血に浸した槍を敵領に投げて開戦の儀式とした（ゲリウス『アッティカの夜』一六-四-一、カッシウス・ディオ『ローマ史』七一-三三-三）。このしきたりをここに投影したものか。

(7) 投石機の一種で、石を発射する様が蠍が尾を振り立てたように見えたのであろう。原語 scorpio は、元来は機械仕掛けで矢を放つ道具を指したが、アンミアヌスは投石機（onager）の古い名称と理解している（二三-四-四）。

(8) より正確には、「シンガラに近いヒレイヤの陣営を」ペルシア側が「奪い返した」際。一〇年ほど前、三四八年の出来事（二七五頁註（2））。

体に突き刺さった鏃《やじり》を、まだ生のあるうちは、抜く技に長けた者らを捜し求めたからである。一〇　こうして殺戮に殺戮が重ねられて日の終わりまで延々と続き、夕闇すらこれを鈍らせることはなかったが、そのわけは、両軍とも大いなる一徹さで戦ったからである。一一　そこで甲冑の重荷の下で夜哨が務められ、双方の側に起こった喚声に丘がこだまを返すのだったが、我が兵がコンスタンティウス・カエサル[1]を国家と世界の覇主としてその徳を称えると、ペルシア方はサポルを「サアンサアン」また「ピロセン」[2]と呼ぶのであったが、これは「王たちを統べる王」、「戦の勝者」と解釈される。

一二　そして昼の光が始まる前[3]に曲げラッパで合図が与えられるや、同じような白熱の戦闘へと各所より呼び覚まされて、数をも知れぬ軍勢が鷲鷹の如く突き進んで行き、遠く広く見晴るかすことのできる限り、平地と谷にはただ猛々しき諸部族の煌めく武具が目に入るばかりであった。一三　やがて鬨《とき》の声《こえ》を上げるや、総勢闇雲に飛び出してゆき、城壁からは夥《おびただ》しい数の飛び道具が飛んだが、案に違《たが》わず、人々の密集する中に落ちて、一つとして無駄に放たれたことにはならなかった。というのも、数々の災難が我々を取り巻いていたため、既に述べたとおり、身の無事を手にするために非ず、雄々しく死なんとの熱意に我々は燃えていたからであり、一日の始まりから光の翳るまで、いずれの方《かた》にも戦況が味方せぬまま、思案よりはむしろ力任せに戦いがなされた。というのも、怖じさせんとする者たち、怯える者たちの叫びが上がり、その狂熱を前にしてはほとんど誰一人無傷のまま踏みとどまることができぬほどであったからだ。一四　そうして遂に夜が殺戮を終わらせ、いやというほど苦汁を舐めたために両陣営とも長めの戦闘休止をとった。というのは、休息の時が我々に与えられると、僅かに残っていた力も不眠不休の労作に使い尽くされたのであり、その間、血と瀕死者らの青ざめた顔に震え上がらせられていたが、この者たちには、土に葬るという最後の慰めすら、場所の狭さのために与えてやることができなかったのであって、広すぎるとは言えぬ町の境域内に七箇軍団と男女とり混ぜての外来者と市民の雑多な衆、それにその他の兵も若干いて、その数二万に及ぶ(4)総勢が入っていたからである。一五　それゆえ、銘々が己れの傷の手当てを、自ら能う限り、あるいは癒し手の数に応じて、行なっていたのだが、幾人かは深傷《ふかで》を負い血を流し尽くして、抗う霊を吐き出そうとしていたし、また別に、剣の切っ先に突き通されて療治の甲斐もなく魂を風に散らし、事切れて打ち捨てられてゆく者もあり、また幾人か、満身創痍となっており、無駄に痛みを与えて既に弱っている心身が苦しむことのないよう、薬師《くすし》らが手当てを禁じた者らもあったし、また幾人かは矢を引き抜こうとし、この危うい手当てを試みる間、死よりもひどい責め苦に耐えていた。

(1)二二五頁註（6）。
(2)前者（原語 saansaan. 語末の n を対格語尾と見なし「サアンサア」とも）はサーサーン朝ペルシアの開祖アルダシールに始まり、シャープール二世も名乗った（一七-五-三）称号「王の中の王（シャーハンシャー）」を指すのであろう。後者（原語 pirosen. 同じく「ピロセ」とも）は、ペルシアの王名の一つペロゼス（ペロズ）に関係する語と思われる。ただし、ペロゼス一世は在位、四五七―四八四年で、一〇〇年ほどのちの王。
(3)Ro, Sel は「五日めの昼の光が始まる」とする。
(4)底本 ad usque numerum milium uiginti. Cl, Ro, Sel は uiginti の前に centum を加えて「その数十二万に及ぶ」とする。

第三章　ウルシキヌス、夜間、包囲勢の不意討ちを試みるも、軍司令長官サビニアヌスの反対に遭い、果たせずに終わる

一　アミダにおいて両軍のかかる決死の覚悟により戦いが行なわれている間に、ウルシキヌスは、当時兵を指揮する権限では上位にあった今一人の人物の恣意に左右されることを苦々しく思い、この期に及んでなお墓所でぐずぐずしているサビニアヌス(1)に再三注進をして、軽装歩兵を一人残らず寄せ集め、山々の一番下の麓に沿った隠れ道をとって急行させ、この軽武装の補助部隊をもって、もし運が味方してくれたなら、前哨隊を手早く始末し、大きく円を描いて城壁を取り囲んでいる敵の夜哨隊に攻撃をかけるか、あるいは挑発を繰り返して、包囲攻撃に断固こだわる者らをてこずらせるよう薦めた。二　こうしたことは害をなすとしてサビニアヌスは反対し、表向きは皇帝の書簡を口実にし、それは、何が為され得るにせよ、いついかなる場合も兵に危害なく果たせと明白に命じていたのだが、しかしひそかに胸の底では宮廷で度々己れが仰せつかったこと、すなわち称賛獲得のあらゆる契機を、栄誉を求めてやまぬ前任者から、たとえ国益に資することになるものであろうとも、断ち切るようにとの指示を守り続けていた。三　よしんば属州の破滅を招こうとも、かくも喫緊の課題であったのは、この戦に長けた人物が何か語り草となる壮挙の主導者または仲間として名の挙がらぬようにすることだったのだ。それゆえ、この窮境に愕然として、彼は斥候を幾度も我々の許へ送って寄越し——水も漏らさぬ見張りのせいで何人も易々と町に入ることはできなかったけれども——そして有益な手を数々打とうとしながら何一つ達成するとは見えぬそのさまは、図体の大きさと獰猛

さで恐るべきライオンが、爪も歯も抜かれてしまっているために、網に閉じ込められたわが仔を危地から救い出しに行こうと敢えてせぬのに似ていた。

第四章　アミダに起こった疫病が、一〇日間で少雨により終息する。さらに、疫病の原因と種類について

一　だが、通りに散乱する屍体の数の多さに埋葬の務めが追いつかぬ町にあっては、疫病がかかる数々の災禍に追い討ちをかけたのであり、この疫病は蛆の湧いた身体の腐敗液、むっとする温気《うんき》、(2)それに衆勢の容態様々な衰弱に養われていた。こうした類の病気の因《もと》とふつうなっているところを、手短に説明しよう。

二　寒熱の、あるいは乾湿の過剰が疫病を生むとは、哲学者や高名な医家の伝えてきたところである。そこからして、沼がちの所や湿った所に住む者たちは、咳や眼疾やこれに類するものに苦しんでおり、逆に炎暑と隣り合って暮らす者たちは、熱のほてりで干涸らびる。だが、火の元素が他の元素に優って効能を発揮

(1) 二七三頁註（7）。サビニアヌスはまだエデッサにいて、そこまでウルシキヌスが逃げ戻ったことになる。コンスタンティウス二世の廷臣たちの策謀によって、サビニアヌスがウルシキヌスの後任としてオリエント方面騎兵長官に任命され、ウルシキヌスはバルバティオの後任として歩兵長官の位にあり、位階からはサビニアヌスが上位にあった。

(2) 戦闘のあったのが盛夏であることを示唆する。

すればするほど、乾燥が滅ぼすのも早い。三 これゆえ、一〇年にも及ぶ戦争にギリシアが汗を流し、異邦人に王家の婚姻を破綻させた罰を免れさせるまいとしたとき、太陽と見なされるアポロンの矢によってこの種の悪疫がはびこり、大勢が亡くなったのである。四　またトゥキュディデスの披露するところによれば、ペロポンネソス戦争の始まった頃アテナイの人々を重篤な類の病で苦しめたあの災厄も、エティオピアの熱気にほてる地より少しずつ這い出して来てアッティカを占拠したのだった。五　他の人たちの考えでは、空気と水が、よくあるように、屍体の異臭やそれに類するものによって汚されると、その健やかさの大半を害うか、あるいは、少なくとも空気の急激な入れ替わりが軽微な病を生み出すという。六　さらに幾人かは、大地から発散するあまりに密な気体によって空気が濃くなると、身体からの分泌物の放散を妨げるので、それで死ぬ者も少なくないのは確かだと言うが、これがため、人間を除く他の動物は絶えず俯《うつむ》向きになっているせいで、ホメロスの教えによれば、また以後の多くの経験からしても、このような災いが生ずると先に死んでしまうことを、我々は知っている。七　そして第一の種類の疫病はパンデーモスと呼ばれるが、これはあまりに乾燥した土地に暮らす人々が頻繁な発熱により生を断たれるようにしてしまう。第二はエピデーモスで、これはある季節になると襲来し、視力を鈍らせ、危険な湿り気を惹き起こす。第三はロイモーデースで、これもやはり季節的なものであるが、飛ぶ鳥の早さで拡がるため、致命的である。

八　この死に至る疫病に打ちのめされ、少数の者があまりの高熱のため衰弱して果てる中で――また人いきれで熱が増していたのだが――ようやく十日めの夜になって、少雨により、淀んだ重苦しい瘴気《しょうき》が蹴散らされ、肉体の健康がしかと回復された。

(1) トロイア戦争のそもそもの原因は、トロイアの王子パリスがスパルタ王メネラオスの妃ヘレネを攫って帰国したことにあった。

(2) ホメロス『イリアス』第一歌八―五二。アポロン神がギリシア軍の総大将アガメムノンに神官を侮辱されたことを憤ってギリシア勢に悪疫をもたらしたことを、太陽が原因の疫病発生と見るのであろう。神話伝説の「合理的解釈」の一例。

(3) トゥキュディデス『歴史』二-四七―五三。

(4) ホメロス『イリアス』第一歌五〇によると、アポロン神のもたらした悪疫によって、まず騾馬《らば》と犬が倒れた。ただし、アリストテレス『詩学』一四六一aではこの騾馬を番兵の意と解する。

(5) *πάνδημος*（すべての民に関わる病）。なお、「第一の種類の疫病」とあるのは、前述の部分を受けての分類ではない。

(6) *ἐπίδημος*（民の間に流行《はや》る病）。

(7)「ある季節になると」は原語 tempore で、「一時的に」とも解せる。次のロイモーデースの説明文中の「季節的なもの（temporaria）」も同じく「一時的なもの」と解せる。

(8) *λοιμώδης*（疫病）。

(9) 以上の疫病の三分類は、何を典拠としたか不明で、内容的にも要領を得ない。

(10) 底本 quos multitudo augebat. 最後の動詞を angebat と読んで「その（少数の）者たちは人の多さが息を詰まらせたのだが」とする版が少なくない（B, Ern, Eyss, Ga, Wa）。底本と同じ読みを採る場合でも、「その少数の者を新参の大勢が増やしていたのだが」（deJ）、「その死者の数を人の多さがさらに増やしていたのだが」（Ro）など様々な解釈がある。

第五章　アミダが、片や城壁の周囲から、片や寝返り者の手引きにより地下の拱道《きょうどう》を用いて、攻撃される

一　ところがこの間、不休のペルシア方は「葡萄棚」と車付き衝立(1)で町を取り囲んでゆき、土塁が積み上げられ始め、前面鉄張りの高層の櫓(2)が組み立てられていったが、その天辺には投擲機が一台ずつ据えられ、胸壁から守備兵を追い払えるようにしてあった。とはいえ、投石兵と弓兵を用いての小戦《こいくさ》はほんの片時も止まなかった。二　我が方には、さきに述べたとおり、新たにガリア諸州から連れて来られたマグネンティウス組の(3)二箇軍団があり、勇敢かつ敏捷な者たちから成っていたが、平地での手合わせには向いていても、我々が余儀なくされていた戦法には不器用であるばかりか、逆に余りにも混乱のもとであった。この連中は器械にも工作物の構築にも手を貸さぬくせに、幾度か愚かしくも突出《とっしゅつ》をして自信満々に勝負をしては、数を減らして戻って来る始末で、その役に立つこととといったら俗に言う大火事に人一人手水《てみず》を掛けるようなものであった。三　到頭最後には、城門にも閂が掛けられて、士官たちも懇願するので、外に出ることができず、獣のように歯ぎしりをしたものだった。しかしながら、あとになって彼らの働きの良さが現われ出たのは、いずれ説明するとおりである(4)。

四　ティグリス河を見下ろす城壁南部分の離れた場所に高々と聳え立つ塔があり、その下には峻険な岩々が口を開けていて、身の毛もよだつ眩暈《めまい》を覚えずには下を見下ろせぬほどであったが、ここからは地下に穿

たれた拱道《きょうどう》によって山麓を通る階段が町の基底面まで延びており、この仕掛けによって川筋からこっそり水が汲めるようになっていたのは、この地方で川に接するあらゆる砦に見られるとおりであって、手練れの技で仕上げられていた。五　急勾配ゆえに顧慮されていなかったこの暗闇を通って、この町の住人で敵方に走ったある寝返り者の手引きにより、王直属の部隊から引き抜かれた七〇名の技倆、自負心ともにぬきんでたペルシア人弓兵が、離れた場所の音の届かぬのに守られて、真夜中に突如、一人また一人と塔の第四層(5)まで登り、そこに潜んで、朝になると赤紫色の軍用マントを掲げ、これは戦端を開く合図であったのだが、あらゆる方角から町が溢れ返る自軍の軍勢に取り囲まれているのを見出すと、箙《えびら》を空にして足下に投げ出すまで、火のついた如く哮々《こうこう》の雄叫びをあげつつ、矢を抜群の手並みで四方へ放っていった。するとほどなく、全戦列が密集して、それまでよりもはるかに激烈に町を攻め立てた。六　どちらを迎え撃つべきか、頭上に陣取っている連中か、それとも階段を昇って既に胸壁そのものに取りつかんとする衆勢か、決しかねて迷う我々の間で、役務が分割され、軽めの投擲機五台が場所を移されて、塔に向け配置されるが、これがいとも速やかに木製の飛び道具を放ち、時には一度に二人までも貫き通したものだから、一部は深傷を負って崩お

---

(1) この二つはいずれも攻城兵を飛び道具から守るための移動式の装備で、「葡萄棚」は屋根状の覆いに枝編み細工の壁をつけた掛け小屋、車付き衝立は垂直の遮蔽板。
(2) 攻城用の櫓。
(3) 詳しくは、マグネンティウス組とデケンティウス組（一八-九-三）。
(4) 次章、一九-六-三—一三に語られる。
(5) 原句は「第三層」と表現しているが、現代の「イギリス式」の階の数え方と恐らく同じで、第四層にあたる。

れ、また他の者はうなりをあげる器械を恐れるあまり、真っ逆様に身を投げ、身体をばらばらにして死んでいった。七　こうしたことが右のような早さで成し遂げられ、いつもの場所に投擲機が戻されると、多少は安心も増して、城壁は全員が参集して守り続けられた。八　そして脱走者の汚い所業が兵らの怒りを増したため、あたかも平地に駆け降りるが如く、種々の槍を前のめりになって屈強の腕で投げたので、陽が中天にかかる頃には諸部族は手痛い挫折のために散り散りになり、夥《おびただ》しい者の死に涙しつつ、負傷を恐れて幕舎に引き揚げて行った。

第六章　ペルシア方に惨禍をもたらしたガリア人軍団の突出

一　救いの風を運が吹いて寄越したと言うべく、一日が損害を出さずに、敵には敗北をもたらして過ぎ、その日の残り時間は身体を回復させるための休息に充てられたが、翌日が明けると、我々は砦から無数の衆勢を目にし、それはジアタ要塞(1)が陥落して敵領内に曳かれて行く者たちであって、この場所が至って収容力があり、守りも堅固だというので——何しろ、外周が一〇スタディオン(2)あったのである——種々雑多な人々が大勢逃げ込んでいたのだった。二　実際また、他の砦までも同じ頃に奪取され火をつけられたのであり、そこからは何千もの人々が引きずり出されて、奴隷の身となるべくあとに従ってゆき、その中には寄る年波に身体の弱った者たちも多く、また、既に高齢の女たちもいて、様々な理由で体力がなくなっていたため、道のりの遠さに嫌気を催し、生きる意欲も失っていたとあって、腓《こむら》又は膕《ひかがみ》の腱を切って置き去りにされた。

三　この哀れな一団をガリア人兵士ら(3)が見て、いかにももっともではあるがしかし時宜に適わぬ衝動に駆られたために、敵と一戦交える機会を与えてくれと要求し、これを禁ずる士官らと筆頭格兵らに対して、この上邪魔立てするなら命はないぞと脅した。四　そして檻の中で牙を剝いた野獣が鼻をつく汚穢《おわい》(4)によっていっそう獰猛さを募らせ、脱出の望みを懐きながら、回転する仕掛けの横棒(5)にその身をぶつけるように、そのように剣を揮って、門が掛けられていたと先に述べた城門に打ちかかったが、町が毀《こぼ》たれたなら己れらもまた何ら目覚ましき手柄を立てぬまま葬り去られるのではないか、あるいは、町が危地から解放されたとしても、ガリア人に壮志ありという割には何ら値打ちのあることを為さなかったと言い立てられるのではないか、たとえこれまで度々出撃して土塁造りの連中を、幾人かを突き殺し、妨害しようと努めるうちに、同じような苦労を耐え忍んだ(6)とはいえ、と相当に不安を覚えていたのである。

五　我々は思案も尽き、頭に血の上った連中にいかなる対案を呈示すべきか迷いつつ、何といってもこれだと遂に選び出し、不承不承同意も得たのは、これ以上我慢はできぬのであるから、少しばかり猶予をとっ

(1) アミダの北約五〇キロメートル、ティグリス河沿いの地点。
(2) 約一・八キロメートル。
(3) マグネンティウス組とデケンティウス組（一八-九-三）。
(4)「腐肉」すなわち、餌として与えられた肉の傷んだものとの解釈もある。
(5) 檻の天井の鉄格子が回転し、野獣が飛びつこうとしても爪が掛けられない仕掛けになっていると解釈される。
(6) 一九-五-二。

たのち、敵の前哨地点を攻撃する許可を与える――この前哨地点は、飛び道具の射程から遠くない所に置かれていた――そうしてそこを突破したらさらに先へと進む、と。なぜなら彼らがもし目的を遂げたなら相当大がかりな殺戮を惹き起こすであろうことは明らかだったからだ。六　この準備が為されている間、様々な類の戦で城壁は精力的に守られたのであり、骨折りと用心怠りなさと、石や矢を四方に放つための投擲機を配置することをもってした。しかしながら、二本の高い土塁がペルシア勢の歩兵部隊によって築かれ、町の攻め取りが粘り腰の作業で図られていたが、これらに対し我が方の土盛りも並々ならぬ念の入れようでいとも高々と積み上げられてゆき、対峙する土塁の頂と高さを等しくしていて、守備兵の過度の重量にすら耐えられるようになっていた。

七　この間、ガリア兵は遅滞にしびれを切らし、手斧と剣で武装して搦め手の門を開くと、暗く翳った晩で新月にあたることを睨んで、天の加護が恵み深く神意麗しく授かるよう祈りつつ出撃した。そしてまさしく息をひそめて側近くまで来ると、密集隊形で強力に突進し(1)、哨戒兵何名かを殺しておいて、さらに陣営の外詰めの夜哨兵を、こんなこととは露知らず眠っているであろうから、斬り捨てて、他ならぬ王の幕舎に、もし首尾よき成就の神が助けたもうたなら、不意討ちをかけんものと(2)、ひそかに目論んでいた。八　ところが、微《かす》かとはいえ、忍び足の者たちの物音が聞こえ、殺された者の呻き声も耳に入ると(3)、眠りも吹き飛んで大勢が目を覚まし、皆口々に武器を執れと叫びを繰り返したものだから、兵士らも敢えて先へ進もうとせず、足を釘付けにして突っ立つばかりであった。というのも、不意討ちで狙っていた相手が目を覚ましたからには、公然たる危険に飛び込むのはもはや得策でない。既に四方にいきり立っているペルシア方の部隊が、火のついたように戦闘に突入したからである。九　これに対しガリア兵は、身体の頑健と図太さをもって、精一杯、動じることなく、剣で敵を斬り伏せ、自軍の一部は倒されたり、あるいは八方から頻々と飛来する矢に射当てられたりしていたが、一つ所に山なす危険のすべて、馳せ参じる敵の部隊が向かうのに気づくと、誰一人背を見せる者もなしに脱出を急ぎ、あたかも拍子に合わせて後退りするかの如く、少しずつ矢来の外へ押し出されてのちは、密集隊形で襲い来たる部隊(4)を持ちこたえることができなかったため、陣営のラッパの響きに促されて、退却して行った。一〇　そして町からも多数の曲げラッパがこだまを返し、城門が開かれて、もしそこまで到達できたなら我が兵らを再び迎え入れようとし、また投擲機なる器械は軋みを立てても飛び道具一つ発することがなかったが、これは哨所を守っている敵兵が、僚兵の殺されたのち状況が判ら

(1) 底本 cum prope uenissent, conferti ualido cursu. この場合、コンマのあとの「密集隊形で強力に突進し」は次の文節にかかるが、B はコンマを cursu のあとに移し、「密集隊形で強力に突進し、側近くまで来ると」と解する。Ro, Sel はいずれにもコンマを置くが、解釈は前者（Ro）、後者（Sel）に分かれる。

(2) 底本は obtruncare et superuenire で、この二動詞（不定法）で表わされる行為（斬り捨てることと不意討ちをかけること）はどちらも後出の meditabantur（目論んでいた）の内容になるが、Ro, Sel は前の動詞を現在形 obtruncant にし、「斬り捨てる」ほうを確定事実とする。B は obtruncantes, superuenire と読んで前の動詞を現在分詞にするので（Ern, Eyss, Ga, Wa も同様）、両様の解釈が可能であるが、Ro, Sel と同じような訳にしている。

(3) 次節からすると、この時点でガリア兵は王の幕舎に迫ろうと、既にペルシア軍陣営内に入っている。

(4) アンミアヌスは manipuli（中隊）の語を用いているが、ペルシア軍にローマ式の部隊編成があったとは考え難く、単に「部隊」と訳した。

ずにいるのを後方へ下がらせ、町の城壁に対置された壁を無人にして、城門から勇士らを無事に迎え入れるようにするためであった。一一　そしてこういう策により、ガリア兵は昼夜の境近くに城門に入ったが、数を減らしており、幾人かは深傷《ふかで》を、一部は浅傷《あさで》を負っており、この晩に失われた者は四〇〇名、この者たちはレソスやイリオンの城壁の前で寝《やす》んでいるトラキア人(1)どころではなく、武装兵一〇万に周りを固められた(2)ペルシア王を、もしいっそう苛酷な巡り合わせが邪魔立てしなかったなら、他ならぬ幕舎の中で刎ね首にしていた筈なのだった。一二　この者たちの教練兵曹ら(3)に対しては、勇敢なる行為の斬込み隊長だとして、町の潰滅後、武装姿の立像をエデッサの繁華な地区に置くよう皇帝(4)が命じ、これは今日まで害われずに保たれている。

一三　翌日の光が差して、骸《むくろ》の姿が明るみに出ると、戦死者の遺体の中には貴顕の士やサトラップたちも見出され、また口々の叫びがそれぞれの不運をそれぞれの場所で涙交じりに示したので、至る所で嘆きと王たちの憤懣が聞かれたが、王たちは城壁に対峙させた哨所を突破してローマ兵がなだれ込んで来たと考えたのであった。また、これゆえに双方合意のもと、三日間の休戦が与えられ、我々もまた一息つく余裕を得た。

第七章　櫓その他の工作物が町の城壁に近寄せられるも、ローマ軍によって火をつけられる

一　それからというもの、この未曾有の出来事に愕然となり、また激昂した諸部族は、あらゆる逡巡を抜きにして、工作物により――というのは、力攻めが全く功を奏さなかったからだが――もはや決着をつけよ

うと考え、究極の戦意を呼び覚まして、全員が誉れ高く死に立ち向かい、あるいは町を廃墟となして戦死者の魂への捧げ物とすることに今や躍起となった。

二　そして皆総出で熱をあげて、用意のものがはや完成し、明けの明星が躍り出る頃、鉄張りの櫓を交えた様々な種類の工作物が近寄せられて行ったが、その高い天辺には投擲機が据えつけられ、下方に立ち働く守備兵を追い散らそうとした。三　そして夜が既に白み始める頃、五体を守る鉄の武具が天《あめ》の下をあまねく覆い、(5)密集した戦列が、それまでのような不揃いを改め、ラッパの滑らかな音に導かれて、先駆けをする者もなく、攻城器具の覆いに掩蔽《えんぺい》され、枝編み細工の矢玉除け(6)を身体の前に構えつつ前進して行った。四　そして接近し、飛び道具の射程内に来ると、丸楯を差し構えてはいても、ペルシアの歩兵は投擲機でもって城壁から放たれる矢をなかなか避けられぬので、戦列を散開させはしたが、ほとんどいかなる類の飛び道具も無駄に落ちることはなかった。動きが鈍って退いてゆく挂甲《けいこう》騎兵さえもが、我が軍の士気を高めた。五　と

(1)トロイア戦争の故事。ディオメデスとオデュッセウスの二将がトロイア軍陣内に夜間潜入し、レソス王ほか来援のトラキア兵十二名を討ち取って駿馬を奪って帰った（ホメロス『イリアス』第十歌四六九―五七九）。
(2)ペルシア軍がローマ側よりはるかに多勢だったのは間違いないが、一〇万という数字はいかにも誇大である。
(3)歩兵部隊にのみ見られた階級で、新兵の教練にとどまらず、実戦の指揮もした。
(4)コンスタンティウス二世。
(5)原句 ferrea munimenta membrorum caelum omne subtexunt.「幾層もある鉄張りの櫓が全天を覆い」とも解せる。
(6)「葡萄棚」もしくは車付き衝立（一九-五-一）のことと考えられる。

はいえ、鉄張りの櫓の上に据えられた敵の投擲機が、低い所を上から狙って威力があり、位置が対等でない分、効果も異なるところから、我が方を血の海にして傷めつけていったため、はや夕べも迫って両軍休息に入ったのち、夜の大部分が費やされたのは、かほど手痛い惨状に対しいかなる手を打つべきか、とくと考えられるようにすることであった。

六　そして遂に、我々が散々考えを巡らした末、策がまとまり、これは迅速に実行するほど安全であって、件の投擲機に四台の「蠍《さそり》」を対峙させることだったのだが、それらを今ある部署から移動させて慎重に――これは相当困難な技術を要することである――据えつけている間に、我々にとって最も悲しい日が到来し、(1)恐れられたペルシア方の軍勢を明らかにしたが、これには象部隊が伴っていたのであって、その雄叫びと巨軀以上に恐怖を覚えるものを人間の心が認めることはない。七　そして四方八方から武器と工作物と獣の塊に押し迫られていたとき、「蠍」の鉄の帯発条《おびばね》によって胸壁から次々と発射される玉石《たまいし》が櫓の継ぎ目を外し、投擲機とその扱い手を真っ逆様にはね落としたものだから、幾人かは傷を受けることもなしに生命を失くし、また他に、重量の大きなものの下敷きになって落命する者もあったが、象どもも大いなる力で撃退されたというのは、至る所から投じられる松明《たいまつ》に周りを囲まれ、今やそれが身体にも当たって後退りしようとするのを、象使いも操ることができなかったのである。だが、その後工作物が焼け落ちてしまってからも、戦闘に休息は与えられなかった。八　なぜなら、ペルシア王その人が、決して戦いの場に居合わせることを強いられはせぬものなのに、この戦況不利に苛立って、新奇にして前代未聞の仕儀ながら、一戦闘兵の風情で、押し合いへし合いする中へ躍り込み、そして、警護する者の数の多さのために遠目にも目立って見えたため、飛び道具で盛んに狙われて、護衛の者多数を倒されると、配下の恭順なる部隊を次々に飛び移りつつ引き下がり、一日の果てに至って、死者たちであれ負傷者たちであれその無残な様子に怯えたわけではなかったが、遂にいささかの時間を休息にあてることを許した。

第八章　アミダが城壁間際の高い土塁を用いてペルシア軍に攻められ、侵入される。マルケリヌスは町の陥落後、夜分に抜け出し、逃走してアンティオキアを目指す

一　しかしながら、夜が戦闘を引き分け、短い暇《いとま》の間に睡眠をとり、はや昼の光が輝きそめると、望みのものを得るため、怒りと恨みに満ち溢れ、人の道など何ら眼中に置こうとせず、諸部族を我々に向かってけしかけていった。そして先述のとおり、工作物が焼失してしまっていたために、城壁間際の高い土塁を用いて戦が試みられたので、その内側に築造努力の能う限り高くした土盛り壁から我が軍は互角の力を揮って、困難の中、抗戦した。

二　そして長きにわたる流血の戦闘が決着を見ず、また死を恐れるあまりどこかの部署で堅守の熱意から遠ざかる者も一人としてなく、闘争が延々と続いて両陣営の命運が不可避の出来事に左右されるところにまで至ったとき、長時間の労苦により築き上げられた我が軍のあの防壁が、あたかも地震か何かに揺さぶられ

（1）町の陥落を予想させる表現だが、それが起こるのはこの翌日である。アンミアヌスの筆の滑りか。

たかの如く崩れ落ち、まるで土盛りをした道路が出来たか、橋を上に架けたような塩梅《あんばい》に、城壁とその外側に積み上げられた築堤の間にぽっかりと開いた空間を平らに埋めて、何の障害物にも妨げられぬ通り道を敵に開き、(1)振り落とされた兵の相当部分はその下敷きとなったり、身体が言うことを聞かなくなって、戦線離脱した。三　しかしながら、すわ一大事とばかり、四方八方から馳せ集まり、夢中で急ぐあまり互いに相手の妨げとなる有様だったが、敵の大胆さは他ならぬこの上首尾のために募っていった。四　それゆえ、王の命令によって掠奪者どもの総勢が呼び集められ、白兵戦となって剣が抜かれ、両陣営とも途方もない殺戮を蒙って血が流されたときには、壕は人の屍体で塞がれ、ためにそれだけ広い道が拓けることとなって、既に町は軍勢の烈火の如き結集に満たされ、防御もしくは逃走のあらゆる望みが断たれたため、家畜さながら、武装せる者も戦の用意のなき者も、男女の別なく斬り殺されていった。

五　そこで、夕闇が迫る頃、逆運が抗っているにも拘らず、我が軍の多数が未だ白兵戦を各所で演じていたとき、町のとある人目につかぬ一角に他の二人とともに潜んで、小暗《おぐら》き夜に守られつつ、何ら見張りのなされていなかった搦め手の門から私は抜け出し、荒涼たる土地を知悉《ちしつ》していたことと同行者の足の速さに助けられて、遂に一〇マイル里程標に到達した。六　ここの宿駅で多少元気を回復してから、さらに先を急ぎ、生まれの良さゆえ慣れぬ身の私があまりに歩かねばならぬことに今にも参ってしまおうかという段になって、おぞましい見ものに行き当たったが、これが極度の疲労に困憊《こんぱい》していた私に甚だ折りよい助け舟となった。

七　逃げ出した裸馬で気性も荒いのへ従卒の誰か一人が跨って、ずり落ちることのないよう、馬を操るのに使う手綱を習慣どおり左手にきつく結わえたところ、やがて落馬した際に綱の結び目を切ることができず、道なき道や森を通るうちに手足が一つまた一つと捥ぎ取られ、走り疲れた荷駄獣を屍体の重みで引き止めていたのだが、これを折りよく捕えてその背の助けを借り、件の仲間とともに、硫黄臭が漂い自ずと熱い湯の湧く泉に辛くも到達した。八　そして暑熱の中、喉をからからにして這うように進み、長らく水を探し求めるうちに、ほとんど底なしの井戸を見つけたものの、その深さのために降りる手立てもなく、ロープも持ち合わせがなかったので、極限の必要に教えられて、我々が身に纏っていた麻の衣を細長い切れに裂き、それでもって相当長い紐を拵え、我々の一人が兜の下に被っていたフェルト帽をその一番先にくくりつけ、〈これを〉紐〈で〉投じ入れると、海綿よろしく水を吸い、我々を悩ます渇きをあっさりと消してくれた。九　そこからは急ぎ足にエウフラテス河まで来て[2]、舟で向こう岸を目指そうとしたが、この舟は人畜を渡すためにこのあたりでは長年の習慣から置かれているものだった。一〇　だが何と、騎兵隊の軍団印をもったローマ軍部隊が追い散らされているのが遠方に認められ、これを追撃していたのはペルシアの大軍勢だったが、どこからかかる不意討ちを仕掛けて行軍中の者らの背後を襲ったものか、わからなかった。一一　この例からして、かの大地より生まれし者たち[3]というのは大地の懐から現われ出たのではなく、有り余る俊敏さを具

(1) いささか想像し難いが、こういうことが起こったのは、ローマ側がアミダの城壁のすぐ内側に接して土塁を積み上げ、崩れた土が城壁を越えてもっぱら外に落ちたからであろう。

(2)「そこ」がどこを指すかは不明だが、起点のアミダから西のエウフラテス河まではおよそ一〇〇キロメートルもある。

(3) 伝説によると、カドモスがボイオティアのテーバイに播いた大蛇の歯から武具を纏った男たちが生まれ出て、スパルトイと呼ばれたという。

えて生まれて来たのだと筆者は思うが、あちこちで思いがけず見かけられたところからスパルトイ［播かれた者たち］(1)と呼びならわされ、大地から跳び出したのだなどと、時代の古さが事をいっそう作り詰めかして仕立て上げるため、見なされたのである。一二　この災いに発破をかけられて、今や安全の守りはなべて迅速さにあったのであるから、茂みや森を通ってさらに高い山岳地帯を我々は目指し、そこから小アルメニアの町メリテナ(2)に来たが、やがて将軍(3)を見出したところ、はや出立しようとしていたのでそのお供をし、図らずもアンティオキアを再び訪《おとな》ったのである(4)。

第九章　アミダにおいてはローマの将軍のある者が刑に処され、ある者は獄《ひとや》に繋がれる。ニシビスの人クラウガシウスが捕虜となった妻への思慕から、ペルシア方に走る

一　だがペルシア方は、もはや内陸へ向かうことを、秋が足早に過ぎ、「仔山羊たち」の幸先のよくない星座が昇って来たこと(5)で思いとどまらせられたため、捕虜と戦利品を携えて自領へ戻ろうかと思案した。二　しかしながら、破壊し去られた町のこの殺戮と掠奪の只中で、補佐官のアエリアヌスと士官たち(6)は、この者たちの手腕により城壁が長く防御され、ペルシア側の損害が倍加されたのだったが、磔柱《はりつけばしら》(7)に繋がれて醜き姿をさらす一方、騎兵長官付きの勘定係であったヤコブスとカエシウス(8)、それにその他の親衛隊員らは、両手を後ろ手に縛られて曳いて行かれ、ティグリスの彼方の住人(9)は鵜の目鷹の目で捜し出されて、身分の上下もなく一人残らず全員が首を刎ねられた。

三　ところがクラウガシウスの妻[10]は、貞潔を汚されることなく保ち高貴な奥方として重んじられてはいても、あたかも夫なしによその世界を訪れようとしているか[11]の如くに悲しんでいた。もっとも、今現在の徴証をもとに、もっと高い境遇を当てにしていたのだが。四　そこで自らの利益を図り、また我が身に降りかかってくることをはるか前から見通して、二重の不安に締めつけられていたというのも、寡婦となることも再婚も真っ平だと思っていたのである。それゆえ、自身の奴隷で至って忠義、しかもメソポタミアの土地に通じている者を、マリデとロルネ[12]の二つの防御要塞の間、イザラ山を越えてひそかにニシビスに入るよう言

---

(1) *σπαρτοί*. 動詞 *σπείρειν*（播く）より。
(2) メリティナとも。エウフラテス河上流西岸の町で、セミラミス（一四-六-一七）の創建になると言われた古都。今日のトルコのマラティヤの近く。
(3) ウルシキヌス。
(4) 以上のウルシキヌスとアンミアヌスの動向を補註Bに示した。
(5) ぎょしゃ座の馭者の左手に並んで光る ζ（ゼータ）星と η（エータ）星を二匹の仔山羊に見立てた。ギリシア・ローマ人にとっては、これが日没直後に北東の空に昇ってくると、九月が終わり、雨と嵐の季節が始まるしるし。
(6) 一八-九-三。
(7) X字型の十字架（聖ペトロが懸けられたという）と想像されている。
(8) いずれも他に伝なく、不詳。
(9) ティグリス河東岸のペルシア領内にいたローマ人を指すと考えられる。
(10) 一八-一〇-一―三。
(11) 捕虜としてローマ領からペルシア領へ連れ行かれることをいう。
(12) いずれもニシビスの西北西にあるイザラ山中の要塞町。ロルネは前出のホレ（一八-一〇-一）の別称。マリデは今日のトルコのマルディン。二つは一〇キロメートルの距離をおいて南（ロルネ）北（マリデ）に並んでいる。

伝てを持たせて送り出したのは、内輪の暮らしの秘めたるしるしを示して夫に懇願し、何が起こったかを聞いた上はこちらに来て私とともに幸せに暮らしてほしいと言うためであった。五　これらを頭に詰め込んで、使いの者は軽いいでたちで森の中の小道や茂みを通って足どりも早くニシビスに入り、奥様の姿がどこにも見えず、ことによると生命を奪われたかもしれぬので、脱け出す機会があったのを幸い、敵の陣営を逃れて来たと称し、それゆえ取るに足りぬものとして相手にされずにすみ、クラウガシウスに事の顛末を伝える。そうしてすぐに、もし恙《つつが》なく果たせるのであれば喜んで妻に従おうとの約束を得ると、そこを出て女の許に待ち焦がれた知らせをもたらしたが、女はこれを知ると将軍タムサポルを通じて王に嘆願し、もし機会を賜われるならローマの領域を出る前に王の支配下に夫を迎え入れるようお情けをもって命じて頂きたいと申し出た。

六　こうして人皆の予期に反して新参者(1)が急に出立して行き、それが原状復帰(2)で戻って来ていながらそそくさと誰も知らぬ間に姿を消したとあって、カッシアヌス将軍(3)と、ここを預かる他の高官たちが疑念に襲われ、クラウガシウスに死の脅しをかけて攻め立て、あなたの意向なくしてはあの男は来もしなければ去りもしなかったろうと叫び立てた。七　彼は裏切り者として告発されることを惧れ、脱走者がこちらに移って来ればわが妻がまだ生きていて鄭重この上ない扱いを受けていることが知れてしまうのではないかと甚だ不安を覚えて、偽装のため別の、格式ある家柄の娘との結婚を求めた。そしてあたかも婚礼の祝宴に入用なものを整えるためであるかの如く町を出て、そこから八マイル離れた田舎屋敷に行き、馬を励ますと、接近しつつあると聞いていたペルシア方の劫掠の一団の許に逃げ込み、温かく迎え入れられたのだが、誰であるかをその語る話から知られると、四日ののち、タムサポルに引き渡され、彼を通じて王の御前に引き出されてのちは、財産も縁者もすべて妻ともども取り戻して――その妻は数ヵ月のちに亡くしてしまったが――アントニヌスに次ぐ第二の地位を得たけれども、高名なる詩人の言い方を借りれば、「はるか間をおいて次(4)」であった。八　なぜなら、あちらは才覚と国事の長年の経験に裏打ちされており、効果的な策により、何事を試みるにつけても十分有能であったのに、こちらは平々凡々たる才でありながら、にも拘らず同様に広く名を知られていたのだからである。以上のことはさほど時経ずして起(5)こったことである。

九　しかしながら王は、たとえ顔つきでこそ平静を装い、外見の限りでは町の潰滅を喜んでいるように見えても、それでも心の奥底では腸《はらわた》が煮えくり返る思いであったというのは、包囲攻撃中の不運において自らが頻繁に嘆かわしい損害を被り、我が軍から生け捕りにした、あるいは少なくとも各種の戦闘で粉砕したよりもはるかに多くの人員を自身の側が失ってしまったことを思い返していたからであり、ニシビスやシンガラで幾度か生じたのと同じようにして、七三日をかけてアミダを武装兵の大軍で包囲した際にも戦士三万を失ったとは、少し後に士官にして書記官たるディスケネス(6)によって数えられた数字であるが、次のようなな

(1)クラウガシウスの妻の奴隷。
(2)ローマ市民が敵の捕虜になるなどして奪われた法的権利を、帰国後回復すること。奴隷の場合は、元の主人の権限下に再び入る。
(3)一六-九-二。
(4)ウェルギリウス『アエネイス』第五歌三二〇に見える句。原句は徒競走の先頭走者と次位走者の差を表わすのに用いられている。
(5)すなわち、アミダ陥落後。
(6)他に伝なく、不詳。

相違のために数えやすかったはずで、すなわち我が兵の屍体は死んでからすぐに腐敗を起こして崩れ去り、ために四日も経つと死者の顔はどれ一つとして判らなくなるけれども、一方ペルシア人が生命を落とした場合は木の幹のように身体が干涸らびてゆき、そのため肢体がとろけることも腐液に覆われてふやけることもないのだが、これをもたらすのはつましい暮らしであり、かつ彼らの生まれる土地が熱に焼かれていることなのである。(1)

第十章　ローマの平民が穀物不足を危惧し、反乱を起こす

一　こうしたことが様々な嵐によってオリエントのはずれで矢継ぎ早に起こっている間に、迫り来る穀物不足の難局を永遠の都(2)は危惧し、あらゆる災いの中でも究極のものたる飢饉を予期して威嚇の限りを尽くす平民の暴力に、当時の都市長官テルトゥルス(3)が幾度となく悩まされていたというのは、明らかに理窟に適っていなかった。なぜなら、適当な時期に食糧が船で運ばれて来なかったのは彼の責任ではなく、(4)それらの船を常にもまして荒れ模様の海と向かい風の突風が隣の入り江に追いやり、アウグストゥス港(5)に入るのは危険が大きいとの怯えがあったからである。二　それゆえに、この都市長官は度々反乱に気を揉まされ、また平民が差し迫った破滅を危惧したために今やいっそう荒々しく殺気立っていたので、身の安全を守るあらゆる望みが断たれて――と、そう判断したわけだが――激しく騒ぎ立ててはいるが、たまさか起こることを考慮に入れる習いもある民衆に向かって、賢《さか》しくも幼い息子たちを突きつけ、(6)涙ながらに　三「そら」と言っ

た、「諸君の市民が(7)――良からぬ兆しを天の神々が遠ざけたまわんことを願うが――諸君と同じ目に遭おうとしているのだ、もし運が好転し光が差さなかったなら。それだから、この子らを始末したなら鬱陶しいことは何も起り得ないと諸君が考えるのなら、諸君のよいようにするがよい」。これを哀れに思って俗衆は自ずと寛仁に傾き、宥められて静かになり、おとなしく来たるべき命運を待ち受けた。四　するとやがて、ローマをその揺籃期より成長させ、永遠のものとなろうと保証したもうた神意の判断により、テルトゥルスがオスティアのカストル兄弟の神殿(8)で生贄を捧げている間に、凪《なぎ》が海を鎮め風が穏やかな南風に転じ、帆を

(1) アンミアヌス最長の文で、一一九語を擁する。
(2) ローマ。
(3) 就任時期は不明だが、三六一年までローマの都市長官を務めた。一九‐一〇‐四からすると異教徒らしい。コンスタンティウス二世はこの頃、異教徒とキリスト教徒を交互に都市長官に任命していた。
(4) 食糧調達は元来、食糧長官（praefectus annonae）の責務であったが、この頃には都市長官の責務に移っていたらしい。
(5) ローマの外港オスティアには、クラウディウス帝（在位、四一―五四年）代に新たな港湾が町の北西約三キロメートルに開鑿され、「オスティアのアウグストゥス港（portus Augusti Ostiensis）」と呼ばれた。「隣の入り江」が南の旧オスティア港を指すのか、さらに北の別の場所かは不明。
(6) 底本 sueto prudenter obiecit. 副詞 prudenter（賢しくも）が sueto（習いのある）、obiecit（突きつけ）のいずれにかかるか解釈が分かれ、前者なら民衆の、後者なら長官の形容となるが、sueto のあとに句切りを見る底本に従い、後者を採る。B, Cl, Ro, Sel は prudenter のあとにコンマを置くので前者、Ern, Wa は prudenter の前にコンマを置くので後者。Sey[LD], WH, Yo の訳も後者。
(7) 厳密には、成人前の幼な児は市民とは言えない。
(8) 船乗りの守り神として崇められた双児神カストルとポルクス（ギリシア神話のカストルとポリュデウケス）を祀る神殿。オスティアのどこにあったかは不詳。

一杯に掲げた船が港に入って、穀物で倉庫を満杯にしたのだった。

第十一章　サルマタエのリミガンテス族、和平を求めると偽って皇帝を欺き、攻撃するうち、自軍に甚大な損害を出して阻止される

一　かくも定かならぬ状況の中、当時なおシルミウム(1)にて冬季の休養をとっていたコンスタンティウスに恐るべき重大な知らせが届いて不安ならしめていたのだが、すなわち、当時彼が大いに案じていたことを示しており、サルマタエのリミガンテス族(2)が――この者たちが父祖代々の住地から己れらの主人を追い出したことはさきに示しておいたが(3)――気まぐれな連中の常として、反抗的なことに精を出さぬようにと、その前年、公益に資するべく彼らにあてがってやった土地を徐々にあとにし、国境線に接する地域を占拠して、蛮族の習いとしてますます勝手放題に徘徊していて、追い払わなければすべてを混乱に陥れるだろうというのであった。

二　これは打つ手を先延ばしにすれば程なくいっそうの増長へと煽り立てることになると考えて、皇帝は、各方面から戦の備え万全の兵を大勢集め、春いまだ浅き頃、遠征に出立したが、二つの思惑から意気軒昂であった。すなわち、極上の戦利品を満喫して軍はこのほどの夏を過ごしたゆえに、同様のものへの期待で首尾よき戦果に向け自信満々、士気を高めてやれるだろうということ、また、アナトリウス(4)が当時近衛長官管轄領イリュリクムを治めていたので、必要物資はすべて、その時期になっていなくとも集めてあって、誰に

損害をかけるでもなく潤沢に手回っていたということである。三　というのも、およそ他の者が近衛長官をしていたときの采配によっては――皆の一致した意見だが――今に至るも北方の諸属州があらゆる富で栄えたためしがないからであって、揺らぎつつあるものを善意から手際よく立て直さんがため、数え切れぬほどの家を逼塞《ひっそく》させていた逓信業務の莫大な出費を(5)、また戸口調査の申告を(6)、任せておけといった様子で軽減されることもなかったのである。それで、以後これら地域の住人は、不平不満の種も止んで、損害を被ることなく痛い目にも遭わずに暮らすこともできたろうに、あとになって特別な名目をもった忌まわしい負債が、納付する側と受領する側(7)によって犯罪と言えるほどに過大にされて、というのはこちらは仕事に精を出して権限ある者に守ってもらおうと当て込み、あちらはすべての者の富を細らせればわが身は安泰であろうと当

(1) 一五‐三‐七。
(2) 一七‐一三‐一。
(3) 一七‐一二‐一八。
(4) フォエニケのベリュトゥス（一四‐八‐九）出身の異教徒。高い教養をそなえ、修辞学者リバニオスと親交があった。シュリアの執政官格総督などを務め、三五七年よりイリュリクム担当近衛長官（道長官）の職を死の年の三六〇年まで務めた。
(5) 二世紀よりこうした逓信業務のための役畜提供をはじめとする国家への奉仕が属州市民の過大な負担となっており、重荷に耐えきれなくなった家は遠隔地に逃亡した。
(6) すなわち、課税の基礎資料となる申告。
(7) 納税者と収税人と解釈されることが多いが、納税者が権力者に迎合して自ら税を過重にするのは疑問なしとしない。あるいは収税人と国家の出納係をいうか。

て込んだせいだが、そうして財産没収と哀れな者たちの縊死《いし》にまで至ったのである。[1]

四　それゆえ、差し迫った状況[2]を改善しようとして、皇帝は、先述のとおり、堂々の手勢で出立し、ウァレリア[3]に来た。かつてはパンノニア[4]の一部だったが、ディオクレティアヌスの娘ウァレリア[5]を讃えて設置されるとともにこう名づけられたのである。そして獣皮天幕を張らせて軍をヒステル河の堤に沿って分散させ、蛮族を監視したが、蛮族はその到着以前、友好を隠れ蓑にしてパンノニアをひそかに荒らすべく、冬の最も厳しい時期に侵入しようと目論んでいたのであって、それはいまだ春の温気《うんき》で雪解けにならず、河はどこでも渡ることができて、我が軍の兵らは氷霜のせいで野天での宿営が耐え難かろう時期なのである。

五　こうしてただちにリミガンテス族に士官二名を、通詞一名ずつを付けて遣わし、探りを入れようとして控え目に問うた。何ゆえに求めに応じて与えられた和平の約定が成ってのちに本住の地を離れ、かくも方々を徘徊し、禁に背いて国境線の門を敲《たた》くのか、と。六　すると彼らは、恐慌をきたして虚言を吐く羽目に陥り、空疎とも言うべき無益《むやく》な口実を掲げて元首に赦しを乞い、懇願するには、敵愾心を拭い去って、我々に河を渡り陛下の許に参上することを許して頂きたい。我々がいかなる不便を耐え忍んでいるかを知らせようし、また、ローマ世界の領域内に、もしそれでよしと認められたなら、はるか遠隔の土地を貰い受け、そうして長の清閑に包まれ、平穏をあたかも救いの女神の如く崇めつつ貢納者の負担と名を甘受する用意がある、と言った。

七　士官らの帰投後これを知ると、皇帝は、解決不能と見ていた一件が労せずして片づく[6]と大喜びし、持てるものを増やしたいとの欲に駆られて、全員を受け容れたが、この欲をさらに大きくさせていたのが並み居る追従者どもで、国外が鎮まりいずこにも平和が築かれた上は、子沢山の民(7)をさらに大勢、陛下は獲得なさいましょうし、一等強力な新兵どもを駆り集めることがおできになりましょうなどと、遠慮会釈なく囃し立てていたのだった。というのも、属州民は生身の身体を差し出すくらいなら喜んで金銭を差し出すものだからであって、こうした期待が一再ならずローマ国家を損ねたのであるが。八 そこでアキミンクム(8)の近傍に堡塁《ほうるい》を設けて、法官壇(9)の恰好をした高い土塁を築き上げると、軽装の軍団兵を何名か乗せた舟々には土手

(1) 一〇年ほどのちに始まるペトロニウス・プロブスの長い近衛長官（道長官）時代（三六八—三七五年）の惨状。三〇-五-四—六でも再び言及される。
(2) 一九-一一-一。
(3) 属州（一六-一〇-一〇）。
(4) 一六-八-一三。
(5) ガレリウス（正帝在位、三〇五—三一一年）が副帝となったとき（二九三年）にこれと結婚。属州ウァレリアを新設したのもガレリウスだった。その没後、身柄を託されたリキニウス（在位、三〇八—三二四年）の許を逃げ出し、マクシミヌス・ダイヤ（在位、三〇八—三一三年）の許に走ったが、これとの結婚を拒んだために追放され、最後は三一五年、リキニウスの命により、処刑された。
(6) 原句「土ひとつつかずに」。レスリングからの比喩らしい。
(7) 原語 proletarii（最下層の民）。proles（子孫）の派生語で、「子孫を用立てる者たち」とも考えられるが、正確な語源は不詳。
(8) アクミンクムとも。シルミウムの東北東五〇キロメートル余り、ドナウ河に北からティサ川（＝パルティスクス川（一七-一三-四））が合流するあたりの南岸にあった宿駅で、今日のセルビアのスタリ・スランカメン。
(9) 原語 tribunal. 裁判官席としてしつらえた壇のこと。

に近い河筋を見張るよう命令が下され(1)、これにはこの作戦の立案者インノケンティウス(2)なる土地測量士が伴っていたが、もし蛮族が騒ぎを起こすのを見て取ったなら、相手が別の方向に注意を向けている隙に背後から不意を衝いて突入するためであった。九　こういうことが取り急ぎ行なわれているのをリミガンテス族は察してはいたが、それでも懇願の他は何事も念頭にない素振りで頭《こうべ》を垂れつつ立ち尽くし、態度と言葉で表わしていたものとはまるで別のことを心中深く思い量っていた。

一〇　そして皇帝が高くしつらえた壇上から、はや温厚至極な言葉を用意し、彼らが今にも従順な民となるかの如く言葉をかけようと思案しているのを見ると、彼らのうちのある者が荒々しい狂気に駆られて履いていた短靴を法官壇めがけて投げつけ、「マラ、マラ」と、これは彼らの間では戦の合図なのだが(3)、叫びをあげ、これに続いて衆勢が統制もあらばこそ、蛮族の幟《のぼり》を俄かに掲げ、獰猛な雄叫びをあげつつ元首その人に向かって突進して行った。一一　元首は、上から見下ろして、あたり一面が兵らを敵に回し右往左往する大勢の者どもに埋め尽くされており、剣と小槍の鞘が払われて、今にも身に破滅が迫ろうとしているのを目にすると、異国の者ら、味方の者らの間にうち混じり、将か卒かを知られぬままに、躊躇する暇《いとま》も手をこまぬいている暇もなかったため、駿馬に跨り、一目散に駆けて脱け出した。一二　しかしながら、少数の警護の者が烈火の如く押し寄せる者どもを防ごうと試みるうちに、あるいは傷を受けて、あるいはただのしかかってくる者らの重みに押し潰されて、生命を落とし、また金襴のクッションのついた玉座が、禁ずる者もない中で奪い取られた。

一三　だが一方、ほぼ絶体絶命の窮地に皇帝が追い込まれて今なお崖っぷちに立たされていると聞くやただちに、その救援が何より肝腎と軍は考えて――未だ一身の危機を脱していないと判断したので――蛮族何するものぞと度胸を固め、奇襲を受けたゆえに半ば無防備であったとはいえ、朗々と戦の雄叫びをあげつつ、死を覚悟した蛮族の集団に跳び込んだ。一四 そして武勇で汚名を雪《すす》がんものと燃え立って我が軍勢は突進し、不実な敵に怒りの矛先を向けたものだから、手向かいするものは何によらず斬って捨て、手加減も何もあらばこそ、生きている者も、半死半生の者も、息絶えた者も踏みつけにし、手が蛮族の殺戮に飽くまで死者の山が犇々《ひしひし》と積み上げられた。一五 というのも、叛徒は追い詰められてゆき、叩き殺された者らもあれば、恐怖のあまり逃げ散った者らもあって、その一部は生命が助かる望みを空しい嘆願で言い立てようとするうち、幾度も打ちのめされて殺されていったのであり、全員殲滅のあと曲げラッパが帰陣の合図を鳴らすと、我が兵らもまた、ちらほらとではあれ、事切れているのが見受けられたが、この者たちは激しい突撃に踏みつけにされたか、あるいは狂乱の敵に抵抗するうちに脇を無防備に曝し、運命の巡りに攫われて行ったのである。一六 とはいえ、中でも楯隊の士官ケラ[4]の死が際立っていたのであって、この者は討ち合いが始まるといの一番にサルマタエ族の集団の真中へ突入したのであった。

---

(1) すぐ前(一九-一一-四)で、「いまだ春の温気で雪解けにならず。河はどこでも渡ることができて」とあることに矛盾する。
(2) 不詳。
(3)「マラ(marha)」は「死」を意味するという。
(4) 一六-一一-六。

一七　かかる惨劇のあと、緊急の思案により勧奨された手立てを国境線[1]の安全のために講じると、コンスタンティウスは、欺瞞に満ちた敵の懲らしめを果たしてシルミウムに帰還し、現在喫緊の必要が求める措置を急ぎとってのち、そこを発ってコンスタンティノポリスを目指したのは、オリエントを今や指呼の間に望みつつ、アミダで被った敗北の手当てをし、補充によって軍を旧に復し、ペルシア王の進撃を等しい兵力で食い止めようとしたのだが、王は、天の計らいと大勢の者の並々ならぬ骨折りが撥ね返すのでなければ、メソポタミアをあとにして広大な領域に軍を動かすであろうことは目に見えて明らかだった。

第十二章　大逆罪により多くの者が法廷に召喚され罪せられる

一　しかしながら、こうした憂い事の間にも、あたかも古くから受け継がれた習慣か何かによるかの如く、内乱に代えて曲げラッパが鼓吹したのは、大逆罪に染め上げた幾つかの告訴。その訴追人、共謀者には、度々言及されることになるかの書記官[2]パウルス[3]が送り込まれたが、この人は流血の技に長けており、剣闘士養成者がリビティナ[4]や祭典の商売でやるように、当人も「仔馬」や刑吏から利益や報酬を得ようとした。二というのも、人に危害を加えようとするその意図が断固として揺るぎないのと同様、彼は災いをもたらす軍務に邁進する限りは、無実の者たちに破滅となる訴因を押しつけるにあたって横領も手控えなかったからだ。

三　ところで、審問を際限なく拡大するための材料は、取るに足らぬ些細な機会に得られた。アビュドゥス[5]という町があって、テーバイス地方[6]のはずれに位置している。ここには地元でベサと呼ばれる神[7]の神託が、かつて将来を明かして見せ、周辺地域の古くからの祭儀で常々崇められていた。四　そして幾人かは自ら出向いて、一部は人づてに望みを書き出した書面を送って願いの程を明瞭に申し述べ、神のお告げを知りたがったので、求めの内容を載せた紙片ないし獣皮紙が、返答の与えられたあとも時折り聖所に残っていた。五　これらのうちの幾つかが皇帝の許に悪意をもって送られると、皇帝は、いかにも小心な人間らしく、余の事柄はいかに重大なことであれ耳に入らぬのに、この話題となると俗に言う「耳たぶより感じやすく」、また疑り深く狭量であって、沸々と怒りを滾《たぎ》らせ(8)、間髪を入れず、オリエントへ大至急赴くようパウルスを促し、百戦錬磨の高名な将軍の如くに、その一存で事件を審問に持ち込む権限を授けた。六　そして、当の任務(9)は当時いまだオリエント方面補佐官であったモデストゥス(10)に与えられたが、こうした類のことには適任

---

(1) 底本の limitum（国境線の）をBは militum（兵らの）と読む。
(2) 底本どおりだと「度々言及したかの地獄の書記官」。
(3) 「鎖」と渾名されたパウルス（一四-五-八、一五-三-四）。
(4) 弔いの女神。その神殿で葬儀に入用な道具一切を借りることができ、また死没者名簿も保管されていた。ここでは「葬儀」の代名詞。次の「祭典」と並んで、剣闘士の試合の興業で儲けを得る機会。名士の葬儀にあたっては、追善として剣闘士の試合を催す慣わしがあった。
(5) 上エジプトのナイル左岸の町。古くはオシリス信仰の中心地であった。
(6) 一七-四-二。
(7) ベサスとも。エジプトの神々の中でも格が低く、獣めいた頭をもったおどけた小人の姿で表わされ、害獣除けのお守りにもなっていた。
(8) 原句は「苦い胆汁に（身体を）ほてらせ」。
(9) 裁判官役。
(10) ドミティウス・モデストゥス。三五八年から三六二年までオリエント方面補佐官を務め、その後も要職を歴任。

からである。

の男だった。というのは、当時近衛長官をしていたポントゥスのヘルモゲネス(1)は性柔弱として蔑まれていた

七　下知のとおり、パウルスは急ぎ出立したが、滅ぼしの狂気に満ちて鼻息も荒く、また大勢の者相手に誣告《ぶこく》がやりたい放題となったため、ほとんど世界中から貴顕の士と並んで下々の者も引っ立てて来られたのであって、そのうち幾人かは鎖の拘束に打ちのめされており、他に獄舎に閉じ込められて精根尽き果ててしまった者たちもいた。八　そして荒っぽい懲らしめの現場にはパレスティナの町スキュトポリス(2)が選ばれたが、二つの理由ですべてにまして好適と見られたからであり、すなわちいっそう辺鄙《へんぴ》であることとアンティオキアとアレクサンドリアの中間にあることで、この二つの町からは幾度となく大勢の者が告訴内容の裁きのため曳かれて来たのである。

九　こうして一番に連れて来られた者の中にシンプリキウス(3)がいたが、さきの近衛長官、また執政官であったフィリップス(4)の息子で、訴えられて被告人となったその理由というのは、帝位を手に入れることについてお伺いを立てたと言われていたことであり、そして、皇帝の裁決書により拷問にかけるよう下知があって、皇帝はこうした場合にはおよそ罪過も過誤も慈悲の心をもって免じたためしはなかったのだけれども、何らかの運命が妨げをなしたと見えて、身体を害われぬままに遠方送りの刑に処せられた(5)。一〇　次いで、前エジプト長官で純朴な性格の人パルナシウス(6)が死罪の被告人として判決を言い渡されるまでの危機に陥れられたものの、同様に追放処分となったのだが、かなり以前に度々こう公言していたのを聞かれたゆえであった。すなわち、生地にして家を構えていたアカイアの町パトラエ(7)を、ある官職を手に入れるためにあと

にした際、就寝中に悲劇役者のいでたちをしたたくさんの人影が自分を見送ってくれるのを見た、と。一一
そののち、自由人の学芸と詩歌の評判で知られたアンドロニクス(8)が法廷に呼び入れられたものの、心に疚《やま》しいところなく、いかなる疑惑にも気圧《けお》されなかったため、自信たっぷりに我が身の汚名を雪《すす》いで無罪放免さ

(1)三五八年、ムソニアヌス（一五-一三-一）の跡を継いでオリエント担当近衛長官（道長官）に就任し、三六〇年まで在任、離職後三六一年に死去（ただし、二一-六-九では死去は在職中とされる）。
(2)『旧約聖書』でベト・シェアン（ベト・シャン）と呼ばれる町。ガリラヤ湖の南方、ヨルダン川の西にあり、たしかにアンティオキアとアレクサンドリアのちょうど中間に位置する。
(3)のち、三六五年にはウァレンス帝（在位、三六四―三七八年）の宮廷で重きを成す人物となる。
(4)フラウィウス・フィリップス。腸詰製造人を父にもつ下層階級の出でありながら速記術を学んで書記官となり、三四四―三五一年に近衛長官、その間の三四八年に執政官を務めた。
(5)『学説彙纂』四八-二二-五によると、追放刑に三種あり、特定地域への禁足、遠方送り、島流しであった。
(6)コリントス市民で異教徒。三五七―三五九年にエジプト長官を務め、退任後、大逆罪で訴えられたが、リバニオス『弁論』一四-一五―一六では占星術師に相談を持ちかけたゆえとされる。三六三年にはコリントスに復帰している。
(7)アカイアは、ここではマケドニア管区を構成する六属州の一つで、ペロポンネソス半島を含むギリシア本土南部。パトラエはペロポンネソス半島北岸の町。アウグストゥス帝がローマ人植民市を建設して以降、アテナエ、コリントスと並んでギリシアの重要都市となっていた。
(8)下エジプト出身。官職を擲ってコンスタンティノポリスで哲学を学んだ。近衛長官モデストゥス（一九-一二-六、二九-一-一〇）に寄せる三七七年作の詩をはじめ、高位高官への頌詩その他を書いたことが知られる。

れた。一二　同様に、キュトラスと渾名された哲学者のデメトリウス(1)も、高齢ながら心身ともに壮健だったが、再三生贄を捧げたとして(2)罪に問われ、反駁できずに、神を宥めるためにこれは物心ついて以来繰り返し行なってきたことであって、穿鑿《せんさく》の結果を以ていっそう高い地位を得ようとしたものではないと主張した。そのようなことを目論んでいる者など一人も知らなかったからである。そこで長時間「仔馬」に縛りつけられたものの、揺るがぬ自信に礎を置いて、決して言を左右にせず、怖じることなく同じ申し開きをするので、出身地のアレクサンドリアに処罰を受けずに去ることを許された。

一三　いかにもこれらの者は、また他にも僅かな者を、真実の助力者たる公正な運が急転直下の危機より救い出したのであった。だが、告訴がその巻いたとぐろを際限なく伸ばすことでさらに広範囲に這い出ると、幾人かが身体を切り刻まれて消し去られ、他にそれ以上の刑罰を科されて財産まで奪われた者らもあったが、パウルスが残酷な芝居の伴奏者を務め、まるで備蓄庫から出してくるように数多くの種類の瞞着と危害を積み重ねたのであって、この人のうなずき一つに——と言っても過言ではなかろう——罠にはまった者すべての無事が懸かっていたのだった。一四　なぜなら、もし誰かが四日熱(3)、あるいはそれとは別の病苦を癒すお守りを頸から下げていたり、または夕刻に墓地を通って行ったと悪意ある者の通報により訴え出られたりすれば、呪術師にして墓場のおぞましい遺物やそこを彷徨《さまよ》う霊魂の実体亡き幻を集めている者だとされ、死罪の被告人として判決を言い渡されて生命を落とすのだったからである。一五　全くのところ、問題の扱われ方たるや、まるでクラロス(4)やドドナの木(5)や、かつてはよく伺いを立てたデルポイ(6)の神託を、皇帝の破滅を狙って大勢が煩わせているかのようであった。一六　そこからして、性質《たち》の悪い追従話《ついしょうばなし》を宮廷の一団はものの見事に拵え上げて、陛下は世間一般の災いをお免れになりましょうと主張し、常に栄えつつ見そなわす陛下の天命は反抗を企てる者らを滅ぼすことにかけては鮮やかなものがありましたと、声を大にして叫ぶのであった。

一七　そしてこれらの件に対して鋭意審理がなされたことを、およそまともな分別のある者なら誰も咎め立てはしないだろう。なぜなら、善良なる者たちのために戦い、その守り手となる法律上正統な元首の安泰、そこから他の者たちの安泰も求められるのだが、これが万人の熱意を糾合して防護されねばならぬことを我々は否みはしないからである。その安泰を強力に保持するため、揺るがされた威厳を守る場合には、審問から、たとえ流血の審問であろうと、いかなる身分の者をもコルネリウスの諸法(7)は除外しなかったのだ。

---

(1) 異教徒と考えられるが、不詳。ただし、キュトラス(Cythras)をキュトロン(Chytron)と読み替えて、ユリアヌス帝を訪ねたキュニコス派の哲学者(ユリアヌス『弁論』七-二二四D)と同一人物と見なす説がある。

(2) こうした犠牲式を禁ずる二つの法が『テオドシウス法典』に挙げられており、三五〇年かそれ以前発布の法(一六-一〇-四。コンスタンティウス二世とコンスタンスによる)と、三五六年発布の法(一六-一〇-六。コンスタンティウス二世と副帝ユリアヌスによる)である。

(3) 三日めごと(二日おき。ローマ式の数え方では四日めごと)に高熱の出る病気。マラリアの一種と見られる。

(4) 小アジア西岸、エペソスの北にあった、アポロンの神託で有名な聖地。

(5) ギリシア北西部、エペイロスの山間にあった聖地。聖木であるオークの葉ずれの音からゼウスの神託を下した。

(6) ポキス地方、パルナッソス山南麓の聖地。アポロンの神託で有名であった。

(7) 前八一年制定の「刺客及び毒殺者に関するコルネリウス法」と、カエサルによる「反逆罪に関するユリウス法」を指すか。

一八　だが、悲しき出来事を手放しで喜ぶのはふさわしくない。臣民が、権限によらず放恣《ほうし》によって治められていると映らぬためには。容赦するか傷めつけるかの権限あるときには罰する機会ではなく大目に見る理由を探し求めたと自ら主張するトゥリウス(1)に倣うべきであるとすればだが(2)、これこそが温和にして思慮深い裁判官の特性なのである。

一九　この頃、アンティオキアのかの居心地良く宏壮な郊外町ダフネ(3)に、見るも語るも怖ろしい異形のものが生まれたが、赤子に顔が二つあり、二列ずつの歯、顎鬚《あごひげ》、四つの眼と二つのごく小さな耳がついていて、かくも歪《いびつ》な児の出産は、国家が形をなさぬ状態に陥ることを予告していたのだった。二〇　この種の怪異は度々生まれ、様々な事態の成り行きを示すが、昔のように公に祓除《ふつじょ》がなされぬため(4)、人の耳に入らず知られもせずに過ぎてしまうのである。

第十三章　補佐官のラウリキウス、イサウリ族の掠奪行為を阻止する

一　この当時、さきの文章(5)に述べてある所業、およびセレウキアの町の包囲の試み(6)のあと、長く鳴りを潜めていたイサウリ族が次第に息を吹き返し、春の季節ともなると穴から蛇どもがよく跳び出すように、突兀《とっこつ》として道もなき山間より下り来たると、楔形の密集隊列を成して盗みや強奪を働き、近隣の人々を悩ませていたが、山人の常として兵の前哨線を欺き、岩場や茂みを慣れから易々と逃げ散って行った。二　この者らを力攻めか術策によりおとなしくさせるべく、ラウリキウス(7)が補佐官の地位を付して知事として派遣された

が、布政の知恵に長けた人物で、苛酷さよりむしろ威嚇によって数々の問題を正し、そのため、この人が長く属州を握っていた間、懲罰に値すると見なされるようなことは何も起こらなかったのであった。

(1)マルクス・トゥリウス・キケロ。この言はアンミアヌスのみが伝え、出典不詳だが、カティリナ陰謀事件(前六三年)の際の強権的処置に対する批判への自己弁護の一節との解釈が可能。

(2)これを条件節ではなく、「トゥリウスに倣うべきである」と独立文にする版が多い(Ern, Eyss, Ga, Ro, Sel, Wa)。

(3)アンティオキアの南約八キロメートルの町。アポロン神殿や劇場・競技場を備えた美しい町で、湧水が豊富なため植生にも恵まれ、水道橋でアンティオキアに水を供給してもいた。

(4)こうした異兆(prodigium)は、古くは神々の怒りを表わすと見なされてローマの元老院に報告され、その由々しさに応じて何日間かの祈願祭(この間は休日とし、男女総出で神殿に詣でる)が執り行なわれた。

(5)一四-二-一—二〇。

(6)一四-二-一四(五年前の出来事)。

(7)バッシディウス・ラウリキウス。イサウリアの補佐官兼守護代(知事)。この二年前の三五七年にはアルメニアの将軍(または守護代)職にあった。

補註

A　アンミアヌスの伝える両軍の布陣は、情報が揃っていないが、下のようになる。

アラマンニ軍（三万五千名）

右翼	中央	左翼
セラピオ 歩兵の伏兵		クノドマリウス 騎兵＋軽装歩兵
歩兵		
セウェルス	プリマニ軍団	騎兵
左翼	中央	右翼

ローマ軍（一万三千名）

B　オリエント方面に復帰を命ぜられてからのウルシキヌス（U）とアンミアヌス（A）の動向を整理して示せば左のようになる。

U：　↘ ——→ ↙

A：　エデッサ？↓ニシビス　←→子供を救出　↙逃避行↘　アムディス近郊↓アミダ↓（サモサタを目指すも敵に遭う）　←→コルドゥエナ偵察行

U：　↘逃避行　↓　タウルス山系の支脈　↓　エデッサ（アミダ救援を果たせず）↙　↓　メリテナ　アンティオキア

A：　ティグリス河　↙アミダに戻る、アミダ防衛・陥落↓逃避行↓エウフラテス河↘

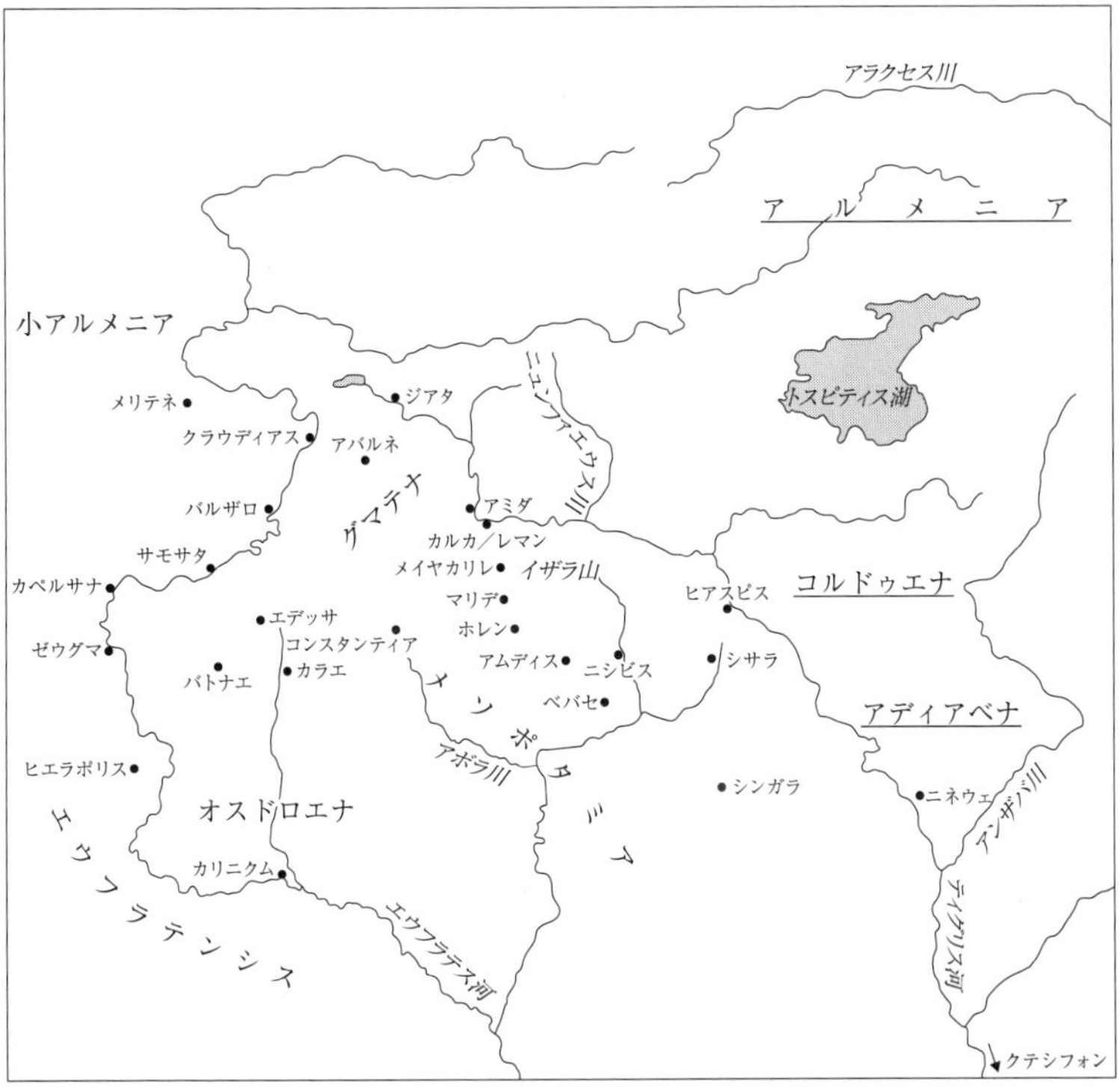

5図．メソポタミア北部図

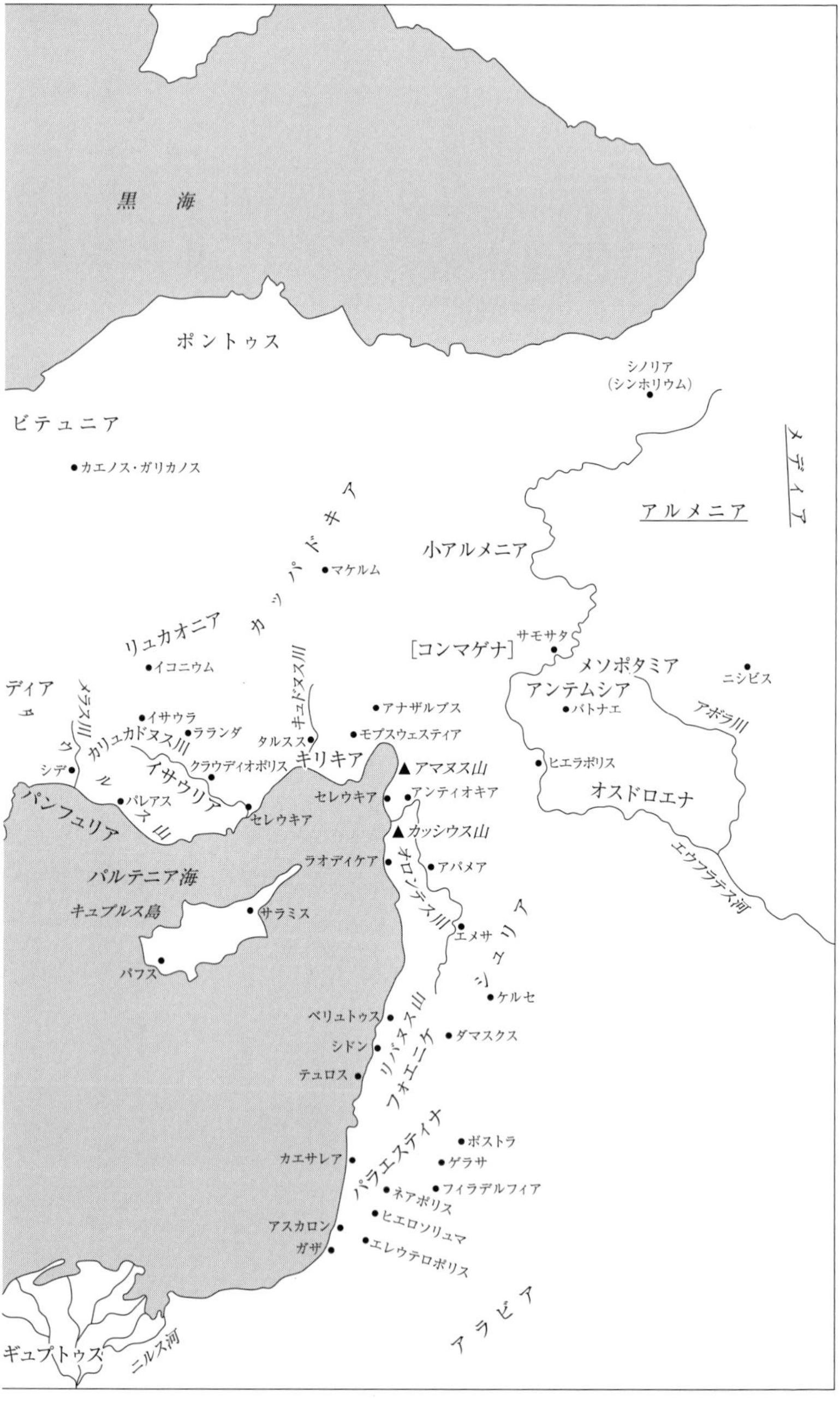

黒 海
ポントゥス
ビテュニア
カエノス・ガリカノス
カッパドキア
マケルム
小アルメニア
アルメニア
メディア
シノリア
(シンホリウム)
リュカオニア
イコニウム
ディア
メラス川
イサウラ
ラランダ
カリュカドヌス川
キュドヌス川
タルスス
イサウリア
クラウディオポリス
シデ
パレアス
パンフュリア
セレウキア
キリキア
アナザルブス
モプスウェスティア
アマヌス山
セレウキア
アンティオキア
カッシウス山
ラオディケア
オロンテス川
アパメア
パルテニア海
キュプルス島
サラミス
パフス
エメサ
シュリア
ケルセ
ベリュトゥス
シドン
テュロス
リバヌス山
フォエニケ
ダマスクス
パラエスティナ
ボストラ
ゲラサ
カエサレア
ネアポリス
フィラデルフィア
ヒエロソリュマ
アスカロン
ガザ
エレウテロポリス
アラビア
ギュプトゥス
ニルス河
[コンマゲナ]
サモサタ
メソポタミア
アンテムシア
バトナエ
ニシビス
アボラ川
ヒエラポリス
オスドロエナ
エウフラテス河

4図．小アジア・シリア・パレスティナ図

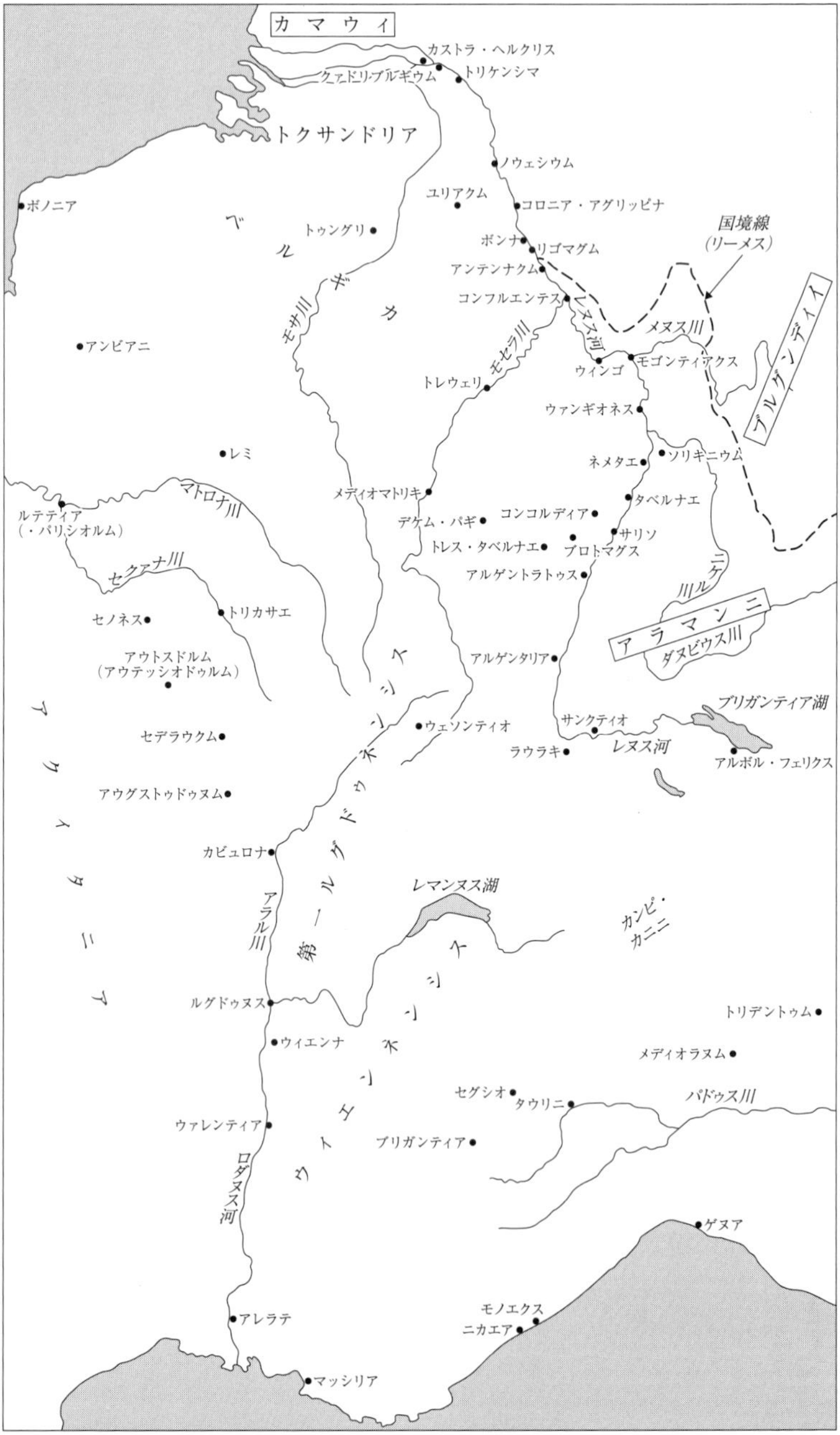

カマウィ
カストラ・ヘルクリス
クァドリブルギウム
トリケンシマ
トクサンドリア
ノウェシウム
ボノニア
ユリアクム
コロニア・アグリッピナ
国境線
(リーメス)
トゥングリ
ベルギカ
ボンナ
リゴマグム
アンテンナクム
コンフルエンテス
レヌス河
メヌス川
ブルグンディイ
モサ川
カ
モセラ川
アンビアニ
ウィンゴ
モゴンティアクス
トレウェリ
ウァンギオネス
レミ
ネメタエ
ソリキニウム
マトロナ川
メディオマトリキ
タベルナエ
ルテティア
(・パリシオルム)
コンコルディア
デケム・パギ
サリソ
トレス・タベルナエ
ブロトマグス
セクァナ川
アルゲントラトゥス
ニケル川
アラマンニ
トリカサエ
セノネス
ダヌビウス川
アウトスドルム
(アウテッシオドゥルム)
アルゲンタリア
アクイタニア
ブリガンティア湖
ウェソンティオ
サンクティオ
セデラウクム
ラウラキ
レヌス河
アルボル・フェリクス
アウグストゥドゥヌム
第一ルグドゥネンシス
カビュロナ
レマンヌス湖
アラル川
カンピ・カニニ
ルグドゥヌス
トリデントゥム
ウィエンナ
ウィエンネンシス
メディオラヌム
セグシオ
タウリニ
パドゥス川
ウァレンティア
ブリガンティア
ロダヌス河
ゲヌア
モノエクス
ニカエア
アレラテ
マッシリア

3図. ガリア・中欧図

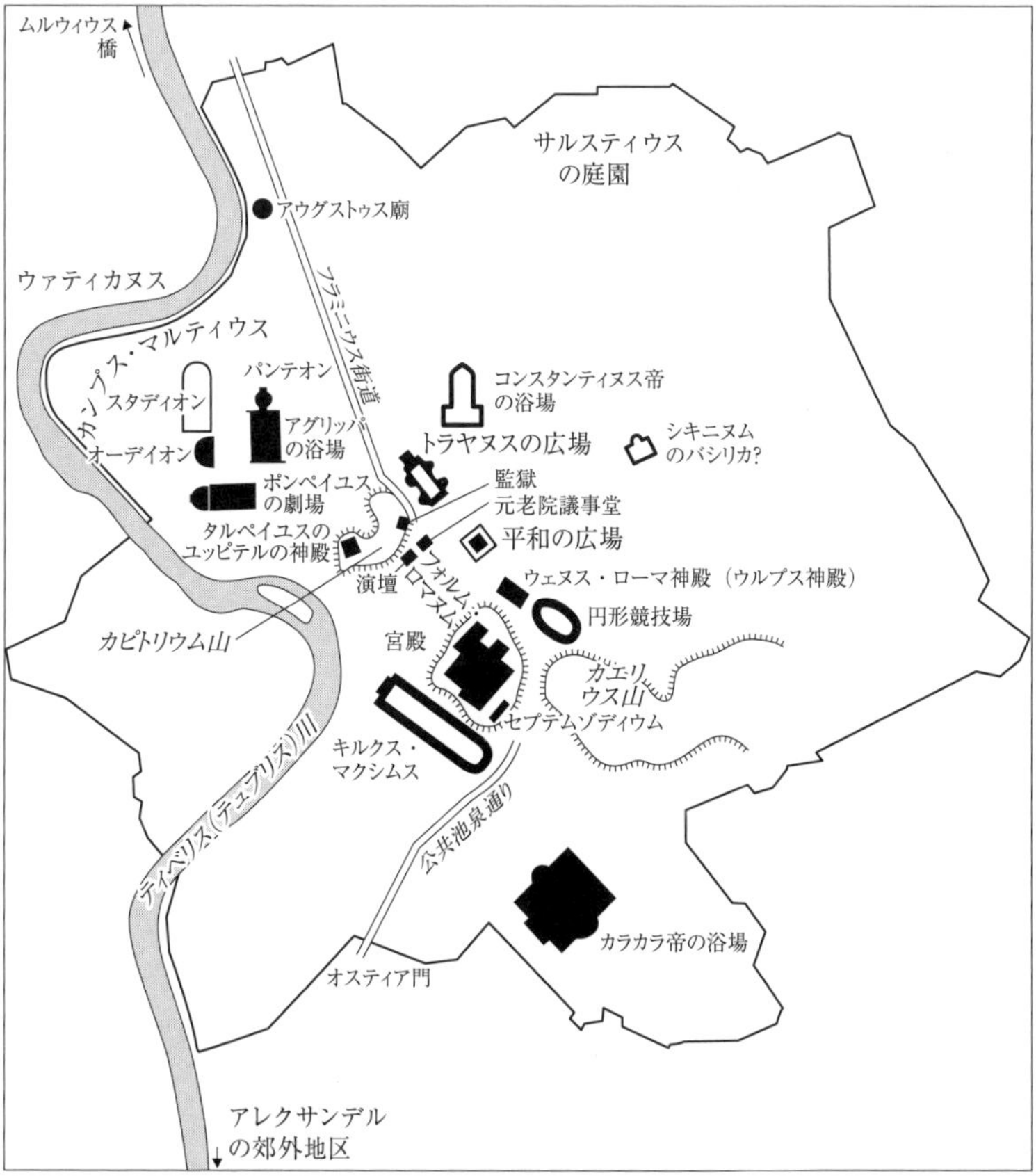
ムルウィウス橋
サルスティウスの庭園
アウグストゥス廟
ウァティカヌス
フラミニウス街道
カンプス・マルティウス
スタディオン
パンテオン
コンスタンティヌス帝の浴場
アグリッパの浴場
トラヤヌスの広場
シキニヌムのバシリカ?
オーディオン
ポンペイユスの劇場
監獄
元老院議事堂
タルペイユスのユッピテルの神殿
平和の広場
フォルム・ロマヌム
演壇
ウェヌス・ローマ神殿（ウルブス神殿）
円形競技場
カピトリウム山
宮殿
カエリウス山
セプテムゾディウム
キルクス・マクシムス
ティベリス（テュブリス）川
公共池泉通り
カラカラ帝の浴場
オスティア門
アレクサンデルの郊外地区

2図．ローマ市街略図

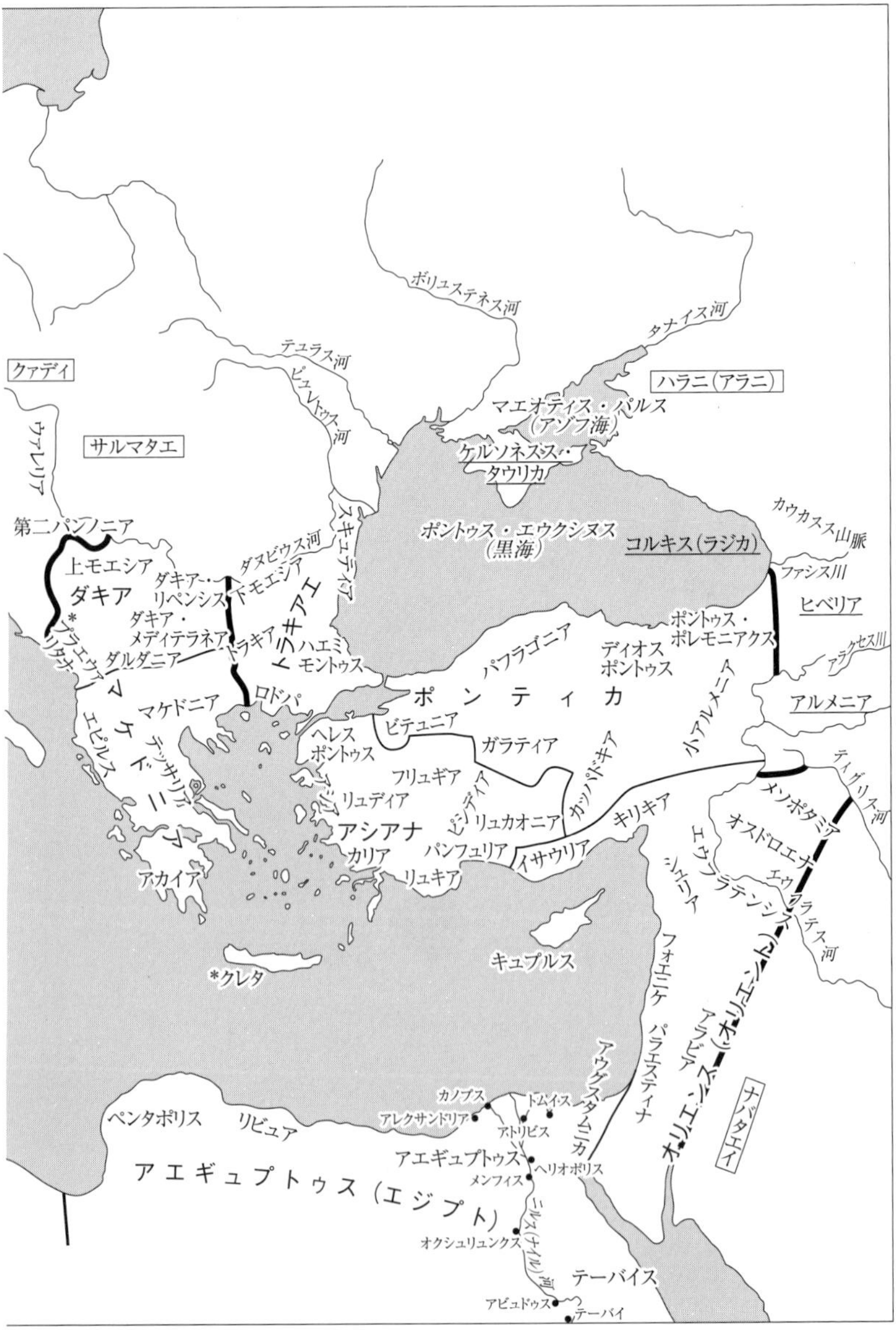

ボリュステネス河
タナイス河
テュラス河
ピュレトゥス河
クァディ
ハラニ（アラニ）
マエオティス・パルス
（アゾフ海）
ウァレリア
サルマタエ
ケルソネスス・
タウリカ
カウカスス山脈
第二パンノニア
スキュティア
ダヌビウス河
ポントゥス・エウクシヌス
（黒海）
コルキス（ラジカ）
ファシス川
上モエシア
ダキア
ダキア・
リペンシス
下モエシア
トラキアエ
ヒベリア
ダキア・
メディテラネア
*プラエウァリタナ
ダルダニア
トラキア
ハエミ
モントゥス
ポントゥス・
ポレモニアクス
ディオス
ポントゥス
パフラゴニア
アラクセス川
マケドニア
ロドパ
ポンティカ
アルメニア
マケドニア
ビテュニア
ヘレス
ポントゥス
ガラティア
小アルメニア
カッパドキア
エピルス
テッサリア
フリュギア
アシア
リュディア
ピシディア
リュカオニア
アシアナ
メソポタミア
ティグリス河
オスドロエナ
キリキア
エウフラテンシス
エウフラテス河
シュリア
パンフュリア
イサウリア
カリア
リュキア
アカイア
キュプルス
*クレタ
フォエニケ
パラエスティナ
アラビア
オリエンス（オリエント）
オリエンス
アウグスタムニカ
ナバタエイ
カノプス
アレクサンドリア
トムイス
アトリビス
ペンタポリス
リビュア
アエギュプトゥス
ヘリオポリス
メンフィス
アエギュプトゥス（エジプト）
オクシュリュンクス
ニルス（ナイル）河
テーバイス
アビュドゥス
テーバイ

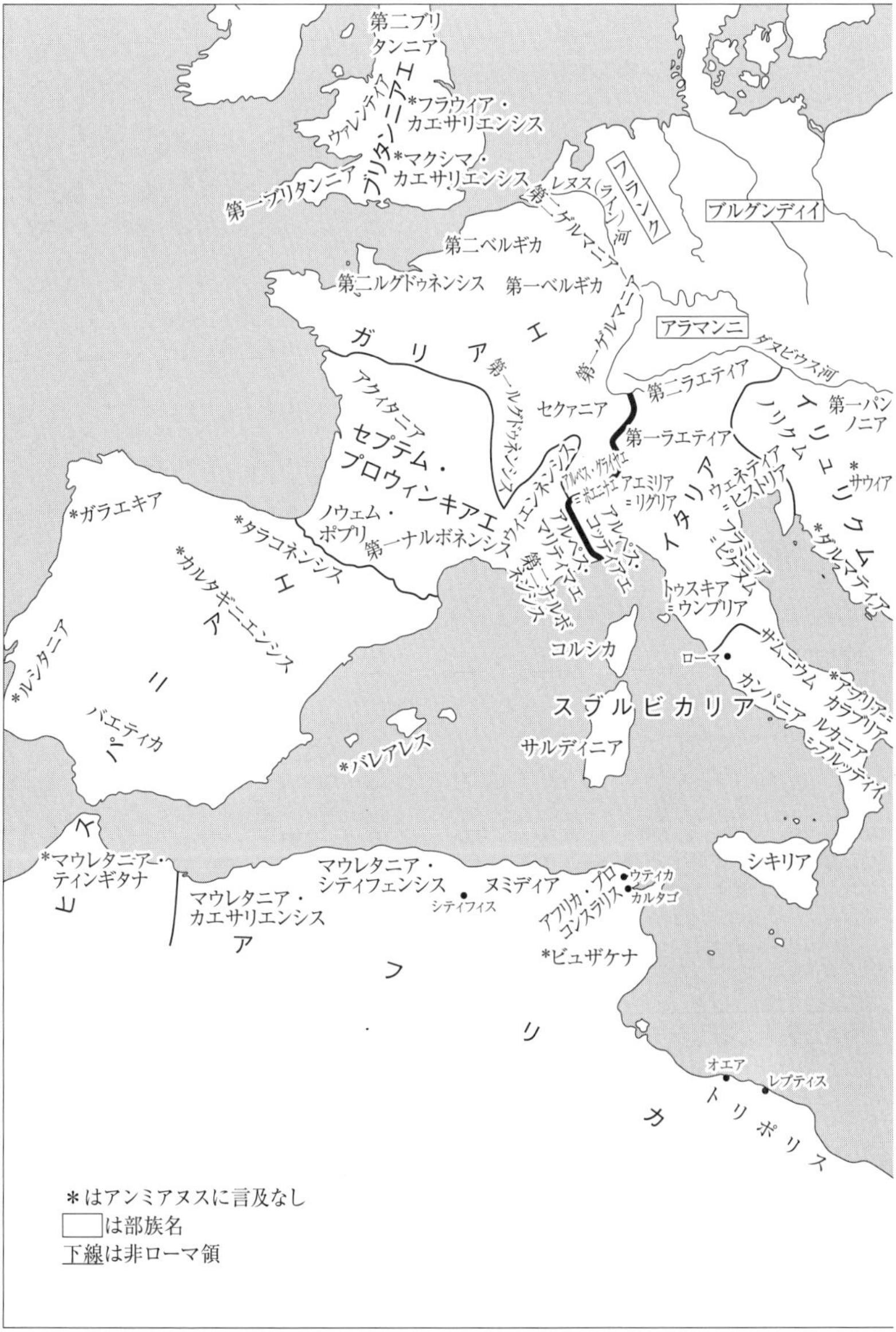

1図．後期ローマ帝国全図

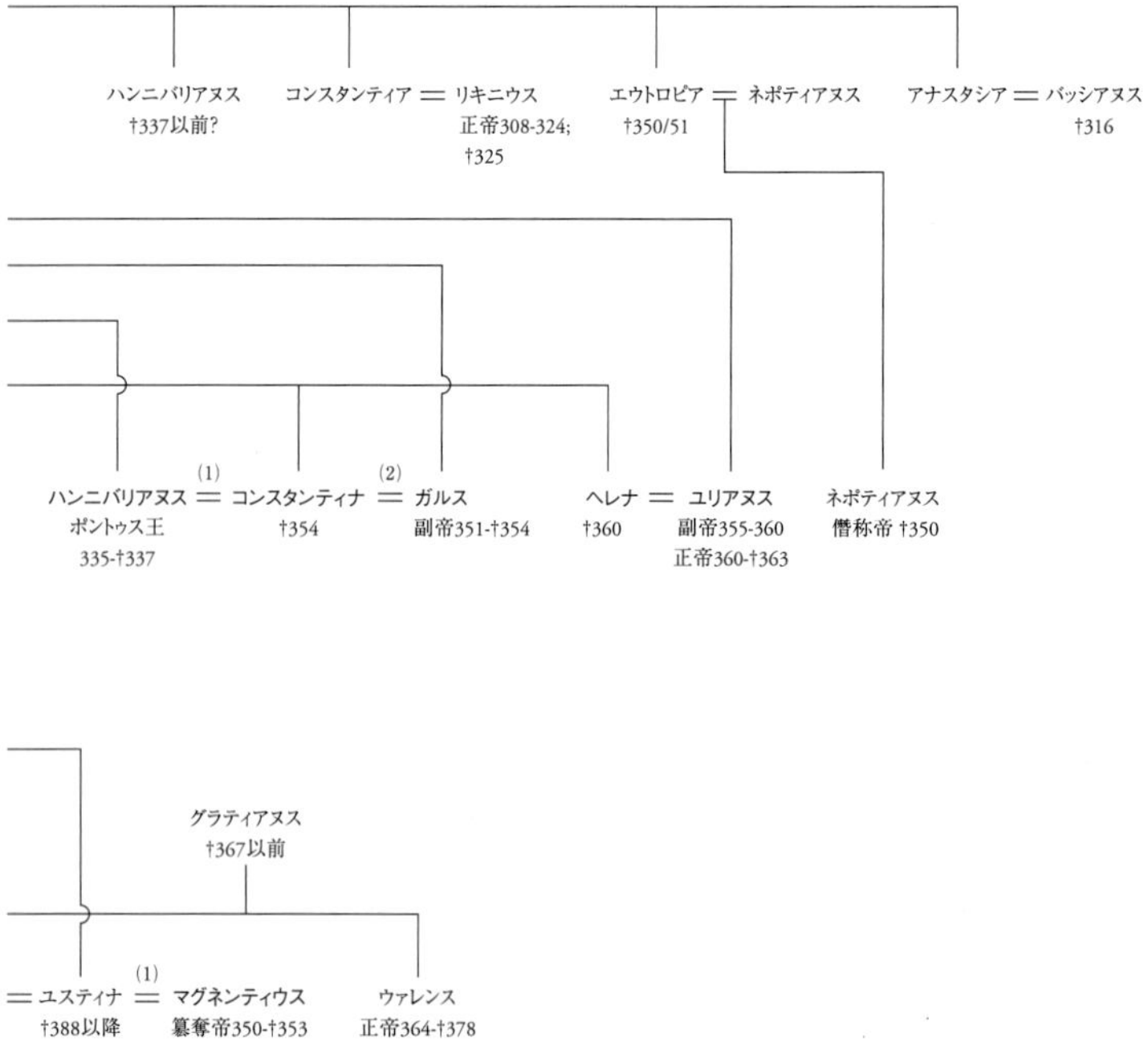
ハンニバリアヌス
†337以前?
コンスタンティア ＝ リキニウス
正帝308-324;
†325
エウトロピア ＝ ネポティアヌス
†350/51
アナスタシア ＝ バッシアヌス
†316
ハンニバリアヌス
ポントゥス王
335-†337
(1)
コンスタンティナ
†354
(2)
ガルス
副帝351-†354
ヘレナ ＝ ユリアヌス
†360
副帝355-360
正帝360-†363
ネポティアヌス
僭称帝 †350
グラティアヌス
†367以前
＝ ユスティナ
†388以降
(1)
マグネンティウス
簒奪帝350-†353
ウァレンス
正帝364-†378

関連系図

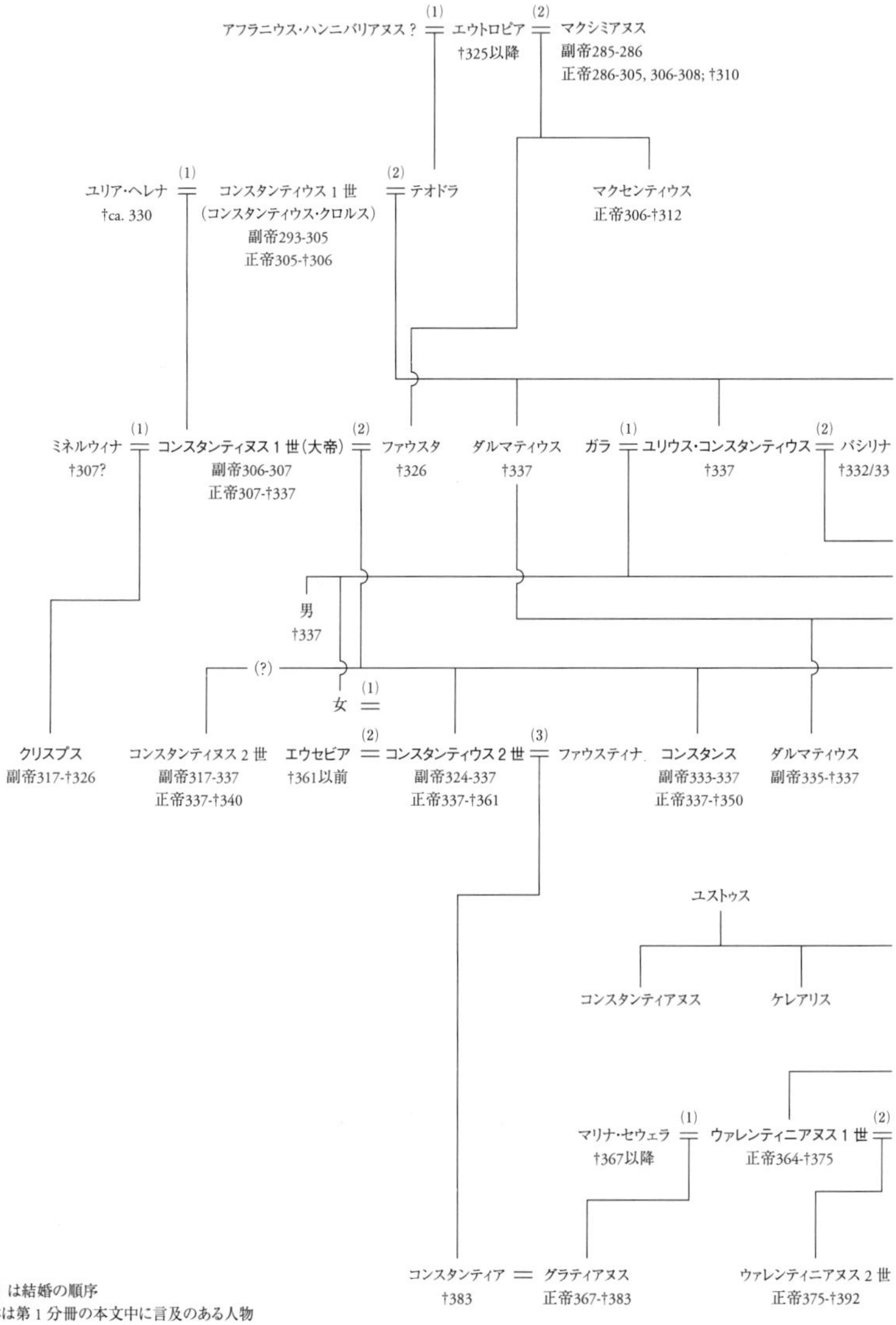

†は没年
(1) (2) (3) は結婚の順序
ゴシック体は第1分冊の本文中に言及のある人物

固有名詞索引（第１分冊）

・ローマ人名については、原則として本文中に現われる形を見出し語とし、皇帝（正帝）名については、通称部分に下線を施した。
・見出しの斜体は、固有名詞によらない間接的言及、〈　〉は補填箇所での出現。
・ギリシアの人名・神名も原綴りは原則としてラテン語形で表示した。ただし、底本でギリシア文字が用いられている場合はギリシア文字とした。
・原綴りの（　）内は本分冊に現われない別形、［　］内の形は形容詞形。
・この索引では、参照の便のため、Vrsicinus ではなく Ursicinus, Siluanus ではなく Silvanus など、原綴りのラテン語表記に大文字の U と小文字の v を用いる。
・ローマ人名の説明においては、皇帝を除き、原則として「ローマの」を付さない。
・出現箇所は、ローマ数字小文字が巻、アラビア数字が章・節を表わす。斜体は間接的言及、［　］内は、原文において形容詞形が用いられている箇所。〈　〉内は補填箇所での出現。

ア　行

アイヤダルテス　Aiadalthes　士官　xviii. 8. 10
アウェンティクム　Aventicum　アルプス地方の町（現アヴァンシュ）　xv. 11. 12
アウグストゥス　Augustus　→オクタウィアヌス
アウグストゥス港　Portus Augusti　オスティアにあった港　xix. 10. 1
アウグストゥス廟　Augusti monumentum　カンプス・マルティウスにあったアウグストゥスの墓所　xvii. 4. 16
アウグストゥドゥヌム　Augustudunum（Augustodunum）　ガリア中部の町（現オータン）　xv. 11. 11; xvi. 2. 1, 2
アウスキ　Ausci　ガリア南西部の町（現オーシュ）　xv. 11. 14
アウトスドルム　Autosudorum（Autessiodurum）　ガリア中部の町（現オセール）　xvi. 2. 5
アエデシウス，セクスティリス・アゲシラウス　Aedesius, Sextilius Agesilaus　ヒスパニア管区の文書係長　xv. 5. 4, 14
アエリアヌス　Aelianus　補佐官　xviii. 9. 3; xix. 9. 2
アカイア　Achaia［形 Achaicus］　ギリシア本土南部の属州　［xv. 8. 1］; ［xix. 12. 10］
アカデメイア　Academia　アテナイ近郊のプラトンの学園　xvi. 1. 5
アガトクレス　Agathocles　前４―３世紀のシュラクサイの僭主　xiv. 11. 30
アキミンクム　Acimincum（Acumincum）　パンノニアの町（現スタリ・スランカメン）　xix. 11. 8
アキリウス・グラブリオ，マニウス　Acilius Glabrio, Manius　前191年の執政官　xiv. 6. 8
アギリムンドゥス　Agilimundus　クァディ族の従属王　xvii. 12. 21
アキレウス　Achilleus　トロイア戦争のギリシア方英雄　xix. 1. 9
アギロ　Agilo　厩舎監督士官　xiv. 10. 8
アクィタニア　Aquitania［形 Aquitanicus］　ガリア中西部の地方・属州　xiv. 10. 2; xv. 11. 13, ［13］; xvii. 8. 1
アクィタニ族　Aquitani　ガリア中西部の部族　xv. 11. 1, 2, 5, 6; 12. 2; xvi. 8. 8

アクィレイヤ　Aquileia　アドリア海最北隅の港町　xv. 3. 1, 10
アグリッピナ，コロニア　Agrippina, Colonia　ゲルマニアの町（現ケルン）　xv. 5. 15, 24, 35; 8. 19; 11. 7; xvi. 3. 1, 2; xvii. 2. 1
アゲナリクス　Agenarichus　→セラピオ（の元の名）　xvi. 12. 25
アシア（1）　Asia［形 Asiaticus］　今日の小アジア地方　［xv. 9. 7］; ［xvi. 7. 6］; xvii. 7. 1, 13; xviii. 6. 18
アシア（2）　Asia　小アジア西岸中部の属州　xv. 2. 7
アシア人　Asianus　ユリアヌスの渾名　xvii. 9. 3
アスカロン　Ascalon　パレスティナの町（現アシュケロン）　xiv. 8. 11
アスクラ　Ascra［形 Ascraeus］　ギリシアのボイオティアの町　［xiv. 6. 8］
アスクレピオドトゥス　Asclepiodotus　補佐官　xv. 6. 4
アタナシウス　Athanasius　アレクサンドリアの司教　xv. 7. 7, 10
アッシュリア　Assyria　バルバティオの妻　xviii. 3. 2
アッシュリア人　Assyrii［形 Assyrius］　xiv. 4. 3; ［8. 6］; xviii. 8. 5
アッティカ　Attica　アテナイを中心とするギリシアの地方　xix. 4. 4
アディアベナ　Adiabena　ペルシアのティグリス左岸中上流地方　xviii. 7. 1
アテナイ人　Athenienses　xix. 4. 4
アデルフィウス，クロディウス・ケルシヌス　Adelphius, Clodius Celsinus　都市長官　xvi. 6. 2
アド・グラドゥス湾　Ad Gradus　ローヌ河の河口　xv. 11. 18
アドニス　Adonis　アプロディテに愛された美青年　xix. 1. 11
アトラス海　Atlanticum mare　アフリカ北西沖の大西洋　xvii. 7. 13
アトラス山人　Atlantei　アフリカのアトラス山地の部族　xv. 3. 6
アドラステイア　Adrastia　復讐の女神ネメシスの別称　xiv. 11. 25, *26*
アドラストス　Adrastus［形 Adrasteus］　テーバイ攻めの七将の総師　［xiv. 11. 22］
アドラミュッティオン　Adramyttium［形 Adramytenus］　小アジア西岸の町　［xiv. 11. 31］
アトランティス島　Atlantis　北アフリカ西方沖にあったという伝説の島　*xvii. 7. 13*
アナクサゴラス　Anaxagoras　ギリシアの哲学者　xvii. 7. 11
アナクサルコス　Anaxarchus　ギリシアの哲学者　xv. 1. 4
アナクシマンドロス　Anaximander　ギリシアの自然哲学者　xvii. 7. 12
アナザルブス　Anazarbus　小アジア南部キリキアの町　xiv. 8. 3
アナトリウス　Anatolius　シュリアの執政官格総督　xix. 11. 2
アナフェ島　Anaphe　キュクラデス諸島中の島（現アナフィ島）　xvii. 7. 13
アニキウス氏族　Anicii　ローマの貴族　xvi. 8. 13
アパメア　Apamea　シュリアのオロンテス渓谷の町　xiv. 8. 8
アバルネ　Abarne　メソポタミア北部の村　xviii. 9. 2
アビュドゥス　Abydus　上エジプトの町　xix. 12. 3
アブディギルドゥス　Abdigildus　士官　xviii. 6. 12
アフリカ　Africa　xiv. 8. 3
アフリカ勢　Afri　カルタゴ軍　xv. 10. 10
アフリカヌス　Africanus　第二パンノニアの執政官格総督　xv. 3. 7, 9; xvi. 8. 3
アポデミウス　Apodemius　特務官　xiv. 11. 19, 23; xv. 1. 2; 5. 8, 9, 15
アボラ川　Abora　エウフラテス河の支流　xiv. 3. 4
アボリギネス　Aborigines　ガリア土着のケルタエ人を指す呼称　xv. 9. 3
アポリナリス（1）　Apollinaris　シュリアの執政官格総督　xiv. 7. 20; 9. 8
アポリナリス（2）　Apollinaris　上の息子で、副帝ガルスの宮廷下僚　xiv. 7. 19, 20; 9. 8

アポロン　Ἀπόλλων / Apollo　xvii. 4. 18, 19, 20, 21, 22, 23; xix. 4. 3
アマヌス山　Amanus　小アジア南部キリキアの山（現ヌル山地）　xiv. 8. 4
アミケンセス族　Amicenses　リミガンテス族の一派　xvii. 13. 19
アミダ　Amida　小アルメニアの町（現ディヤルバクル）　xviii. 6. 17; 8. 3; 9. *1*, 2, *3*; 10. 1; xix. 1. 1; *2. 1, 8, 14*; 3. 1, *3*; *4. 1*; *5. 1, 5*; *6. 4*; *7. 1*; *8. 4, 5*; 9. *1, 2*, 9; 11. 17
アムディス　Amudis　メソポタミア北部の砦　xviii. 6. 13
アラハリウス　Araharius　サルマタエ族の首長　xvii. 12. 12, 14, 16
アラビア　Arabia　パレスティナ東部地方の属州　xiv. 8. 13
アラマンニ族　Alamanni［形 Alamannicus, Alamannus］　ゲルマニア人の一派　xiv. 10. 1, [6], 14; xv. 4. [1], 9; xvi. [2. 9]; 11. 3; 12. 1, 6, 34, 42, 46, 47, 63; xvii. 1. 11; 2. 1; 6. 1; 8. 1; 10. 1, 3, [5]; xviii. 2. 1, 8
アラリス川　Araris (Arar)　ガリア東部の川（＝サウコンナ川）　xv. 11. 17
アリスタエネトゥス　Aristaenetus　ビテュニアのピエタス管区の代官　xvii. 7. 6
アリストテレス　Aristoteles　ギリシアの哲学者　xvii. 7. 11; xviii. 3. 7
アリンテウス，フラウィウス　Arintheus (Arinthaeus), Flavius　士官　xv. 4. 10
アルウェルニ　Arverni　ガリア中部の町（現クレルモン＝フェラン）　xv. 11. 13
アルカディア　Arcadia　ペロポンネソス半島中央部の地方　xv. 4. 6
アルケラオス　Archelaus　ミトリダテス王配下の将軍　xvi. 12. 41
アルゲントラトゥス　Argentoratus (Argentoratum)［形 Argentoratensis］　ゲルマニアの町（現ストラスブール）　xv. 11. 8; xvi. 2. 12; 12. 1, 70; xvii. 1. [1], 13; 8. 1
アルゴ号に乗り組んでいた仲間　Argonautae　xiv. 8. 3
アルテミウス　Artemius　ローマ市代官　xvii. 11. 5
アルバニ族　Albani　カスピ海西岸の部族　xviii. 6. 22; xix. 2. 3
アルビティオ，フラウィウス　Arbitio (Arbetio), Flavius　騎兵長官、355年の執政官　xiv. 11. 2; xv. 2. 4; 3. 2, 11; 4. 1, ⟨7⟩, 10; 5. 2, 8; 8. 17; xvi. 6. 1; 8. 13; xviii. 3. 3
アルビヌス，トゥスクス　Albinus, Tuscus　シルウァヌスの友人　xv. 5. 4
アルプス　Alpes　xiv. 6. 4; xv. 10. 2, 9, 11　―アルペス・グライヤエ　Alpes Graiae（ギリシア人のアルプス）　xv. 10. 9; 11. 12　―アルペス・コッティアエ　Alpes Cottiae（コッティウスのアルプス）　xv. 5. 29; 10. 2, 3　―アルペス・ポエニナエ　Alpes Poeninae（ポエニ人のアルプス）　xv. 10. 9; 11. 12, 16　―アルペス・マリティマエ　Alpes Maritimae（海際のアルプス）　xv. 10. 9
アルペイオス川　Alpheus　ペロポンネソス半島を西流する川　xv. 4. 6
アルボル……　Arbor .....　ガリアの中部の町の名の一部　xvi. 2. 3
アルメニア　Armenia　小アジアの東の王国　xiv. 11. 14; xv. 13. 4; xvi. 7. 5; xvii. 5. 6, 11; 14. 1; xviii. 9. 2　―小アルメニア　Armenia Minor　エウフラテス以西のアルメニアで、ローマ領　xiv. 7. 19; xix. 8. 12
アルメニア人　Armenii　xiv. 8. 10
アレクサンデルの郊外地区　Alexandri vicus　ローマ市南方の地区　xvii. 4. 14
アレクサンドリア　Alexandria［形 Alexandrinus］　エジプトの町　[xiv. 1. 3]; xv. 7. 7; xvii. 4. 13; xix. 12. 8, 12
アレクサンドロス (1) 大王　Alexander　マケドニア王　xiv. 8. 5; 11. 22; xv. 1. 4; xvi. 5. 4; xviii. 3. 7
アレクサンドロス (2)　Alexander　マケドニア王ペルセウスの子　xiv. 11. 31
アレス　Ἄρης　ギリシアの戦争の神（＝マルス）　xvii. 4. 18, 20, 22, 23
アレトゥサ　Arethusa　泉のニンフ　xv. 4. 6
アレラテ　Arelate　ローヌ河口に近い町（現アルル）　xiv. 5. 1; 10, 1; xv. 11. 14, 18

アロブロゲス族　Allobroges　ガリアの部族　xv. 12. 5
アンザバ川　Anzaba　ティグリス河の支流　xviii. 6. 19; 7. 1
アンティオキア　Antiochia［形 Antiochensis］　シュリアの町（現アンタルヤ）　xiv. 1. 6, *9*; 7. [2], [5], 7, 10, 19; 8. 8; 9. 8; 11. 12, 21; xviii. 4. 3; xix. 8. 12; 12. 8, 19
アンティオコス　Antiochus　前３―２世紀のシュリアの王　xiv. 6. 8
アンティポリス　Antipolis　ガリア南東部の町（現アンティーブ）　xv. 11. 15
アンテムシア　Anthemusia　メソポタミアの属州オスドロエナの地方　xiv 3, 3
アンテンナクム　Antennacum　ゲルマニアの町（現アンデルナハ）　xviii. 2. 4
アントニヌス　Antoninus　ペルシア方へ走ったローマ人　xviii. 5. 1, 6, *8*; 6. 3, 19; 7. 10; 8. 5; 10. 1; xix. 1. 3; 9. 7
アントニヌス（・ピウス）　Antoninus Pius　ローマ皇帝　xvi. 1. 4; *xviii. 6. 18*
アントニヌポリス　Antoninupolis（Antoninopolis）　メソポタミア北部の町で、改称後は→コンスタンティア　xviii. 9. 1
アンドリスコス　Andriscus　マケドニア王を僭称したアドラミュッティオン市民　xiv. 11. 31
アンドロニクス　Andronicus　詩人　xix. 12. 11
アンビアニ　Ambiani　ガリア北部の町（現アミアン）　xv. 11. 10
アンピアラオス　Amphiaraus　ギリシアの予言者　xiv. 1. 7
アンピトリュオン　Amphitryo　ギリシアのテーバイの王　xv. 9. 6
アンモン　Ἄμμων　エジプトの神　xvii. 4. 20, 23
イオニア海　Ionium Mare　xv. 4. 6
イコニウム　Iconium　小アジア中部の町（現コンヤ）　xiv. 2. 1
イサウラ　Isaura　小アジア南部の町　xiv. 8. 2
イサウリア　Isauria　小アジア南部の属州　xiv. 2. 3, 4, 13; 3. 1; 8. 1, *4*
イサウリ族　Isauri　小アジア南部の部族　xiv. 2. 1, 19; xix. 13. 1
イザラ山　Izala　メソポタミア北部の山　xviii. 6. 12; xix. 9. 4
イタリア　Italia(e)［形 Italicus］　xiv. 7. 9; xv. 8. 1; 9. 7; 10. [6], 10; 12. 3, [5]; xvi. 11. 2; 12. 69; xvii. [6. 1]; 7. 13; xviii. 6. 5
イタリア人　Itali / Italici　xv. 5. 24; xvii. 13. 27
異邦人部隊陣営　Castra peregrina　ローマ市内の施設　xvi. 12. 66
イリオン　Ilium［形 Iliacus］　トロイアの都の別称　[xix. 6. 11]
イリュリクム　Illyricum　マケドニアの北、ドナウ河までの間の管区　xv. 3. 7; xvi. 10. 20; xvii. 3. 3; 13. 24, 27; xviii. 3. 5; 5. 2; 8. 2; xix. 11. 2
インド人　Indi　xiv. 3. 3
インノケンティウス（1）　Innocentius　士官　xvi. 12. 63
インノケンティウス（2）　Innocentius　土地測量士　xix. 11. 8
ウァサタエ　Vasatae　ガリア南西部の町　xv. 11. 14
ウァティカヌス　Vaticanus　ローマの西の土地　xvii. 4. 16
ウァドマリウス　Vadomarius　アラマンニ族の王　xiv. 10. 1, *10, 14*; xvi. 12. 17; xviii. 2. 16, 17, 18
ウァルウォメレス　Valvomeres　→ペトルス・ウァルウォメレス
ウァレリア（1）　Valeria　ディオクレティアヌス帝の娘　xix. 11. 4
ウァレリア（2）　Valeria　パンノニアの属州　xvi. 10. 20; xvii. 12. 6; xix. 11. 4
ウァレリウス・プブリコラ，プブリウス　Valerius Publicola, Publius　前509年の執政官　xiv. 6. 11
ウァレンティア　Valentia　ガリア南部の町（現ヴァランス）　xiv. 10. 1; xv. 11. 14

ウァレンティニアヌス，フラウィウス　Flavius Valentinianus　士官、のちローマ皇帝　xv. 5. 36; xvi. 11. 6, *7*
ウァレンティヌス　Valentinus　親衛隊士官　xviii. 3. 5
ウァンギオネス　Vangiones　ゲルマニアの町（現ヴォルムス）　xv. 11. 8; xvi. 2. 12
ウィエンナ　Vienna　ガリア南東部の町（現ヴィエンヌ）　xv. 8. 21; 11. 14; xvi. 1. 1; *2. 1*
ウィエンネンシス　Viennensis　ガリア南東部の属州　xv. 9. 7; 11. 6, 14, 17
ウィクトハリ族　Victohali　ダキアの部族　xvii. 12. 19
ウィクトリヌス　Victorinus　ユリアヌスの渾名　xvi. 12. 67
ウィドゥアリウス　Viduarius　クァディ族の王　xvii. 12. 21
ウィトロドルス　Vitrodorus　クァディ族の王子　xvii. 12. 21
ウィリアトゥス　Viriathus　ルシタニア人の反乱指導者　xiv. 11. 33
ウィンゴ　Vingo　ゲルマニアの町　xviii. 2. 4
ウェゴエの書　Vegoici libri　エトルリアの女予言者の書　xvii. 10. 2
ウェストラルプス　Vestralpus　アラマンニ族の王　xvi. 12 1; xviii. 2. 18
ウェスパシアヌス，ティトゥス・フラウィウス　Vespasianus, Titus Flavius　ローマ皇帝　xiv. 11. 28; xvi. 1. 4; *xviii. 4. 5*
ウェテラニオ　Veteranio（正しくはウェトラニオ Vetranio）　僭称帝　xv. 1. 2
ウェトゥリウス（・カルウィヌス），ティトゥス　Veturius Calvinus, Titus　前334年の執政官　xiv. 11. 32
ウェトラニオ　Vetranio　→ウェテラニオ
ウェヌス　Venus　愛の女神（＝アプロディテ）　xiv. 8. 14; xix. 1. 11
ウェリア　Velia　南イタリアの町　xv. 9. 7
ウェリッシムス　Verissimus　補佐官　xvi. 6. 1, 3
ウェリニアヌス　Verinianus　親衛隊員で、アンミアヌスの同僚　xv. 5. 22; xviii. 8. 11
ウェルギリウス　Vergilius　詩人　*xv. 9. 1*; xvii. 4. 5; *xix. 9. 7*
ウェレス，ガイウス　Verres, Caius［形 Verrinus］　共和政末シキリアの属州総督　［xv. 3. 3］
ウォコンティイ族　Vocontii　ガリアの部族　xv. 10. 11
ウサフェル　Usafer　サルマタエ族の貴顕の士　xvii. 12. 12, 14
ウスクダマ　Uscudama　→ハドリアノポリス（の古名）　xiv. 11. 15
伶人《うたびと》　Bardi　ケルタエ人の指導者　xv. 9. 8
腕輪隊　Bracchiati　xv. 5. 30; xvi. 12. 43
ウリウス　Urius　アラマンニ族の王　xvi. 12. 1; xviii. 2. 18
ウルカヌス島　Vulcanus　シキリア島近傍の島（現ヴルカーノ島）　xvii. 7. 13
ウルシキヌス（1）　Ursicinus　騎兵長官で、アンミアヌス・マルケリヌスの上官　xiv. *2. 20*; 9. 1, *3*; 11. 2, *3*, 4; xv. 2. 1, *2*, 5; 5. 18, 19, *20*, 21, *22*, *24*, *25*, *27*, 28; *13. 3*; xvi. 2. 8; 10. 21; xviii. 4. 2, *3*, *4*, 6; 5. *4*, 5; 6. 1, 3, 6, *10*, 12, *15*, *16*; 8. 5, *10*; xix. 3. 1, *2*, *3*; *8. 12*
ウルシキヌス（2）　Ursicinus　アラマンニ族の王　xvi. 12. 1; xviii. 2. 18
ウルスルス　Ursulus　出納補佐官　xvi. 8. 5, 7
ウルプスの神殿　Urbis templum　xvi. 10. 14
噂（の女神）　Fama　xviii. 6. 3
運の女神　Fortuna　xiv. 6. 3; 10. 16; *11. 33*; xv. 5. 1
〈ウンブリア人〉Umbri　〈xv. 5. 14〉
エウスタティウス　Eustathius　弁論家・哲学者　xvii. 5. 15; 14. 1
エウセビア　Eusebia　コンスタンティウス２世の妃　xv. 2. 8; *8. 3*; xvi. 10. 18; xvii. 7. 6; xviii. 3. 2
エウセビウス（1）　Eusebius　「ピッタカス Pittacas」と渾名された弁論家　xiv. 7. 18; 9. 4,

5
エウセビウス (2)　Eusebius　工廠監督士官　xiv. 7. 18; 9. 4
エウセビウス (3)　Eusebius　コンスタンティウス 2 世の侍従長　xiv. 10. 5; 11. 2, 21; xv. 3. 2; xviii. 4. 3
エウセビウス (4)　Eusebius　「マッテュオコペス Mattyocopes」と渾名された元内帑補佐官　xv. 5. 4, 13
エウセビウス (5), フラウィウス　Eusebius, Flavius　エウセビアの兄弟、359年の執政官　xviii. 1. 1
エウテリウス　Eutherius　ユリアヌスの侍従長　xvi. 7. 2, 3, 4, *5-10*
エウヌス　Eunus　シキリア島の奴隷反乱の指導者　xiv. 11. 33
エウフラテス河　Euphrates　xiv. 3. 3; 8. 5; xvi. 10. 6; xviii. 5. 7; 6. 3; 7. 4, 6, 9; xix. 8. 9
エウフラテンシス　Euphratensis　オリエントの属州　xiv. 8. 7
エウフロニウス　Euphronius　属州メソポタミアの知事　xviii. 7. 3
エウブルス　Eubulus　アンティオキアの名家に生まれたソフィスト　xiv. 7. 6
エウリュメドン川　Eurymedon　小アジア南部の川　xvii. 11. 3
エジプト　*Αἴγυπτος* / Aegyptus［形 Aegyptius］　xiv. 7. 21; 11. 32; xvii. 4. 3, 5, [12], 19, 20, 21; xix. 12. 10
エジプト人　Aegyptii　xvii. 4. 6, 10
エティオピア　Aethiopia　xiv. 8. 3; xix. 4. 4
エデッサ　Edessa［形 Edessenus］　メソポタミア北部の町（現シャンルウルファ）　xviii. 5. 7; [7. 7]; xix. 6. 12
エトルリア人　Etrusci［形 Etruscus］　[xv. 10. 11]
エピゴヌス (1)　Epigonus　哲学者　xiv. 7. 18; 9. 4, 5
エピゴヌス (2)　Epigonus　工廠監督士官　xiv. 7. 18; 9. 4, 5
エメサ　Emesa フェニキアの町　xiv. 7. 18; 8. 9
エリス　Elis［形 Eleus］　小アジア南部キリキアの町　[xvi. 5. 8]
エルサ　Elusa　ガリア南西部の町（現オーズ）　xv. 11. 14
エレウシン　Eleusin　ボエオティアの町　xvii. 7. 13
エレウテロポリス　Eleutheropolis　パレスティナの町　xiv. 8. 11
エレクテウス　Erechtheus　アテナイ古代の王　xvi. 1. 5
エレボス　Erebus　黄泉の国　xvii. 7. 13
円形競技場　Amphitheatrum　今日のコロッセオ　xvi. 10. 14
演壇　Rostra　ローマ市中心部の一角　xvi. 10. 13
エンノシガイオス　Ennosigaeus　「大地を揺する者」ポセイドン神の異名　xvii. 7. 12
オクタウィアヌス（・アウグストゥス), ガイウス・ユリウス・カエサル　Octavianus Augustus, Caius Iulius Caesar　ローマ皇帝　xiv. 8. 11; xv. 10. 2; xvii. 4. 5, 12
オクリクルム　Ocriculum　ウンブリアの町（現オトリコリ）　xvi. 10. 4
オスティア　Ostia　ローマの外港　xix. 10. 4
オスティア門　Ostiensis porta　オスティア街道に通じるローマの市門　xvii. 4. 14
オスドロエナ　Osdroena (Osrhoene)　オリエントの属州　xiv. 3. 2; 8. 7, *10*
オーデイオン　Odeum　ローマ市の音楽堂　xvi. 10. 14
オドリュサエ族　Odrysae　トラキアの部族　xviii. 6. 5
オピウサ　Ophiusa　ロドス島の別称　xvii. 7. 13
オリエント　Oriens　近衛長官管轄領（＝道）［形 Orientalis］　xiv. 1. 3; 2. 1, 20; 5. 1; 7. 1, 2, [21]; 8. 5; 10. 1; 11. 2; xv. 2. 2; 3. 1; 5. 19, 28; 13. 1; xvi. 9. 1; 10. 21; xvii. 5. 13; xviii. 4. 1; 5. 2; 6. 19; 7. 5; 9. 3; 10. 1; 11. 17; 12. 5

オリュンピアス　Olympias　アレクサンドロス大王の母　xiv. 11. 22
オルフィトゥス（・ホノリウス），メンミウス・ウィトラシウス　Orfitus Honorius, Memmius Vitrasius　都市長官　xiv. 6. 1; xvi. 10. 4; xvii. 4. 1
オロンテス川　Orontes　シュリアの川　xiv. 8. 10

カ　行

外洋　Oceanus　大西洋　xv. 4. 4; 9. 3; 10. 2; 11. 2, 13
ガウデンティウス　Gaudentius　特務官　xv. 3. 8; xvi. 8. 3; xvii. 9. 7
カエキリア・パウリナ　Caecilia Paulina　ローマ皇帝マクシミヌス・トラクスの妃　xiv. 1. 8
カエサル　Caesar　→ユリウス・カエサル
カエサレア　Caesarea　パレスティナの町（現ケイサルヤ）　xiv. 8. 11
カエシウス　Caesius　オリエント方面騎兵長官付きの勘定係　xix. 9. 2
カエノス・ガリカノス　Caenos Gallicanos　小アジア北部ビテュニアの町　xiv. 11. 6
カエリウス山　Caelius mons　ローマの七丘の一つ　xvi. 12. 66
ガザ　Gaza　パレスティナの町　xiv. 8. 11
カストラ・コンスタンティア　Castra Constantia　セーヌ川河口の町　xv. 11. 3
カストラ・ヘルクリス　Castra Herculis　ゲルマニアの町　xviii. 2. 4
カストラ・マウロルム　Castra Maurorum　メソポタミア北部の砦　xviii. 6. 9
カストリキウス　Castricius　イサウリア方面補佐官　xiv. 2. 14
カストル兄弟の神殿　Castorum aedes　オスティアにあった神殿　xix. 10. 4
カッシアヌス　Cassianus　メソポタミア方面将軍　xvi. 9. 2; xviii. 7. 3; xix. 9. 6
カッシウス山　Cassius (Casius) mons　シュリアの山　xiv. 8. 10
カッパドキア　Cappadocia　小アジアの属州　xv. 2. 7
カテラウニ　Catelauni (Catalauni)　ガリア北部の町（現シャロン＝シュル＝マルヌ）　xv. 11. 10
カトー（ウティカの），マルクス・ポルキウス　Cato Uticensis, Marcus Porcius　下記の曾孫、前54年の法務官　xiv. 8. 15
カトー（監察官の），マルクス・ポルキウス　Cato Censorius, Marcus Porcius　前195年の執政官　xiv. 6. 8; xvi. 5. 2　―カトーの名言集　Catonianae sententiae　xv. 12. 4
カトゥルス，クィントゥス・ルタティウス　Catulus, Quintus Lutatius　前78年の執政官　xiv. 6. 25
カビュロナ　Cabyllona　ガリア中東部の町（現シャロン＝シュル＝ソーヌ）　xiv. 10. 3, 5; xv. 11. 11
カペラティイ　Capellatii　ローマとブルグンディイ族との国境線上にある地区（パラス Palas とも）　xviii. 2. 15
カペルサナ　Capersana　シュリアの町　xviii. 8. 1
カマウィ族　Chamavi　ゲルマニアの部族　xvii. 8. 5; 9. 2
上・下ゲルマニア　Germania Superior/ Inferior　→ゲルマニア
上・下モエシア　Moesia Superior / Inferior　→モエシア
ガラ　Galla　副帝ガルスの母　xiv. 11. 27
カラエ　Carrhae　メソポタミアの町　xviii. 7. 3
ガラタエ人　Galatae　ガリアのケルタエ人の別称　xv. 9. 3
ガリア　Gallia(e) ［形 Gallicus, Gallicanus］　xiv. 11. 9; xv. 5. 2, 4, 8, 17, 34; 8. 1, 6, 13; 9. 1, 6; 10. 1, 2, 4; 11. 6, 7, 12, 17; 12. 6; 13. 3; [xv. 5. 36]; xvi. 1. 2; 3. 1; 5. 14; 6. 1; 10. 1, 19; 11. 11, 13, [14]; 12. 5, 25, 61; xvii. 4. 1; 5. 1; [8. 1]; 9. [6], 7; 13. 28; xviii. 1. 1; 3. 1; 6. 16; xix. 5. 2;

［6. 4］
ガリア海　mare Gallicum　ガリア沖の地中海　xv. 10. 2; 11, 18
ガリア人　Galli　xiv. 10. 1; xv. 9. 2, 3; 12. 1, 4; xvii. 3. 5; 13. 27
ガリア兵　Galli　xix. 6. 3, 7, 9, 11
カリエット　Charietto　両ゲルマニア方面補佐官　xvii. 10. 5
ガリエヌス，プブリウス・リキニウス・エグナティウス　Gallienus, Publius Licinius Egnatius　ローマ皇帝　xiv. 1. 9; xviii. 6. 3
カリステネス　Callisthenes　アリストテレスの弟子　xviii. 3. 7
ガリ族　Galli　ガリアの部族　xv. 11. 1, 2
カリュカドヌス川　Calycadnus　キリキアの川　xiv. 2. 15; 8. 1
カルカ　Charcha　メソポタミア北部の要塞　xviii. 10. 1
ガルス，クラウディウス　Gallus, Claudius　副帝　xiv. 1. 1, *2*, *5*, *6*, *7*, *8*, 9, *10*; 2. 20; 7. 1, 5, 9, *10*, *11*, *12*, 13, 19; 9. *1*, *3*, *6*, 9; 10. *1*, 2, 5; 11. 1, *2*, 3, *6*, 13, *14*, *20*, 24; xv. 1. 2; *2. 1*, *7*; 3. 1; 8. 2; 13. 2; xvii. 1. 14; xviii. 3. 6
カルタゴ　Carthago　xiv. 11. 32; xvii. 4. 3; *11. 3*
カルタゴ軍　Carthaginienses　→アフリカ勢
ガルンナ河　Garunna　アクィタニアの川（現ガロンヌ河）　xv. 11. 2
ガレリウス（・ウァレリウス・マクシミアヌス），ガイウス　Galerius Valerius Maximianus, Caius　副帝、のち正帝　xiv. 11. 10; *xvi. 10. 3*
カンパニア　Campania［形 Campanus］　イタリア中南部の地方　［xiv. 6. 25］
カンピ・カニニ　Campi Canini　ラエティアの土地　xv. 4. 1
カンビュセス　Cambyses　前 6 世紀のペルシア王　xvii. 4. 3
カンプス・マルティウス　Campus Martius　ローマ市の西隣の平地　xvii. 4. 12
キオニタエ族　Chionitae　ユーラシアの遊牧民族　xvi. 9. 4; xvii. 5. 1; xviii. 6. 22; xix. 1. 7; 2. 3
キケロ　Cicero　→トゥリウス
キネアス　Cineas　エペイロスのピュロス王の使節　xvi. 10. 5
キビュラ人　Cibyratae　小アジアのプリュギア（フリュギア）の町キビュラ Cibyra の市民　xv. 3. 3
キミニウス地方　Ciminia pars　イタリア半島中部の地方　xvii. 7. 13
キモン　Cimon　アテナイの将軍　xvii. 11. 3
キュドヌス川　Cydnus　小アジア南部キリキアの川　xiv. 8. 3
キュトラス　Cythras　→デメトリウス
キュプルス島　Cyprus［形 Cyprius］　xiv. ［2. 3］; 8. 14; ［9. 6］
キュロス　Cyrus　ペルシア王（国の開祖）　xv. 9. 7; xvi. 5. 8
キリキア　Cilicia　小アジア南部の地方　xiv. 7. 18; 8. 1, 3, *4*; xviii. 6. 1
ギリシア　Graecia［形 Graecus］　［xiv. 8. 6］; xv. 2. 8; ［9. 2］; ［xvi. 12. 25］; ［xvii. 11. 1］; xviii. 6. 18, 23; xix. 4. 3
ギリシア語　sermo Graecus　xiv. 1. 9; 9. 7; xv. 9. 3　―ギリシア語で　Graece　xvii. 7. 11　―ギリシア文字　litterae Graecae　xvii. 4. 17
ギリシア人　Graeci / Graii　xv. 9. 5; xviii. 5. 8; 6. 18
ギリシア野郎　Graeculus　ユリアヌスの渾名　xvii. 9. 3
キリスト教徒　Christiani　xiv. 9. 7
キリスト教の　［形 Christianus］　［xv. 5. 31; 7. 6; xviii. 10. 4］
キルクス・マクシムス　Circus Maximus　ローマ市の競技場　xv. 5. 34; *xvi. 10. 17*; xvii. 4. 1, 12, 14, *15*, 17

クァディ族　Quadi　ゲルマニアの部族　xvi. 10. 20; xvii. 12. 1, 8, 9, 12, 21; 13. 28
クァドリブルギウム　Quadriburgium　ゲルマニアの町　xviii. 2. 4
クセニ族　Cuseni　中央アジアの部族　xvi. 9. 4; xix. 2. 3
クテシフォン　Ctesiphon　ペルシアの都　xvii. 14. 1
クノドマリウス　Chnodomarius（Chonodomarius）　アラマンニ族の王　xvi. 12. 1, 4, 23, 24, 25, 35, 58, 65, 70
グマテナ　Gumathena　メソポタミアの地方　xviii. 9. 2
クラウガシウス　Craugasius　ニシビスの貴族　xviii. 10. 1, 3; xix. 9. 3, 5, 6
クラウディアス　Claudias　メソポタミア北部の要塞　xviii. 7. 10
クラウディウス（1），マルクス　Claudius, Marcus　使節としてコルシカに派遣されたローマ人　iv. 11. 32
クラウディウス（2）・カエサル　Claudius Caesar　＝ティベリウス・クラウディウス・ネロ・ゲルマニクス　Tiberius Claudius Nero Germanicus　ローマ皇帝　xiv. 8. 2
クラウディウス（3）・ゴティクス，マルクス・アウレリウス　Claudius Gothicus, Marcus Aurelius　ローマ皇帝　xvi. 10. 3 (?)
クラウディオポリス　Claudiopolis　小アジア南部キリキアの町　xiv. 8. 2
クラテラエ　Craterae　シュリアの土地　xiv. 9. 8
クラロス　Clarus　アポロンの神託所のあった小アジア西岸の町　xix. 12. 15
クリサ湾　Crisaeus sinus　ギリシアのコリントス湾内の小湾　xvii. 7. 13
クリスプス，ガイウス・フラウィウス・ユリウス　Crispus, Caius Flavius Iulius　コンスタンティヌス1世の長子、副帝　xiv. 11. 20
クリーバナーリウス　clibanarius　xvi. 10. 8; 12. 22　→挂甲《けいこう》騎兵に同じ
グルンバテス　Grumbates　キオニタエ族の王　xviii. 6. 22; xix. 1. 7, *10*; 2. 1, 6
グレニコス川　Grenicus（Granicus）　小アジア北部の川　xviii. 6. 18
クレマティウス　Clematius　アレクサンドリアの貴族　xiv. 1. 3
クレモナ　Cremona［形 Cremonensis］　イタリアの町　［xv. 5. 9］
クロイソス　Croesus　前6世紀のリュディアの王　xv. 5. 37
グンドマドゥス　Gundomadus　アラマンニ族の王　xiv. 10. 1, *10*, *14*; xvi. 12. 17
挂甲《けいこう》騎兵　catafractarius　xvi. 2. 5; 12. 7, 63
ゲヌア　Genua　北イタリアの町（現ジェノヴァ）　xv. 10. 10
ケラ　Cella　楯隊の士官　xvi. 11. 6, 7; xix. 11. 16
ゲラサ　Gerasa　パレスティナの町　xiv. 8. 13
ゲラニ族　Gelani　一時期ペルシアと戦ったアジアの部族　xvii. 5. 1
ケリアリス，ナエラティウス　Cerialis（正しくはケレアリス Cerealis），Naeratius　副帝ガルスの叔父、都市長官、358年の執政官　xiv. 11. 27; xvii. 5. 1
ゲリュオン　Geryon　西の果ての島にいたという怪物　xv. 9. 6; 10. 9
ケルセ　Celse　フェニキアの町　xiv. 7. 7
ケルタエ人　Celtae　ガリアの部族　xv. 9. 3; 11. 1, 2
ゲルマニア　Germania［形 Germanicus］　ライン河左岸の属州　xvi. 1. 5;［11. 1］　―上・下ゲルマニア　Germania Superior / Inferior　xv. 11. 6　―第一ゲルマニア　Germania Prima　xv. 11. 8, 17　―第二ゲルマニア　Germania Secunda　xv. 8. 19; 11. 7
ゲルマニア人　Germani　ライン河岸から今日のドイツあたりの部族の総称　xv. 11. 4; xvi. 2. 12; 11. 6, 10, 11; 12. 19, 36, 37, 56, 67; xvii. 1. 6
ケレアリス　Cerealis　→ケリアリス
ゲロンティウス　Gerontius　マグネンティウス方の補佐官　xiv. 5. 1
元老院議事堂　Curia　xvi. 10. 13

公共池泉　Piscina publica　ローマ市の一角　xvii. 4. 14
コキュトス　Cocytus　冥界の川　xiv. 11. 29
コッティウス，マルクス・ユリウス　Cottius, Marcus Iulius　リグリアの王　xv. 10. 2, *7*
コムム　Comum　北イタリアの町（現コモ）　xv. 2. 8
「仔山羊たち」の星座　Haedorum sidus　ぎょしゃ座の一部　xix. 9. 1
コラ　Cora　ガリア中部の町　xvi. 2. 3
コリントス　Corinthus　ギリシアの町　xiv. 11. 30
コルキス人　Colchi　黒海の東にあった王国の民　xvi. 7. 10
ゴルゴニウス　Gorgonius　副帝ガルスの侍従長　xv. 2. 10
ゴルゴン　Gorgo［形 Gorgoneus］　女怪メドゥサの一人　［xviii. 4. 2］
コルシカ人　Corsi　xiv. 11. 32
ゴルディアヌス一族　Gordiani　3 世紀前半のローマ皇帝一族　xiv. 1. 8
コルドゥエナ　Corduena（Corduene）　アルメニアの地方（現クルド人地域）　xviii. 6. 20
コルネリウス・ガルス，ガイウス　Cornelius Gallus, Caius　初代エジプト総督、詩人　xvii. 4. 5
コルネリウスの諸法　leges Corneliae　共和政末に制定された法律　xix. 12. 17
コロニア・アグリッピナ（単にコロニア、もしくはアグリッピナとも）　Colonia Agrippina　→アグリッピナ，コロニア　Agrippina, Colonia
コンコルディア　Concordia　ゲルマニアのローマ軍砦　xvi. 12. 58
コンスタンス，フラウィウス・ユリウス　Flavius Iulius Constans　コンスタンティヌス 1 世の末男、ローマ皇帝　xv. 5. 16; xvi. 7. 5
コンスタンティア　Constantia　メソポタミア北部の町　xviii. 7. 9
コンスタンティウス（1），ユリウス　Constantius, Iulius　ガルスとユリアヌスの父　xiv. 11. 27
コンスタンティウス（2）1 世クロルス，フラウィウス・ウァレリウス　Constantius Chlorus, Flavius Valerius　ローマ皇帝　*xiv. 11. 10*
コンスタンティウス（2）2 世，フラウィウス・ユリウス　Constantius, Flavius Iulius　ローマ皇帝　xiv. *1. 2, 10*; 5. 1, *4*, 6, 9; 7. 9, 12; 9. 1, 2; 10. 1, *6*; 11. *3*, 6, 7, 8, *9*, 13, *14, 19, 20, 23*; xv. 1. 2; 2. 2, *5*; 3. *2*, 3, *9*; *4. 1, 13*; 5. *15*, 18, *20*, 33, *35*, 37; 6. 3; 7. 6, *9, 10*; 8. 1, 4, *15*, 18; xvi. 1. 1; 5. 3; *6. 1*; 7. 1; 8. 1, *5*, 7, 10, 12, *13*; 9. *3*, 4; 10. 1, *9*, 18, *20*; 11. *1, 2*, 7, *12, 15*; 12. *15, 16*, 17, *29, 66*, 67, *70*; xvii. 1. 14; *2. 3*; *3. 4, 5*; 4. 12; 5. 2, 3, 10, *15*; 7. 6; 9. 6; 11. 1; *12. 1, 4, 9, 19*; 13. *5, 6, 8, 9, 10*, 25, *28*, 34; xviii. 2. 16; 3. 1, 2, *4, 6*; 4. *2*, 3, *4*; 5. 6; *6. 1, 5*; 9. 1, *3*; xix. 2. 11; *3. 2*; *6. 12*; 11. 1, *2, 4, 6, 7, 10, 11, 13*, 17; *12. 5, 9, 15, 16*
コンスタンティナ　Constantina（Constantia）　コンスタンティウス 2 世の姉妹で、副帝ガルスの妃　xiv. *1. 2, 3, 8*; 7. 4; *9. 3*; 11. *6*, 22
コンスタンティヌス 1 世，フラウィウス・ウァレリウス　Constantinus, Flavius Valerius　ローマ皇帝　xiv. 1. 2; 11. 20, 27; xv. 5. 19, 33; 13. 2; xvi. 7. 5; 8. 12; xvii. 4. 13, *14*
コンスタンティノポリス　Constantinopolis　東の首都（現イスタンブール）　xiv. 7. 19; 10. 2; 11. 12; xv. 2. 7; xix. 11. 17
コンフルエンテス　Confluentes（Confluentia）　ゲルマニアの町　xvi. 3. 1
コンマゲナ　Commagena［形 Commagenus］　シュリアの北の小王国、のち属州　xiv. 8. 7; ［xviii. 4. 7］

サ　行

サアンサア（ン）　Saansaa（n）　ペルシア王の尊称　xix. 2. 11
サウコンナ川　Sauconna　ガリア東部の川（＝アラリス川、現ソーヌ川）　xv. 11. 17

サグントゥムの町人　Saguntini　ヒスパニアの町 Saguntum の町人　xv. 10. 10
サックムム　Saccumum　イタリアの町　xvii. 7. 13
サパウディア　Sapaudia　ガリア南東部の地方　xv. 11. 17
サビニアヌス　Sabinianus　オリエント方面騎兵長官　xviii. 5. 5; 6. 1, *3*, *6*, 7; 7. 7; xix. 3. 1, 2
サポル　Sapor　ペルシア王シャープール 2 世　*xiv. 3. 1*; *xv. 13. 4*; xvi. 9. 3, 4; xvii. 5, *1*, 3, 10, 15; *14. 1, 2*; xviii. *4. 1*; *5. 6, 8*; *6. 19, 22*; *7. 1, 2, 8*; *10. 1, 3*; *xix. 1. 1, 2, 4, 5, 6, 7, 10*; 2. 11; *6. 11*; *7. 8*; *8. 4*; *9. 5, 7, 9*; *11. 17*
サムニウム人　Samnites　イタリア中部山間地方サムニウム Samnium の民　xiv. 11. 32
サモサタ　Samosata　エウフラテス河上流の町　xiv. 8. 7; xviii. 4. 7; 8. 1, 4
サラセン人　Saraceni　アラビア人　xiv. 4. 1; 8. 5
サラミス　Salamis　キュプルス島東岸の町　xiv. 8. 14
サリイ族　Salii　フランク族の一派　xvii. 8. 3
サリソ　Saliso　ゲルマニアの町（現ゼルツ）　xvi. 2. 12
サルウィイ　Salluvii　ガリア南東部の町アクァエ・セクスタエ Aquae Sextae（現エクサン＝プロヴァンス）の別称　xv. 11. 15
サルスティウス（・クリスプス），ガイウス　Sallustius Crispus, Caius　歴史家　xv. 12. 6　―サルスティウスの庭園　horti Sallusti　xvii. 4. 16
サルマタエ族　Sarmatae　スキュティア系の遊牧騎馬民族　xvi. 10. 20; xvii. 12. 1, 7, 8, 9, 11, 12, 15, 17; 13. 1, 15, 17, 28; xix. 11. 1, 16　―自由部族　Liberi　自由身分のサルマタエ族　xvii. 13. 1, 19, 20, 30　―奴隷身分のサルマタエ族　→リミガンテス族
サルマティア　Sarmatia　サルマタエ族の住地　xvii. 12. 6
サルマティクス　Sarmaticus　「サルマタエ族の征服者」の意の称号　xvii. 13. 25, 33
サロナエ　Salonae［形 Salonitanus］　ダルマティア中部の港町（現ソリン）　[xvi. 8. 3]
サンダン　Sandan　エティオピア生まれの伝説の英雄　xiv. 8. 3
サントネス　Santones　アクィタニアの町（現サント）　xv. 11. 13
サンニオ　Sannio　ローマ喜劇の登場人物　xiv. 6. 16
ジアタ要塞　Ziata　メソポタミア北部の要塞　xix. 6. 1
シキリア（シケリア）島　Sicilia［形 Siculus］　現シチリア島　xiv. 11. [30], 33; xvi. 8. 10
ジザイス　Zizais　サルマタエ族の首長、のち王　xvii. 12. 9, *10*, 20; 13. *24*, 30
シサラ　Sisara　メソポタミア北部の砦　xviii. 6. 9
シデ　Side　小アジア南部の町　xiv. 2. 10
シドン　Sidon　フェニキアの古都　xiv. 8. 9
ジナフェル　Zinafer　サルマタエ族の従属王　xvii. 12. 11
シノリア要塞　Sinoria (Sinhorium)　ミトリダテス王が造らせたアルメニア北部の要塞　xvi. 7. 10
シモニデス　Simonides　ギリシアの詩人　xiv. 6. 7; xvi. 5. 8
シャープール 2 世　Shapur　→サポル
自由部族　Liberi　→サルマタエ族
シュリア　Syria(e)　xiv. 7. 5, 9; 8. 8, *10*, 11; 11. 10; xv. 13. 2; xviii. 6. 20
小アルメニア　Armenia Minor　→アルメニア
シルウァヌス　Silvanus　歩兵長官、のち帝位僭称者　xv. 5. 2, 4, 6, 7, 8, 9, 11, 12, 15, 17, 19, 21, *25*, 28, 31, *32*, 34, 35; 6. 1, 2; xvi. 2. 4; 11. 2; xvii. 6. 2; xviii. 3. 2; 4. 2
シルミウム　Sirmium　パンノニアの町（現スレムスカ・ミトロヴィツァ）　xv. 3. 7; xvi. 10. 21; xvii. 12. 1; 13. 34; xviii. 4. 1; xix. 11. 1, 17
シンガラ　Singara　メソポタミア北部の町（現シンジャール）　xviii. 5. 7; 9. 3; xix. 2. 8; 9.

9

シンプリキウス　Simplicius　近衛長官（道長官）フィリップスの息子　xix. 12. 9
随従騎兵部隊　comitum equestris turma　xv. 4. 10
随従弓隊　comites sagittarii　xviii. 9. 4
スウェビ族　Suebi　ゲルマニアの部族　xvi. 10. 20
スウォマリウス　Suomarius　アラマンニ族の王　xvi. 12. 1; xvii. 10. 3, 9; xviii. 2. 8
スキピオ（1），プブリウス・コルネリウス　Scipio, Publius Cornelius　前218年の執政官で、大スキピオの父　xiv. 6. 11; xv. 10. 10
スキピオ（2）（・アフリカヌス），プブリウス・コルネリウス　Scipio Africanus, Publius Cornelius　前202年、ハンニバルを破った大スキピオ（大アフリカヌス）　xv. 10. 10
スキピオ（3）（・カルウス），グナエウス・コルネリウス　Scipio Calvus, Cnaeus Cornelius　前222年の執政官　xv. 10. 11
スキピオ（4）・アエミリアヌス（・アフリカヌス），プブリウス・コルネリウス　Scipio Aemilianus Africanus, Publius Cornelius　前146年にカルタゴを滅ぼした小スキピオ　xvii. 11. 3
スキュトポリス　Scythopolis　パレスティナの町（現ベト・シェアン）　xix. 12. 8
スクディロ　Scudilo　楯隊の士官　xiv. 10. 8; 11. 11, 24
スケイロン　Sciron　ギリシアの伝説の盗賊　xiv. 2. 3
スタディオン　Stadium　xvi. 10. 14
ストア主義者　Stoicus　xiv. 9. 6
ストエカデス諸島　Stoechades insulae　ガリア南東部ナルボネンシス沖の諸島（現イエール諸島）　xv. 11. 15
ストラテギウス　Strategius　→ムソニアヌス　xv. 13. 2
ストリュモン川　Strymon　マケドニアの川　xvii. 5. 5
スパルタクス　奴隷反乱の指導者　Spartacus　xiv. 11. 33
スパルトイ（播かれた者たち）　spartoi　カドモスが播いた大蛇の歯から生まれ出たとされる男たち　xix. 8. 11
スペクタトゥス　Spectatus　士官・書記官　xvii. 5. 15; 14. 1
スペルウェントレス　Superventores　xviii. 9. 3
スポレティウム　Spoletium　ウンブリアの町（現スポーレト）　xiv. 6. 24
スラ（・フェリクス），ルキウス・コルネリウス　Sulla Felix, Lucius Cornelius　共和政ローマの独宰官　xvi. 5. 1; 12. 41
正義の女神　Iustitia　xiv. 11. 25
セイシクトン　Sisichthon　「地面を揺らす者」ポセイドン神の異名　xvii. 7. 12
セウェルス　Severus　ガリア諸州方面騎兵長官　xvi. 10. 21; 11. 1; 12. 27; xvii. 2. 1; 8. 4; 10. 1; xviii. 2. 7
ゼウグマ　Zeugma　メソポタミア北部の町　xviii. 8. 1
セクァナ川　Sequana　ガリアの川（現セーヌ川）　xv. 11. 3
セクァニ族　Sequani　ガリアの部族　xv. 11. 11, 17
セグシオ　Segusio　北西イタリアの町（現スーザ）　xv. 10. 3, 7
セクスティウス（・カルウィヌス），ガイウス　Sextius Calvinus, Caius　前124年の執政官で、アクァエ・セクスティアエ（現エクサン＝プロヴァンス）の建設者　xv. 12. 5
セゲスタニ族　Segestani　中央アジアの部族　xix. 2. 3
セデラウクム　Sedelaucum　ガリア中部の町（現ソーリュー）　xvi. 2. 3
セニアウクス　Seniauchus　随従騎兵部隊の指揮官　xv. 4. 10
セノネス　Senones　ガリア中北部の町（現サンス）　xv. 11. 11; xvi. 3. 3; 7. 1, 3; 11. 1

ゼノン　Zeno　ストア派の学祖　xiv. 9. 6
セプテムゾディウム　Septemzodium　ローマ市内のモニュメント　xv. 7. 3
セミラミス　Semiramis　バビロンの伝説的な女王　xiv. 6. 17
セラピオ　Serapio　アラマンニ族の王　xvi. 12. 1, 23, 25
セルウィリウス（・ウァティア・イサウリクス），プブリウス　Servilius Vatia Isauricus, Publius　前79年の執政官で、前74年にイサウリ族を征服した　xiv. 8. 4
セルディカ　Serdica　上モエシアの町（現ソフィア）　xvi. 8. 1
セレウキア（1）　Seleucia　小アジア南部の町（現シリフケ）　xiv. 2. 14; 8. 2
セレウキア（2）　Seleucia　シュリアの町　xiv. 8. 8; xix. 13. 1
セレウコス（・ニカトル）　Seleucus Nicator　セレウコス朝の始祖　xiv. 8. 2, 5
セレニアヌス　Serenianus　属州フォエニケの将軍　xiv. 7. 7, 8; 11. 23
ソクラテス　Socrates　ギリシアの哲学者　xvi. 7. 4
ゾピュロス　Zopyrus　バビロンを裏切ったペルシア人　xviii. 5. 3
ソロン　Solon　アテナイの賢者で、立法家　xv. 5. 37

タ　行

大アフリカヌス　Africanus superior　→スキピオ（2）
第一・第二ゲルマニア　Germania Prima / Secunda　→ゲルマニア
第一・第二ベルギカ　Belgica Prima / Secunda　→ベルギカ
第五軍団パルティカ　legio Parthica V　xviii. 9. 3
第三十軍団組　Tricensimani　xviii. 9. 3
第十軍団組フォルテンセス　Decimani Fortenses　xviii. 9. 3
第二パンノニア　Pannnonia Secunda　→パンノニア
タイファリ族　Taifali　ゲルマニア人の一派　xvii. 13. 19, 20
太陽神　Sol（＝ヘリオス　Ἥλιος）　xvii. 4. 12; 5. 3
タウリスコス　Tauriscus　イタリア北西部リグリアの伝説上の暴君　xv. 9. 6; 10. 9
タウリニ　Taurini　リグリアの町（現トリノ）　xv. 8. 18
タウリニ族　Taurini　リグリアの部族　xv. 10. 11
タウルス（・アエミリアヌス），フラウィウス・パラディウス・ルティリウス　Taurus Aemilianus, Flavius Palladius Rutilius　法律顧問官　xiv. 11. 14
タウルス山　Taurus［形 Taurinus］　小アジア南部の山脈　xiv. 8. 1; xviii. 3. 9; 6. 5; 8. 9; ［9. 2］
ダキア　Dacia　ドナウ右岸のローマの属州　xv. 3. 4
タゲスの書　Tagetici libri　エトルリア語からラテン語に訳された予言術の書　xvii. 10. 2
ダティアヌス　Datianus　358年の執政官　xvii. 5. 1
楯隊　Scutarii　xiv. 7. 9; 10. 8; 11. 11, 14; xv. 4. 9; xvi. 4. 1; 6. 2; 11. 6; 12. 2; xvii. 10. 5; xix. 11. 16
ダナエ　Danae　ゼウスに愛されてペルセウスを生んだ女性　xiv. 8. 3
ダヌス　Danus　サロナエの市民　xvi. 8. 3
ダヌビウス川　Danubius　現ドナウ河　xvii. 13. 4　→ヒステル川
ダフネ　Daphne　アンティオキアの郊外町　xix. 12. 19
タベルナエ　Tabernae　ゲルマニアの町　xvi. 2. 12
ダマスクス　Damascus　フェニキアの町　xiv. 8. 9
タムサポル　Tamsapor　ペルシアのサトラップ　xvi. 9. 3, 4; xvii. 5. 1, *12*; xviii. 5. 3; 6. 16; 8. 3; xix. 9. 5, 7
タラッシウス　Thalassius　オリエント担当近衛長官（道長官）　xiv. 1. 10; 7. 9

タルスス　Tarsus　小アジア南部キリキアの町　xiv. 8. 3
智者　Euhages　ケルタエ人の指導者　xv. 9. 8
中国人　Seres　xiv. 3. 3
月の女神　Luna　xvii. 5. 3
角隊　Cornuti　xv. 5. 30; xvi. 11. 9; 12. 43, 63
ディオクレティアヌス，ガイウス・アウレリウス・ヴァレリウス　Diocletianus, Caius Aurelius Valerius　ローマ皇帝　xiv. 11. 10; xv. 5. 18; xvi. 8. 4; xix. 11. 4
ディオニュシオス（1）1 世　Dionysius　前 5 ― 4 世紀のシュラクサイの僭主　xv. 5. 37; xvi. 8. 10
ディオニュシオス（2）2 世　Dionysius　上記の子で、同じくシュラクサイの僭主　xiv. 11. 30
ティキヌム　Ticinum　北イタリアの町（現パヴィア）　xv. 8. 18
ティグラネス　Tigranes　前 1 世紀のアルメニア王　xiv. 8. 10
ティグリス河　Tigris　xviii. 5. 3; 6. 9, 19; 7. 4; 8. 9; 9. 2; xix. 5. 4　―ティグリスの彼方の住人　Transtigritani　xix. 9. 2　―ティグリス河の彼方の部族　Transtigritanae gentes　xviii. 9. 2
ディスケネス　Discenes　士官・書記官　xix. 9. 9
ティトゥス（・フラウィウス・ウェスパシアヌス）　Titus Flavius Vespasianus　ローマ皇帝　xiv. 11. 28; xvi. 1. 4; *xviii. 4. 5*
ティブル　Tibur［形 Tiburtinus］　ローマ東方の町（現ティヴォリ）［xvi. 10. 14］
ティマゲネス　Timagenes　アウグストゥス時代の歴史家　xv. 9. 2
テウトネス族　Teutones［形 Teutonicus］　ゲルマニアの部族　［xvii. 1. 14］
テウトメレス　Teutomeres　フランク族出身の親衛隊員　xv. 3. 10
テオフィルス　Theophilus　シュリアの執政官格総督　xiv. 7. 5, *6*, 8; xv. 13. 2
デキウス父子　Decii　父は前340年、子は前295年の執政官で、ともに自己犠牲の権化　〈xv. 4. 11〉; xvi. 10. 3
デキウス，ガイウス・メッシウス・クィントゥス　Decius, Caius Messius Quintus　ローマ皇帝　*xvi. 10. 3 (?)*
デケム・パギ　Decem pagi　ガリア北部の町　xvi. 2. 9
デケンティウス・カエサル　Decentius Caesar　帝位簒奪者マグネンティウスの（従）兄弟で、副帝　xv. 6. 4; *8. 5*; xvi. 12. 5
デケンティウス組　Decentiaci　xviii. 9. 3; *xix. 6. 3, 7, 9, 11*
テッサリア　Thessalia［形 Thessalus］　ギリシア中部の地方　［xix. 1. 9］
テーバイ　Thebae［形 Thebaeus］　上エジプトの町　［xv. 10. 9］; xvii. 4. 2
テーバイス　Thebais　上エジプトの属州　xvii. 4. 2; xix. 12. 3
テーバエ軍団　Thebaeae legiones　xiv. 11. 15
デメトリウス・キュトラス　Demetrius Cythras　アレクサンドリア出身の哲学者　xix. 12. 12
デモクリトス　Democritus　ギリシアの哲学者　xv. 1. 4; xvi. 5. 1
デュナミウス　Dynamius　元首の荷駄獣の監督係　xv. 5. 3, 4, 5, 9, 14
テュブリス川　Thybris (Tiberis)　ローマ市を流れる川　xvii. 4. 14
テュレ　Thyle (Thule)　伝説上の極北の島　xviii. 6. 1
テュレニア海　Tyrrhenum mare　xv. 10. 2
テュレニ人　Tyrrheni　エトルリア人の別称　xvii. 7. 13
テュロス　Tyros (Tyrus)［形 Tyrius］　フェニキアの古都　xiv. 7. 20; 8. 9; ［9. 7］
テラ島　Thera　キュクラデス諸島中の島　xvii. 7. 13

テルトゥルス　Tertullus　都市長官　xix. 10. 1, *2*, 4
デルフィディウス，アッティウス・ティロ　Delphidius, Attius Tiro　弁論家　xviii. 1. 4
デルポイ　Delphi　アポロン神の神託所のあったギリシアの町　xix. 12. 15
デロス島　Delos　キュクラデス諸島中の島　xvii. 7. 13
天の荷車　caeleste plaustrum　北斗七星　v. 10. 1
トゥキュディデス　Thucydides　ギリシアの歴史家　xix. 4. 4
トゥスキア（人）　Tusci　属州トゥスキア（の住人＝エトルリア人）　xiv. 11. 27; xv. 5. 14
トゥスクス・アルビヌス　Tuscus Albinus　→アルビヌス
トゥスクルム　Tusculum［形 Tusculanus］　ローマ近郊の町　[xvi. 5. 2]
同族隊　Gentiles　xiv. 7. 9; xv. 5. 6; xvi. 4. 1
トゥリウス（・キケロ），マルクス　Tullius Cicero, Marcus［形 Tullianus］　共和政期の政治家・弁論家　xiv. 2. 2; xv. [5. 23]; 12. 4; [xvi. 1. 5]; xix. 12. 18
トゥリニ　Turini　ガリア中部の町（現トゥール）　xv. 11. 12
トゥングリ　Tungri　ゲルマニアの町（現トンヘレン）　xv. 11. 7; xvii. 8. 3
トクサンドリア　Toxandria　ガリア北部ベルギカの地方　xvii. 8. 3
特進隊　Promoti　xv. 4. 10
徳の女神　Virtus　xiv. 6. 3
ドドナ　Dodona［形 Dodonaeus］　ゼウスの神託所のあったエペイロスの町　[xix. 12. 15]
ドミティアヌス（1），ティトゥス・フラウィウス　Domitianus, Titus Flavius　ローマ皇帝　xiv. 11. 28; xv. 5. 35; xviii. 4. 5
ドミティアヌス（2）　Domitianus　オリエント担当近衛長官（道長官）　xiv. 7. 9, *10*, *12*, *14*, 16, 19; 11. 17; xv. 3. 1; 13. 1
ドミティウス・コルブロ，グナエウス　Domitius Corbulo, Cnaeus　ネロ帝時代の名将 xv. 2. 5
トラキア　Thracia　xviii. 6. 23
トラキア人　Thraces　xix. 6. 11
トラクス　Thorax　戦車競走の馭者　xiv. 11. 12
トラヤヌス，マルクス・ウルピウス　Traianus, M. Ulpius　ローマ皇帝　xiv. 8. 13; xvi. 1. 4; 10. 15; xvii. 1. 11　―トラヤヌスの広場　Forum Traiani　ローマ市内の一角　xvi. 10. 15
トランスユギタニ族　Transiugitani　ドナウ河近辺の部族　xvii. 12. 12
トリカサエ　Tricasae／トリカシニ　Tricasini　ガリア中北部の町（現トロワ）　xv. 11. 12; xvi. 2. 6, 7
トリカシニ族　Tricasini（正しくはトリカスティニ族 Tricastini）　ローヌ河とアルプスの間の部族　xv. 10. 11
トリケンシマ　Tricensima　ゲルマニアの町　xviii. 2. 4
トリコリイ族　Tricorii［形 Tricorius］　アルプスの部族　[xv. 10. 11]
ドリスコス　Doriscus　トラキアの町　xviii. 6. 23
ドリス人　Dorienses　xv. 9. 3
トリデントゥム　Tridentum　北イタリアの町（現トレント）　xvi. 10. 20
トリブンキ　Tribunci　ゲルマニアのローマ軍砦　xvi. 12. 58
トリポリス　Tripolis［形 Tripolitanus］　北アフリカの町（現トリポリ）　[xv. 5. 36]
ドリュペティナ　Drypetina　ミトリダテス王の娘　xvi. 7. 10
ドルイド僧　Drysidae　ケルタエ人の指導者たる祭司　xv. 9. 4, 8
ドルエンティア川　Druentia　ガリア南東部の川（現デュランス川）　xv. 10. 11
ドルス　Dorus　マグネンティウス治下のローマの楼閣警備隊長　xvi. 6. 2, 3
トレウェリ　Treveri　ガリア北東部の町（現トリーア）　xv. 6. 4; 11. 9; xvi. 3. 3

トレス・タベルナエ　Tres Tabernae　ゲルマニアの町　xvi. 11. 11; xvii. 1. 1
トレポレムス　Tlepolemus　キビュラ出身で、シキリア総督ウェレスの協力者　xv. 3. 3
トロイア　Troia　xv. 9. 5; xix. 1. 9
トロイア戦争　bellum Troianum　xix. 4. 3
トロサ　Tolosa　ガリア南部の町（現トゥールーズ）　xv. 11. 14

ナ　行
ナバタエイ族　Nabataei　アラビアの部族　xiv. 8. 13
ナルセウス　Narseus　ペルシアの将帥　xvii. 5. 2
ナルボナ　Narbona (Narbo Martius)　ガリア南部の町（現ナルボンヌ）　xv. 11. 14
ナルボネンシス　Narbonensis　ガリア南部の属州　xv. 11. 6, 14; xviii. 1. 4
ニカエア　Nicaea　リグリアの町（現ニース）　xv. 11. 15
ニカトル・セレウコス　Nicator Seleucus　→セレウコス
ニグリニアヌス　Nigrinianus　350年の執政官　xv. 5. 12
ニコメディア　Nicomedia　小アジア北部ビテュニアの首邑　xvii. 7. 1
ニシビス　Nisibis　メソポタミア北部の町（現ヌサイビン）　xiv. 9. 1; xviii. 6. 8, *10*, *12*; 7. 8; xix. 9. 4, 5, 9
ニシビスの住人　Nisibenus　xviii. 10. 1, 3
偽ピリッポス　Pseudophilippus　→アンドリスコス　xiv. 11. 31
ニネウェ　Nineve　メソポタミアの町　xviii. 7. 1
ニノス　Ninus　→ヒエラポリス（の古名）　xiv. 8. 7
ニュンファエウス川　Nymphaeus　メソポタミア北部、ティグリス河の支流　xviii. 9. 2
ニルス河　Nilus　エジプトの大河（ナイル河）　xiv. 4. 3; 8. 5; xv. 4. 2; xvii. 4. 13, 14
ヌマ・ポンピリウス　Numa Pompilius［形 Pompilianus］　ローマ第2代の王　［xiv. 6. 6］; xvi. 7. 4
ヌマンティア　Numantia　ヒスパニア北部の町　xvii. 11. 3
ヌマンティア人　Numantini　ヌマンティアの町人　xiv. 11. 32
ヌメリウス　Numerius　ナルボネンシスの知事　xviii. 1. 4
ネアポリス　Neapolis　パレスティナの町　xiv. 8. 11
ネウィッタ，フラウィウス　Nevitta, Flavius　騎兵部隊の指揮官　xvii. 6. 3
ネスティカ　Nestica　楯隊の士官　xvii. 10. 5
ネブリディウス　Nebridius　オリエント補佐官　xiv. 2. 20
ネプトゥヌス　Neptunus　海神、大地を揺らす神（＝ポセイドン）　xvii. 7. 12
ネメシス　Nemesis　ギリシアの復讐の女神　xiv. 11. 25
ネメタエ　Nemetae　ゲルマニアの町（現シュパイアー）　xv. 11. 8; xvi. 2. 12
ネロ（・クラウディウス・カエサル・ドルスス・ゲルマニクス）　Nero Claudius Caesar Drusus Germanicus［形 Neronianus］　ローマ皇帝　［xv. 2. 5］
ノウェシウム　Novesium　ゲルマニアの町（現ノイス）　xviii. 2. 4
ノウェム・ポプリ　Novem populi (Novempopulana)　ガリア南西部の属州　xv. 11. 14
ノホダレス　Nohodares　ペルシアの貴人・将帥　xiv. 3. 1; xviii. 6. 16; 8. 3
ノリクム　Noricum　アルプスの東の属州　xv. 1. 2
ノリクム人　Norici　xiv. 11. 19

ハ　行
パイアケス人　Phaeaces　島に漂着したオデュッセウスを温かくもてなした民　xviii. 5. 7

バイノバウデス（1） Bainobaudes 楯隊の士官 xiv. 11. 14
バイノバウデス（2） Bainobaudes 角隊の士官 xvi. 11. 9; 12. 63
バイノバウデス（3） Bainobaudes 士官（上記（2）と恐らく同一） xvi. 11. 6, *7*
パウルス Paulus 「鎖 Catena」と渾名された書記官 xiv. 5. 6, 8, 9; xv. 3. 4; 6. 1; xix. 12. 1, 5, 7, 13
ハエミモントゥス Haemimontus［形 Haemimontanus］ バルカン半島東端の属州 ［xiv. 11. 15］
白衣隊 candidati xv. 5. 16
ハスドルバル Hasdrubal ハンニバルの弟 xv. 10. 11
バタウィ隊 Batavi xvi. 12. 45
バッスス，ユニウス Bassus, Iunius 都市長官 xvii. 11. 5
バッポ Bappo 特進隊の士官 xv. 4. 10
バトナエ Batnae（Batne） メソポタミア北部の町 xiv. 3. 3
ハドリアヌス，プブリウス・アエリウス Hadrianus, Publius Aelius ローマ皇帝 xviii. 6. 18
ハドリアノポリス Hadrianopolis トラキアの町 xiv. 11. 15
パトラエ Patrae ペロポンネソス半島北岸の町 xix. 12. 10
パトルイヌス Patruinus ピケヌム＝フラミニアの執政官格総督 xv. 7. 5
パトロクロス Patroclus アキレスの親友で、ヘクトルに倒されたギリシア方英雄 xix. 1. 9
バビュロン Babylon［形 Babylonius］ エウフラテス河畔の古都 ［xviii. 5. 3］
パフス Paphus キュプルス島西岸の町 xiv. 8. 14
パラエスティナ Palaestina オリエントの属州 xiv. 8. 11; xix. 12. 8
パラス Palas →カペラティイに同じ xviii. 2. 15
ハリオバウデス Hariobaudes 無任所士官 xviii. 2. 2, 7
ハリオバウドゥス Hariobaudus アラマンニ族の王 xviii. 2. 15, 18
パリシイ Parisii xvii. 2. 4; 8. 1; xviii. 6. 16 →ルテキアに同じ
パリシイ族 Parisii ガリア北部の部族 xv. 11. 3
バルザロ Barzalo 小アルメニアの要塞 xviii. 7. 10
パルティア Parthia［形 Parthicus］ ペルシアに滅ぼされた王国だが、実質的にペルシアと同義 ［xiv. 7. 21; 11. 4］
パルティア人 Parthi xiv. 8. 13; xv. 1. 2
パルティスクス川 Parthiscus（Patissus, Tisia） ドナウ河の支流（現ティサ川） xvii. 13. 4
パルテニア海 Parthenium mare 地中海東隅の海域 xiv. 8. 10
パルナシウス Parnasius 前エジプト長官 xix. 12. 10
バルバティオ Barbatio 補佐官、歩兵長官 xiv. 11. 19, 24; xvi. 11. 2, 6, *7*, 8, 12, 14; *12. 5*; xvii. 6. 2; xviii. 3. 1, 4, 6; 5. 5
ハルパロス Harpalus キュロス王のサトラップ xv. 9. 7
パレアス Paleas 小アジア南部イサウリアの要塞 xiv. 2. 13
パンテオン Pantheum xvi. 10. 14
ハンニバリアヌス，フラウィウス Hannibal(l)ianus, Flavius コンスタンティヌス1世の甥で、ポントゥス王 iv. 1. 2
ハンニバル Hannibal カルタゴの名将 xv. 10. 10, 11; xviii. 5. 6
パンノニア Pannonia ドナウ右岸、今日のハンガリー西部あたりの属州 xvi. 8. 3; xix. 11. 4 ―第二パンノニア Pannonia Secunda xv. 3. 7; xvi. 10. 20; xvii. 12. 6 ―両（第一・第二）パンノニア Pannoniae xvii. 12. 1; 13. 28
パンフュリア（パンピュリア） Pamphylia［形 Pamphylius］ 小アジア南部の地方 xiv. 2.

8; [xvii. 11. 3]
ヒアスピス　Hiaspis　ティグリス河畔の町　xviii. 5. 3
ピエタス　Pietas　オリエントの管区　xvii. 7. 6
ヒエラポリス　Hierapolis　シュリアの町　xiv. 7. 5; 8. 7
ヒエロ　*Hiero*　キビュラ出身で、シキリア総督ウェレスの協力者　*xv. 3. 3*
ヒエロソリュマ　Hierosolyma　イェルサレム　xiv. 8. 12
ピクタウィ　Pictavi　ガリア中部の町（現ポワティエ）　xv. 11. 13
ピケヌム　Picenum　イタリア中部アドリア海側の地方　xv. 7. 5
ピケンセス族　Picenses　リミガンテス族の一派　xvii. 13. 19
ピシディア　Pisidia　小アジア内陸の属州　xiv. 2. 1
ヒステル川　Hister　ドナウ河のとくに下流の呼称　xvii. 12. 4; 13. 4; xix. 11. 4　→ダヌビウス河
ヒストリア　Histria　イストリア半島を中心とした属州　xiv. 11. 20
ヒスパニア　Hispania(e)　xiv. 5. 6; xv. 9. 6; 10. 10, 11; xvi. 8. 9
ヒスパニア人　Hispani　xv. 11. 13
ビソンティイ　Bisontii (Vesontio)　ガリア中東部の町（現ブザンソン）　xv. 11. 11
ヒッピアス　Hippias　ギリシアの哲学者　xvi. 5. 8
ビテュニア　Bithynia　小アジア北部の属州　xiv. 11. 6; xvii. 7. 1
ビトゥリガエ　Biturigae　ガリア中部の町（現ブールジュ）　xv. 11. 11
ピュタゴラス　Pythagoras　ギリシアの哲学者　xv. 9. 8
ヒュパティウス，フラウィウス　Hypatius, Flavius　エウセビアの兄弟で、359年の執政官　xviii. 1. 1
ピュレネ　Pyrene [形 Pyrenaeus]　ガリアとヒスパニアを隔てる山脈　[xv. 10. 2; 11. 2, 13]
ピュロス　Pyrrhus　前3世紀のエペイロスの王　xvi. 10. 5
ヒレイヤ　Hileia　メソポタミア北部の町　xviii. 5. 7
ピロクセノス　Philoxenus　ギリシアの詩人　xv. 5. 37
ピロセ(ン)　Pirose(n)　ペルシア王の尊称　xix. 2. 11
ファビウス・マクシムス（・アロブロギクス），クィントゥス　Fabius Maximus Allobrogicus, Quintus　前121年の執政官　xv. 12. 5
フィラデルフィア　Philadelphia　属州アラビアの町（現アンマン）　xiv. 8. 13
フィリップス　Philippus　前近衛長官（道長官）・執政官　xix. 12. 9
フィロロムス　Philoromus　戦車競走の馭者　xv. 7. 2
フォエニケ　Phoenice　オリエントの属州　xiv. 7. 7; 8. 9, *10*
フォンテイユス，マルクス　Fonteius, Marcus　キケロの弁護を受けたガリア・ナルボネンシス総督　xv. 12. 4
復讐の女神たち　Furiae [形 furialis]　[xiv. 11. 17]
ブサン要塞　Busan　メソポタミアの要塞　xviii. 10. 1
不死鳥　φοῖνιξ　フェニックス　xvii. 4. 20
プトレマイオス　Ptolemaeus　前1世紀のキュプロスの王　xiv. 8. 15
ブラ　Bura (Buris)　コリントス湾に臨むペロポンネソス半島北岸の町　xvii. 7. 13
プラエウェントレス　Praeventores　xviii. 9. 3
フラギレドゥス　Fragiledus　サルマタエ族の従属王　xvii. 12. 11
プラクシテレス　Praxiteles　アテナイの彫刻家　xvi. 10. 8
プラトン　Platon　ギリシアの哲学者　xvi. 5. 10
フランク族　Franci　xv. 5. 11, 16, 33; xvi. 3. 2; xvii. 2. 1, 4; 8. 3

ブリガンティア湖　Brigantiae lacus　ラエティアの湖（現ボーデン湖）　xv. 4. 1, 3
ブリガンティア要塞　Brigantia (Brigantium)　ガリア南東部の要塞（現ブリアンソン）　xv. 10. 6
ブリゲティオ　Brigetio (Bregetio)　パンノニアの町　xvii. 12. 21
ブリタンニア　Britannia(e)　xiv. 5. 6; xviii. 2. 3
プリマニ（の軍団）　Primani　xvi. 12. 49
フルウィウス（・フラックス），マルクス　Fulvius Flaccus, Marcus　前125年の執政官　xv. 12. 5
ブルグンディイ族　Burgundii　ゲルマニアの部族　xviii. 2. 15
ブルディガラ　Burdigala　ガリア南西部の町（現ボルドー）　xv. 11. 13
ブレンミュアエ人　Blemmyae　エジプトの南隣の民　xiv. 4. 3
プロクルス　Proculus　シルウァヌスの家僕　xv. 6. 1
プロコピウス　Procopius　書記官　xvii. 14. 3; xviii. 6. 17
プロスペル　Prosper　補佐官、オリエント方面騎兵長官代理　xiv. 11. 5; xv. 13. 3; xvii. 5. 15; 14. 1
ブロトマグス　Brotomagus (Brocomagus)　ゲルマニアの町（現ブリュマト）　xvi. 2. 12
フロレンティウス（1），フラウィウス　Florentius, Flavius　ガリア諸州担当近衛長官（道長官）　xvi. 12. 14; xvii. 3. 2, *4*, 5, *6*; xviii. 2. 4, 7
フロレンティウス（2）　Florentius　総務長官代理　xv. 5. 12
平穏（の女神）　Quies　xix. 11. 6
平和の広場　Forum Pacis　xvi. 10. 14
ベサ　Besa (Besas)　エジプトの神　xix. 12. 3
ヘシオドス　*Hesiodus*　ギリシアの詩人　*xiv. 6. 8*
ペトルス・ウァルウォメレス　Petrus Valvomeres　ローマの平民　xv. 7. 4
ヘパイストス　Ἥφαιστος　ギリシアの鍛冶の神　xvii. 4. 22
ベバセ　Bebase　メソポタミア北部の村　xviii. 7. 9; 10. 1
ヘブルス川　Hebrus　トラキアの川　xviii. 6. 5
ペラギア　Pelagia　ロドス島の異名　xvii. 7. 13
ヘリウポリス　Heliupolis (Heliopolis)［形 Heliupolitanus］　下エジプトの町　xvii. 4. [12], *19, 21, 23*
ヘリオス　Ἥλιος　太陽神　xvii. 4. 18, 19, 20, 21, 22, 23
ヘリケ　Helice　コリントス湾に臨むペロポンネソス半島北岸の町　xvii. 7. 13
ベリュトゥス　Berytus　フェニキアの町（現ベイルート）　xiv. 8. 9
ベルガエ族　Belgae　ガリア北部の部族　xv. 11. 1, 3, 4, 6
ベルギカ　Belgica　ガリア北部の属州　―第一ベルギカ　Belgica Prima　xv. 11. 9　―第二ベルギカ　Belgica Secunda　xv. 11. 10; xvii. 3. 6
ヘルクラヌス　Herculanus　親衛隊員にして修辞学者　xiv. 10. 2
ヘルクレス（1）　Hercules　ゼウスの血を引く英雄で、テーバイのアンピトリュオンの子（＝ヘラクレス）　xv. 9. 6; 10. 9
ヘルクレス（2）（時代の古い方の）　ガリア地方古伝の英雄　Hercules antiquior　xv. 9. 3
ペルシア　Persis (Persia)［形 Persicus］　xiv. 8. 5; [xv. 13. 4]; xvi. 10. 16; xviii. 4. 1; [5. 3; 6. 1]　→パルティア／　→原文「ペルシア人の王」は、「ペルシア王」と訳してある
ペルシア人（個人）　Persa　xv. 3. 4; xix. 5. 1
ペルシア人・軍（総称）　Persae　xiv. 3. 1; xv. 2. 2; xvi. 9. 1, 2; 10. 21; 12. 69; xvii. 4. 3; 5. 1; 11. 3; 14. 1; xviii. 5. 2, 6, 7; 6. 3, 6, 8, 15, 16, 17, 19, 20; 8. 3, 11, 12; 9. 3; xix. 2. 3, 8, 11; 5. 5; 6. 6, 8, 11; 7. 4, 6, 8; 8. 10; 9. 1, 2, 7, 9; 11. 17

ペルセウス（1） Perseus ギリシアの英雄で、ゼウスとダナエの子 xiv. 8. 3
ペルセウス（2） Perseus 前2世紀のマケドニア王 xiv. 11. 31
ヘルマピオン Hermapion オベリスク碑文のギリシア語訳者 xvii. 4. 17
ヘルモゲネス（1） Hermogenes 前騎兵長官 xiv. 10. 2
ヘルモゲネス（2）（ポントゥスの） Hermogenes Ponticus オリエント担当近衛長官（道長官） xix. 12. 6
ヘレスポントス Hellespontus エーゲ海とプロポンティス（マルマラ海）とをつなぐ海峡 xviii. 6. 18
ヘレナ Helena コンスタンティウス2世の姉妹で、ユリアヌスの妃 xv. 8. 18; xvi. 10. 18
ヘロデス Herodes ユダヤの王（ヘロデ大王） xiv. 8. 11
ペロポンネソス戦争 Peloponnesiacum bellum xix. 4. 4
ヘロン Ἥρων 太陽神 xvii. 4. 18, 20, 23
ペンタディウス Pentadius 書記官 xiv. 11. 21, 23
ボイオティア（ボエオティア） Boeotia ギリシアの地方 xvi. 12. 41; xvii. 7. 13
ポエトウィオ Poetovio パンノニアの町（現プトゥイ） xiv. 11. 19
ポエニ人 Poeni［形 Punicus］ カルタゴ人 ［xiv. 8. 3］; xvii. ［1. 14］; 4. 3
ポエメニウス Poemenius アウグスタ・トレウェロルムの市民 xv. 6. 4
ポカイア Phocaea 小アジア西岸の町 xv. 9. 7
ボストラ Bostra 属州アラビアの町 xiv. 8. 13
『牧歌』 Bucolica ウェルギリウスの詩集 xvii. 4. 5
ボニトゥス Bonitus 帝位僭称者シルウァヌスの父 xv. 5. 33
ホノラトゥス Honoratus オリエント補佐官 xiv. 1. 3; 7. 2
ホメロス Homerus［形 Homericus］ ギリシアの詩人 ［xiv. 6. 21］; ［xv. 8. 17］; ［xviii. 5. 7］; xix. 4. 6
ポラ Pola ヒストリアの町 xiv. 11. 20
ホルタリウス Hortarius アラマンニ族の王 xvi. 12. 1; xvii. 10. 5, *7*; xviii. 2. 2, 13, 14
ホルミスダス Hormisdas ペルシアの王子 xvi. 10. 16
ホレ Horre メソポタミア北部の要塞 xviii. 10. 1
ポント(ゥ)ス Pontus［形 Ponticus］ 小アジア北部の地方 xvi. 7. 9; xvii. 7. 1; ［xix. 12. 6］
ボンナ Bonna ゲルマニアの町（現ボン） xviii. 2. 4
ポンピリウス Pompilius →ヌマ・ポンピリウス
ポンペイユス（・マグヌス），グナエウス Pompeius Magnus, Cnaeus カエサルと覇を争った共和政末の政治家 xiv. 8. 10, 12; 11. 32; xvi. 7. 10; 10. 14; xvii. 11. 4 ―ポンペイユスの劇場 Pompei theatrum xvi. 10. 14

マ 行

マウォルティウス Mavortius →ロリアヌス
マウディオ Maudio 補佐官 xv. 6. 4
マクシミアヌス，マルクス・アウレリウス・ウァレリウス *Maximianus, Marcus Aurelius Valerius* ローマ皇帝 *xiv. 11. 10*
マクシミヌス（・トラクス），ガイウス・ユリウス・ウェルス Maximinus Thrax, Caius Iulius Verus ローマ皇帝 xiv. 1. 8
マグネンティウス，フラウィウス Magnentius, Flavius［形 Magnentianus］ 帝位簒奪者 xiv. 5. ［1］, 6; *xv. 8. 6*; xvi. 6. 2; 10. 1
マグネンティウス組 Magnentiacae legiones / Magnentiaci xviii. 9. 3; xix. 5. 2; *6. 3, 7, 9, 11*

マクリアヌス　Macrianus　アラマンニ族の王　xviii. 2. 15, 17, 18
マケドニア　Macedonia［形 Macedonicus］　ギリシア北部の王国、のち属州　xvii.［5. 5］; 7. 1
マケドニア人　Macedones　xiv. 3. 3; 8. 5
マケルムの地所　Macelli fundus　カッパドキアのカエサレア近郊にあった帝室の別荘　xv. 2. 7
マッサ・ウェテルネンシス　Massa Veternensis　エトルリアにあった帝室の領地　xiv. 11. 27
マッシリア　Massilia　ガリア南部の町（現マルセイユ）　xv. 9. 7; 11. 14
マトロナ　Matrona　アルプスの山　xv. 10. 6
マトロナ川　Matrona　ガリア北部の川（現マルヌ川）　xv. 11. 3
マニ教徒　Manichaei　xv. 13. 2
マハルバル　Maharbal　ハンニバルの兄弟　xviii. 5. 6
マラス　Maras　キリスト教の助祭　xiv. 9. 7
マラリクス　Malarichus　同族隊の指揮官　xv. 5. 6, 9, 10, 11
マリウス・プリスクス　Mallius Priscus　ポンペイユスの副司令官　xvi. 7. 10
マリデ要塞　Maride　メソポタミア北部の要塞　xix. 9. 4
マリヌス　Marinus　無任所士官　xv. 3. 10, 11
マルキウス　Marcius　イタリアの予言者　xiv. 1. 7
マルクス（・アウレリウス・アントニヌス）　Marcus Aurelius Antoninus　ローマ皇帝　xiv. 4. 2; xv. 7. 3 (?); xvi. 1. 4
マルクス（・アウレリウス・アントニヌス・カラカラ）　Marcus Aurelius Antoninus Caracalla　ローマ皇帝　xv. 7. 3 (?)
マルケルス　Marcellus　ガリア諸州方面騎兵長官　xvi. 2. 8; 4. 3; 7. 1, *3*; 8. 1; 10. 21
マルス　Mars［形 Martius］　戦争の神（→戦争の比喩として用いられた例を除く）［xvii. 1. 1］
マルスの名のついた地点　statio nomine Martis　アルプスの土地　xv. 10. 6
マルティヌス　Martinus　ブリタンニアの代官　xiv. 5. 7
マロバウデス　Mallobaudes　重装親衛隊士官　xiv. 11. 21; xv. 5. 6
マンキヌス，ガイウス・ホスティリウス　Mancinus, Caius Hostilius　前137年の執政官　xiv. 11. 32
マントゥア　Mantua［形 Mantuanus］　北イタリアの町（現マントヴァ）［xv. 9. 1］
ミトリダテス　Mithridates (Mithradates)　前２―１世紀のポントゥス王　xvi. 7. 9, *10*; 12. 41
ミネルウァ　Minerva　智恵の女神（＝アテナ）　xvi. 1. 5
ミルティアデス　Miltiades　アテナイの将軍　xvii. 11. 3
ムソニアヌス，フラウィウス・ストラテギウス　Musonianus, Flavius Strategius　オリエント担当近衛長官（道長官）　xv. 13. 1, 2; xvi. 9. 2; 10. 21; xvii. 5. *12*, 15
ムルサ　Mursa［形 Mursensis］　パンノニアの町（現オシイェク）［xv. 5. 33］
メイヤカリレ　Meiacarire　メソポタミア北部の要塞　xviii. 6. 16; 10. 1
メガイラ　Megaera　ギリシアの復讐の三女神の一人　xiv. 1. 2
メソポタミア　Mesopotamia　ニシビスとエデッサの間の一帯を領域とする属州、稀に広義にはティグリス河とエウフラテス河に挟まれた地域　xiv. 3. 1, 2; 7. 19, 21; xv. 13. 4; xvi. 9. 2; xvii. 5. 6, 11; 14. 1; xviii. 5. 1, 4; 6. 5; 7. 3, 5; 8. 2; 9. 2; xix. 9. 4; 11. 17
メディア　Media　ペルシア中部の地方　xiv. 8. 13
メディオマトリキ　Mediomatrici (Mediomatricum)　ガリア北部の町（現メス）　xv. 11. 9;

xvii. 1. 2
メディオラヌム（1） Mediolanum 北イタリアの町（現ミラノ） xiv. 10. 16; 11. 5; xv. 1. 2; 2. 8; 3. 1, 11; 4. 13; 5. 17; xvi. 7. 2
メディオラヌム（2） Mediolanum ガリア北部の町（現エヴルー） xv. 11. 12
メデリクス Mederichus アラマンニ族の王 xvi. 12. 25
メヌス川 Menus (Moenus) ゲルマニアの川（現マイン川） xvii. 1. 6
メノピロス Menophilus ミトリダテス王の宦官 xvi. 7. 9, 10
メラス川 Melas 小アジア南部パンフュリアの川 xiv. 2. 9
メリテネ Melitene 小アルメニアの町 xix. 8. 12
メルクリウス（1） Mercurius 使いの神（＝ヘルメス）、またヘルメス神学で崇められる神 xvi. 5. 5
メルクリウス（2） Mercurius 「夢見の補佐官」との渾名のあったペルシア出身の出納係 xv. 3. 4, 5
モエシア Moesia トラキアの属州 xvii. 13. 20 —上モエシア Moesia Superior xvi. 10. 20 —両（上・下）モエシア Moesiae xvii. 12. 1
モゴンティアクス Mogontiacus (Mogontiacum) ゲルマニアの町（現マインツ） xv. 11. 8; xvi. 2. 12; xvii. 1. 2; xviii. 2. 7, 8
モサ川 Mosa ガリア北部の川（現マース川、ムーズ川） xvii. 2. 2; 9. 1
モセラ川 Mosella ライン河の支流（現モーゼル川） xvi. 3. 1
モデストゥス，フラウィウス・ドミティウス Modestus, Flavius Domitius オリエント補佐官 xix. 12. 6
モノエクス Monoecus リグリアの町（現モナコ） xv. 10. 9
モプスウェスティア Mobsuestia 小アジア南部キリキアの町 xiv. 8. 3
モプソス Mobsus (Mopsus) アルゴ号に乗り組んだ予言者 xiv. 8. 3
モンティウス Montius 法律顧問官 xiv. 7. 12, 14, 15, 18; 9. 4; 11. 17; xv. 3. 1

ヤ 行

ヤコブス Iacobus オリエント騎兵長官付きの勘定係 xix. 9. 2
ヤヌス Ianus 戸口の神、物事の始まりの神 xvi. 10. 1
ユダヤ人 Iudaei xiv. 8. 12
ユッピテル Iuppiter ローマの最高神（＝ゼウス） xiv. 8. 3, 14 —タルペイユスのユッピテル Iuppiter Tarpeius xvi. 10. 14
ユトゥンギ族 Iuthungi アラマンニ族の一派 xvii. 6. 1
弓兵 sagittarii xvi. 12. 7
ユリアクム Iuliacum ゲルマニアの町（現ユーリヒ） xvii. 2. 1
ユリアヌス，フラウィウス・クラウディウス Iulianus, Flavius Claudius 副帝 xiv. 11. 28; xv. 2. 7; 8. 1, 3, 8, 11, *15*, *18*, *21*, 22; xvi. 1. 1; 2. 4, *10*; *3. 1*; *4. 3*, *4*; 5. *3*, 5; 7. 1, 2, *3*, 6; 10. 18; 11. *1*, *5*, 7, 8, 11, 13, *15*; 12. *1*, 2, *3*, *6*, *8*, *9*, *16*, *18*, *28*, *38*, *40*, *55*, 64, 67, 70; xvii. 1. 4, *12*, *14*; 2. *1*, 2, *3*, *4*; 3. *1*, 4, *6*; *8. 1*, *3*; 9. 3, 6, *7*; 10. *5*, 8, *9*, *10*; 11. 1; xviii. 1. 1, 4; 2. *3*, 6, *7*, *9*, *11*; 3. 6
ユリウス（・カエサル），ガイウス Iulius Caesar, Caius 共和政末の独宰官 xv. 11. 6; 12. 6; *xvi. 10. 3*
ヨウィニアヌス Iovinianus ペルシアの親ローマ的サトラップ xviii. 6. 20
ヨーロッパ大陸 Europaeus orbis xvii. 7. 13

ラ 行

ライプソ　Laipso　角隊の士官　xvi. 12. 63
ラウメルム　Laumellum　北イタリアの町　xv. 8. 18
ラウラクム　Rauracum／ラウラキ　Rauraci　セクァニ族の町（現バーゼル近郊のアウグシュト）　xiv. 10. 6; xv. 11. 11; xvi. 11. 2, 14; xviii. 2. 16
ラウリキウス，バッシディウス　Lauricius, Bassidius　イサウリア補佐官・知事　xix. 13. 2
ラエティア　Raetia［形 Raeticus, Raetus］［xv. 4. 3］;［xvii. 13. 28］ ―両（第一・第二）ラエティア　Raetiae　xv. 4. 1; xvi. 10. 20; 12. 16; xvii. 6. 1
ラエティ族　Laeti　アラマンニ族の一派　xvi. 11. 4
ラオディケア　Laodicea (Laodicia)　シュリアの町（現ラタキア）　xiv. 8. 8
ラティヌス　Latinus　親衛隊補佐官　xiv. 10. 8
ラテン語で　Latine　xvi. 5. 7
ラニオガイスス　Laniogaisus　士官　xv. 5. 16
ラメステス　Ῥαμέστης　エジプト王ラムセス2世　xvii. 4. 18, 20, 22
ララングダ　Laranda　小アジア南部イサウリアの町（現カラマン）　xiv. 2. 11
ランパディウス，ガイウス・ケイヨニウス・ルフィウス・ウォルシアヌス　Lampadius, Caius Ceionius Rufius Volusianus　イタリア担当近衛長官（道長官）　xv. 5. 4, *9*, *13*
リキニウス方の者たち　Liciniani　リキニウス帝を奉じてコンスタンティヌス1世と戦った者たち　xv. 5. 33
リグリア　Liguria　イタリア北西部の地方　xv. 10. 10
リゴマグム　Rigomagum　ゲルマニアの町（現レマーゲン）　xvi. 3. 1
リバヌス山　Libanus　フェニキアの山（現レバノン山）　xiv. 8. 9
リビティナ　Libitina　弔いの女神　xix. 12. 1
リベリウス　Liberius　ローマの司教　xv. 7. 6, 9, 10
リミガンテス族　Limigantes　奴隷身分のサルマタエ族　xvii. 13. 1, 6, 21, 29, 30; xix. 11. 1, 5, 9
リュカオニア　Lycaonia　小アジア内陸部の地方　xiv. 2. 4, 8
リュクルゴス　Lycurgus　スパルタの立法家　xvi. 5. 1
リュンダコス川　Rhyndacus　小アジア北部の川　xviii. 6. 18
両パンノニア　Pannnoniae　→パンノニア
両ラエティア　Raetiae　→ラエティア
ルカニア　Lucania　イタリア南部の地方　xv. 9. 7
ルキリアヌス　Lucillianus　親衛隊士官、補佐官　xiv. 11. 14; xvii. 14. 3; xviii. 6. 17
ルグドゥヌス　Lugdunus (Lugdunum)　ガリア中部の町（現リヨン）　xv. 11. 11; xvi. 11. 4
ルグドゥネンシス　Lugdunensis　ガリア中部から北西部の属州　xv. 11. 3, 6, 17 ―第一ルグドゥネンシス　Lugdunensis Prima　xv. 11. 11 ―第二ルグドゥネンシス　Lugdunensis Secunda　xv. 11. 12
ルスクス　Luscus　アンティオキアの都市監督官　xiv. 7. 17
ルット　Lutto　補佐官　xv. 6. 4
ルテキア　Lutecia (Lutetia Parisiorum)　ガリア北部の町（現パリ）　xv. 11. 3; xviii. 6. 16
ルピキヌス，フラウィウス　Lupicinus, Flavius　ガリア諸州方面騎兵長官　xviii. 2. 7, 11
ルフィヌス（1），ウルカキウス　Rufinus, Vulcacius　ガリア諸州担当近衛長官（道長官）　xiv. 10. 4, *5*; 11. 27; xvi. 8. 13
ルフィヌス（2）　Rufinus　近衛長官府（道長官府）の首席吏官　xv. 3. 8; xvi. 8. 3, 6
ルモ　Rumo　サルマタエ族の従属王　xvii. 12. 11

レオンティウス，フラウィウス　Leontinus, Flavius　副帝ガルスの法律顧問官、のち都市長官　xiv. 11. 14; xv. 7. 1, 6
レグルス，マルクス・アティリウス　Regulus, Marcus Atilius　前267年の執政官　xiv. 6. 11; 11. 32
レソス　Rhesus　トロイア戦争でトロイア方に加勢したトラキア王　xix. 6. 11
レヌス河　Rhenus　現ライン河　xiv. 10. 6; xv. 4. 2; 10. 2; xvi. 1. 5; 3. 1; 10. 6; 11. 8; 12. 19, 59, 62; xvii. 1. 1; 10. 1; xviii. 2. 8　―レヌス河の向こうの［形 transrhenanus］［xv. 9. 4; 11. 4; xvi. 12. 15］
レマンヌス湖　Lemannus lacus　現レマン湖　xv. 11. 16
レマン要塞　Reman　メソポタミア北部の要塞　xviii. 10. 1
レミ　Remi　ガリア北部の町（現ランス）　xv. 11. 10; xvi. 2. 8; 11. 1; xvii. 2. 1
レミギウス　Remigius　軍司令長官付きの出納係　xv. 5. 36
レンティエンセス族　Lentienses　アラマンニ族の一派　xv. 4. 1
ロダヌス河　Rhodanus　現ローヌ河　xv. 10. 10; 11. 16, 18
ロドス島　Rhodus　小アジア南西沖の島　xvii. 7. 13
ロトパゴイ人　Lotophagi　ホメロス『オデュッセイア』に登場する蓮の実を食らう種族　xiv. 6. 21
ロトマギ　Rotomagi　ガリアの町（現ルーアン）　xv. 11. 12
ローマ　Roma［形 Romanus］　xiv. 1. 9;［3. 4］; 6. 2, 3,［6, 10］, 12, 21, 22, 26;［8. 10, 15］; xv.［4. 1, 3, 9］; 5. 34; 7. 1; 8. 1,［6］;［10. 7］; 11.［5］, 14;［12. 5］;［13. 4］; xvi.［1. 1］;［3. 3］; 5. 1; 6. 2; 7.［5］, 7;［9. 3］; 10. 1,［1］, 6, 13, *14*, 16, 17, 18, *20*; 12.［8, 16, 17, 19, 31, 58］, 66; xvii.［1. 7, 14］; 4. 1, 13;［5. 1, 13, 14］;［8. 3］;［10. 3, 10］; 11. 3, 5;［12. 11, 19］;［13. 1, 22, 26］;［14. 1］;［xviii. 2. 16; 4. 5; 5. 3, 7; 6. 18, 20; 10. 1］; xix.［1. 4］;［2. 4］;［8. 10］;［9. 5］; 10. *1*, 4;［11. 6, 7］
ローマ国家　Romania　xvi. 11. 7
ローマ人（軍）　Romani　xiv. 10. 6; xvi. 7. 10; 11. 8; 12. 15, 27, 48, 50, 63; xvii. 12. 15; 13. 4; xviii. 2. 5, 8, 14, 15; xix. 6. 13
ロリアヌス（・マウォルティウス），クィントゥス・ファビウス・マエシウス　Lollianus Mavortius, Quintus Fabius Maesius　都市長官、のちイタリア担当近衛長官（道長官）、355年の執政官　xv. 8. 17; xvi. 8. 5
ロルネ要塞　Lorne　メソポタミア北部の要塞　xix. 9. 4

作者アンミアヌス・マルケリヌス　Ammianus Marcellinus
・目撃証言（実体験）　xiv. 9. 1; 11. 5; xv. 5. 22-26, 29, 30; 9. 6; xvi. 10. 21; xviii. 4. 7; 5. 4; 6. 5, 7-22; 7. 1-4, 6; 8. 1, 4-14
・典拠資料・先人の著作への言及　xiv. 2. 2; 4. 6; 6. 7, 21; 9. 6; xv. 1. 4; 5. 23, 37; 8. 17; 9. 1, 2, 6, 8; 12. 4, 6; xvi. 1. 5; 5. 1, 8; xvii. 4. 5, 17; 7. 11, 12; xviii. 3. 7; xix. 4. 4, 6; 9. 7, 9; 12. 18
・湮滅した巻への言及　xiv. 1. 8; 4. 2; 7. 7, 21; 10. 2; xv. 5. 16; 6. 4; xvi. 6. 2; 10. 12, 16; xviii. 9. 3; xix. 2. 3

底本との異同（翻訳にあたって、底本と異なる読みを採った箇所を示す。「.....」は欠語・欠文）

巻・章・節	本書（略号は準拠した版。ただし、下線を施したものは一部読みが異なる）	底　本
14, 2, 2	etiam ferae fame monitae **Ern**, **Ga**, **Wa**	etiam fame monitae
14, 6, 8	inter multos ipse statuam **B**, **Ro**, **Sel**	inter multos ..... statuam
14, 6, 9	expandentes crebris agitationibus **B**	†expectantes crebris agitationibus
14, 6, 13	hesterno suos enumerando **B**, **Ro**	hesterno ..... numerando
14, 6, 13	in stipite **B**, **Cl**, **Ern**, **Eyss**, **Ga**, **Ro**, **Sel**, **Sey**^{LD}, **Wa**	in stipi te
14, 6, 16	ignitis quod dicitur calcibus **B**, **Cl**, **Ro**, **Sey**^{LD}, **deJ**	signatis quod dicitur calcibus
14, 7, 9	uti est militare **B**, **Ern**, **Eyss**, **Ga**, **Ro**, **Sel**, **Wa**	†uitiae militare
14, 10, 12	officiosus dum metuit omnibus, alienae custos salutis nihil non ad sui spectare tutelam ratus ..... et remedia **Eyss**	†officiorum dum aequis omnibus alienae custos salutis nihil non ad sui spectare tutelam ratio ..... et remedia
14, 10, 13	ratio est et simplex **Cl**, **Sel**	ratio est simplex
14, 11, 1	et obicem **B**, **Cl**, **Eyss**, **Ro**, **Sel**, **Sey**^{LD}, **deJ**	et odium
14, 11, 15	per stationes locati confines **Ern**, **Eyss**, **Ga**, **Wa**, **deJ**	per stationes †locat confines
15, 2, 4	post adeptum summum militiae munus **B**, **Cl**, **Ro**, **Sel**	post ..... militiae munus
15, 2, 5	sententia diu digesta, id **B**, **Ro**, **Sel**	sententia ..... id
15, 3, 10	lateri proprio cultrum **deJ**	lateri ..... cultrum
15, 4, 1	finita, paulo post et Lentiensibus **Ern**, **Wa**	finita ..... et Lentiensibus
15, 4, 1	parte ibidem opperiente, Arbitio **B**, **Ro**	parte ..... Arbitio
15, 4, 2	Rhenus exoriens, per scopulos extenditur altos, nullos aduenas amnes **B**, **Ro**, **Sel**	Rhenus ..... scopulos extenditur ..... amnes
15, 4, 3	..... iamque ad plana solutus **B**, **Ro**, **Sel**	..... iamque ad ..... solutus
15, 4, 6	confinia progreditur nymphae. **Pighi**	confinia †progrontusque barbaros .....
15, 4, 7	Arbitio qui aduentus barbarorum nuntiarent non expectans dum adessent, licet sciret aspera orsa bellorum **B**, **Ern**	..... barbaros dum adessent, licet sciret ..... orta bellorum
15, 4, 8	namque improuisi **B**, **Ro**, **Sel**	..... uisi
15, 4, 11	qui cum commissis sibi militibus, pro causa communi se uelut propria Deciorum ueterum exemplo uouentes, more fulminis **B**, **Ro**, **Sel**	..... missis sibi ..... causa communis uelut propri ..... ueterum exemplo †usuentere fulminis
15, 5, 2	adhuc grauabatur periculosae molis onus impingeret. **B**, **Block**, **Ern**, **Ro**, **Sel**, **Wa**	adhuc gra .....
15, 5, 4	loci principalis aditum petiturum iuuarent. **B**, **Block**, **Ro**, **Sel**	loci principalis aditurum .....
15, 5, 5	soli ingressus, intimum ac potentem fore	soli ingressus intimum †caperem

	deinde sperans ut peruigilem salutis eius custodem et cautum, lectaque **Block**	tempore deinde sperans, ut peruigilem salutis eius custodem ....., lectaque
15, 5, 8	incidentia parui ducens cum uenisset **B, Block, Ro, Sel**	incidentis ..... cum uenisset
15, 5, 11	loquebatur tumultuando: patefactas insidias reseratamque iam fallaciam **deJ**	loquebatur: tumultuando patefactis insidiis reserataque iam fallacia
15, 5, 12	properanter inquiri **Walter**（**Sey** 引用）	praeterinquiri
15, 5, 14	Tuscos et Vmbros. **B, Block, Ro, Sel**	Tuscos. .....
15, 5, 21	argumento ad firmandam fidem **B, Cl, Ern, Eyss, Ga, Ro, Sel, Wa**	argumento firmandam fidem
15, 5, 28	sub disceptatione **B, Cl, Ern, Eyss, Ga, Ro, Sel, Sey**^{LD}**, Wa**	sub diceptatione
15, 5, 30	fluxioris fidei et ubertate **B, Block, Ern, Ga, Ro, Sel, Wa, deJ**	fluxioris ..... ubertate
15, 7, 3	obsequentium pars desereret **B, Ern, Eyss, Ga, Ro, Sel, Wa**	obsequen ..... desereret
15, 8, 9	proclamans **B, Cl, Ro, Sel, Sey**^{LD}	praedicamans
15, 9, 8	scrutantes sublimia, leges naturae **Ro, Sel**	scrutantes †seruiani et sublimia naturae
15, 10, 2	altitudine Pyrenaea arcetur **B, Cl, Ro, Sel, Sey**^{LD}	altitudine Pyrenaea surgitur
15, 10, 9	hisque Graiarum indidit nomen **B, Cl, Ro, Sel, Sey**^{LD}	hisque harum indidit nomen
15, 11, 12	exceptis obscurioribus habent **B, Eyss, Ro, Sel**	exceptis obscurioribus ..... habent
15, 11, 14	e quibus potiores **Ro, Sel**	quibus potiores
15, 11, 17	fluentem **Pighi, deJ**	fluentem et Sequanos
16, 1, 1	si affuisset flatu **Ern, Eyss, Ga, Wa, deJ**	si affuisset fortuna flatu
16, 2, 8	uehentem unius mensis cibaria iusserat **B, Ro, Sel**	uehentem ..... iusserat
16, 5, 5	munera cuncta curabat **B, Ro, Sel**	m ..... curabat
16, 5, 7	rhetoricam tractans **B, Ro, Sel**	rhetoricam .....
16, 5, 11	inductis quadam sollemnitate agentibus in rebus **Ern, Eyss, Ga, Wa**	inducente ..... eius quadam sollemnitate agentes in rebus
16, 8, 6	legibus contemplatis, illi amore recti concordes **B, Ro, Sel**	legibus contemplatis ..... concordes
16, 8, 7	minaciter iussit ac sistere ueritati **Eyss, Ga**	minaciter †posse assistere ueritati
16, 8, 10	se feriri **B, Ern, Eyss, Ga, Wa, deJ**	se ferri
16, 10, 4	IV. Kal. Maias secunda Orfiti praefectura **Henri de Valois**（**Sey, deJ** 引用）	..... secunda Orfiti praefectura
16, 11, 5	nec conatus ei insidianti **B, Ro, Sel**	nec co ..... inanti
16, 12, 49	quae confirmatio **Ern, Eyss, Ga, Ro, Wa, deJ**	quae conformatio
16, 12, 52	ipsis barbaris tela **Ga, Pighi, Wa, deJ**	erepta ipsis barbaris tela
16, 12, 65	concilio conuocato omnique spectante **B**	concilio ..... eum spectare

16, 12, 70	eius principis edicta in tabulariis publicis condita, in quibus ambitiose delata narrando **Henri de Valois**（**Wa** 引用）	eius principis dicta in tabulariis publicis condita ..... delata narrandi
17, 1, 3	consilio aut instituto **Ern**, **Eyss**, **Ga**, **Wa**, **deJ**	consilio, stat ..... institutos
17, 1, 4	ea re ut MP XX sursum **B**	†eorum uiginti sursum
17, 2, 2	circumuallare disposuit munimenta, quae Mosa **Pighi**	circumuallare disposuit. ..... Mosa
17, 3, 6	in curam susceperat suam **B**, **Ern**, **Eyss**, **Ro**, **Sel**, **Wa**	in curam ..... susceperat
17, 4, 9	ut ad aeui quoque sequentis aetates **Cl**, **Ro**, **Sel**	ut ad aeui quoque sequentes aetates
17, 4, 11	duobus exemplis expediam. **Schneider**（**deJ** 引用）	duobus exemplis .....
17, 4, 15	usque periculum **B**, **deJ**	†idestisque periculum
17, 5, 11	quod defundendum	quod †infundendum
17, 5, 14	bonae conscientiae **Ro**, **Sel**, **deJ**	beneuolentiae
17, 7, 10	pontificiis, obtemperatur **B**	pontificiis ..... obtemperatur
17, 9, 3	Asianum appellans Graeculum, et fallacem **B**, **Eyss**, **Ga**	Asianum appellans, Graeculum et fallacem
17, 10, 7	iurandi exsecratione restituere **B**, **Eyss**, **Ga**	iurandi exsecratione ..... restituere
17, 11, 3	insimulatum intemperantiae, qui prope **Ern**, **Eyss**, **Wa**	insimulatum ..... saepe ante et prope
18, 2, 9	iungeretur iri in locum **B**, **Ern**, **Eyss**, **Ga**, **Ro**, **Wa**	iungeretur ..... in locum
18, 2, 12	perrumpere **B**, **Ga**, **Ro**, **Sel**	perrupere
18, 5, 7	decuerat rem, eo maxime **B**, **Ern**, **Wa**	decuerat regna, ut ..... arent, eo maxime
18, 6, 5	cautione **B**, **deJ**	causatione
18, 8, 11	ad calles artandas **B**, **Ern**, **Eyss**, **Ga**, **Wa**, **deJ**	ad calles aptandas
19, 6, 10	nudarentur muri, porta uiri fortes **B**, **deJ**	†nudarent mimperta uiri fortes
19, 8, 8	summitati, qui per funem **Ern**, **Eyss**, **Ga**, **Pighi**, **Ro**, **Sel**, **Wa**, **deJ**	summitati ..... funem
19, 11, 4	difficile tolerabunt **B**, **Cl**, **Ro**, **Sel**, **deJ**	difficile tolerabant
19, 11, 11	cum militibus uidisset, retectisque gladiis et uerrutis, iam propinquam perniciem **B**	cum missilibus uidisset retectisque gladiis et uerrutis, iam propinquante pernicie
19, 12, 1	saepe dictandus ille notarius **B**, **Eyss**, **Ga**, **deJ**	saepe dictus tartareus ille notarius

関連年表（紀元後306年から359年まで）

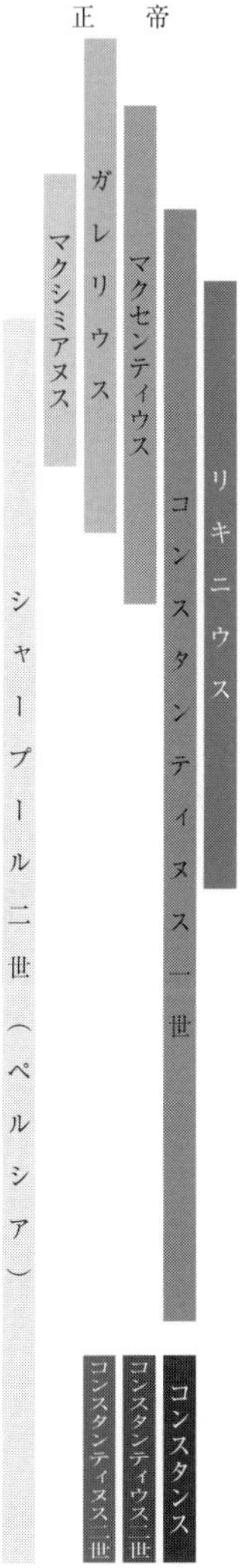

年	（ゴシック体は第1分冊で扱われている事件）
306	コンスタンティウス1世の死去に伴い、その子コンスタンティヌス（1世）がブリタンニアのエボラクム（ヨーク）で軍隊から正帝に推戴される（7月25日）も、ガレリウス帝からは副帝として認められる。マクシミアヌスの子マクセンティウスが元老院から正帝に推戴され（10月28日）、マクセンティウスは父を復位させる。
307	コンスタンティヌス1世、正帝の称号を得、マクシミアヌスの娘ファウスタと結婚。
308	リキニウス、カルヌントゥムにて正帝の称号を得る。
309	シャープール2世（ラテン語表記は「サポル」）、ペルシア王に即位。在位は379年までの長期に及ぶ。
310	マクシミアヌス、コンスタンティヌス1世に挑んで敗れ、マッシリア（マルセイユ）にて自（?）死。
311	ガレリウス帝の寛容令（4月30日）により、キリスト教徒迫害の終焉。ガレリウス病没（5月初め）。
312	ムルウィウス橋の戦いにてコンスタンティヌス1世がマクセンティウスを破る。マクセンティウス没（10月28日）。
313	リキニウス、コンスタンティヌス1世の異母姉妹コンスタンティアと結婚（1／2月）。両帝は共同でメディオラヌム（ミラノ）書簡を公表、キリスト教を公認（6月13日）。
315	ローマにてコンスタンティヌス1世の凱旋門奉献（7月）。
317	コンスタンティヌス1世の2子クリスプスとコンスタンティヌス2世、およびリキニウスの小リキニウスがセルディカにて副帝に即位（3月1日）。
324	リキニウス、ハドリアノポリスの戦い（7月3日）とクリュソポリスの戦い（9月18日）でコンスタンティヌス1世に敗れ、退位（9月19日）。コンスタンティヌス1世の三男コンスタンティウス2世がニコメディアにて副帝に即位（11月8日）。
325	リキニウス没。ニカエア宗教会議（5月20日—7月19日）。カエサレアのエウセビオス『教会史』最終稿成立。
326	コンスタンティヌス1世によるクリスプスとファウスタの処刑。
330	新都コンスタンティノポリス奉献（5月11日）。
331	ユリアヌス、父ユリウス・コンスタンティウスの次男としてコンスタンティノポリスに生まれる（5／6月）。
333	コンスタンティヌス1世の四男コンスタンス、副帝に即位（12月25日）。
335	コンスタンティヌス1世の甥の小ダルマティウス、副帝に即位（9月18日）。
337	コンスタンティヌス1世、ニコメディア近郊のアンキュロナにて没（5月22日）。その2人の異母弟ダルマティウスとユリウス・コンスタンティウス、並びにダルマティウスの2子小ダルマティウスとハンニバリアヌス、コンスタンティノポリスにて殺害される。コンスタンティヌス2世、コンスタンティウス2世、コンスタンス、正帝に即位（9月9日）。
338	ユリアヌス、ニコメディアのエウセビオスの後見を得、コンスタンティノポリスに学ぶ（—342）。
340	コンスタンティヌス2世とコンスタンスの戦い。コンスタンティヌス2世、アクィレイヤ近郊にて陣没（4月初め）。

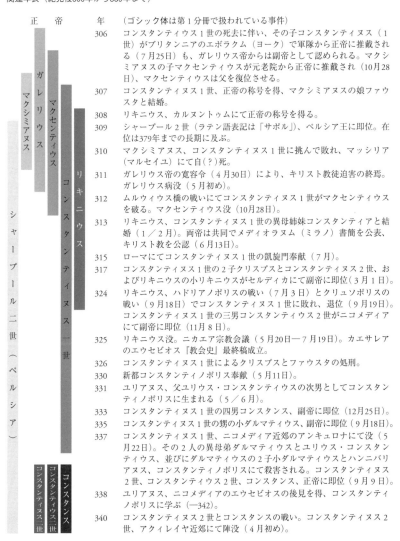

シャープール二世（ペルシア）

コンスタンティウス二世

コンスタンス

342　ユリアヌス、異母兄のガルスとともにカッパドキアのフンドゥス・マケリに軟禁される（—348）。

348　ユリアヌス、コンスタンティノポリス、ニコメディア、エフェスス、アテナエでとくに新プラトン派に学ぶ（—354）。ローマ軍とペルシア軍によるシンガラの戦い。

350　ガリアのアウグストゥドゥヌム（オータン）にてマグネンティウスが帝位を簒奪（1月18日）、コンスタンスを殺害する。ダヌビウス（ドナウ）河畔の軍団がシルミウムにてウェトラニオを正帝に推戴（3月1日）。ネポティアヌスがローマで正帝を僭称する（6月3日）も、程なくマグネンティウスに殺される（6月30日）。ペルシアがニシビスを包囲するも、攻略に失敗（春／夏）。ウェトラニオ退位（12月25日）。

351　ガルス、シルミウムにて東方の副帝に即位（3月15日）、コンスタンティウス2世の姉妹コンスタンティナと結婚し、アンティオキアに赴く。コンスタンティウス2世、ムルサの戦いでマグネンティウスを破る（9月28日）。

351-352　ユリアヌス、ひそかに異教信仰に移る。

353　マグネンティウス、アルペス・コッティアエで再度の敗戦ののち、ルグドゥヌム（リヨン）にて自死（8月10／11日）。コンスタンティウス2世、夜の供犠を禁止（11月23日）。

354　コンスタンティヌス2世の対アラマンニ族遠征。異教神殿の閉鎖。副帝ガルス、廃位の上、ポラ近郊にて殺害される（年末）。

355　ユリアヌス、コンスタンティウス2世のメディオラヌムの宮廷に召喚されたのち、アテナエに遊学。コロニア・アグリッピナ（ケルン）におけるシルウァヌスの帝位僭称（8—9月）。ユリアヌス、再び召喚され、副帝に即位（11月6日）、コンスタンティウス2世の姉妹ヘレナと結婚。

356　コンスタンティウス2世、自身とユリアヌスの名で、異教の供犠を死罪に定める（2月19日）。ユリアヌス、レヌス（ライン）河岸のアラマンニ族、フランク族と戦う（—360）。

357　コンスタンティウス2世、ローマを訪都、在位20年を祝う（4月28日—5月29日）。ユリアヌス、アルゲントラトゥス（ストラスブール）の戦いでアラマンニ族に勝利（夏）。

358　コンスタンティウス2世の対サルマタエ族・リミガンテス族遠征。ニコメディアほかで地震（8月24日）。

359　メソポタミア北部でシャープール2世のペルシアが攻勢に出、アミダとシンガラが陥落。

訳者略歴

山沢孝至（やまざわ　たかゆき）

神戸大学大学院国際文化学研究科准教授

一九五五年　大阪府生まれ

一九八五年　京都大学大学院文学研究科博士課程研究指導認定退学

一九九八年　京都大学助手、神戸大学講師を経て現職

主な著訳書

『ラテン文学を学ぶ人のために』（共著、世界思想社）

『はじめて学ぶラテン文学史』（共著、ミネルヴァ書房）

『キケロー弁論集』（共訳、岩波文庫）

プラウトゥス『ローマ喜劇集3』（共訳、京都大学学術出版会）

ローマ帝政《ていせい》の歴史《れきし》 1――ユリアヌス登場《とうじょう》

西洋古典叢書　2017　第4回配本

二〇一七年十月三十日　初版第一刷発行

訳者　山《やま》沢《ざわ》孝《たか》至《ゆき》

発行者　末原達郎

発行所　京都大学学術出版会

606-8315 京都市左京区吉田近衛町六九 京都大学吉田南構内

電話 〇七五-七六一-六一八二

FAX 〇七五-七六一-六一九〇

http://www.kyoto-up.or.jp/

印刷／製本・亜細亜印刷株式会社

ISBN978-4-8140-0096-8

定価はカバーに表示してあります

3　桑山由文・井上文則訳　　3500 円
4　井上文則訳　　3700 円

セネカ　悲劇集（全 2 冊・完結）

1　小川正廣・高橋宏幸・大西英文・小林　標訳　　3800 円
2　岩崎　務・大西英文・宮城徳也・竹中康雄・木村健治訳　　4000 円

トログス／ユスティヌス抄録　地中海世界史　合阪　學訳　　4000 円

プラウトゥス／テレンティウス　ローマ喜劇集（全 5 冊・完結）

1　木村健治・宮城徳也・五之治昌比呂・小川正廣・竹中康雄訳　　4500 円
2　山下太郎・岩谷　智・小川正廣・五之治昌比呂・岩崎　務訳　　4200 円
3　木村健治・岩谷　智・竹中康雄・山澤孝至訳　　4700 円
4　高橋宏幸・小林　標・上村健二・宮城徳也・藤谷道夫訳　　4700 円
5　木村健治・城江良和・谷栄一郎・高橋宏幸・上村健二・山下太郎訳　　4900 円

リウィウス　ローマ建国以来の歴史（全 14 冊）

1　岩谷　智訳　　3100 円
2　岩谷　智訳　　4000 円
3　毛利　晶訳　　3100 円
4　毛利　晶訳　　3400 円
5　安井　萠訳　　2900 円
9　吉村忠典・小池和子訳　　3100 円

5　丸橋　裕訳　　3700 円
6　戸塚七郎訳　　3400 円
7　田中龍山訳　　3700 円
8　松本仁助訳　　4200 円
9　伊藤照夫訳　　3400 円
10　伊藤照夫訳　　2800 円
11　三浦　要訳　　2800 円
13　戸塚七郎訳　　3400 円
14　戸塚七郎訳　　3000 円
プルタルコス／ヘラクレイトス　古代ホメロス論集　内田次信訳　　3800 円
プロコピオス　秘史　和田　廣訳　　3400 円
ヘシオドス　全作品　中務哲郎訳　　4600 円
ポリュビオス　歴史（全 4 冊・完結）
1　城江良和訳　　3700 円
2　城江良和訳　　3900 円
3　城江良和訳　　4700 円
4　城江良和訳　　4300 円
マルクス・アウレリウス　自省録　水地宗明訳　　3200 円
リバニオス　書簡集（全 3 冊）
1　田中　創訳　　5000 円
リュシアス　弁論集　細井敦子・桜井万里子・安部素子訳　　4200 円
ルキアノス　全集（全 8 冊）
3　食客　丹下和彦訳　　3400 円
4　偽預言者アレクサンドロス　内田次信・戸高和弘・渡辺浩司訳　　3500 円
ギリシア詞華集（全 4 冊・完結）
1　沓掛良彦訳　　4700 円
2　沓掛良彦訳　　4700 円
3　沓掛良彦訳　　5500 円
4　沓掛良彦訳　　4900 円

【ローマ古典篇】
アウルス・ゲッリウス　アッティカの夜（全 2 冊）
1　大西英文訳　　4000 円
ウェルギリウス　アエネーイス　岡　道男・高橋宏幸訳　　4900 円
ウェルギリウス　牧歌／農耕詩　小川正廣訳　　2800 円
ウェレイユス・パテルクルス　ローマ世界の歴史　西田卓生・高橋宏幸訳　　2800 円
オウィディウス　悲しみの歌／黒海からの手紙　木村健治訳　　3800 円
クインティリアヌス　弁論家の教育（全 5 冊）
1　森谷宇一・戸高和弘・渡辺浩司・伊達立晶訳　　2800 円
2　森谷宇一・戸高和弘・渡辺浩司・伊達立晶訳　　3500 円
3　森谷宇一・戸高和弘・吉田俊一郎訳　　3500 円
4　森谷宇一・戸高和弘・伊達立晶・吉田俊一郎訳　　3400 円
クルティウス・ルフス　アレクサンドロス大王伝　谷栄一郎・上村健二訳　　4200 円
スパルティアヌス他　ローマ皇帝群像（全 4 冊・完結）
1　南川高志訳　　3000 円
2　桑山由文・井上文則・南川高志訳　　3400 円

1　内山勝利訳　3200 円
セクストス・エンペイリコス　学者たちへの論駁（全 3 冊・完結）
1　金山弥平・金山万里子訳　3600 円
2　金山弥平・金山万里子訳　4400 円
3　金山弥平・金山万里子訳　4600 円
セクストス・エンペイリコス　ピュロン主義哲学の概要　金山弥平・金山万里子訳　3800 円
ゼノン他／クリュシッポス　初期ストア派断片集（全 5 冊・完結）
1　中川純男訳　3600 円
2　水落健治・山口義久訳　4800 円
3　山口義久訳　4200 円
4　中川純男・山口義久訳　3500 円
5　中川純男・山口義久訳　3500 円
ディオニュシオス／デメトリオス　修辞学論集　木曽明子・戸高和弘・渡辺浩司訳　4600 円
ディオン・クリュソストモス　弁論集（全 6 冊）
1　王政論　内田次信訳　3200 円
2　トロイア陥落せず　内田次信訳　3300 円
テオグニス他　エレゲイア詩集　西村賀子訳　3800 円
テオクリトス　牧歌　古澤ゆう子訳　3000 円
テオプラストス　植物誌（全 3 冊）
1　小川洋子訳　4700 円
2　小川洋子訳　5000 円
デモステネス　弁論集（全 7 冊）
1　加来彰俊・北嶋美雪・杉山晃太郎・田中美知太郎・北野雅弘訳　5000 円
2　木曽明子訳　4500 円
3　北嶋美雪・木曽明子・杉山晃太郎訳　3600 円
4　木曽明子・杉山晃太郎訳　3600 円
トゥキュディデス　歴史（全 2 冊・完結）
1　藤縄謙三訳　4200 円
2　城江良和訳　4400 円
ピロストラトス　テュアナのアポロニオス伝（全 2 冊）
1　秦　剛平訳　3700 円
ピロストラトス／エウナピオス　哲学者・ソフィスト列伝　戸塚七郎・金子佳司訳　3700 円
ピンダロス　祝勝歌集／断片選　内田次信訳　4400 円
フィロン　フラックスへの反論／ガイウスへの使節　秦　剛平訳　3200 円
プラトン　エウテュデモス／クレイトポン　朴　一功訳　2800 円
プラトン　饗宴／パイドン　朴　一功訳　4300 円
プラトン　ピレボス　山田道夫訳　3200 円
プルタルコス　英雄伝（全 6 冊）
1　柳沼重剛訳　3900 円
2　柳沼重剛訳　3800 円
3　柳沼重剛訳　3900 円
4　城江良和訳　4600 円
プルタルコス　モラリア（全 14 冊）
1　瀬口昌久訳　3400 円
2　瀬口昌久訳　3300 円
3　松本仁助訳　3700 円